KB264301

중국의 감춰진 농업혁명

진인진

이 책을 나의 어머님께 바친다.
내 마음 속에서 어머님은 언제나 중국의 인민,
특히 농촌의 인민을 대표하는 분이셨다.

총서를 발간하면서

한국사회가 지구화와 함께 찾아온 아시아의 시대에 어떻게 대응하는 가라는 과제가 주어진지 이미 20여 년 되었다. 동북아시아에서 노정되고 있는 민족주의와 정치권력의 자기이해에 기반한 영토분쟁과 군사화는 평화를 위협하고, 안전한 동아시아 공동체를 좌절시키고 있다. 서아시아에서 벌어지는 폭력적 갈등, 동남아에서 지속되고 있는 경제발전의 지체와 양극화 역시 아시아인의 삶을 불안하고 불행하게 만들고 있다. 갈등과 불안전한 현실을 넘어서서, 평화롭고 풍요로운 미래의 아시아를 상상하고 구축하는 일은 모든 아시아인들의 몫일 것이다.

한국사회의 안에서 평화롭고 풍요로운 아시아와 그 안에서의 한국의 역할에 대한 비전과 실행의 방안을 고민하는 일들이 얼마나 잘 이뤄지고 있는가를 스스로 점검하고 사회 각 부문이 실천에 나설 때가 되었다. 대학과 연구기관은 한국사회의 생존과 번영 뿐 아니라, 지구적 수준에서의 일어나는 역사적 흐름을 주시하고, 내연하는 아시아 내부의 갈등을 분석하고 대안적 사고를 사회에 제공할 책무를 지니고 있다.

이렇게 주이진 책무의 아주 작은 부분을 감당하기 위해 시울대학교 아시아연구소는 아시아 근현대사에 대한 정확하고 기본이 되는 역사연구들을 번역하기로 기획하였고, 올해부터 10권을 순서에 따라 상재하고자 한다. 2013년 기획위원회를 꾸리고 여러 전문가들의 자문을 받으면서 가능하면 각 나라에서 발간된 근현대사 연구서 가운데 1) 지역에 뿌리를 둔 연구자가 지역의 언어로 저술한 탄탄한 역사연구, 2) 경제사, 사회사, 문화사와 같은 부분사나 특정주제 보다는 해당 국가의 근현대사의 변모를 보여주는 통사적 성격의 책을 선정하고자 했다. 중국과 일본의 경우는 이미 기본 통사들이 많이 소개되어 있기 때문에, 특정 주제를 통사적 수준에서 탐구한 연구성과를 선정하고자 노력했다.

연구기관의 몫이 기본이 되는 정보와 지식을 사회에 제공하는 것이 1차적 역할이라 믿고 내놓는 번역총서이지만, 선정과 번역에 여러 가지 실수와 오류가 있을 수 있다. 1차 시리즈를 내놓은 다음 비판과 질정을 받아 새로운 기획을 추진하고자 한다.

아시아연구소 소장 강명구

목 차

제1편　내권에서 감춰진 농업혁명으로

中國的隱性農業革命

프롤로그

1988년 이후 나는 사회경제사 연구를 잠시 떠나 주로 법률사 연구에 주력했지만, 사실 최근 10년 동안 줄곧 중국 농촌의 사회·경제에 대한 관심을 버린 적이 없었다. 2001~2002년간에는 1년의 시간을 내어 18세기 중국과 영국 농업의 변천에서 무엇이 같고 무엇이 달랐는지를 자세히 탐구한 바 있다. 그때 그러한 선택을 했던 것은 주로 국내·외에서 청淸 대의 역사를 미화하는 큰 조류 아래 오류투성이의 몇몇 연구와 분석이 등장하여 상당한 영향력을 행사하고 있었기 때문이다. 그 뒤로 2004년에 나는 로스엔젤리스의 캘리포니아주립대학UCLA에서 퇴직하였고, 중국 국내에서 (지금은 매년이지만) 격년으로 대학원 강의를 맡았다. 중국의 현실 문제에 대한 (생각은 하지만 글로 쓰지는 않았던) 소극적 관심을 적극적 관심으로 전환하였고, 저술의 독자를 미국의 학계에서 중국의 학계로 바꾸었다. 이 기간에 나는 중국의 농촌 현실에 관한 논문을 몇 편 발표하여, 역사의 관점에서 현재 중국이 직면한 문제의 기원과 가능한 출로出路를 탐색하였다.

2009년 초 법률사 제 3권의 중국어·영어 원고를 완성한 뒤에는 다시 농촌 문제에 집중하기 시작했다. 내가 보기에, 근래 국내 경제사·경제학 분야의 추세는 법률사·법학과 매우 비슷하다. 두 분야 모두 2008년 이전 20여 년간 미국에서 신보수주의 이데올로기의 지배하에 형성된 학계 주류, 즉 법학계에서는 법률형식주의, 경제학계에서는 형식주의적 신고전파 경제학을 일방적으로 모방하고 있다. 오늘날 다시금 미국 학계의 주류가 된 법률실용주의와 케인스주의경제학을 포함하는 기타의 다른 학술 전통에 대한 이해는 결핍되어 있다. 법학 분야에서 나는 20여 년의 공부를 거쳐 서방 근대 형식주의 학술의 다방면에 걸친 결점을 상세하게 논증한 세 권의 책을 완성하였다. 그러나 동시에 그것이 중국의 실제와 부합하는 부분을 논증하고 받아들였다. 나의 법률사 연구와 비슷하게도, 이 책은 나의 농업과 농촌 문제에 관한 세 번째 저서로,『화북의 소농경제와 사회변천華北的小農經濟與社會變遷』과『창장 삼각주의 소농가정과 향촌발전長江三角洲小農家庭與鄉村發展』의 경제사 연구를 현재의 현실 문제와 연관시키면서 미국 신고전파 경제학의 수많은 맹점과 오류를 논증하였다. 그러나 동시에 그것이 중국에 적합한 부분을 논증하고 받아들였다.

당연하겠지만, 이 책은 앞서의 두 책과 일정한 차이가 있다. 역사 연구는 이용 가능한 모든 자료를 최대한 참고할 것을 요구한다. 그러나 현실 문제의 연구는 일반적으로 이러한 조건을 구비할 수 없다. 먼저 자료가 너무 많기 때문에, 그리고 현실과의 관련이 더 깊을뿐더러 부단히 변화하기 때문에, 역사학에서처럼 상세하고 빠짐없는 연구를 할 수는 없다. 이 책의 연구 범위는 단지 문제의 일부에 그칠 뿐이다. 또한 상당 부분의 장·절에서 견고한 논의보다 탐색과 추측이 더 많다. 이러한 측면에서 이 책은 앞서의 두 책을 이은 세 번째 책이라기보다는 역사의 시야에서 현실 문제를 바라본 일종의 초보적인 사고思考라고 해야 할 것이다. 그렇기는 하지만 이 책의 집필 과정에서 나는 가능한 한 이전에 발표한 각 논문의 내용과 데이터를 다시금 대조·확인하면서, 상당한 정도로 다시 쓰고 수정하였으며 삭제나 보충도 하였다. 그런 다음에 그것들과 새로 쓴 장·절을 엮어서 이 책을 만들었다.

나는 전전긍긍하는 마음으로 이 책을 발표하면서 내가 한 일이 너무 적고 아는 것도 너무 적다는 것을 절감하고 있다. 그러나 다른 한편으로는 일종의 긴박감과 사명감의 추동推動을 받고 있다. 근년 들어 중국 국내의 학술과 이론 영역은 잘못된 길로 접어들었으며, 갈수록 농촌과 농민의 실제 문제로부터 벗어나고 있다는 느낌이다. 농촌의 실제 상황을 깊이 이해하고 있는 중국 국내의 수많은 농업 간부와 실천 연구자에 대하여 말하자면, 경험 실제 측면에서 나 자신의 인식이 기본적으로 정확하기를, 이론 측면에서 적어도 논의할 가치가 있는 문제를 제시하기를 희망한다. 당연한 말이겠지만, 이 책을 통해서 현재의 농촌 문제 이해와 해결에 자그마한 공헌이라도 할 수 있기를 바라마지 않는다.

여기서 한 가지 밝혀 둘 것이 있다. 과학주의가 패권적 지위를 차지하고 있는 오늘날, "사회과학" 연구자는 단순 기계식의 단일한, 밀거나 당기는 동력을 찾으려는 경향이 있다. 그러나 이 책에서는 이러한 측면에서 의식적으로 다음과 같은 인과의 관점을 채택하였다. 역사상 수많은 중대한 변화, 예컨대 이 책에서 다루는 영국의 농업혁명(과 그 뒤의 공업혁명) 및 현재 중국에서 일어나고 있는 감춰진 농업혁명은 단일한 기인起因이나 동력動力의 산물일 수 없다. 몇 가지의 서로 다른, 독립적이거나 반半독립적인 역사적 추세가 합류함으로써 일어난 경우가 훨씬 더 많다. 그러한 기본 인식하에 이 책에서는 인구 요소를 거듭 강조한다. 인구가 역사에서 단일한 결정 요소라고 주장하려는 것이 절대 아니다. 시장, 자본, 기술, 제도/국가체제, 사회구조 등 기타 경제 요소는 반드시 인구압이라는 기본 국정國情과 연계하여 이해해야 한다는 것을 밝히고자 한다.

최근 10년 동안 수많은 동료와 학생이 내가 연이어 써 내는 중문·영문 논문에 대하여 유용한 피드백, 건의, 그리고 비판을 해 주었다. 페리 앤더슨Perry Anderson, 로버트 브레너Robert Brenner, 추이즈위안崔之元, 조지프 에셔릭Joseph Esherick: 周錫瑞, 펑샤오솽馮小雙, 구리핑顧莉萍, 스티븐 해럴Stevan Harrell, 허쉐펑賀雪峰, 황자량黃家亮, 크리스 이셋Chris Isett: 艾仁民, 리팡춘李放春, 린강林剛, 펑위성彭玉生: Yusheng Peng, 윌리엄 로우William Rowe, 마크 셀던Mark Selden, 매튜 소머Matthew Sommer, 퉁즈후이仝志輝, 왕후이汪暉, 원톄쥔溫鐵軍, 샤밍팡夏明方, 옌루이전嚴瑞珍, 장자옌張家炎, 저우치런周其仁 등이 그들이다. 펑위성은 제5장의 공저자이기도 하다. 마지막 수정 단계에서는 리팡춘, 펑위성, 샤밍팡, 장자옌이 원고의 일부 혹은 전부를 읽어 주었고, 다시 한 번 유익한 건의를 해 주었다. 캐스린 번하트Kathryn Bernhardt[황쭝즈의 아내이자 중국 근현대사 연구자: 역자]가 전체 집필 과정 동안 무수하게 많은 토론, 질의, 건의를 해 준 점에 대하여 특별히 감사하고 싶다. 나는 2005년 이래 중국 런민대學人民大學의 농업과농촌발전학원[農業與農村發展學院]에서 개설한 「사회, 경제, 그리고 법률의 실천 역사 연구」 과목을 수강한 대학원생들, 특히 위성펑余盛锋과 가오위안高原에게서 많은 것을 배웠다. 또한 2008년 이래 (『개방시대開放時代』와 동시에) 우리의 계간 학술지 『모던 차이나 Modern China』에 발표한 세 차례의 「중국 국가체제: 중국과 서양 학자의 대화The Nature of the Chinese State: Dialogues among Western and Chinese Scholars」에 참여한 중·외 학자 20여 명과의 교류로부터 많은 것을 배웠다. 여기서 함께 감사의 뜻을 밝힌다.

제1장

서 론

농업의 발전은 농업 노동력의 생산량 제고 또는 생산액 제고에 달려 있다. 농업 종사자가 인구의 대다수를 차지하는 국가에서 농업의 발전이 인민의 생활수준을 제고하는 열쇠이자 근대적 발전에 불가결한 조건이라는 것은 분명하다. 그것은 진정한 의미에서의 "발전"으로, 노동력 일인당 생산의 증가를 수반하지 않는 총생산량의 증가, 예컨대 경지의 확대나 단위면적당 노동력 투입의 확대로 인한 총생산량 증가와는 구별해야 한다. 후자는 곧 내가 말하는 "발전 없는 성장"으로, 중국에서 명·청 이래 적어도 600년간 농업에 일어난 변화의 주된 형태였다(Perkins 1969; 황쫑즈 1986; 황쫑즈 1992). 30년간의 "경제 기적"을 거친 오늘날, 중국의 국내 총생산(GDP)은 이미 세계 제 2위에 도달하였고, 앞으로 20년 안에 미국을 앞질러 제 1위에 오를 것 같지만,

인구압과 농민의 저소득이 과거와 마찬가지로 여전히 심각한 문제이다.

그러나 이와 동시에 중국 농업은 오늘날 역사적인 발전의 계기를 맞이하였다. 이것은 주로 세 가지 큰 추세의 합류에서 비롯된 것이다. 첫 번째 추세는 1980년대 이래 인구 증가율의 뚜렷한 하락과 그로 인한 1990년대 이후 신증新增 노동력의 체감遞減이다. 두 번째 추세는 매년 약 1퍼센트에 달하는 빠른 속도의 도시화와 대규모의 비농업 취업이다. 세 번째 추세는 식품 소비와 전국적인 농업 구조의 변화이다. 즉 저가의 식량작물 위주 생산으로부터 고가의 농산품을 더 많이 생산하는 방향으로 전환하였고, 자본뿐만 아니라 노동의 집약화가 진전되어 농업이 더 많은 노동력을 흡수하게 되었다. 그 결과 농업의 노동력 일인당 생산액이 지속적으로 상승하여, 최근 30년간 연평균 5퍼센트 이상의 성장률을 달성하였고 총액으로는 5배나 늘어나 일반적 의미의 "농업혁명" 수준을 훌쩍 뛰어넘었다.

하지만 국가의 정책에서는 현재 시점에서 아직 선택을 확정하지 못한 것이 많다. 중국은 (거대한 인구압과 수많은 빈곤 대중에도 불구하고) 단순한 자본주의 모델로 발전의 방향을 잡아야 할까? 아니면 분배가 상대적으로 고르게 이루어지는 발전 방향을 잡아야 할까? 달리 말하자면, 중화인민공화국 성립 이래 앞서 이루어진 30년간의 "사회주의" 역사 경험을, 나중에 이루어진 30년간의 시장 개혁과 어떤 방식으로든 결합시킬 것인가, 아니면 완전히 포기할 것인가?

제1편　내권內卷※에서 감춰진 농업혁명으로

이 책에서는 먼저 역사의 시야와 비교의 시야에서 중국 농업을 되돌아

※ 역주: "내권(內卷)"은 영어 "인볼루션(involution)"의 번역으로 "레볼루
션(revolution)"의 상대 개념이다. "인볼루션"이란 총생산량과 토지 단
위면적당 생산량은 증가하나 노동력의 단위당 생산량은 오히려 감소하
는 현상, 즉 질적 발전이 없는 양적 성장을 가리킨다. "인볼루션" 개념
을 처음으로 제시한 인류학자 기어츠(Clifford Geertz)는, 인구가 조밀
한 인도네시아 자바(Java)의 벼농사 지대에서 농민들이 소출을 조금이
라도 늘릴 수 있다면 한계생산성의 체감에도 불구하고 논에 대한 노동
투입을 늘리는 현상을 "인볼루션"으로 묘사하였다. 황쭝즈는 역사적으
로 토지에 비해 인구가 과다했던 중국에서는 작물 재배뿐만 아니라 수
공업 상품 생산까지 포괄하는 농촌 경제 전반에 걸쳐 "인볼루션" 현상
이 일어났다고 보고, 이를 "내권(內卷)" 또는 "내권화(內卷化)"로 번역
하였다. 우리말에는 "인볼루션"에 대응하는 적절한 단어가 없기 때문에
이 책에서는 "내권" 또는 "내권화"를 그대로 쓰기로 한다. 한편, 이 책에
서 황쭝즈는 "과밀(過密)" 또는 "과밀화(過密化)"라는 개념도 함께 사용
하고 있다. "내권"·"내권화"가 노동 투입 대비 산출로 계산되는 노동생
산성의 측면에 초점을 맞춘 것이라면, "과밀"·"과밀화"는 노동 투입의
측면에 초점을 맞춘 것으로, 토지와 같은 여타 생산요소에 비해 노동을
과도하게 밀집 투입하는 현상을 가리킨다. 이 역시 다른 용어로 바꾸지
않고 그대로 쓸 것이다.

볼 것이다. 역사의 시야는 이데올로기를 초월하기 위한 것이다. 국제
비교는 전 지구적 시야에서 중국과 기타 국가 간의 차이점과 공통점을
더욱 뚜렷하게 지적하기 위한 것이다.

중국과 영국·일본·타이완·한국의 비교

이 책은 18세기 중국에서 가장 발달했던 창장長江 삼각주[창장 하류 유
역의 장쑤 남부와 저장 북부 지역으로, 보통 강남 지방이라고 부른다: 역자]

와 영국 간의 비교로부터 시작하여, 중국 농업의 변천이 서방의 전형적인 농업발전과 달랐다는 것을 설명할 것이다(제 2장 참조). 중국은 노동 집약도가 높은, 작물재배 위주의 단순 농업제도였고, 농업의 경영 규모도 평균 1.25에이커에 불과하였다. 반면에 영국은 노동 집약도가 낮은, 작물재배와 목축을 혼합한 농업제도였고, 그 경영 규모는 평균 125에이커에 달하였다.* 창장 삼각주에서는 가축의 방목·사육이 인구압 때문에 기본적으로 배제되었다. 농업 전문가 벅^{John Lossing Buck}이 오래 전에 지적한 대로(Buck 1937a: 12), 육식 인구를 부양하는 데 필요한 토지는 곡물 식단 위주의 인구 부양에 필요한 토지의 6~7배이다. 영국에서는 토지가 충분하여 "목축+작물재배"의 농업제도를 지탱할 수 있었다.** 인구 대비 토지의 "요소부존^{要素賦存}"이 이렇게 달랐기 때문에 중국 농업의 발전, 즉 노동생산성의 제고가 강력히 억제되었다.

18세기 중국의 창장 삼각주에서 농업의 변천은 주로 토지 단위면적당 노동 투입의 증가로 나타났다. 예컨대, 벼에서 면화로 작물을 전환하는 경우, 그에 필요한 노동 투입은 (방적과 방직을 포함하여) 벼의

---

* 영국 북부의 농장은 크기가 평균 100에이커, 남부는 150에이커였다(Allen 1994: 99; Huang 2002: 511).

** 여기서 어떤 독자는 인도에 소가 많다는 사실을 연상할 수 있을 것이다. 여기서 중요한 것은 인도에서는 기본적으로 쇠고기를 먹지 않고 우유만 마신다는 점이다. 어떤 사람은 이렇게 설명한다. "미국에서는 16파운드의 곡물과 대두를 소에게 먹여 우리가 먹을 수 있는 쇠고기 1파운드를 생산할 뿐이다. 나머지 15파운드는 우리가 먹지 못한다. 소의 에너지가 되어 소모되거나, 소의 몸뚱이에서 먹을 수 없는 부분(털이나 뼈)으로 되거나, 또는 소의 배설물이 되고 만다. 하지만 우유는 효율이 더 높다. 1파운드의 사료로 1핀트(pint: 0.125갤런)의 우유를 생산한다(우유를 짤 때마다 소 한 마리를 새로 키울 필요가 없는 것도 이렇게 되는 이유의 일부이다)."(Lappé 1971에서 인용).

18배에 달했지만, 그로부터의 수익은 이러한 차이에 크게 미치지 못하였다. 또한 벼에서 양잠으로 전환하는 경우, 그에 필요한 노동 투입은 벼의 9배였지만, 그 수익은 겨우 3~4배였다. 이 같은 변화는 (내가 말하는) "내권형內卷型 상품화"로 간주할 수도 있다. 식량작물에서 면화·잠사 생산으로의 전환은 상품화의 진전을 의미하고 있었기 때문이다. 그 결과는 총생산액의 증가였다. 그러나 그것은 노동력 일인당 또는 노동일당 생산량 내지 생산액의 뚜렷한 체감을 대가로 달성한 것이었다. 18세기 영국의 상황은 크게 달랐다. 노동력 일인당 생산량이 거의 두 배로 늘었는데, 그것은 주로 축력畜力의 사용에 힘입은 것이었다. 이는 인클로저enclosure 운동이 진행되면서 작물재배업과 (과거 공유지에서의 방목과 다른) 목축업의 체계적 결합이 이루어진 결과였다. 이른바 노포크Norfolk의 "밀-순무-보리-클로버" 윤작제도가 그 전형이었다. 밀과 보리는 사람의 식용으로 썼고, 순무와 클로버는 가축에게 먹이고 지력을 회복하는 데 썼다. 리글리E. Anthony Wrigley가 밝혀냈듯이, 이와 같은 노동생산성의 상승 덕분에 18세기 말에는 인구의 3분의 1에 불과한 농업 인구가 그 나머지 3분의 2의 인구를 위하여 식품을 충분히 제공할 수 있게 되었다(Wrigley 1985).

농업의 노동생산성 제고는 그 뒤로 일어난 경제 변화에 일련의 공헌을 하였다. 노동생산성 제고 덕분에 비농업부문으로 노동력이 유입되었다. 먼저 "초기공업화early industrialization" 단계에서 도시의 수공업에, 이어서는 니중의 매뉴팩처manufacture에 노동력을 제공하였던 것이다. 이와 동시에 농업 소득의 상승은 당시 (농촌을 포함한) "소비혁명"을 위한 조건이 되기도 하였다. 도시화, 그리고 도-농 간의 활발한 교환으로 인해 애덤 스미스Adam Smith가 전망하고 추상화한 바 있는 분업과 경쟁, 그리고 규모의 경제 효과 및 나선형 경제발전이 일어났다

(Smith 1976[1776]: 401-406). 이밖에 (주로 방직업에 나타난) 도시의 초기 (수)공업발전 덕분에 사람들은 가족농장 바깥에서 생계의 원천을 얻을 수 있었고, 이로 인해 "인구행태의 전환", 주로 혼인연령의 하락과 혼인율의 상승이 일어났다. 또한 과학과 기술의 혁명이 공업·제조업을 위한 조건을 마련해 주었고, 영국에서 일찌감치 발달한 석탄 산업이 그 에너지원을 제공해 주었다(훗날 대영제국에 의한 제국주의·식민주의적인 약탈과 착취 역시 그 경제발전에 특수 조건을 제공하였다는 것은 말할 나위 없다). 지금까지 서술한 반半은 독립적이고 반半은 연관된 여러 가지의 변화가 합류하여 대영제국 공업혁명의 기원이 되었다.

영국과 창장 삼각주의 차이는 "초기공업화"의 차이에서 선명하게 드러난다. 영국에서는 초기공업화 단계의 수공업발전이 재빨리 도시에서의 현상으로 변화되었다. 이로 인해 수공업 노동자는 가족농장으로부터 독립된 생계를 확보하였고, 그러한 독립 능력 덕분에 그들의 혼인연령은 하락하고 혼인율은 상승하였다. 이는 리글리와 스코필드 Roger Schofield 등이 연구하고 실증한 현상이다(Wrigley and Schofield 1989[1981]; Levine 1977)

중국에서는 면방직과 가족농장이 긴밀하게 묶여 서로 의존하였고, 사람들에게 각기 독립적인 생계를 제공하지 못하였다. 면화 재배는 방적·방직과 함께 이른바 "면화·면사·면포"의 "삼위일체"를 이루는 농장 생산조직을 형성하고, 1호의 농가에 각각 생계의 일부를 제공하였다. 다만 상층계급의 소비품에 속하는 비단 생산은 약간 달랐다. 그 뽕나무 재배·양잠·제사는 하나로 결합되어 가족농장 안에서 이루어졌지만, 값비싼 직기織機와 고도의 기술이 필요했던 비단의 직조는 대부분 따로 떨어져 도시에서 이루어졌다. 비단 직조공은 도시에서 생계를 확보할 수 있었다. 고급 비단 제품은 특히 그러하였다. 그럼에도 불구하고 중국 농가의 ("부업"으로 부르는 것이 적절한) 수공업과 18세기 영국의 초기공업화 및 그에 수반하여 일어난 도시화의 차이는 매우 뚜렷하다.

중국의 경험은 왜 영국과 달랐을까? 중국에서 인구와 노동력의 상대적 과잉이 양자의 차이를 낳은 결정적인 요인이었다. 이는 내가 제3장에서 농업발전의 이론가 슐츠^{Theodore Schultz}와 나누고자 하는 대화의 핵심 논점이다. 슐츠의 주장은 일종의 시장근본주의^{market fundamentalism}에서 나온 견해이다. 그는 인도(와 중국) 같은 전통적인 농업경제에서일지라도 시장 메커니즘의 자원 배분 작용 때문에 과잉인구가 존재할 수 없다고 보았다. 그는 이론적인 전제에서 출발하여, 다른 생산요소와 마찬가지로 노동력은 필연적으로 여전히 희소자원이 될 수밖에 없다고 생각하였다. 이 때문에 그는 "영가치^{零價値}"의 노동력이라는 허수아비를 설정하여 비판하면서 합리적인 경제적 인간이라면 영^零의 보수^{報酬}를 얻기 위하여 노동을 할 수는 없다고 논증하였다. 그러나 18세기 이후 농업에 근대적 투입(화학비료, 과학적 품종 선택, 기계화)이 이루어진 1950~1980년까지의 중국 농업을 자세히 되돌아보면 이와는 아주 다른 역사의 실제가 드러난다. 사실 시장경제는 반드시 인구압과 연계하여 함께 이해해야 한다. 슐츠처럼 양자를 격리시켜 인구압을 무시해서는 안 된다. 실제 현실에 부합하는 개념은 노동력의 상대 과잉과 부수의 체감이지, 영부수^{零報酬}의 절대 과잉이 아니다. 위에서 언급한 "내권형 상품화"야말로 매우 적절한 사례이다.

영국 외에 또 하나의 비교 대상으로 일본이 있다. 사람들은 아마도 일본이 "동아시아 모델"의 전형으로, 중국과 유사하게 토지/인구 비율이 영국보다 훨씬 낮았으리라고 생각할 것이다. 그러나 좀 더 깊이 들여다보면, 일본은 중국과 매우 달랐다는 것이 드러난다. 먼저 일본은 비교적 이른 시기에 인구행태의 전환이 일어났다. 이에 힘을 입어, 일찍이 메이지 유신 전 50년 동안에 인구가 이미 저성장 국면에 진입하였다(Smith 1977; Hanley and Yamamura 1977). 그 뒤로 1880년대에서 1950년대에 이르는, 근대적 투입(주로 화학비료와 과학적 품종 선택)이 이루어진 시기에 공업이 왕성하게 발전하여 대량의 노동력을 흡수하였다. 그 덕분에 일본의 농업 인구는 기본적으로 늘어나지 않았다(Hayami, Ruttan and Southworth 1979: 11-12). 그 결과로 근대적 투입의 효과가 거의 완전하게 농업에서 노동생산성과 소득의 제고로 이어져, 생산성과 소득이 매년 2퍼센트, 달리 말하자면 36년마다 2배로 증가하기에 이르렀다(Yamada and Hayami 1979). 일본의 모델에서는 반드시 농업혁명이 공업을 견인하는 작용을 일으켰다고 할 수는 없다. 공업과 농업 간의 상호추진이 두드러진 현상이었다.

중국의 경우는 이와 현저하게 달랐다. 중국에서는 농업에 근대적 투입이 일어난 시기, 즉 1950~1980년간 인구가 매년 약 2퍼센트씩 증가하였으나, 농업 생산은 매년 2.3퍼센트씩 늘어나는 데 그쳤다(Perkins and Yusuf 1984: 제 2장). 그 결과로 농업의 변천은 주로 단위면적당 노동 투입의 집약화가 더욱 진전되는 형태로 일어났다. 근대적 투입이 노동력을 절약하거나 노동력의 일인당 생산을 제고하지 못하였고, 끝내는 농업 노동력의 일인당 생산과 소득이 거의 (노동일 단위로 계산하면 완전히) 정체하였다. 공업의 경우는 같은 시기 매년 평균 11퍼센트씩 성장하였다. 그 결과로 국민경제에서 도·농 간 격차가 매우 뚜렷해졌다. 이 시기 중국의 경험은 농업발전이 없는 공업발전으로 묘사할 수 있다(Perkins and Yusuf 1984: 제 4·6장).

이 시기 중국에서 일어난 농업 변천의 형태를 생생하게 보여주는 사례로는 트랙터가 창장 삼각주에서 일으킨 작용을 들 수 있다. 트랙터는 노동력의 절약을 이끌지 못하였다. 거꾸로 노동의 집약화를 심화시켰다. 트랙터는 창장 삼각주 농업이 벼와 겨울 밀 2모작 위에 다시 1모작을 더하여, "올벼+늦벼+겨울 밀"의 1년 3모작 제도로 바뀌는 것을 촉진하였다. 트랙터의 도입으로 8월 초 열흘 안에 "'올벼'를 다그쳐 거두고[搶收]" "'늦벼'를 다그쳐 심는[搶種]" "두 가지의 다그치기[雙搶]"가 가능해졌다. 11월 늦벼를 서둘러 거두고 밀을 서둘러 심는 것도 마찬가지였다. 그러나 세 번째 작물의 재배는 노동일당 보수의 체감을 의미하고 있었다. 이로 인해 화학비료와 다수확 품종의 도입도 노동생산성의 뚜렷한 제고로 이어지지 못하였다(황쭝즈 1992; Perkins and Yusuf 1984).

당연하게도 국가는 도시에의 공급을 보장하기 위하여 계획경제 아래 농산품 가격을 강제로 낮추었다(농촌으로부터 뽑아내는 잉여를 늘려 도시의 발전과 도시 공업화의 발전에 투입하기 위한 것이기도 하였다). 이 또한 농업 생산에서 노동력 일인당 생산액을 낮춘 중요한 원인이 되었다. 그 결과로 도·농 격차는 더욱 심각해졌다.

타이완·한국과의 비교를 통해서도 문제를 밝힐 수 있다. 타이완·한국 역시 이른바 "동아시아 모델"에 속하며, 일본에 뒤이은 농업 근대화의 사례로 꼽힌다. 그들과 중국 농업의 차이는 주로 일본의 식민통치를 받았다는 역사에서 유래한다. 식민통치의 목적은 일본 본국을 위한 것이었지, 결코 식민지의 이익을 위한 것이 아니었다. 그렇지만 농업 방면에서 확실히 몇 가지 중요한 근대화 조치가 도입되었다. 여기에는 관개면적의 확대, 화학비료의 공급, 과학적 품종 선택 등이 포함된다.

타이완에서는 훗날의 중국 내지와 마찬가지로 농업 인구가 매년 약 2퍼센트씩 증가하기는 했지만, 농업 생산의 증가가 더 빨라서

1917~1937년간 매년 3.6퍼센트의 속도를 달성하였다(Lee and Chen 1979: 78). 새무얼 허[Samuel Ho]의 실증에 의하면, 1910~1940년 화학비료 투입이 7.3배 늘어난 외에도 과학적 품종 선택이 이루어졌는데, 이 모두는 주로 식민정부가 제공한 것이었다(Ho 1968: 318). 앰스던[Alice Amsden]은 총체적 검토 성격의 논문에서 농업의 노동력 일인당 생산성이 일본이 통치한 50년간 대략 2배로 높아졌다고 추산하였다(Amsden 1979). 달리 말하자면, 18세기 영국의 농업혁명에 상당하는 정도의 성장을, 그것도 약 절반의 시간 안에 달성했던 것이다.[*] 그것은 훗날의 경제발전을 위한 토대가 되었다.

한국 농업의 경험은 타이완과 중국 내지의 중간에 끼어 있다. 일인당 생산은 중국보다 높았지만 타이완보다는 낮았다. 타이완과 비슷한 것은 농업의 근대화가 일본이 통치하던 시기에 시작되었다는 점이다. 케네스 강[Kenneth Kang]과 라마찬드란[Vijiaya Ramachandran]은 일본 식민정부가 양대 정책을 실시하였다는 사실을 증명하였다. 하나는 관개 면적을 1만 헥타르에서 16만 헥타르로 16배 늘렸다는 점이다. 또 하나는 화학비료 사용량을 1920년 헥타르당 1.5킬로그램에서 1940년 208킬로그램으로 늘렸다는 점이다(Kang and Ramachandran 1999: 792, 〈표 6〉). 이 기간에 한국의 농업 인구는 매년 0.87퍼센트씩 증가하였다. 그러나 농업 생산의 증가 속도는 훨씬 더 빨랐다. 한국의 학자 반성환[潘性紈: Sung Hwan Ban]의 설명에 따르면, 농업 생산의 증가율은 1920~1930년간 겨우 연 0.5퍼센트 정도에 그쳤지만 1930~1939년간

---

[*] 또 하나의 중요한 요소는, 타이완에서 국민당의 엘리트계층이 대륙에서처럼 현지의 지주계급과 밀접한 관계를 전혀 맺고 있지 않았다는 점이다. 이 때문에 토지개혁의 실시가 비교적 용이하였다.

연 2.9퍼센트로 제고되었는데, 이는 주로 다수확 벼 품종의 과학적 선택과 그에 상응하는 화학비료의 투입 덕분이었다(Ban 1979: 92-93). 반성환은 1918~1971년간 한국 농업의 노동력 일인당 생산성이 매년 평균 1.4퍼센트씩, 달리 말하자면 두 배를 훌쩍 넘는 수준으로 향상되었음을 논증하였다(Ban 1979: 105).

말할 나위 없이 이러한 발전의 배후에 작용한 요소는 이밖에도 여럿 있다. 특히 국가가 수행한 역할은 여러 연구의 분석 결과 그대로이다. 여기서는 훗날 (타이완과 한국의 경제 규모에 비해) 대량으로 이루어진 미국의 원조가 끼친 효과도 있었다는 점을 언급하고자 한다. 그것은 농업의 발전을 지원하였을 뿐만 아니라, 비농업부문이 노동력을 충분히 흡수할 수 있는 수준에 도달할 만큼 발전하는 데 촉진 작용을 하였다. 반성환이 지적한 대로, 미국 정부는 화학비료 제공에서도 매우 큰 역할을 하였다. 이것이 이른바 "녹색혁명"의 기본 조건이었다(Ban 1979: 112). 이로 인해 농업의 노동력 일인당 생산은 농업 인구 증가보다 일정 비율 더 높은 수준에 도달할 수 있었다. 그 결과 일인당 생산과 소득이 중국 내지보다 훨씬 더 높아졌다. 그리고 그러한 발전은 영국의 경험과 비슷한 도·농 교역(과 농산품 수출)을 가능하게 만들어, 타이완과 한국이 1980년대 말 일인당 GDP에서 "선진국" 수준에 도달하는 것을 촉진하였다.

여기에서 논의에 양적 차원과 개념을 도입하기 위하여, 위의 각 국가와 지역의 일인당 GDP에 대한 비교경제사가 매디슨Angus Maddison의 합리적 추정을 한번 살펴보는 것도 나쁘지 않을 것 같다. 내가 "합리적"이라고 말한 것은 매디슨이 근래 유행하고 있는 이데올로기의 시류로부터 영향을 받지 않았기 때문이다. 이 시류는 18세기 중국에 인구압이 없었음을 논증하려고 하며, 18세기 영국이 농업혁명을 경험하지 않았다고 굳게 주장하면서, 이를 빌려 이른바 "탈서구중심화"의 원망願望을 만족시키려는 것이다.* 내가 "추정"이라고 말한 것은, 전통 경제에 관한 수량 데이터가 일반적으로 산발적인 증거에서 나온 것이지 근대의 계통적 통계는 아니기 때문이다. 그러나 매디슨과 같은 추정은 그래도 일정한 가치가 있다. 왜냐하면 그것은 우리의 논의에 대략적이나마 일종의 양적 개념을 제공하기 때문이다. 우리는 그것을 수치화된 서술로 간주할 수 있다. 여기서 관건적인 문제는 이들 수치가 위에서 지적한 질적 차원의 논리logic 검증을 통과할 수 있는가, 아니면 통과할 수 없는가 하는 것이다. 〈표 1-1〉은 매디슨에게서 우리의 화제와 유관한 데이터를 모은 것이다.

이들 숫자의 배후에 작동하고 있던 동력은 상술上述한 논의에서 이미 설명하였다. 영국은 어떻게 해서 18세기에 이미 근대적인 일인당 생산 발전의 도상에 올라 중국을 훌쩍 앞지르게 되었는가? 일본은 어떻게 해서 1880~1950년간 이러한 근대적 발전에 진입한 아시아 최초의 국가가 되었는가? 타이완과 한국은 어떻게 해서 일본 식민통치하에서의 기초에 힘입어 1950년 이후 근대적인 일인당 GDP 발전 단계

---

* 매디슨 본인의 말을 인용하여 설명하자면, "바이로흐(Paul Bairoch)는 …… 1800년의 중국이 서구보다 발달하였다고 주장하였다. …… 그는 이러한 전혀 불가능한 이미지에 어떠한 증거도 제시하지 않았다. …… 프랑크(André Gunder Frank 1998: 171, 284)는 바이로흐를 인용하여 이렇게 썼다. '1800년 전후 유럽과 미국은 오랫동안의 낙후 뒤에 갑작스럽게 경제와 정치에서 아시아를 따라잡았다.' 포머란츠(Kenneth Pomeranz)는 바이로흐를 인용하면서 꽤나 조심스러웠지만(Pomeranz 2000: 16), (청 대) 중국을 너무나 사랑한 나머지 마찬가지 결론을 내리고 말았다. 그는 '우리는 서유럽이 1750년에, 심지어는 1800년에, 같은 시기 높은 인구밀도의 「낡은 세계」 지역보다 더 높은 생산력을 갖추고 있었다고 생각할 이유가 없다.'고 말하였다."(Maddison 2001: 47)

(1990년 구매력 평가 기준 미 달러화)

연도	영국	중국	일본	타이완	한국	인도
1700	1,405	600	570			550
1820	2,121	600	669			533
1913	5,150	552	1,387			673
1950	6,907	439	1,926	936	770	619
1978		978	12,584	5,587	4,604	966
1998	18,714	3,117	20,413	15,012	12,152	1,746
2003		4,803	21,218			2,160

* 자료 출처: Maddison 2001: 90 〈표 2-22a〉; Maddison 2001: 304 〈표 C3-c〉;
　2003년 데이터는 Maddison 2007: 44 〈표 2-1〉

에 진입하였는가? 조심스럽게 다루기만 한다면, 메디슨의 데이터는 위에서의 질적 성격의 서술에 양적인 차원을 제공해 줄 수 있다.

　매디슨의 데이터에서 보듯이 중국 농업의 역사 경험은 결국 인도와 가장 비슷했다. 그 유사 정도는 영국에서 보이는 서방의 경험 및 일본과 타이완·한국에 나타나는 "동아시아 모델"을 훌쩍 뛰어넘는다. 그 원인의 일부는 두 가지 공통점으로 설명된다. 즉 중국과 인도는 인구에 비해 토지자원이 부족하고, 인구 대비 토지 면적이 갈수록 감소하였다. 이러한 제약조건하에서 1960년대와 1970년대의 이른바 "녹색혁명"은 매우 제한적인 작용을 일으켰을 뿐이다. 연 2퍼센트였던 두 나라의 인구 증가가 근대적 투입으로 인한 노동력 일인당 생산성의 발전 가능성을 잠식해 버렸다. 1950~1978년간 일인당 GDP가 증가하긴 했지만, 더욱 뚜렷한 발전은 1980년대 이후에 이르러서야 비로소 나타날 수 있었다.

　여기서 주의해야 할 것은 매디슨이 제공한 중국과 인도의 1978년 일인당 GDP가 거의 같다는 점이다. 이는 이미 적잖은 문제를 설명해 주지만, 동시에 적잖은 차이를 은폐하기도 한다. 드레즈Jean Drèze

표 1-2　사회발전 지표: 중국과 인도의 비교, 1960-1991

구분	연도	영아 사망률	출생 시 기대수명	식자율	
				남성	여성
중국	1960	150	47.1		
	1981	37	67.7	68	51
	1991	31	68.3	87	79
인도	1960	165	44.0		
	1981	110	53.9	39	26
	1991	80	59.2	64	55

* 자료 출처: Drèze and Sen 1995: 64 〈표 4-2〉, 71 〈표 4-5〉

와 (노벨 경제학상 수상자) 센Amartya Sen이 상세하게 논증했듯이, 당시 중국은 비록 빈곤했을지라도 거의 모든 사회발전지수에서 인도를 훌쩍 뛰어넘고 있었다. 1960년의 기저선은 서로 비슷했다. 그러나 중국이 영아 사망률을 (신생 영아 1,000명당) 1960년 150명에서 1981년의 39명까지 낮춘 반면에, 인도는 160명에서 110명으로 낮추는 데 그쳤다. 같은 기간 중국은 평균수명을 47세에서 67세까지 늘렸지만, 인도는 44세에서 54세로 늘리는 데 그쳤다. 중국은 남성의 식자율識字率을 68퍼센트까지 높였지만 인도는 겨우 39퍼센트에 그쳤다. 드레즈와 센은 보건과 교육에서의 이러한 차이가 곧 중국이 1978년 이후 더욱 성공적인 발전을 이룰 수 있었던 중요한 원인이 되었다고 강조한다 (Drèze and Sen 1995: 제 4장; Saith 2008도 참조). 그들이 논증한 경제발전에서 사회발전의 중요성은 바로 국제노동기구ILO 및 세계은행World Bank의 사회발전분과Social Development Department와 사회 · 노동보호부문Social and Labor Protection Unit 등 국제기구의 주도 사상이다.

매디슨의 수치는 또 한 가지 중요한 사실을 밝혀 준다. 1978년 이전 중국의 경제발전이 인도보다 성공적이었다는 점이다. 1950년 중국의 일인당 GDP는 (구매력 평가[PPP: purchasing power parity] 기준) 미화 439달러로 인도의 619달러보다 적었다. 수십 년에 걸친 전쟁의 파괴가 주된 원인이었다. 그러나 1978년의 일인당 GDP는 인도와 대등한 수준에 도달하였다. 계획경제 시기 중국의 성장률은 분명 인도보다 높았던 것이다(매디슨의 수치에 근거하면, 총액 기준 1950년의 2.23배로, 인도의 1.56배보다 높다). 세계은행의 한 연구에 따르면, 1959~1979년간 중국의 일인당 GDP는 연평균 2.7퍼센트씩 성장하여, 인도의 연평균 성장률 1.4퍼센트의 거의 두 배에 달하였다(Drèze and Sen 1995: 67에서 인용). 말할 나위 없이, 이것은 주로 중국이 해당 시기 상당한 수준의 공업발전을 이룩한 덕분이었다. 퍼킨스Dwight H. Perkins와 유수프Shahid Yusuf의 권위 있는 비교 연구에 따르면, 1952~1980년간 중국 공업은 매년 11퍼센트씩 성장하였다(Perkins and Yusuf 1984).[*]

이번에는 중국과 인도가 최근 20년에 경험한 농업의 변화로 눈길을 돌려 보자. 그것은 완전히 메디슨의 시야 밖에서 유래한 동력에 의한 것이었다.

중국의 감춰진 농업혁명, 그리고 인도와의 비교

오늘날 중국에서 목하 진행 중인 "농업혁명"은 전통적인 영국 모델처럼 작물재배와 목축의 결합에서 비롯된 것이 아니다. 동아시아 모델처럼 근대적 투입, 즉 과학적 품종 선택과 화학비료의 효과가 인구 증가를 초월한 데서 비롯된 것도 아니다. 내가 "감춰진 농업혁명"이라고 부르는 것의 기원은 전혀 다르다. 그 동력은 주로 식품 소비의 변화가 견

---

[*] 그러나 중국은 일인당 GDP의 절대치가 여전히 매우 낮았다. 인도와 마찬가지로, 분명 그 인구가 방대한 농업부문의 일인당 노동생산성이 낮았기 때문이다.

인한 농업 구조의 일대 전환으로, 비농업부문의 경제발전이 가져온 소득 증가에 기원을 둔 변화이다. 소득 증가는 식품 소비를 크게 바꾸었다. 8할의 곡류와 1할의 채소류에 다시 1할의 육류가 더해지는 전통적인 소비구조가 (상층계급의 소비와 평균한 뒤의 비율에서) "곡류+육류·가금류·어류(와 계란·우유)+채소·과일"의 소비구조로 전환되었다(현재 곡류-채소류-육류의 비율은 대략 5:3:2이지만, 앞으로 4:3:3까지 변화할 수 있다. 4:3:3은 오늘날 도시의 상위 40퍼센트 계층의 식품 소비 비율이다). 소비구조의 전환이 낳은 시장의 기회 덕분에 농업 종사인구의 소득이 증가하였다. 소득 증대는 작물 수확량의 증가가 아니라 저가치의 곡물에서 고가치의 육류·가금류·어류와 채소·과일 생산으로의 전환에 기댄 것이었다. 그 결과 농업의 노동력 일인당 생산액이 현저하게 증가하였다. 그 증가 폭은 무려 5배 이상으로, 위에서 서술한 다른 농업혁명의 경험을 훌쩍 뛰어넘는다. 위에서 이미 살펴보았듯이, 영국의 농업혁명에서는 100년 동안 겨우 2배로 증가했을 뿐이다. 타이완에서는 일본의 식민지 지배 50년간 약 2배로 상승하였다. 한국의 경우는 1918~1971년의 약 반 세기 동안, 먼저 일본의 지배를, 나중에는 "녹색혁명"을 거치면서 약 2배로 상승하였다(제 3·4·5·6장).*

---

* 그것은 영국 농업이 공업혁명과 소득 상승을 거친 뒤까지 이룩한 변화도 크게 뛰어넘는다. 클라크(Gregory Clark)의 매우 상세한 비교 연구를 근거하면, 영국 농업에서 작물재배업과 목축업의 생산액 비율은 1700년 이전 대략 60 대 30에 상당하였으나 1800년에는 50 대 40, 1850년에는 50 대 50, 20세기 초에는 32 대 68에 이르렀다(Clark 2004: 특히 〈표 4〉 참조). 이것은 작물재배-사육 혼합농업의 틀 안에서 일어난 변화로, 식량작물 위주의 단일농업에서 혼합농업으로 전환한 중국의 변화만큼 격렬하지도 속도가 빠르지도 않았다.

"신新농업"의 취업인구는 일반적으로 "구舊농업"에 비해 완전취업에 더 가깝다. 신농업은 구농업에 비해 (토지 단위면적당 더 많은 노동력을 투입하므로) 더 노동 집약적이다(동시에 더 자본 집약적이기도 하다). 예컨대, 비닐하우스를 써서 (온도를 통제하면서) 채소를 재배하면 무당畝當 노동력은 노지채소의 약 4배가 필요하다. 이 때문에 더 적은 토지로도 완전취업을 달성한다. 비닐하우스로 1무의 토지에 채소를 재배하는 농민의 노동일수는 4무의 노지에서 채소를 재배하는 농민의 경우에 상당한다. 마찬가지로, 새로운 형태의 "바이오매스biomass 사료" 모델을 써서 옥수수 밭 1무에 5마리의 돼지를 키우는 농민은 그 경영 규모가 5무에 도달하면 완전취업 상태에 이르게 된다. 현재 일인당 파종면적이 7무에 그치는 현실에서, 신농업 종사 농민은 완전취업 상태에 도달할 수 있지만 구농업의 농민은 심각한 "은폐실업" 또는 "불완전취업" 상태에 처해 있다. 이상과 같은 새로운 형태의 발전은, 여전히 도시인구의 소득에는 크게 미치지 못할지라도 일부 농민의 소득을 제고시켰다.

또한 신농업은 비록 구농업보다 더 노동 집약적이긴 하지만, 신기술과 더 높은 자본 집약화로 말미암아 투입에 상응하거나 투입을 뛰어넘는 수준의 노동력 일인당 수익을 거둘 수 있다. 예를 들자면, 한 명의 노동력이 (1무의 땅에서) 채소를 온실 재배하면 6,000~8,000위안, 대형·중형 비닐하우스는 3,000~5,000위안의 순수익을 거둘 수 있다. 그러나 구농업의 노지채소 재배에서는, 한 명의 노동력이 동등한 노동과 4무의 토지를 투입해서 겨우 1,000~3000위안의 순수익을 거둘 수 있을 뿐이다(상칭마오·장즈강 2005; 이 책의 제 5장도 참조). 마찬가지로, 국가통계국國家統計局의 데이터에 근거하면, 신식의 "바이오매스 사료" 방식을 써서 일정 규모로 돼지를 키우는 경우의 노동일당 보수

는 돼지를 풀어서 키우는 구식의 양돈보다 80퍼센트 높다.[*]

인도의 농업도 비슷한 변천 양상을 보였다. 굴라티^{Ashok Gulati}가 지적했듯이, 인도에서는 1977~1999년간 농촌의 일인당 곡물 소비가 192킬로그램에서 152킬로그램으로 감소하였다(도시에서는 147킬로그램에서 125킬로그램으로 감소). 그러나 농촌의 과일 소비는 553퍼센트, 채소 소비는 167퍼센트, 우유와 유제품은 105퍼센트, 육류·계란·어류는 80퍼센트 상승하였다(Gulati 2006: 14). 이러한 변화는 분명 중국과 닮은 것이다.

그런데 이 같은 변화는 간과되기 십상이다. 왜냐하면 연구자들이 주로 어떤 작물 생산의 절대량 상승으로부터 농업혁명을 탐색하는 데 익숙해 있기 때문이다. 농업혁명의 주요 유형은 두 가지이다. 영국의 고전적 모델에서는 축력 사용을 통해 노동력을 절약하고 노동력 일인당 생산을 제고하였으며, 그 뒤로 (마력^{馬力} 단위로 계산하는) 기계화가 이루어졌다. 그 나머지 경우는 이른바 "동아시아 모델" 또는 "녹색혁명"으로, 주로 화학비료와 과학적 품종 선택에 의지한 것이었다. 두 가지 혁명은 모두 주로 토지 단위면적당 절대 생산량의 상승에 체현되었다. 그러나 최근 20년간 인도와 중국에서 진행 중인 농업혁명의 경우는 주로 고가치 생산품을 더 많이 생산하는 것으로 체현되었다(위에서 이미 지적했듯이, 일부는 당연히 단위면적당 생산량의 제고에도 반영). 절대 생산량의 증가가 아니라 주로 생산액의 증가였던 것이다. 이 때문에 간과되기 십상이었다.

중국에서는 상용 통계지표로 인해 문제가 더욱 복잡해졌다. 채소 생산이야말로 상승이 현저한 영역임에도 불구하고, 채소 생산액에 대

---

[*] 2003년의 데이터이다. 이 책의 제 6장 참조.

한 단독 통계 수치가 없다. (상승이 현저한 또 하나의 영역인) 가족농장의 사육은 농·림·목·어업 가운데 "목牧"업에 편입되어 있는데, 이는 초원에서의 방목으로 오해되기 십상이어서 가족농장의 재배-사육 결합이 간과되어 버린다. 그래서 현재의 "감춰진 농업혁명"이라는 실제는 파악하기가 더욱 어렵게 되어 버렸다.

예를 들자면, 비교경제사가 매디슨은 근년에 내놓은 중국 관련 저작에서 위에 서술한 변화를 전혀 언급하지 않았다(Maddison 2007: 71-76). 많은 중국 경제 또는 중국 경제사 교육과정에서 채택하고 있는 노튼Barry Naughton과 우징렌Wu Jinglian: 吳敬璉의 교과서 역시 마찬가지로 전혀 언급하지 않았다(Naughton 2007; Wu Jinglian 2005). 중국지망中國知網: CNKI[China National Knowledge Infrastructure]에서 "농업혁명"과 "식품 소비의 전환" 등을 키워드로 검색해 보아도 이 두 가지 큰 변화에 초점을 맞춘 연구는 발견할 수 없었다. 이것은 내가 여기에서 "감춰진 농업혁명"이라는 말을 사용하는 이유의 일부이다.

하지만 중국과 인도는 상술한 변화에 따라 나타난 사회구성에서 차이를 보인다. 인도의 모형은 고전적인 "자본주의"형에 더 부합하고 레닌이 『러시아 자본주의의 발전』(1956[1907])에서 논증을 시도했던 모형에 가깝다. 즉 농촌 사회가 자본주의 농장주(부농)와 무산無産 농업노동자로 양극분화된 것이다. 이미 2000년에 인도의 농업 종사인구 가운데 45퍼센트가 무산 노동자였고(1961년에는 겨우 25퍼센트), 그 가운데 절반은 빈곤선 이하였다. 인도가 이미 자본주의의 길을 가고 있다는 것은 의심의 여지가 없다(Dev 2006: 17-18).

중국의 경우는 매우 다르다. 토지승포제도土地承包制度※ 아래에서 토지 사용권은 촌마다 촌민에게 균분되었다. 이로 인해 중국의 농민은 인도 농민처럼 "무산계급화"되지 않았다. 농업 소득은 비록 매우 낮지만, 가장 빈곤한 농민일지라도 승포지^{承包地} 사용권을 차지하고 있으며, 그것은 일종의 생존 안전망에 해당하여 완전한 무산화를 방지하는 작용을 한다. 승포지 덕분에 농민과 농민공은 승포지에 대한 자신의 권리에 기대어 그들의 토지를 이용하려는 기업과 협상을 벌여 무산 노동자보다 더 우월한 임금이나 노동조건 아래의 계약을 획득할 수 있다(Zhang and Donaldson 2008). 이밖에 청년 농민이 외지에 나가 돈을 버는 동안에도 일부 중년 이상의 농민이나 여성은 그 가족의 승포지를 계속 경작하면서 그 사용권을 유지할 수 있다(지방정부가 토지 징발권을 남용, 도시 교외지역에서 개발업자와 연합하여 농민의 토지를 빼앗는 일은 당연히 강력하게 억제해야 할 문제이다. 그러나 전체적으로 말하자면 인도와 비교해서 토지승포제도가 상술한 작용을 하였다는 것은 틀림없다).

이 때문에 중국에서는 여전히 무산 농업노동자가 비교적 적다(계통적인 통계 자료를 얻기란 쉽지 않다. 왜냐하면 아직까지 국가통계국이 이 현상을 중시하지 않고 있기 때문이다. 그렇지만 우리는 현지대사 및 그 보고서를 통해서 많은 도시 근교와 동부 연해지역 농촌에서 일정 수량의 외지인이 농업에 종사하며 돈을 벌고 있다는 사실을 알 수 있다). 이 점에 관해서는 토지승포제도에 주된 공을 돌려야 한다. 비록 수많은 신고전파 경제학자들이 토지승포제도를 폐지하고 명확한 사유 "재산권"을 수립함으로써 신고전파 경제학의 교조에서 기대하는 바와 같은 높은 "효율"의 "자원 배분"에 도달해야 한다고 제창하고 있지만, 현재 중국의 국가 지도자들은 여전히 이 제도를 지속시키겠다는 입장을 견지하고 있는 것 같다.*

빈곤 인구의 수와 비율에서 중국과 인도의 차이는 뚜렷하다. 빈곤에 관한 세계은행의 최신 보고에 따르면, (1981년의 60퍼센트보다는 분명히 낮기는 하지만) 2005년 인도에서는 무려 42퍼센트가 빈곤선 이하, 즉 1일 1.25달러로 생존하고 있다. 그 가운데 절반은 무산 농업노동자이다(Dev 2006: 19). 중국의 경우는 전체 인구의 단지 15.9퍼센트만이 이 빈곤선 아래에서 생존하고 있는데, 이는 1981년의 85퍼센트와 뚜렷한 대조를 이룬다(World Bank 2008; 이 책의 제 4장도 참조).

여기에서 당연히 최근 30년 인도보다 속도가 빨랐던 중국의 국민

---

* 어떤 사람은 드 소토(Hernando De Soto)의 이론을 인용하여, 토지 재산권을 자본으로 전환할 수 있었던 것이 바로 서방 자본주의 발전의 관건적인 조건이었고, 그렇게 하지 못한 것이 개발도상국이 마찬가지로 발전할 수 없었던 관건적인 원인이라고 본다(De Soto 2000). 이 문제는 아래에서 다시 논의할 것이다.

경제 성장도 언급해야 한다. 세기 전환기 중국의 일인당 GDP는 인도의 두 배 이상에 도달하였다(〈표 1-2〉에 보이는 매디슨의 추산 참조). 이렇게 빠른 GDP 성장이 감춰진 농업혁명의 효과를 증폭시켰음은 의심의 여지가 없다. 특히 고품질 농산품 소비 및 그에 수반하여 일어난 농업 생산구조와 소득의 전환은 GDP 성장의 효과였다. 그것이 중국에서 빈곤을 감소시킨 매우 중요한 요소임에 틀림없다. 개혁 시기의 고속 성장은 당연히 그 이전의 계획경제 아래 이루어진 성장의 연속이기도 하다. 위에서 이미 보았듯이, 1959~1979년간 중국의 성장률은 인도의 거의 두 배에 달하였다.

마지막으로, 과거의 연구가 종종 이데올로기에 의해 좌우되었다는 사실을 지적해야 할 것 같다. 식민주의와 제국주의의 경제적 영향이 좋은 것이었느냐, 나쁜 것이었느냐에 관한 논쟁 속에서, 그리고 계획경제와 시장경제 중 어느 쪽이 더 좋은 것이냐에 관한 논쟁 속에서 학자들의 정력이 무수하게 소모되었다. 이러한 논쟁은 자본주의와 사회주의의 우열 문제에 초점을 맞춘 경우가 많아, 진정 기본이 되는 인구 대비 토지 문제 및 그것이 노동생산성 제고에 끼친 영향은 상대적으로 홀시되거나, 심지어는 슐츠의 이론에서처럼 아예 그런 문제는 존재하지 않았다고 치부되었다. 이 책에서는 이데올로기화된 문제로부터 경제의 기본 조건으로 되돌아갈 것을 강조하고자 한다.* 인구 대비 토지 비율이 우월하면 축력을 빌려 노동력을 절약하고, 이로부터 노동생산성을 제고할 수 있다. 근대에 들어서서는 기계화를 통해 노동력을 절약하였다. 이와 정반대로 인구 대비 토지 비율이 열악한 경제에서는 이러한 가능성이 배제되었다. 이런 경우 근대적인 발전은 또 다른

---

* 인도 학계에서의 이들 문제에 관해서는 Roy 2002 참조.

근대적 투입, 주로 과학적 품종 선택과 화학비료를 기다려야 했다. 즉, (노동력 절약이 아니라) 토지 생산성 제고를 통해서 노동생산성을 제고하였던 것이다. 그것은 일본의 모형이었고, 그 뒤로는 타이완과 한국이 그러하였다. 그러나 중국과 인도에서는 인구 증가가 그러한 성장을 거의 완전하게 잠식해 버렸다.

중국과 인도에서는 인구압이 너무나 컸던 까닭에 농촌 인민의 소득 제고를 위해서는 새로운 형태의 농업혁명이 필요하였다. 그것은 주로 비농업부문의 경제발전이 가져온 소비의 전환과 시장 수요에서 유래하였다. 고가치 농산품으로의 전환은 농업 인력에 더 높은 일인당 GDP를 안겨주었으며, 그것은 주로 절대 생산량의 상승이 아니라 생산액의 상승에 체현되었다. 중국(과 인도)의 농업이 현재 마주하고 있는 기회란 바로 이러한 노동력 일인당 생산액의 탈脫내권화 발전에서 온 것이다.

중국의 농업은 어디로 가야 하는가?

21세기의 중국 농업이 직면한 문제는 이렇다. 중국은 앞으로 인도와 같은 자본주의 국가가 될 것인가? 아니면 그와는 다른, 사회적 평등을 중시하는 국가가 될 수 있는가? 미래의 중국은 고전파 자본주의 모델을 뒤따르고, 그런 다음에 인도처럼 심각한 인구압 때문에 수많은 민중이 빈곤 상태에 빠지도록 할 것인가? 아니면, 중국은 또 다른 길을 찾아내어 중국혁명의 사회주의 이념을 일부 지켜나갈 수 있을 것인가? 바꾸어 말하자면, 중국은 인도처럼 사실상 두 개의 국가—갈수록 근대화되고 부유해지는 도시 중국과 여전히 빈궁한 농촌 중국—로 이루어진 경제가 될 것인가? 아니면 정부 측의 담화에서 말하는 것처럼 국민 대다수가 소강小康의 생활을 누리는 "화해사회和諧社會"를 이룩할 것인가?(제 7장) 이것이야말로 오늘날 중국 농업이 직면하고 있는 관건적인 문제이다.

고가치 농산품을 향한 전환의 추세 속에서, 일부 농민은 고가치의 "신농업", 예컨대 새로운 형태의 작물재배-사육 결합 또는 비닐하우스 채소 재배로 수익을 거두고 있다. 중국에서는 신농업에 종사하는 농가가 이미 3분의 1에 달하는 비율을 차지하고 있는 것 같다. 그들은 토지 단위면적당 더 높은 노동 집약화와 자본 집약화를 통해 이익을 얻고 있다. 더 작은 면적의 농장으로도 완전취업 상태에 도달하고, 투입에 상응하거나 그것을 뛰어넘는 노동보수를 획득함으로써 소득을 제고할 수 있다.

전망의 차원에서 말하자면, 중국의 현재 추세와 정부의 선택은 인도와 같은 "자본주의" 농업으로 기울어 있다. 그중에서도 대규모 기업, 즉 이른바 "선도기업[龍頭企業]"이 갈수록 주도적인 지위를 차지해 가고 있다. 이런 식으로 계속 나아간다면, 중국의 농촌은 인도의 경우처럼 매우 빠른 속도로 소수의 농장주와 대다수의 무산 농업노동자로 분화될 것이다.

중국이 아직은 그런 상태에 완전히 빠져 있지 않은 것은 주로 토지를 균분하는 토지승포제도와 그 제도 아래의 소규모 가족농장을 기초로 하는 합작合作조직* 덕분이다. 근년 들어 합작조직이 일정한 활력을 보이면서 자발적으로 흥기하고 있는데, 이는 정부의 지원이 결핍된 환경에서 흥기한 것이다(중국의 제도 환경에서 정부의 지원 결핍은 기실 배제와 거의 같은 의미이다. 예컨대 이런 합작조직은 국가은행으로부터 대출 혜택을 받을 자격이 없다. 그 어떠한 경제 조직에 대해서든 이는 치명상을 입히기 마련이다). 그들은 시장을 지향하는 수많은 소규모 가족농장의 (생산·가공·판매를 통합하는) "수직일체화" 수요에 부응하여 흥기한 것이다.

그들이 국가의 지원을 받는 선도기업과 다른 점은 투자자가 아니라 경작자의 이익을 위하여 조직되었다는 점이다. 이윤을 얻으면 구성원에게 배분하지 자본가가 점유하지 않는다. 바로 이러한 까닭에, 그다지 우호적이지 않은 환경 아래에서일지라도 그들은 여전히 상당한 활력을 보이고 있다.

현재 그들은 비록 농업의 총생산에서 비중이 크지 않아 기껏해야 판매액 기준으로 10퍼센트 정도로, 정부가 지원하는 선도기업에 크게 미치지 못하는 수준이지만, 이들 조직의 수는 줄곧 상승가도에 있으며 공공여론으로부터 일정한 지지를 획득하고 있다. 그들은 자본주의 이외의 또 다른 길이 될 수 있다. 심지어는 자본주의도 계획경제도 아닌 독특한 "제3의 길"이 되어 농민에게 좀 더 공평한 대우를 제공하는 방향이 될 수 있다. 이것이야말로 구舊소련의 농업경제학자 차야노프A. V. Chayanov가 1920년대 스탈린의 공포정치에 의해 피살되기 전에 제창한 구상이다(Chayanov 1986[1925]: 제 7장).

인도에서는 합작조직이 유구하고 광범위한 역사를 갖고 있다. 연구자가 실증했듯이, 합작조직은 농촌의 융자와 화학비료 사용 등의 측면에서 중요한 역할을 하였다. 그러나 판매의 측면에서 그 역할은 여전히 매우 제한적이다(Gupta 1999; "Agricultural Cooperatives"; "Agricultural Marketing in India"). 국부적인 생산 영역에서, 특히 우유와 설탕 부문에서 그들은 대농장주뿐만 아니라 소규모 가족농장에도 일정한 이익을 안겨 주었다(Baviskar and Attwood 1984).

문제는 갈수록 늘어나는 무산 농업노동자이다. 위에서 이미 지적했듯이, 2000년에 전체 농업 종사인구의 45퍼센트가 무산 노동자였다. 마하라쉬트라Maharashtra와 구자라트Gujarat 지역에 대한 연구에서 바비스카르B. S. Baviskar와 애트우드D. W. Attwood는 우유와 설탕을 생산하는 합작사가 농업노동자에게 어떠한 이익도 안겨 주지 못하였음을 처음부터 밝히고 있다(Baviskar and Attwood 1984). 경제인류학자 브레만Jan C. Breman의 구자라트 남부에 대한 연구는, 합작조직이 대형과 중형 농장주에게 조종당하는 경우가 많다는 것을 증명하였다. 그들은 같은 계급(Patidars 계급) 출신으로, 외지(마하라쉬트라 서부)에서 흘러든 노동자(Khandeshis 계급)를 고용하여 본지의 농업노동자(Halpatis 계급)를 배제하였다(Breman 1978; Breman 1996; Ebrahim 2000도 참조). 바꾸어 말하면, 합작조직은 사회적 평등을 촉진하는 작용을 전혀 하지 못한 것이다. 거꾸로 토지가 없는 농업노동자를 증가시켰고 그들에 대한 착취에도 참여하였다.

이 각도에서 보자면, 계획경제와 그 이후의 시장화에 기원을 둔 독특한 토지승포제도에 기초하여 중국은 소규모 가족농장 위주의 농업제도를 건립하고 농민 무산화의 과정을 회피하기에 더 유리하다. 그렇게 한다면, 중·단기적으로 대부분의 농가가 정부에서 이야기하는 "사회주의 신新농촌"에 기초한 "화해사회"처럼 "소강"의 생활을 누리도록 하는 수준에도 충분히 도달할 수 있다.

여기서 현재 중국의 "수직일체화"를 선도기업이 이끌든, 아니면 합작조직 혹은 정부가 조직한 전업專業도매시장이 이끌든 간에, 대부분이 소규모 가족농장을 농업 생산의 기본단위로 한다는 사실을 분명히 지적해 두어야 한다(제4장, 제7장). 소규모 가족농장은 "신新농업"에서 매우 큰 활력을 보이고 있다. 이는 근대 농업에서는 규모의 경제 이익을 누리는 대농장이 반드시 필요하다고 생각하는 전문가들의 예상을 완전히 벗어난 것이다. 중국의 감춰진 농업혁명에서 이들 소농장이 실증한 것은, 소규모 가족농장이 기실 노동과 자본 두 가지가 함께 집약되는 새로운 형태의 농업 생산 방식에 매우 적합하다는 점이다. 예컨대, 그들은 소규모 채소 생산에서 요구되는 소규모 노동력의 빈번한 투입에 적합하다. 그들은 새로운 형태의 작물재배-사육 결합에도 적합하다. 여기에서는 "범위의 경제 효과"가 더 많이 활용된다. 즉 규모의 경제 효과보다는, 두 가지 이상의 서로 상이하나 서로 보조적인 생산을 결합하는 효과가 주효하고 있는 것이다. 새로운 방식의 지속가능한 유기 농업도 마찬가지이다. 수직일체화 측면에서 그들은 생산의 서로 다른 단계—생산, 가공, 판매—에서 서로 다른 최적규모(예컨대, 소농장의 생산+규모화를 이룬 가공+규모화를 이룬 판매)를 채택하여, 서방의 일반적인 수평일체화(대농장)나 자본주의 기업 경영의 수직일체화 모델과는 판이하게 다르다(Chayanov 1986[1925]는 전자의 이론으로, Coase 1988[1990]은 후자의 이론으로 간주할 수 있다).

위에서 언급했듯이, 합작조직의 자발적 흥기는 소규모 가족농장의 수직일체화 수요에서 비롯된 것이다. 그들은 비록 국가은행으로부터 신용대출을 받을 수 없어 신가하게 억제당하고 있지만, 여전히 강인한 생명력을 보이고 있다. 만약 국가은행이나 촌村·진鎭 정부, 또는 양자가 연합하여 승포지에 대한 권리를 담보로 받아들여 농민의 합작조직에 신용대출을 제공해 줄 수 있다면, 혹은 한 걸음 더 나아가 합작자본 및 경영 경험이나 잠재력을 근거로 합작조직에 신용대출을 제공해 줄 수 있다면, 틀림없이 이들 조직에 더욱 강한 생명력을 부여할 수 있을 것이다. 동시에 만약 합작조직이 승포지에 대한 권리를 담보로 받아들일 수 있다면, 혹은 한 걸음 더 나아가 (노벨상 수상자 유누스 [Mohammad Yunus 2006]의 그라민^{Grameen} 은행처럼) 담보 요구 없이 그들이 장악한 회원들에 관한 신용정보를 이용하여 개별 농가에 신용대출을 제공해 줄 수 있다면, 오늘날 농촌의 융자난 문제를 해결할 수 있을 것이다. 그렇게 된다면, 합작조직은 어쩌면 진정으로 선도기업과 한판 자웅을 겨루어 중국 농민에게 또 다른 미래의 가능성을 제공해 줄 수 있을 것이다.

제 2 편   현대 중국의 사회형태

이상의 분석에서 일반적인 근대 경제와는 다른 중국식의 근대 사회형태가 드러난다. 현재 세계 제 2위이고, 그리고 얼마 뒤에는 제 1위 규모의 경제가 될지라도, 중국에서는 전체 인구의 무려 85퍼센트에 달하는 사람들이 가난한 농업과 (농업 이외의) "비정규경제^{informal economy}"[영어의 'formal economy'/'informal economy'는 '공식경제'/'비공식경제'로 번역하기도 하지만, 여기에서는 원서의 용어를 그대로 채용한다: 역자] 부문에 종사하고 있다. 그중에서 절대 다수는 국가 법규와 복지제도의 보장 혜택을 받지 못하고 있다. 이것은 "근대화" 이론의 예상, 즉 국가 법규의 보호를 받는 근대 도시부문이 시장 메커니즘을 통해서 "전통" 농업부문을 흡수하고 대체할 것이라는 예상과는 완전히 어긋나는 현상이다. 동시에 이러한 사회형태에서는 마르크스^{Karl Marx}와 베버^{Max Weber} 이론의 "중간계급"이 대다수를 차지하여, 그들의 이론이 예상했던 것과 달리 점차 소멸되어 자본가계급과 노동자계급으로의 양극분화에 흡수되지도 않았다. 바로 이러한 정치적 의미에서의 "중간" 계급은 자본주의를 완전히 지지하는 것도 아닐뿐더러 사회주의를 완전히 지지하는 것도 아니어서, 중국이 다른 길로 나아가는 데 사회적 기초를 제공할 수 있다.

방대한 규모에 여전히 확장 중인 비정규경제

중국과 인도의 농업은 여전히 대규모의 취업 부족 상태에 있고, 일인당 GDP는 매우 낮으며, 그 잉여노동력은 양국의 방대하며 여전히 확대 중인 도시 "비정규경제"에 대량의 노동자를 제공하고 있다. 중국에서는 도시에서 일하는 "농민공農民工"이 최근 30년간 무려 2억 명까지 늘어났다(그 가운데 1.2억 명은 토지도 떠나고 고향도 떠나서[離土離鄕] 도시와 [현 정부 소재지 이상의] 비교적 큰 도시에서 돈벌이를 한다. 나머지 0.8억 명은 고향 부근의 비교적 작은 도회지에서 비농업부문 노동에 종사한다). 만약 (비교적 큰) 도시의 농민공 1.2억 명에 다시 0.5억 명의 퇴직 노동자를 합한다면, 비정규 취업인구는 오늘날 (비교적 큰) 도시의 비농업 취업인구 총수 2.83억 명의 60퍼센트에 달하여 정규 취업인구보다 50퍼센트 이상 많게 된다.

정규경제의 직원·노동자와 달리, 농민공에게는 도시의 정규 신분이 없다. 이로 인해 국가가 제공하는 의료와 교육 복지도 없고, 국가 노동법규의 (예건대 최저임금과 법정 노동시간에 관한) 보호도 받지 못한다. 이 책의 제8장에서 논증하듯이, 그들의 평균 노동시간은 정규직보다 50퍼센트 길지만 소득은 정규직의 60퍼센트에 불과하다. (비교적 작은) 도회지에서 일하는 농민공 0.8억 명도 대부분 기본적으로 처지가 같다. 이것은 오늘날 시급히 해결해야 할 사회문제로, 국가가

구분	중국		인도	
	도시	농촌	도시	농촌
모든 취업인구	37%	63%	25%	74%
비정규정제	22%	63%	14%	68%
정규경제	15%	0%	11%	6%

* 자료 출처:『중국통계연감』2008: 110-111; Harriss-White 2003: 5 〈표 1-2〉

개입하여 농민공을 위한 존엄한 노동조건을 확립하고 오늘날 농민공에게 강제되고 있는 차별 제도를 철폐해 주어야 한다.

만약 비정규 취업인구의 범주에 농민까지 포함시켜 (비교적 큰) 도시의 정규경제의 직원·노동자와 구별한다면, 전체 비정규경제는 모든 취업인구의 85퍼센트를 차지하게 된다. 그들은 소득, 복지, 법률 보호와 사회 지위 등에서 모두 정규 직원·노동자와는 뚜렷한 차이가 있다.

인도의 상황은 기본적으로 비슷할 뿐만 아니라 오히려 더 열악하다. 인도에는 중국의 승포지와 같은 안전망이 없기 때문이다. 추산에 따르면, 인도의 비정규경제 취업인구는 전체 취업인구의 82퍼센트를 차지하며, 마찬가지로 국가 법규의 보호 밖에서 일하고 있다(ILO 2002: 19; 〈표 1-3〉도 참조). 중국과 비슷하게, 그들의 소득과 노동조건은 모두 정규경제보다 열악하며, 승포지 사용권이 제공하는 안전망도 없다. 그들 가운데 약 30퍼센트가 토지 없는 농업노동자로, 다름 아닌 "빈곤층 중에서도 가장 빈곤한" 사람들이다.

비정규경제 인구가 중국과 인도의 전체 경제 시스템에서 매우 높은 비율을 차지하고 있다는 사실은 오늘날 중국에서 영향력이 큰 "이중경제dual economy" 이론이 실제와 부합하지 않는다는 것을 밝혀 준다. 루이스W. Arthur Lewis의 출발점은 정확한 것이었다. 그는 "무한한 노동력 공급" 때문에 개발도상국에 이중경제가 조성된다고 생각하였다. 하나는 전통 경제로, 노동력 과잉으로 인해 보수가 낮다. 다른 하나는 근대 경제로, 보수가 높다. 이 출발점은 국내 경제학자들에게 일정한 공감을 일으켰다. 왜냐하면 중국의 높은 인구밀도와 노동력 과잉이라는 실제를 지적했기 때문이다. 그러나 루이스는 이어서 개발도상국이 아니라 서방 선진국의 경험으로부터 얻어낸 신고전파 경제학의 논점을 제시하였다. 그는 근대 경제의 발전 덕택에 근대부문이 전통부문의 잉여노동력을 완전히 흡수하는 "전환점^{turning point}"이 반드시 도래하여 노동력을 단일한 요소시장에 완전히 통합시켜 원래의 이중경제를 완전히 대체할 것이라고 생각하였다. 그 전환점의 도래 이후에는 전통부문의 임금이 뚜렷하게 상승하여 근대부문과 동등한 수준에 도달하게 된다(Lewis 1954; Lewis 1955). 국내의 어떤 학자는 중국이 이미 루이스가 말한 전환점에 도달했다고 단언한다(차이팡 2007).

그러나 중국과 인도의 실제는 도시와 농촌 노동력 시장의 통합과 균등화가 아니다. 신·구 경제의 사이에 위치하는 제3의 비정규경제가 형성되고, 그와 동시에 저보수의 전통적인 농촌경제 또한 완강하게 지속되어, 양자가 함께 경제 전체의 절대적인 부분을 차지하고 있다. 현재의 추세를 보면 저보수 비정규경제는 수축이 아니라 확장을 지속하고 있다. 문제의 근원은 분명히 인도와 중국에 농촌의 잉여노동력이 계속 존재하고 있다는 데에 있다. 이와 같은 비정규경제의 현실이 요구하는 것은, 시장의 "자연" 작동 메커니즘에 의지하는 것이 아니라 국가가 적극 개입하여 전통과 근대, 도시와 농촌 간의 거대한 차별을 제거하는 것이다.

대다수를 점하는 "중간계층"

이상의 문제는 또 다른 각도에서 이해할 수도 있다. 즉 마르크스와 베버가 공히 "중간계급"으로 간주한 자영업자가 차지하는 비율과 그 인구이다. 먼저, 농촌인구는 절대 숫자에서뿐만 아니라 전체 경제 취업인구에서 차지하는 비율에서도 여전히 방대하다. (2006년의) 중국에서는 63퍼센트, (2000년 전후의) 인도에서는 74퍼센트(이 가운데 6퍼센트는 해리스-화이트^{Harriss-White}가 정규경제의 일부로 간주하는 부유한 지주)에 이른다. 이처럼 높은 비율은 앞으로도 상당히 오랫동안 유지될 터인데, 그 원인의 일부는 바로 방대한 절대 숫자이다. 작은 지역, 예컨대 타이완과 한국, 심지어 일본과 비교하면 그 차별성이 매우 선명하다.

바로 이러한 까닭에, 소상인·행상·수공업자 등과 같이 도시경제와 농촌경제를 연결하는 "자영"의 "전통형(과 반半전통형) 소자산계급[※]"의 숫자도 훨씬 더 많다. 그들의 총수는 도시에서 6천만 명, 농촌에서 4천만 명, 합계 1억 명에 달할 것으로 보인다(이 책 제9장 참조).

마르크스가 보기에, 농민·수공업자·소상인 등은 모두 "소자산계급"에 속한다. "생산관계"에서 그들은 기본적으로 차이가 없기 때문이다. 그들은 자본을 써서 노동자를 착취하는 자본가도 아니고, 착취를 당하는 무산자도 아니다. 그들은 자신의 생산수단을 써서 자신이 생산에 종사하는 자영업자이며, 이 때문에 "중간계급"에 속한다. 만약 베버식의 시각, 즉 시장에서 사람들의 "계급상황class situation"으로 보자면, "소자산계급"은 중간계층 내지 중간계급이기도 하다. 그들은 시장에서 자신의 생산수단과 노동력을 써서 생산한 상품을 판다. 그러므로 남을 고용하는 자본가와 다르며, 자신의 노동력을 파는 무산자와도 다르다 (Weber 1978: v.1, 302-307).

만약 마르크스·베버를 좇아 자신의 농장을 경영하는 농민까지 자영업자라는 중간계급에 포함시킨다면, 중국에서는 구형舊型과 반半구형의 소자산계급이 전체 취업인구의 55퍼센트를 점하게 되어, 근대 자본주의(국가) 경제에 일반적인 10~15퍼센트보다 훨씬 더 높게 된다. 말할 나위 없이, 이들 자영 소자산계급의 수량과 비율은 그 자체가 주로 중국 구舊농업의 높은 인구밀도에서 비롯된 것이다. 사실 많은 수의 농민 및 그와 서로 연결된 소상인·행상·수공업자, 그리고 기타 서비스업 종사인구야말로 중국·인도와 서방 선진국 간의 근본적인 차이이다. 좀 더 이른 시기에 발전한 개발도상국, 예컨대 일본, 한국, 타이완 등과도 다르다. 서방 선진국과의 차별성은 특히 더 선명하다. 서방 선진국에서 농민은 일반적으로 전체 인구의 약 2퍼센트에 불과하고, 자영 중간계급은 미국의 경우 약 10~15퍼센트밖에 되지 않는다(라이트 Erik Olin Wright의 연구에 근거—Wright 1997: 제4장).

또한 중국에서는 근대적 형태의 자영업자(예컨대 근대적 형태의 상업과 서비스업) 및 새로운 전문인력(예컨대 고급 기술인력, 대학의 교수와 연구원, 변호사, 국가 공무원 등)이 일반적으로 말하는 "화이트칼라” “중산계급”의 대부분을 차지하고 있다(이 책 제8장, 제9장 참조). “구舊소자산계급”과 마찬가지로 새로운 자영 중간계급은 자본과 노동자에 대한 태도가 애매하다. 당연하게도 그 가운데 상당수는 오늘날 완전히 자본주의 편에 서 있거나 그 가까이에 있다. 그러나 그런 사람이 전체의 대다수일 수는 없다. 전문인력은 자본/생산수단의 소유가 아니라 주로 자신의 전문기술과 지식에 의지한다. 그들은 왕왕 자영업자와 마찬가지로 독립성이 강하다.

만약 신·구 “소자산계급” 전부를 자본가도 아니고 무산자도 아닌 중간계급/계층에 포함시킨다면, 그들의 총수는 전체 취업인구의 70퍼센트에 달하게 된다. 만약 농민공 가운데 “소자산계급”에 포함시키지 않은, 농민과 밀접한 관계가 있는 인원(즉 서비스업 이외의 농민공과 상·공 개체호個體戶※)까지 더한다면, 그 비율은 무려 80퍼센트에 이르게 된다. 동시에 만약 마르크스와 베버를 좇아 그들을 경제적 의미에서뿐만 아니라 정치적 의미에서의 중간계급, 즉 완전히 자본주의 편도 아니고 완전히 사회주의 편도 아닌 계층으로 본다면, 이것이 일반적

※ 역주: “개체호(個體戶)”의 “개체(個體)”란 “집체(集體)”에 속하지 않은 채 독립적인 경제 활동을 영위하는 주체를 의미한다. 따라서 “개체호”는 우리말로 “자영업자”라고 번역할 수 있다. 그러나 여기에서는 “개체”와 짝을 이루는 “집체”라는 말을 번역하지 않고 원서의 용어를 그대로 쓰기로 하며, 그에 따라 “개체” 역시 그대로 두기로 한다. “집체(集體)”란 사전적으로 “집단”이나 “단체”를 뜻하나, 이 책의 “집체”를 바로 “집단”이나 “단체”로 번역하는 것은 적절해 보이지 않는다. 예컨대 보통 향(鄕)·진(鎭)이나 촌(村)을 가리키는 농촌 지역의 “집체”가 설립한 기업은 “집체기업(集體企業)”이라고 부르는데, 이를 “집단기업”이나 “단체기업”이라고 옮기는 것은 대단히 어색하기 때문이다.

의미에서 자본과 노동의 관계를 주축으로 하는 근대 자본주의 사회와는 매우 다른 사회형태라는 점을 명확하게 알 수 있다. 그것은 자본과 노동, 자본주의와 사회주의에 대하여 이것 아니면 저것이라는 식의 이원(二元)대립 구도를 설정하는 것이 실제와 얼마나 부합하지 않는지를 보여준다. 중간계급/계층이 대다수를 구성하는 사회형태에는 실제로 이원대립 이외의 다양한 변화 방향이 있는 것이다.

중국의 농업과 사회형태는 어디로 가야 하는가?

마지막으로 던지려는 문제는 중국의 경제와 사회가 미래에 나아갈 방향이다(제 10장). 이미 살펴보았듯이, 서방 자본주의의 모방이 강고한 추세이기는 하지만, 이는 필연적으로 인도에서처럼 방대한 빈곤 인구와 사회적 불평등을 초래할 방향이다. 최근 10년의 국가 정책은 자본주의식 기업(선도기업)으로 치우쳐 왔지만, 동시에 사회적 평등 지향도 상당한 정도로 실재하고 있다는 점을 발견할 수 있다.

여기에서는 국가 지도자가 자본주의 이외의 또 다른 가능성에 대한 탐색을 견지할 것인지 아닌지가 관건적이다. 그것은 사회주의의 상대적으로 우월한 부분이자 중국 자신의 혁명 전통에서 우월한 부분을 유지할 수 있는 길이기도 하다. 여기서의 의도가 자본주의와 사회주의 양자 간의 마치 흙탕물 같은 모호한 타협이 아니라 양자가 공존하는 구체적인 현실에서 출발하여 양자의 분기를 초월할 수 있는 길에 있다는 짐을 밝혀 두어야 하겠다.

이 책에서 논의하는 중국 농촌의 출로出路는 주로 소규모 가족농장을 주체로 하는 합작조직이다. 이 책에서는 중국 농업이 오늘날 갈림길 앞에 서 있다는 것을 논증하였다. 최근 30년의 감춰진 농업혁명으로 중국 농촌에는 진정한 의미에서의 근대적 발전을 이룩할 역사적 기회가 도래하여, (비록 여전히 도시보다는 낮지만) 농촌의 일인당 생산액을 뚜렷이 상승시켰다. 앞으로 단순한 자본주의로의 길을 갈 수도 있다. 그것은 장차 토지승포책임제를 철폐하고 토지의 자유매매를 허락하는 것을 의미한다. 만약 그렇게 한다면, 대량의 자본이 농촌에 진입하는 환경 아래 인도와 유사한 사회형태가 나타나, 토지 없는 농업노동자가 매우 높은 비율을 차지하고 도·농 격차가 크게 벌어지게 될 것이다. 그렇게 된다면, 중국은 장차 두 개의 국가로 이루어진 통일체와 다름이 없게 될 것이다. 하나는 빈곤한 농촌, 다른 하나는 근대적이고 부유한 도시로, 양자 간의 차이는 날이 갈수록 현저해질 것이다. 이와는 다른 길을 갈 수도 있다. 그것은 비교적 평등한 사회를 향해 나아가, 소규모 가족농장에 기초한 수직일체화 합작조직에 의지함으로써 중·단기적으로 정부 측에서 말하는 "소강"과 "화해"의 사회를 이룩하는 것이다. 당연히 이것은 결코 과거의 계획경제로 되돌아가자는 것이 아니다.

이 책에서는 이러한 길이 과연 갈 수 있는 것인지 아닌지 시험할 수 있는 방법을 모색하고자 하였다. 정부 측의 담화는 현재까지 모순으로 가득하여, 자본주의뿐만 아니라 사회주의의 수사도 쓰고 있다. 동시에 적지 않은 관찰자들이 지적했듯이, 이전 시기에 국가 정책은 그 언사에서는 비록 좌편향이었지만 실제 행위에서는 우편향이어서 농민과 노동자의 이익을 홀시하였고, 비록 사회주의와 환경보호 등의 수사를 거듭 구사할지라도 환경보호에 열심이지 않았다. 문제의 관건은 지방간부에 대한 평가와 인센티브 제도에서 사회적 평등과 환경보호라는 (따르지 않아도 되는) "연성軟性" 지표를 어떻게 실행에 옮기고, 그럼으로써 그것을 GDP 증가라는 (반드시 복종해야 하는) "경성硬性" 지표와 구별할 수 있게 될 것이냐에 달려 있다.

　최근 30년의 경험에서 보건대, 앞으로의 방향 전환은 지방간부에 대한 평가와 인센티브 제도의 실제 작동에 달려 있다. 또한 실천 속에서 사회적 평등과 환경보호의 비중을 얼마나 무겁게 만드느냐가 매우 중요하다. 개념의 차원에서, 이러한 정책이 GDP 발전에 대하여 중요한 공헌을 하고 국내 시장의 발전 및 지속가능한 경제발전을 촉진한다는 것을 더욱 깊이 인식해야 할 것이다. 실천의 차원에서, 30년간의 개혁 경험은 간부에 대한 평가와 인센티브 제도가 전체 국가체제의 "급소[要穴]"라고 할 만큼 중요하며, 과거에는 사회적 평등과 환경보호를 진정으로 중요한 지표로 삼지 않았음을 실증해 주었다. 이것은 중국이 오늘날 직면해야 할 중요한 시험으로, 농촌과 농업 외의 비정규경제에서 일하는, 국민의 85퍼센트를 차지하는 사람들의 운명과 직접 관계가 있다.

　당연한 말이겠지만, 지방정부의 실천이 결정적으로 중요하다는 것을 지적하고 지방정부가 앞장서서 새로운 농촌 복지, 합작조직, 금융, 환경보호 등의 제도를 건설해야 한다고 제창하는 것은 근 30년래 불거진 개혁기 국가체제의 수많은 폐단—낡은 계획경제의 통제·흡취형 관료주의 체제 위에 지방정부/관료의 모리[牟利] 행위가 결합—을 소홀하게 다루는 것이 절대 아니다. 이로써 한 발 더 나아가 국가체제를 전환시키는 계기로 삼아 진정한 봉사형 정부를 건립하려는 것이다.

　현재의 "감춰진 농업혁명"으로 하여금 대다수 인민에게 (국제노동기구가 제창하는) "존엄한", 혹은 (중국의 국가 지도가 자신이 제창하는) "소강"의 생활수준을 안길 수 있도록 하려면, 우리는 반드시 좌·우 쌍방의 이데올로기를 동시에 초월해야 한다. 단순한 자본주의의 시장근본주의(와 그것이 추구하는, 불평등한 현실을 호도하는 추상적인 "일인당" GDP 성장)를 초월하여, 18세기 이래 중국의 인구압과 노동력 과잉으로 초래된 사회위기를 직시해야 한다. 동시에 단순한 계획경제형 사회주의를 초월하여, 현재의 감춰진 농업혁명 배후의 시장 수요 동력과 기회를 적절하게 이용해야 한다. 앞에서 서술한 농민이 주체가 되는 농업 합작주의는 이러한 좌·우의 분기를 초월하는, 자본주의도 아니고 계획경제도 아닌 길이 될 수 있을 것이다.

제1편　내권에서 감춰진 농업혁명으로

제2장

18세기 영국과 중국
: 두 가지의 농업 시스템과 그 변천

18세기 영국과 창장 삼각주는 각기 두 가지의 전혀 다른 농업 시스템과 그 변천 양식을 대표한다. 먼저, 그 농장의 평균 규모에 현격한 차이가 있었다. 영국 남부는 150에이커, 북부는 100에이커였다(Allen 1994: 99). 그러나 창장 삼각주는 평균적으로 0.92에이커에서 1.58에이커(즉 5.5무에서 9.5무)에 불과했다.[*] 단순 평균값을 취한다면, 그 격차는 125에이커 대 1.25에이커, 즉 100 대 1이었다.[**]

---

[*] Huang 1990: 342 부록의 〈표 B-2〉; 황쫑즈 1992[2000]: 340.

[**] Huang 1985: 322 부록의 〈표 B-1〉, 327 〈표 C-1〉; 황쫑즈 1986[2000]: 330-331, 337.

영국의 작물재배-목축 혼합농업 시스템과 비교해서 말하자면, 창장 삼각주는 단순 작물재배업 경제에 가까웠으며 노동력 단위당 (더 많은 가축과 비료를 사용하는) "자본화" 정도 역시 그에 상응하여 더 낮았다. 더욱 뚜렷한 대비를 이루는 것은, 18세기 영국에서 농업 자본화가 부단히 진전되고 있던 바로 그 무렵에 창장 삼각주는 도리어 노동의 집약화를 더욱 높이는 상반된 방향으로 진화해 갔다는 점이다. 아래에서는 이러한 차이를 하나씩 검토해 볼 것이다.*

영국의 농업과 농업혁명

리글리^{E. Anthony Wrigley}의 연구가 밝혔듯이, 영국은 17~18세기의 200

---

* 이 장의 내용은 이미 논문(Huang 2002; 황쭝즈 2002)으로 발표하였다. 논문에서는 포머란츠(Kenneth Pomeranz)의 저서 『대분기(大分岐)』(Pomeranz 2000)에 보이는 수많은 오류를 논증하는 데 집중하였다. 포머란츠의 저서는 구체적인 생활과 생산 상황에 관한 지식을 경시하고 유행하는 이론과 서면상의 숫자에 지나치게 치중한 까닭에 논증 과정에서 심각한 경험적 오류를 적잖이 저질렀다. 예컨대, 강남 농민이 일인당 매년 10필의 면포와 2필의 비단을 소비하였다고 상상하였다. 또한 1필의 면포를 생산하는 7일의 생산 과정에서 소득이 높은 직포에 3일을 써야 했다고 생각했다(사실은 1일만 썼다). 그리고 포머란츠의 책은 18세기 영국에 대한 최근 20년 서방의 연구가 이룩한 주요 학술 성과, 즉 농업혁명, 원(原)공업화, 도시발전, 인구행태의 변화, 그리고 소비의 변화라는 "5대 변화"에 대한 실증을 진지하게 취급하지 않았다. 당시 나의 논문에서 포머란츠의 저서에 나타난 오류가 그 논점의 영향에서 비롯된 것이라는 생각을 매우 자세히 논증하였으므로 여기에서는 새삼 다시 췌언하지 않고, 직접적으로 18세기 중국과 영국의 비교라는 주제에 집중하고자 한다.

년 동안 인구가 (411만 명에서 866만 명으로) 210퍼센트 증가하였지만, 농업 인구가 차지하는 비율은 도리어 절반으로 감소하여 70퍼센트에서 36.25퍼센트가 되었다. 바꾸어 말해서, 1800년 인구의 3분의 1 남짓을 차지하는 인구가 나머지 3분의 2의 인구에게 식량을 제공할 수 있는 능력을 갖추었던 것이다. 당시 식품의 수입輸入이 비교적 적었던 사실을 고려할 때,* 이는 곧 18세기에 "노동력 단위당 생산량"이 적어도 4분의 3 증가했음을 의미한다(Wrigley 1985: 688, 700-701, 723).

앨런Robert C. Allen은 좀 더 직접적인 증거에 기초하여 리글리와 기본적으로 일치하는 결론을 얻어냈다. 장원에 대한 조사 및 영Arthur Young—영은 1760년대 영국을 여행하여 수백 곳의 농장에 대한 상세한 자료를 기록하였다—과 같은 당시 여러 사람의 관찰에 기초하여, 앨런은 18세기 동안 농업 노동 인구는 안정을 유지하였지만 (곡물과 가축을 포함하는) 농업 생산량은 오히려 두 배 이상으로 늘었다고 지적하였다(Allen 1994: 102, 107). 이러한 18세기의 "농업혁명"은 토지 단위면적당 노동 투입이 증가하지 않은 상황에서 이룩된 것이었다.** 앨런은 심지어 더 많은 가축 사용 및 규모의 경제로 말미암아 토지 단위면적당 노동 투입이 5퍼센트 감소하였다고 추산한다(Allen 1994: 104, 107).

리글리는 총생산의 증가와 노동력 단위당 생산의 증가를 뚜렷하

---

* 존스(Eric L. Jones)의 추산에 따르면, 대략 식품 소비 총량의 10퍼센트를 차지할 뿐이다(Jones 1981: 68).

** 당연히 앨런은 자신의 1992년 저작에서 두 차례의 농업혁명, 즉 17세기 "자영농 혁명"과 18세기 "지주 혁명"에 대하여 논의하였다(Allen 1992).

게 구별하였다. "내가 고려하는 것은 실질적으로 노동생산성—시간 당은 물론이고 연간 기준으로 측정하더라도—을 제고시키는 변화로, ……"(Wrigley 1985: 728 주석 38). 여기서 리글리가 말한 것이 바로 나의 저서에서 창장 삼각주 지역의 "내권內卷"(노동력 단위당 한계생산의 체감) 및 "집약화"(토지 단위면적당 노동 투입의 증가)와 구별하기 위하여 "발전"(노동생산성의 제고)이라고 칭했던 것이다(Huang 1990: 11; 황쭝즈 1992[2000]: 11). 리글리는 다음과 같은 질문으로 끝을 맺었다. 영국 농업은 "충분히 오랫동안 정주해 온 지역에서" 어떻게 "리카도(Ricardo)의 법칙", 즉 단위 노동과 자본 투입의 한계생산이 체감하는 법칙에서 벗어날 수 있었던 것일까?(Wrigley 1985: 726)

18세기 농업에 관한 존스Eric L. Jones, 앨런, 오버튼Mark Overton 등의 연구는 이 질문에 대하여 가능한 답변을 제공해 주며, 동시에 창장 삼각주 지역과의 선명한 대조를 그려낸다. 인클로저 운동 이전에는 작물재배업과 목축업이 서로 나뉘어 있었다. 전자는 사유지에서 이루어졌지만 후자는 공유지에서 전개되었다. 17~18세기 인클로저의 확대는 생산자들로 하여금 자신의 토지에서 작물재배와 목축을 계통적으로 결합시켜 나가도록 만들었다. 전형적인 노포크Norfolk 방식의 밀-순무-보리-클로버 윤작 시스템(이 제도는 1760년대 아서 영이 조사·보고를 실시할 때 이미 영국 농업의 보편 모델이 되어 있었다)에서는 식량작물(밀·보리)과 가축 사료작물(순무·클로버)을 번갈아 심었다(Allen 1992: 111; Overton 1996: 3). 이 제도는 먼저 목축 생산량을 제고하였다. 앨런의 추산에 따르면, 18세기 동안 (경작용 마필을 제외한) 가축이 73퍼센트 늘어났다(Allen 1994: 109, 113-114). 또한 존스의 계산에 따르면, 1760~1800년간 경작용 가축과 기타 가축이 모두 늘어났는데, 그 가운데 경작용 마필은 69퍼센트 늘었고, 기타 가축은 35퍼센트 증가하였다(Jones 1981: 73). 이런 종류의 성장은 농장의 노동생산성 제고를 의미하는 것이기도 하였다. 이것은 주로 가축비료와 축력 사용의 증가 및 사료작물의 질소 고정nitrogen fixation 작용에 의한 토양 비옥도 제고 덕분이었다.* 끝으로 노포크 방식에서 경지는 목장과 돌아가며 교체될 수 있었기에 "전환형 가축 사육convertible husbandry"이 이루어졌고, 그에 따라 지력을 회복 또는 제고시킬 수 있었다(Overton 1996: 116-117). 당연하겠지만 노동생산성의 제고에는 다른 원인도 있었다. 종자 개량, 가축의 새로운 품종, 도축 방법의 개선, 규모의 경제 등이 그것이다. 그러나 창장 삼각주와 비교할 때 가장 두드러진 변화는 바로 농장의 노동력 단위당 "자본화", 즉 축력과 가축비료 사용의 증가였다고 할 수 있다.

창장 삼각주의 농업

영국의 농업 시스템에서는 경지와 목장이 교대하였다. 그 가운데 경지에는 다시 사료작물과 식량작물을 돌아가며 심었다. 그러나 창장 삼각주 지역에서는 거의 완전히 식량작물을 재배하였다. 전형적인 창장 삼각주의 경지에서는 봄에 벼를 심었다. 그 다음에는 겨울 밀을 파종하였다(Li 1998: 39-40, 50, 또한 6, 15 참조). 식량작물을 재배하지 않는 곳에서는 경지에 일반적으로 면화나 뽕나무를 재배하였다(아래에서

---

* 이밖에도 순무는 잡초를 억제 또는 제거하는 작용을 한다(Overton 1996: 3). 오버튼은 또한 노포크 시스템의 전체적인 효과를 정량적으로 제시하였다(Overton 1996: 118).

다시 논의). 그다지 많지는 않지만 자운영을 겨울 작물로 심었을 뿐인데, 이는 주로 풋거름으로 썼고, 간혹 가축사료로 쓸 수도 있었다(장가오 1963[1834]: 7; 천헝리·왕다 편 1983: 15) (1930년대의 비교적 정확한 데이터에 따르면, 창장 삼각주 지역에서 자운영의 재배면적은 총 파종면적의 0.9퍼센트를 차지하였다).* 농가에서 사육하는 가축은 주로 구정물을 먹이는 돼지, 영국에서와는 달리 주로 풀을 먹이는 말과 양, 또는 소였다.

단순 작물재배업 농업

농업사가라면 모두가 익히 알고 있는 기본적인 사실이 있다. 즉, 기존의 일정한 기술 수준하에서 단위 토지에 농작물을 재배하면 (고기, 젖, 치즈를 제공하는) 목축보다 훨씬 많은 인구를 부양할 수 있다. 벅^{John Lossing Buck}은 중국의 농장 경제를 다룬 대작^{大作}에서 이 비율이 6 대 1 또는 7 대 1이라고 지적하였다(Buck 1937a: 12). 이는 토지 수량이 일정하다는 전제 아래 만약 중대한 기술 변화가 없다면 높은 인구밀도가 결국에 가서는 목축업을 배제하고 토지 이용을 단순 작물재배업의 형국으로 몰아간다는 것을 의미한다. 영국(과 유럽)의 경우는 농업 생산에서 작물재배와 목축 부분이 통상적인 상황에서 거의 대등하였다. 그러나 창장 삼각주 지역의 농업은 적어도 17세기부터 기본적으로 식량만 생산하게 되었다(천헝리·왕다 편 1983; 장가오 1963[1834]). 1952년의 정확한 데이터에 따르면, 그 해 (어업까지 포함하는) 목축업은 중국의 농업 생산에서 겨우 11.8퍼센트를 점유하였다(『중국통계연

---

* 0.9퍼센트라는 숫자는 Buck 1937b: 178에서 나온 것이다. 자운영이 거여목보다 더 상용되었다는 점에 주의해야 한다.

감』 1983: 150).

18세기 영국의 작물재배업-목축업 혼합형 농업과 중국의 작물재배업 위주 단순형 농업의 기본적 차이는 또한 두 지역 인민의 식단에 나타나는 기본적 차이를 밝혀 준다. 영국인의 전형적인 식단에서는 곡물(빵)과 치즈, 버터, 우유, 고기 등이 각기 상당한 비율을 차지하였다(Drummond 1958: 206-210). 중국인의 식단은 주로 곡물(쌀, 밀가루, 옥수수, 좁쌀, 수수)—현대 중국인이 "주식主食"이라고 부르는 것—으로 이루어져 있었고, 거기에 좀 작은 비중을 차지하는 "요리[菜]"(또는 "부식")가 추가되었다. 농민에 대하여 말하자면, "요리[菜]"란 겨우 채소를 포함할 뿐이며, 특별한 경우에나 고기(주로 돼지고기이고, 간혹 가금류·어류·계란 등)가 있었다.

식단 외에 한발 더 나아가 의복도 비교할 수 있다. 축산품에 기대어 인구를 부양한다는 논리는 마찬가지로 의복의 측면에서도 관철된다. 예컨대, 일정 수량의 인구를 위하여 양모를 공급하면 면화를 공급하는 경우보다 점용 토지가 훨씬 더 크다. 그리고 면화 재배는 양을 길러 양모를 생산하는 것보다 훨씬 더 많은 노동 투입을 요구한다. 18세기의 영국인은 주로 양모에 의존하여 겨울 의복을 만들었다. 같은 시기 중국의 농민은 (상층계급은 확실히 적잖은 비단을 소비하였지만) 거의 완전히 면으로 만든 의복에 기대어 겨울을 났다. 이 또한 두 가지 농업 시스템에서 목축업이 차지하는 비중의 차이를 드러낸다.

다른 조건이 같다는 전제하에, 작물재배업과 목축업을 결합시킨 농업은 분명 더욱 더 "자본 집약"적인 농업 시스템, 즉 가축 비료와 축력 및 토양의 비옥도를 증강시키는 사료작물을 노동 단위당 더 많이 사용하는 농업 시스템을 형성한다. 그러나 단순형 작물재배업 농업 경제 시스템에서는, 토지에 대한 인구의 압력이 목축업을 배제하면서 토지 단위면적당 생산의 최대화를 달성한다. 그러나 이는 불가피하게 노동 단위당 더 적은 자본을 투입하여, 따라서 더 낮은 단위 노동생산성을 통해서 실현되는 것이다.

일본의 만철滿鐵: 남만주철도주식회사[南滿洲鐵道株式會社] 학자들이 1930년대에 실시한 현지대사를 통해 남겨준 자료는 이러한 논리를 명료하게 보여준다. 1930년대 화북 평원에서 남성 노동자의 임금은 실제로 나귀 가격과 비슷한 수준으로 억제되어, 겨우 말 또는 (나귀의 두 배에 달하는 축력을 제공할 수 있는) 노새 가격의 절반에 상당하였다. 그래서 나귀를 데리고 품을 파는 사람은 두 사람에 상당하는 임금을 얻을 수 있었다. 이러한 임금 등식은 다음과 같은 사실에 기초하였다. 농번기에 나귀를 사육하는 비용은 인건비에 상당했으며, 노새나 말을 사육하는 비용은 사람의 두 배였다. 이런 상황 아래 농사에서 가축의 사용은 점차 가능한 최저 수준까지 내려가서, 고작 생산주기 가운데 인력에만 의지해서는 완성할 수 없는 부분(주로 땅 갈기)에 국한된다 (구정물을 먹일 수 있는 가축인 돼지를 제외하고). 식용 가축의 사육도 기본적으로 배제된다. 그에 따라 (돼지 분뇨를 제외한) 가축 비료의 사용은 감소하고, 더 나아가 필연적으로 낮은 노동생산성을 의미하게 된다 (Huang 1985: 제 8장, 특히 148; 황쫑즈 1986[2000]: 153).

중국의 단순 작물재배업 경제가 채용한 비료는 영국의 혼합형 경제와 매우 달랐다. 토지의 희소성 때문에 토지 수요가 큰 시비 방법, 예컨대 영국의 전환형 목축업에서 채용한 것과 같이 경지를 목지로 되돌리는 방식을 통해 지력을 제고하는 방법이 배제되어 버렸다. 설사 풋거름이라 할지라도 역시 토지를 점용할 수 있었기에 최저 수준으로 억제되었다. 이로 인해 자운영 등 작물은 전체 파종면적에서 아주 작은 비중을 차지하는 데 그쳤다. 이밖에 노포크 시스템에서의 순무나 클로버처럼 토양을 비옥하게 할 수 있는 가축 사료작물을 채용한 경우도 아주 적었다. 창장 삼각주 지역이든 화북 지역이든 간에 주된 비료는 모두 집집마다 각자 쌓아 놓은 돼지(와 사람)의 분뇨로 만든 것이었다. 이런 비료는 시비 과정에서 (특히 집에서 경지로 운반하는 과정과 일일이 뿌려 주는 과정에서) 더 많은 인력을 소비하지만, (돼지는 가정에서 남긴 음식으로 사육할 수 있기 때문에) 그로 인해 요구되는 토지는 오히려 가장 적다.

18세기 창장 삼각주 지역에서는 콩깻묵 사용이 증가하였는데—해금海禁 ※ 철폐 이후 만주의 연해지역에서 바다로 운송해 왔다—, 이는 주로 토지의 집약적 사용 아래 지력을 유지하고 제고하기 위한 것이었다. 콩깻묵은 대두에서 기름을 짠 뒤에 남는 찌꺼기로 만드는 부산물이었다. 그것은 델타 지역에서 점차 돼지 분뇨로 만든 "밑거름"을 준 다음에 뿌리는 보조 성격의 "덧거름"이 되었다(어떤 때에는 자운영이나 개흙[河泥] 다음에 돼지 분뇨, 그 다음에 세 번째 비료로 콩깻묵)(장가오 1963[1834]: 7). 콩깻묵을 사용한 것은, 토지 사용에서 "자본화"의 진전이라는 측면도 만만찮게 있지만, 훨씬 더 많은 경우 겨울 밀 재배가 증가하는 가운데 토지에 높은 품질의 비료를 투입하여 지력을 유지할 필요가 있었기 때문이다. 바로 이러한 까닭에 콩깻묵의 투입은 단위면적

※ 여주: "해금(海禁)"이란 17세기 중엽 칭조(淸朝)가 해상을 무내보 활동하는 저항 세력의 숨통을 끊기 위해 민간 선박의 항해를 금지시킨 것을 가리킨다. 청조는 타이완을 정복함으로써 마지막 항청(抗淸) 해상 세력의 제거에 성공한 이후인 1685년에 해상을 통한 교역 활동의 재개를 승인하였다.

당 쌀 생산량의 현저한 상승을 이끌지 못하였다. 그것은 결국 창장 삼각주 농업에서 노동 집약화가 더 심화되었다는 것을 나타내는 징후였다.*

* 리보중(李伯重)은 일찍이 꽤나 시사적인 데이터에 근거하여 이런 종류의 비료 사용을 증가시키는 것으로 생산량 제고를 촉진할 수 없다는 견해를 내놓은 바 있다. 그에 따르면, 창장 삼각주 지역의 쌀 생산량은 명·청 시기를 거치면서 아주 미미하게 증가했거나 전혀 증가하지 않았다. 비료 투입을 늘린 뒤에도 내내 1~3석 수준을 맴돌았다(1석은 부피 단위로 100리터와 같으며, 무게로는 대략 160근, 즉 176파운드에 해당한다). 리보중은 이것이 비료 투입의 효과가 체감(하거나 토지의 비옥도가 체감)한 탓이라고 생각한다. 1석의 쌀을 생산하기 위해서 명 대 후기에는 53근(1근은 1.1파운드)의 비료가 필요했지만, 청 대에는 115근으로, 1950년대에는 200근으로 늘어났다(리보중 1984: 34-35).

그러나 그 뒤로 창장 삼각주 지역의 초기 발전 및 "비료혁명"을 논증하기 위하여, 리보중은 일종의 숫자놀음을 통해 자신의 이전 분석을 뒤집었다. 그는 매년 "천여 만 석"의 "두(豆)·맥(麥)"이 둥베이(東北) 지방에서 상하이로 운송되어 온다는 바오스천(包世臣)의 관찰을 인용하고, 아울러 이 숫자에 등장하는 석(石)이 둥베이 지방의 계량 단위인 (관동[關東])석(石)이고 이는 (강남에서) 통용되던 시석(市石)의 2.5배와 같다고 주장하였다(Li 1998: 114; 209의 주석 35, 우청밍 1985: 655, 657에서 인용). 이에 그는 1820~30년대 매년 상하이로 운송된 "맥(麥)·두(豆)"가 실제로는 2,500만 석이었다고 보았다. 이를 기초로 삼아, 그는 더 나아가 2,000만 석 전후의 대두(大豆)가 강남에서 사용되었을 가능성이 높다고 추산하였다. 결국 그는 다음과 같은 결론에 도달하였다. 만약 강남으로 반입된 대두의 콩깻묵[豆餅]이 모두 쌀 생산에 투입되었다고 한다면, 매년 2,000만 석의 콩깻묵은 쌀의 총생산량을 4,000만 석, 즉 무당 생산량을 1석 증가시킬 수 있었다. 여기에는 문제가 많은 일련의 비약적 분석이 존재한다. 첫째, 바오스천이 말한 "천여 만 석"은 관동석이 아니었다. 리보중이 인용한 우청밍(吳承明) 본인은 정작 같은 관찰을 기초로 국내 장거리 교역을 계량하면서 이를 통용되는 시석(市石)으로 보았다(우청밍 1985: 273). 근래 들어 쉐융(Xue Yong: 薛涌)이 증명했듯이, 그 원문에서 바오스천은 자신이 말한 것이 "관곡(官斛)", 즉 당시의 시석(市石)이라고 밝혔다. 리보중이 말한 것처럼 관동석이

노동 집약화

전근대의 가축 사육 방면에서 세 가지 서로 다른 차원의 노동 집약도를 상정할 수 있다. 집약도가 가장 낮은 것은 풀밭을 쓰는 것이다. 그 다음은 순무와 클로버 등 사료작물이고, 노동 집약도가 가장 높은 것은 곡물이다. 18세기 영국 농업은 일반적으로 풀밭과 사료작물을 썼지만, 창장 삼각주 지역에는 풀밭이 거의 없었고 사료작물도 비교적 적었다. 경작용 가축은 일반적으로 농한기의 경우 농사의 "부산물", 예컨대 식량작물의 짚이나 잎(즉 "조사료^{粗飼料}")에 의지해서 사육하였고, 농번기의 경우 곡물과 같은 "농후사료$^{[精飼料]}$"를 보탰다(천헝리·왕다편 1983: 86, 88; Huang 1985: 148; 황쫑즈 1986[2000]: 153). 이것은

아니었던 것이다(Xue Yong 2007: 198). 둘째, 해당 데이터는 결코 대두만을 가리킨 것이 아니라 "두(豆)·맥(麥)"이었다. 그 가운데 대두는 상당 부분이 콩기름과 콩깻묵이 아닌 두부와 간장 제조에 사용되었다. 셋째, 설사 리보중의 주장을 일단 접수한다고 하더라도, 즉 모든 대두가 콩기름과 콩깻묵 생산에 사용되었다고 하더라도, 우리는 모든 또는 대부분의 콩깻묵이 비료로 사용되었다는 것을 인정할 수 없다. 리보중 자신이 말했듯이, 콩깻묵은 대부분 돼지 사료로 사용되었지(따라서 단지 간접적으로 돼지 분뇨 비료가 되었지), 직접 비료로 사용되지 않았다(Li 1998: 114). 따라서 무당 생산량이 1석 증가했다는 리보중의 결론적 추산은 순전히 사실에 반하는 근거 없는 억측일 뿐이다. 리보중은 새로운 논문에서 그 자신이 이전에 제시한 시비(施肥) 효과의 체감에 관한 증거를 전혀 논의하지 않았다. 근래의 저작에서 이셋(Christopher Mills Isset)은 만철(滿鐵)의 현지대사 자료에 근거하여 둥베이 지방의 대두 파종면적, 생산량, 현지 소비량 및 수출량을 새로 추계하였다. 그런 다음에 산하이관(山海關)의 해관 기록과 대조하여 비교적 신뢰할 수 있는 수치를 얻었다. 그에 따르면 둥베이에서 강남으로 운송된 대두는 18세기에 약 150만 석, 19세기 전반 약 300만 석으로, 리보중이 추측한 숫자의 8분의 1이었다(Isset 2007: 222-233).

경축耕畜과 사람이 토지에서 생산되는 유한한 생존자원을 두고 직접적인 경쟁 상태, 즉 오늘날 말하는 "사람과 가축이 식량을 함께하는[人畜同糧]" 상태에 있었음을 의미한다. 이것은 노동 집약형 단순 작물재배 경제의 기본 특징이다.

영국과 창장 삼각주 간에는, 목축업 자체의 차이, 그리고 영국엔 목축업이 발달하고 중국엔 목축업이 상대적으로 결핍되어 있었다는 차이 외에, 경작 자체의 노동 집약도에서도 당연히 거대한 차이가 존재하였다. 이와 관련하여 앨런이 뱃철러Thomas Batchelor의 상세한 추산에서 뽑아낸 데이터를 이용할 수 있다. 이것은 영국 작물재배업의 노동 투입에 대하여 진행한 초보적인 추산이다. 그 데이터를 보면, 1에이커의 밀은 성년 남성의 25.6일에 상당하는 노동 투입을 요구하였다. 이를 중국의 도량형으로 환산하면 무당畝當 4.27일이 되며, 이를 무당 약 7일에 달하는 창장 삼각주의 투입과 비교하면 그 비례는 1 대 1.6이 된다.*

영국 노포크 농업의 밀-순무-보리-클로버 윤작 시스템에서 밀은 노동 집약도가 가장 높은 작물이다. 뱃철러의 데이터에 대한 앨런의 추산에 따르면, 이 네 가지 작물에 필요한 노동의 비례는 대략 4:3:3:1이었다(Allen 1992: 158 〈표 8-3〉). 그리고 앞에서 보았듯이, 노포크 시스템에서 경지는 항상 "전환형 가축 사육" 속에서 노동 집약도가 가장 낮은 풀밭으로 바뀐다. 다시 말해서, 영국에서 농지의 단위면적당 평균 노동 투입은 밀을 재배하는 데 필요한 노동 투입의 절반 이하이다.

이와 대조적으로 겨울 밀은 창장 삼각주에서 모든 작물 중 노동 집

---

* 여기에서 영국의 노동 투입 수치는 앨런의 총노동비용에서 1일 평균 임금 수치를 빼서 얻은 값이다(Allen 1992: 158, 162; Batchelor 1813: 582도 참고 · 대조).

약도가 가장 낮은 작물이었다. 이 지역에서 벼 재배에 필요한 노동(10일)은 밀의 1.5배(7일)로, 영국에서 밀 재배에 필요한 노동의 2.4배였다(Huang 1990: 84, 125; 황쭝즈 1992[2000]: 83, 127; Buck 1937b: 314). 그러나 18세기 창장 삼각주의 전형적인 농가는 단지 벼 재배, 혹은 벼+밀 재배만으로는 생존을 유지할 수 없었다. 창장 삼각주의 쌀농사는 토지 단위면적당 생산량이 (모든 식량작물 중에서 가장 높은) 무당 1.5석에서 3.0석 사이였다. 쑤저우蘇州 부의 생산성이 높은 지역에서는 일찍이 11세기에 이미 이 수준에 도달해 있었다(Huang 1990: 89; 황쭝즈 1992[2000]: 89). 만약 2.25석이라는 값을 (비옥도가 서로 다른 토지의) 무당 평균 생산량으로 삼는다면, 호당 평균 7.5무의 토지(아래 참조)를 보유한 5인 가구는 쌀 16.9석을 수확할 수 있었던 셈이된다. (성인과 어린이를 포함한) 일인당 연평균 식량 소비는 적어도 2석이므로, 만약 이 가구가 벼만 재배한다고 하면 (통상 수확의 40~50퍼센트인) 소작료를 납부한 뒤에는 기타 생산비용을 산입하지 않는다고 하더라도 그 식량 소비 수요를 근근이 지탱할 수 있었을 따름이다. 겨울 밀이 약간의 보탬—무당 총소득이 1석 증가—이 되었겠지만, 벼에 밀을 보태는 것만으로는 여전히 가족의 총소비량을 충분히 공급하는 데 크게 미치지 못하였다.* 이것이 바로 창장 삼각주의 농민이 면화와 잠상이라는 노동 집약도가 높고 소출 역시 높은 작물로 방향을 전환하게 된 까닭이었다.

장장 삼각수 동부의 지세가 좀 높은 쑹장松江 부에서는 18세기에

---

* 18세기 창장 삼각주의 밀 생산에 관해서는 장가오 1963[1834]: 10과 Li 1998: 124를 참고 · 대조. 나를 일깨워주고 한발 더 나아가 총생산과 순생산의 차이를 설명해준 이셋(Isset)에게 감사한다.

대략 절반의 경지가 점차 면화를 재배하게 되었다(어떤 때에는 면화에 이어 겨울 밀 혹은 콩류를 재배). 창장 삼각주의 기타 지역에서는 면화 재배가 경지의 5분의 1 내지 2를 차지하였다.* 이런 상황은 면화의 장기적이고 광범위한 전파가 이룩한 결과였다. 1350~1850년간 면화는 거의 완전히 농민의 유일한 옷감 재료가 되었다. 이 과정에서 창장 삼각주는 점차 기타 지역에 대한 면포의 주된 공급지가 되었다. 쌀농사에서 면화 재배로의 전향은 중국의 경우 집약화를 심화시키는 큰 걸음이었다. 면화 재배에 필요한 토지 단위면적당 노동은 일반적으로 쌀농사의 2배였다. 즉, 위에서 제시한 무당 20노동일과 10노동일의 비율이었다. 이로 인해 밀과 쌀의 차이에 다시 1대 2의 차이가 더해지는 셈이다.

그러나 이는 말하자면 겨우 서막을 연 데 불과한 것이다. 창장 삼각주의 일반 농가에 대하여 말하자면, 면화 재배는 그들이 면포 생산에 투입하는 노동의 작은 일부에 불과하였을 뿐이다. 이 지역에서는 농가가 면화 재배, 방적, 방직 모두에 직접 종사하는 것이 일반적이었다. 이것이 바로 널리 알려진 면화[花]-면사[紗]-면포[布] 삼위일체의 생산 시스템이다. 면화는 일반적으로 무당 30근의 조면을 생산할 수 있었으며, 여기에는 160일 좌우의 노동일이 필요했다. 이를 써서 방적(91일), 방직(23일) 및 솜 틀기[彈花]와 풀 먹이기(46일) 등을 거쳐, 최종적으로 23필(1필=3.63제곱야드: 부록 참조)의 면포를 짰다(Huang 1990: 46, 84; 황쭝즈 1992[2000a]: 46, 84-85; 우청밍 편 1985: 390; 쉬신우

---

* 리보중이 17세기 말 예명주(葉夢珠)의 말을 인용한 것을 참조(Li 1998: 52). 벼와 밀의 2모작에 관해서는 Li 1998: 52-53 참조. 1930년대의 계통적인 데이터에 따르면, 면화 재배 면적은 쑹장(松江) 부에서 경지의 60퍼센트를 넘었고 타이창(太倉)에서 40~60퍼센트, 자싱(嘉興)에서 20~40퍼센트였다(Huang 1990: 26 〈그림 4〉; 황쭝즈 2000a: 25).

1992: 53). 바꾸어 말하자면, 만약 한 농가가 쌀농사를 면화 재배로 바꾸면 18배의 노동 투입이 필요하게 되었던 것이다.* 이것과 밀 일모작의 노동 투입의 비례는 27 대 1에 달하였다.

뽕나무 재배도 마찬가지였다. 널리 알려졌듯이, 뽕나무는 창장 삼각주 남부의 저습한 논의 논둑 위에서 (일부는 논둑을 튼튼하게 만들기 위해) 광범위하게 재배되어, 벼-뽕나무 배합의 독특한 형국을 형성하였다. 이밖에 명 말 이래 창장 삼각주에서는 양잠업이 크게 발전하여 이른바 "뽕나무가 벼를 심는 논을 차지하려고 다투는[桑爭稻田]" 상황을 출현시켰다. 잠사 생산의 노동 수요에는, 무당 뽕나무 재배 노동 48일, 양잠 30일, 제사 15일 등이 포함되었다. 이러한 일련의 작업은 면화 재배-방적-방직과 유사하게 농가의 가내에서 완성되는 것이 일반적이었다(그러나 비단 직조는 직기가 비싼 탓에 자본이 요구되어 통상 도시에서 진행되었다). 이렇게 해서 무당 합계 93일의 노동이 필요하였다. 벼는 겨우 10일이 필요했다. 바꾸어 말하자면, 논을 잠사 생산을 목적으로 한 뽕밭으로 바꾼 농가의 경우 노동 투입은 대략 9배로 증가하였던 것이다(Li 1998: 90-95, 148; Huang 1990: 79; 황쭝즈 1992[2000]: 79).** 이것과 밀 일모작의 차이는 13.5 대 1이었다.

위에서 서술한 노동 집약, 농장 규모 및 일인당 농지 등 여러 측면에서의 차이는 농업에 대해서뿐만 아니라 농촌 수공업 및 소득과 소비 각 측면의 내권과 발전에 대해서 지극히 관건적인 작용을 일으키고 있었다.

----

* 벼 재배에 수반하는 부업 생산(주로 볏짚을 꼬아 만드는 새끼줄)에 소요되는 노동―무당 8일―까지 고려하여 이 수치에 수정을 가하더라도, 그 비율은 여전히 10 대 1에 달한다(Huang 1990: 84; 황쭝즈 1992[2000]: 84).

** 새끼줄 제작까지 계산에 넣는다면 5 대 1이 될 수 있다.

내권

이모작을 실시하였기 때문에 창장 삼각주에서 (파종면적과 구별되는) 경지면적의 단위당 생산량은 자연히 영국에서보다 높았다. 창장 삼각주에서는 에이커당 벼+밀의 생산량이 쌀 13.5석(무당 2.25석)과 밀 6석(무당 1석)으로 총생산량은 19.5석이었다. 이와 비교해서 영국의 에이커당 밀 생산량은 21.5부셸[bushel], 즉 대략 7.6석(1석=2.84부셸)이었다. 파운드로 환산하면, 창장 삼각주는 에이커당 생산량이 약 3,432파운드였지만 영국은 약 1,290파운드였다.[*] 이처럼 창장 삼각주와 영국은 토지 단위면적당 식량 생산량 차이가 약 2.7 대 1이었다.

그러나 이미 지적하였듯이, 이러한 생산량의 차이는 그보다 차이가 더 큰 노동 투입에 기대어 얻어낸 것이었다. 만약 토지생산성이 아니라 노동생산성을 비교한다면, 이러한 비례는 뒤집히게 된다. 앞서 서술하였듯이, 영국의 밀은 적은 노동력(창장 삼각주의 7일보다 적은 4일)으로 높은 생산량(창장 삼각주의 무당 1.0석보다 많은 무당 1.27석)을 달성한 것이었다. 결과적으로 노동생산성 측면에서의 차이는 2대 1이 된다.

창장 삼각주 내부에서 겨울 밀 재배는 1년 일모작의 쌀농사와 비

---

[*] 영국의 밀 생산량은 Allen 1994: 111 〈표 5-7〉에 근거한 것이다. 여기에서 18세기 영국 윈체스터(Winchester)의 부셸(35.238리터로, 36.3678리터에 상당하는 제국 부셸과는 다름)과 중국의 석(100리터), 두 가지 부피 단위 간의 등량 무게 파운드 수는 당연히 대략적인 수치일 뿐이다. 영국의 역사학자들은 일반적으로 1부셸의 밀이 무게 60파운드에 상당한다고 본다. 그렇다면 밀 1석은 170.4파운드가 되고, 이는 중국에서 쌀 1석의 무게(160근 또는 176파운드)에 상당히 접근하게 된다. 나에게 영국의 도량형 단위를 정리해서 알려준 앨런에게 감사한다.

교할 때 그 자체가 내권을 의미하고 있었다. 쌀의 10노동일 생산량은 2.25석으로, 노동일당 0.225석이었지만, 밀의 7노동일 생산량은 1.0석으로, 노동일당 겨우 0.14석이었다. 바꾸어 말해서, 창장 삼각주는 벼 일모작에서 벼-밀 이모작으로 바꾸면서 이미 농업 노동의 단위당 보수를 낮추었던 셈이다.

그러나 창장 삼각주의 내권은 여전히 주로 밀에 체현된 것이 아니라, 아래에서 논의할 비단과 면의 생산 가운데 체현되었던 것이다. 앞서 말했듯이, 방적—18세기 창장 삼각주 농가의 면화-면사-면포 종합 생산 시스템에서 가장 많은 시간을 소모하는 마디(160일 중 96일)—의 소득은 경작 혹은 방직 소득(이 두 가지의 노동일당 소득은 대체로 동일)의 3분의 1에서 2분의 1에 지나지 않았다(Huang 1990: 84-85; 황쭝즈 1992[2000]). 이는 한 농가가 쌀농사로부터 노동이 더욱 집약되는 면화 재배로 갈아탈 경우, 그것은 쌀농사보다 적은 노동일당 평균 보수를 대가로 치르고 토지 단위면적당 생산의 증가를 얻은 셈이었다. 이것이 바로 나의 저서에서 말한 "내권"과 "내권형 상품화"의 일부 내용이다.

마찬가지 논리가 양잠업에도 당연히 적용된다. 그 생산 과정 가운데, 통상 여성에 의해 완성되는 양잠과 제사 부분은 보수가 농업 노동의 겨우 절반이었다. 리보중李伯重의 최근 계산에 따르면, 뽕밭의 무당 순생산액은 논의 3.5배이지만 총노동 수요는 앞에서 언급했듯이 논의 9배였다(Li 1998: 95, 148; 또한 Huang 1990: 54; 황쭝즈 1992[2000]: 53 참조).*

---

* 그러나 리보중은 자신이 증거를 제공하고도 내권(內卷)의 존재를 인정하지 않는다.

　　분명하고도 쉽게 알 수 있듯이, 내권과 내권형 상품화는 모두 토지 단위면적당 절대 생산의 감소를 의미하는 것이 결코 아니다. 상황은 그와 정반대이다. 일정한 토지를 보유한 농가는 당연히 내권적 운용방식(면과 비단 생산)을 채택함으로써 농장의 총생산을 제고할 수 있다. 가족 노동에 대해 말하자면 이는 더 많은 "취업"과 소득을 의미할 터였기 때문이다. 그러나 노동일당 평균 보수는 감소한다. 이것이 바로 내가 말하는 (노동생산성의) 발전이 없는 (총생산의) "성장"이다. 일정 규모의 농장에 대하여 말하자면, 내권이란 이제껏 일자리를 얻지 못했거나, 또는 불완전취업 상태에 있던 가내의 (여성과 노인 및 어린이) 노동력이 저보수 노동에 종사함으로써 가족의 연소득을 제고할 수 있었다는 의미가 된다. 이 과정을 나는 "생산의 가족화familization of production"라고 부른다. 내권은 심지어 노동일당 보수의 체감 정도를 뛰어넘을 만큼 노동일수를 늘림으로써 경작자 일인당 연간 생산과 소득을 끌어올릴 수도 있다. 그러나 이런 식의 제고에는 분명 한계가 있으므로 "발전"과는 분명하게 구별해야 한다. "발전"이란 노동력 단위당 자본 투입을 증가시킴으로써 노동생산성을 제고하는 것을 의미한다. 즉 18세기 영국 농업 및 근대 기계화 농업에서 나타나는 상황이다.

　　내가 1990년의 저서에서 밝힌 바와 같이, 내권화 농업은 중국의 찬란한 전통문명과 중국의 낙후된 근대 경제라는 모순적 사실의 기초를 구성하였다(Huang 1990: 332-333; 황쭝즈 1992[2000]: 331-332). 식품의 유한한 공급에 의해 통제되었던 공업화 이전의 지역 가운데, 100만 명의 인구와 생존수요의 30퍼센트에 달하는 잉여를 보유한 (내권화되지 않은) 지역은 (중세 런던의 규모에 상당하는) 인구 30만 명의 도시를 부양할 수 있다. 한편 1,000만 명의 인구와 10퍼센트에 그치는 잉여를 보유한 동일 면적의 내권화된 지역은 (당唐 대 전성기 창안長安의 규모에 상당하는) 인구 100만 명의 도시를 부양할 수 있다.* 아마도 이것이 바로 중화제국의 복잡한 도시 시스템, 발달한 문화, 성숙한 국가기구 등이 출현하게 되는 논리의 기초일 것이다. 그러나 아래에서 밝힐 요인에 비추어 볼 때, 이러한 내권의 경제는 근대 농업의 노동을 절약하는 자본화에 대한 저항과 그에 수반한 낮은 농업 노동 생산성의 유지 및 이로부터 도출되는 농촌의 저소득을 의미하는 것이었다. 바로 여기에 "발전 없는 성장"이라는 관점의 핵심이 자리를 잡고 있다.

내권과 공업발전

여기에 한 가지 중요한 문제가 있다. 영국과 창장 삼각주 농업 시스템의 차이는 근대 공업 경제를 향한 전환에 대하여 무엇을 의미하는가? 창장 삼각주의 경제사는 내권화 농업의 양대 주요 함의를 드러낸다. 가족농장은 노동을 절약하는 자본화 및 농업에서 규모의 경제에 저항하였다. 이와 유사하게 가족농장의 수공업 생산은 "원原공업"과 근대 공업에서 노동을 절약하는 자본화에 대하여 저항하였다.

노동을 절약하는 자본화 농업에의 저항

내권 시스템은 결과적으로 목축업을 배제해 버렸고, 그에 따라 노동력 단위당 축력과 가축 비료를 더 많이 쓰는 형태의 자본 투입을 없애 버

---

* 이러한 이론적 통찰은 보서럽(Ester Boserup)에서 기원한 것이다(Boserup 1981: 제6장).

렸다. 내권 농업은 다음과 같은 상황을 조성할 수 있었다. 인력의 사용이 경축을 쓰는 것보다 더 경제적이 되었다. 심지어 축력은 인력 노동의 절약을 목적으로 하는 것이 아니라 단지 다른 선택이 딱히 없는 상황에서 어쩔 수 없이 쓰는 것이 되었다. 생산주기에서 작업의 강도 아니면 시간의 긴박성이 그런 상황을 만들었다.

창장 삼각주의 농업에 단지 노동 집약화와 내권화의 길을 한 걸음 한 걸음 나아가는 외에 다른 가능성이 아예 없었다는 의미는 아니다. 또한 노동을 절약하는 자본화의 길을 걸어갈 가능성이 없었다는 의미도 아니다. 다만 어떤 길은 가능성이 더 높았고, 또 어떤 길은 더 어려웠다는 의미일 뿐이다. 노동력이 그토록 저렴했기에 자본을 대체하여 비용을 감소시킬 수 있는 상황에서, 노동력 단위당 자본화의 정도를 제고할 수 있는 자극이 어디에 있었겠는가?

근래 중국 농업 근대화의 역사가 많은 것을 시사한다. 1950년대에서 1980년대까지 창장 삼각주의 농업은 (주로 트렉터를 쓰는) 근대적인 기계화 혁명, 화학혁명이 선사한 화학비료, 그리고 근대 과학의 품종 선택으로부터 혜택을 입었다. 그러나 이 기간에 창장 삼각주의 농업 생산은 여전히 노동 집약화와 내권화의 길을 따라갔으며, 그에 반대되는 상황은 출현하지 않았다. 1960년대 중엽 트렉터가 창장 삼각주에 도입되었다. 그 주된 작용은 첫 번째 "올벼"에 이어 두 번째 "늦벼"를 심는 일을 실현하여 내권을 심화시키는 삼모작(벼-벼-밀)을 발전시킨 것이었다. 트렉터가 이러한 변화를 낳은 까닭은, 올벼를 수확하고 늦벼의 모내기를 해야 하는 며칠밖에 되지 않는 짧은 시간에 논을 가는 작업을 가능하게 만들었기 때문이다. 농민이라면 깊이 생각하지 않고도 바로 지적할 수 있듯이, 늦벼의 추가 재배는 올벼 재배의 수요에 상당하는 노동 투입(과 비료 투입)을 요구하지만 올벼와 늦벼의 생산량은 도리어 감소할 수 있다. 그 결과 근대 농업 혁명은 수확의 3배 증가를 낳았지만, 그에 수반하여 노동 투입이 4배로 증가하였다. 후자는 농업 인구의 2배 증가, 농업으로의 여성 노동 동원 확대—농업 활동의 15퍼센트에서 35~40퍼센트로 증가—, 그리고 노동일수의 증가—퍼킨스Dwight H. Perkins의 중국 전체에 대한 추산에 따르면 1957년 161일에서 1976~1979년 262일로 증가—가 거기에 더해짐으로써 가능하게 된 것이다. 그 결과 창장 삼각주라는 중국에서 가장 "발달"한 지역에서조차 농촌의 노동일당 소득은 기본적으로 정체 상태에 머물렀다.* 오늘날에 이르기까지 농업의 저소득은 여전히 중국의 발전에 중대한 장애이다.

이와 서로 관련된 문제가 소규모 가족농장의 대규모 (자본주의적) 경작에 대한 배척이다. 가족은 내권 경제에 가장 적합한 생산단위이며, 사실 내권 경제의 중추는 가족에 있다. 여성과 아동 및 노인이 노동 시장에서 남성이 종사하길 원하지 않는 작업에 흡수될 수 있었다. 또 다시 가내의 방직 생산단위를 예로 들겠다. 방적의 보수는 경작 소득의 3분의 1 내지 2분의 1이다. 따라서 성인 남성 노동자는 종사하길 원하지 않는 일이다. 가족 생산단위는 가족 성원 가운데 기회비용이 매우 낮은 보조노동을 통해서 이런 종류의 "부업"을 흡수할 수 있다. 이 사실은 실제에서 노동자를 고용하는, 즉 임금노동을 기초로 삼는 큰 "자본주의" 농장—노동 비용이 더 높다—보다 가족농장이 더 높은 경쟁력을 확보하게 만들었다. 비용이 낮았기 때문에, 가족농장은 사실상 자본주의 농장보다 더 높은 지대地代를, 또 같은 이유로 해서 더 높

---

* 노동 투입의 증가에 관해서는 Perkins 1984: 58, 66, 210 참조. 아울러 Huang 1990: 236-241; 황쫑즈 1992[2000]: 238-242; Huang 1991: 330을 참고·대조.

은 지가를 지탱할 수 있었고, 이에 따라 자본주의 농장을 밀어낼 수 있었다. 그 결과 명明 대에 일찍부터 존재했던, 노동을 고용하는 경영형 농장은 17세기 이후 창장 삼각주에서 거의 다 사라져 버렸다(Huang 1990: 58-69; 황쭝즈 1992[2000]: 58-69).*

소규모 가족농장의 성행은 18세기 영국 농업에서처럼 규모의 경제를 도입할 가능성을 배제하였다. 농작물 생산과 농촌 수공업이 소규모의 가족농장 및 개별 농가와 한 몸으로 묶였으며, 노동력 단위당 가축 비료와 축력의 투입은 최저수준으로 떨어졌다. 이것은 영국에서 전개된 인클로저 농장 및 농·목업 결합과 매우 선명한 대조를 이룬다.

이것은 창장 삼각주에서와 같은 농업 시스템에 노동생산성 발전의 가능성이 없었다고 말하는 것이 아니다. 이 점에서는 일본이 딱 좋은 사례이다. 전근대 일본에서 농업 노동의 집약도는 창장 삼각주와 마찬가지로 매우 높았다. 그러나 18세기 전체에 걸쳐 일본에서는 기본적으로 인구 증가가 일어나지 않았다. 중국의 인구가 두 배 이상으로 늘어난 것과 큰 차이가 있다(T. Smith 1977). 그리고 20세기 전반 일본에

---

* 이러한 측면에서 한지(旱地) 농업의 화북평원과는 매우 다르다. 화북평원에서는 가족 생산단위가 창장 삼각주 지역에서처럼 그렇게 철저하게 나타나지 않았다. 그것은 농장 경제의 내권 정도가 낮았기 때문이다(논벼가 아니라 한지 작물을 심었고, 면화 파종 비율도 더 낮았다. 또한 양잠은 거의 하지 않았다). 화북에서는 품삯 일꾼을 부리는 "경영형 농장"이 가족농장에 비해 경쟁력이 더 강하여, 18세기 및 그 이후에 "경영형 농장주"와 부농이 점차로 화북평원의 수많은 촌장(村莊)에서 부호(富戶)의 대다수를 점하게 되었다(Huang 1985: 90-95, 72-79; 황쭝즈 1986[2000]: 90-96, 68-78). 그러나 그 같은 상황에서, 농장이 크든 작든 간에 농장 노동자의 저임금이 여전히 농업의 자본화—축력 투입의 증가—에 대한 강력한 억제 요소가 되었다. 이것이 화북에서의 내권 모델이다.

서 근대 농업의 기계혁명과 화학혁명은 농업 노동 종사자가 대폭으로 늘어나지 않는 상황에서 실현된 것이었다(Geertz 1963: 130-143). 그 결과 노동 단위당 자본화의 증진을 통해 농장의 노동생산성이 대폭 제고되었고, 그에 따라 농업 소득수준도 개선되었다.

근대 농업혁명의 성과가 대부분 인구 증가에 의해 "잠식"된 것을 목도한 뒤, 중국 농촌이 걸어간 독특한 길은 바로 "농촌 공업화", 즉 촌장村莊과 작은 도회지를 기초로 하는 (전통 수공업과는 다른) 근대 공업의 광범위한 발전이다. 그것은 맨 처음에 일종의 폐품 및 중고품 공업, 그리고 도시의 물품에 대한 노동 집약적 가공으로부터 시작되었다. 그러나 20년의 발전을 거쳐 노동생산성 제고를 추진하는 자본 집약형 공업도 일어났다. 1978년부터 1997년에 이르는 20년간, 이러한 농촌 "집체" 부문의 공업화는 연평균 19.3퍼센트의 성장률을 유지하였고, 마침내 그 생산 총액은 강대한 국유공업을 20퍼센트 초과하게 되었다(『중국통계연감』 1999: 423, 424). 이 과정에서 "향진기업鄕鎭企業"[농촌 지역 행정구역인 향·진에 설립된 기업: 역주]에 흡수된 노동력의 총수는 무려 1.29억 명에 달한다.*

그러나 설사 그렇다 하더라도, 중국 농업 전체의 실질적으로 낮은 취업 수준은 여전히 개선되지 않았다. 이 시기 노동력 총수의 증가가 비농업부문 취업인구를 초과했기 때문이다. 1991년에 이르기까지 중국 농업 종사인구는 증가를 계속했다. 농촌 공업의 신속한 확대가 일어나기 직전인 1978년 당시의 2.85억 명에서 최고 3.42억 명까지 늘어난 것이다. 다만 1991년 이후에야 비로소 증가를 멈추었고, 1994년 이

---

*『중국통계연감』 1999: 137. 공업 외에도 이 숫자에는 건축, 운수 및 기타 비농업 기업이 포함된다(『중국통계연감』 1999: 380).

후 3.2억 명 전후에서 오르락내리락(2000년 이후에야 비로소 점차 연간 5~6백만 명씩 체감)하였다(『중국통계연감』 1999: 380; 이 책의 제5장도 참조).

그 결과, 농촌 공업화가 동남 연해 등의 가장 발달한 지역에서 뚜렷한 탈脫내권화 및 노동생산성 제고를 이끌었음에도 불구하고, 대다수의 기타 지역은 여전히 생존 수준에 가까운 경작에서 탈출하기 어려운 상태에 빠져 있다. 그러나 내권을 벗어나는 길은 이미 아주 뚜렷하게 드러난 셈이다. 농촌에서 공업 기업 및 기타 기업의 지속 발전은, (지난 20년간 산아제한 정책의 엄격한 집행을 통해서, 비록 농촌에서는 아이를 기르고 노후를 대비하는[養兒防老] 문제 때문에 필요한 타협이 진행되기는 했지만) 중국 인구 총수의 억제와 방향 전환이라는 장기적 추세와 서로 호응하여, 21세기에 진입한 이후 중국 농업에 탈내권화를 위한 역사적인 기회를 안겨 줄 것이다.

노동을 절약하는 농장 공업 자본화에의 저항

농촌 수공업에서도 비슷한 논리, 즉 자본화에 대한 내권의 저항을 발견할 수 있다. 창장 삼각주 지역에 대한 쉬신우徐新吾의 관련 연구가 이러한 함의를 심각하게 제시하였다. 여러 연구팀과 수십 년간의 연구가 쌓아 놓은 기초 위에서, 쉬신우가 출판한 자료집 및 강남의 토포업土布業에 대한 계통적 분석은 현재 최고의 권위를 공인받고 있다.* 쉬신우는 창장 삼각주에서 세 개의 방추가 달린, 발로 밟는 물레가 일

---

* 자료에는 이용 가능한 모든 문서, 그리고 농민과 방직 노동자에 대한 인터뷰가 포함되며, 모두 쉬신우 1992에 수록되어 있다. 쉬신우의 계통적 분석 및 정량적 추산은 쉬신우 1990: 258-332 참조.

찍이 18세기에 출현했음을 밝혔다. 선진 기술을 체현한 이 물레의 작업 효율은 단방추 물레의 두 배였다. 그러나 그것은 창장 삼각주에서 진정으로 유행하지 못하였다. 심지어 20세기 초에 이르기까지도 그것의 실제 사용은 창장 삼각주 가장 동쪽의 몇몇 현에 국한되었다(청대 쑹장 부의 동부는 면화 재배가 가장 집중된 지역이었지만 쑹장 부의 서부나 쑤저우蘇州 부, 창저우常州 부, 자싱嘉興 부, 후저우湖州 부 등지에서는 사용되지 않았고, 타이창太倉 주에서도 사용되지 않았다)(쉬신우 1992: 50-52; 우청밍 편 1985: 386-387도 참조).* 그렇게 된 이

* 강남 지역의 "초기공업화"에 관한 새 저서에서 리보중은 쉬신우의 연구팀이 1963년에 실시한 20세기 삼방추 물레의 사용 상황에 관한 방문조사 결과를 인용하였는데, 그 취지는 청(淸) 대에 세 개의 방추가 달린, 발로 밟는 물레의 보급 정도가 쉬신우의 추정보다 훨씬 더 높았다는 것이다. 그의 이러한 논단(論斷)은 직접적인 증거가 없다. 단지 추론에 기대어, 근대 기술이 미발달의 전통기술보다는 좀 더 발달한 전통기술에 더 큰 영향을 끼쳐야 하며, 따라서 만약 20세기에 삼방추 물레가 창장 삼각주의 어떤 지역에서 상당히 광범위하게 사용되고 있었다고 한다면, 근대 공장의 도래 이전인 청 대에 이미 광범위하게 사용되었으리라는 것이다(리보중 2000a: 48-50, 쉬신우 1992: 46을 인용). 리보중은 쉬신우가 제시한 증거를 홀시하였다. 쉬신우는 삼방추 물레의 사용이 거의 쑹장(松江)의 동부 지역(즉 황푸(黃浦) 강 이동의 상하이, 촨사(川沙), 난후이(南匯) 등 3현)에 국한되었고, 쑹장의 서부 또는 델타 지역의 기타 부(府)·현(縣)에서는 응용되지 않았다고 밝혔다. 예컨대 1917년의 『칭푸현지(靑浦縣志)』에서는 단지 쑹장 부(府)의 동향(東鄕)에서만 다방추 물레를 쓴다고 썼다. 1884년의 『쑹장부지(松江府志)』에서도 이 점을 언급하였다(쉬신우 1992: 50-51). 이와 비슷하게도, 도광(道光) 연간(1821-1851) 창수(常熟) 현의 정광쭈(鄭光組)는, 상하이에서 삼방추 물레를 본 뒤로 "물레 하나를 찾아내어 [창수에] 돌아왔으나, 여러 해 동안 아무도 쓰지 못하였다."라고 썼다. 청 대에 가장 유명했던 "사가방(謝家紡)"이라는 이름의 물레도 단방추 물레였다(우청밍 1985: 386-387).

치는 역시 매우 간단하다. 가내의 값싼 보조노동을 이런 종류의 부업에 투입하였기 때문에 장치 자체가 비싼 다방추 물레는 채산성이 없었기 때문이다. 삼방추 물레는 기본적으로 건장한 인력이 조작해야 했지만, 단방추 물레는 노인이나 어린이도 조작할 수 있었다. 그러한 까닭에 종전과 마찬가지로 두 대의 단방추 물레에 두 사람을 투입하여 실을 잣는 것이 한 대의 삼방추 물레를 사들여 단지 한 사람에게 맡겨 조작하게 하는 것보다 훨씬 더 경제적이었다. 삼방추 물레의 사용이 창장 삼각주의 일부 지역에 국한되었던 것은 이러한 이유에서였다.

쉬신우의 권위 있는 연구에서는 생산의 기본적인 상황을 이해한 전제 아래 (7일의 작업을 필요로 하는) 면포의 필당匹當 수익을 0.1석으로 추산하였다. 즉 70일의 작업으로 거두는 수익은 1.0석이었다(쉬신우 1992: 88 이후).

또 하나의 문제는 창장 삼각주 가족농장의 가내공업과 영국의 "원原공업화"에 나타나는 차이이다. 레바인David Levine이 제시하였듯이, 영국의 원原공업화는 영국 농민에게 경작을 대체할 수 있는 취업 기회를 제공하였기 때문에 인구 모델을 진정으로 바꾸어, 혼인연령의 하락과 혼인율의 상승을 촉진하였다. 그 결과 인구에 실질적인 성장이 일어났는데, 이 모델의 전형적인 사례가 바로 셉셰드Shepshed의 지역공동체였다. 레바인의 가설은 나중에 캠브리지대학Cambridge University의 인구와 사회구조 역사 연구팀에 의해 실증되었다. 이 실증 연구의 기초는 404곳의 교회 기록을 엄격하고도 정확하게 이용함으로써 확보한 것이었다(Levine 1977: 61, 87; Schofield 1994).

그러나 창장 삼각주 가족농장의 수공업은 인구행태에 어떠한 급진적 변화도 도출하지 못하였다. 쉬신우의 자료에서 그에 대한 해석을 찾아낼 수 있다. 농민에 대하여 말하자면, 창장 삼각주의 농촌 수공업은 실제로 경작을 대체할 수 있는 성격의 선택이 되지 못하였고, 처음부터 끝까지 경작에 보조적인 "부업" 활동이었다. 원인을 찾기란 어렵지 않다. 위에서 보았듯이, 새로운 생산 활동에서 최대 부분은 방적으로, 면포 1필을 만드는 데 필요한 7일 중에서 4일을 차지하였다. 이 작업의 보수는 매우 낮아서, 성인 여성 생존수요의 대략 절반을 제공하는 데 그쳤다. 거기에 보수가 좀 더 높은 방직을 더하더라도, 방직공 한 사람의 연간 소득은 쌀 3석으로 한 사람의 식량 수요를 겨우 만족시킬 뿐이었다. 이러한 까닭에 한 가족을 유지하려면 면포 생산 그 자체로는 결코 경작을 대체할 수 없었다. 창장 삼각주 농가의 일반적인 생산 모델은 식량 생산, 면화 재배, 면업 수공업을 결합하는 것이었다. 내가 1985년의 저서에서 천명하였듯이, 생존의 한계에서 발버둥치는 농가에 대하여 말하자면, 이 모델은 마치 한 사람이 경작과 수공업이라는 두 개의 지팡이에 기대어 생계를 지탱하는 것과 흡사하다 (Huang 1985: 191 이하; 황쫑즈 1986[2000]: 193 이하). 농업에서 작물재배의 저소득은 농민이 수공업 소득의 보충에 의존해야만 비로소 생존을 유지할 수 있었음을 의미한다. 그 반대도 마찬가지였다.

경작과 수공업이 농가에게 제공한 것은 상호대체가 아니라 상호보조의 생존 자원이었음을 대량의 증거가 밝혀 준다(쉬신우 1981: 21-71). 단지 특별하고도 설명적 의미가 있는 당시의 논술 두 가지만 들어 보겠다. 첫째는 18세기 중엽 우시無錫 현에서 나온 것이다. 이 지역은 창장 삼각주에서 가장 "발달"한 지역 중 하나였다.

> 그러므로 향민(鄕民)이 논[의 소출만]으로 먹고사는 것은 겨우 겨울 석 달이다. 소작료 납부를 마치고 나면 남은 쌀을 하얗게 찧어서 곳집에 두었다가 [이 쌀을] 전당포의 곳간에 맡겨 [겨울]옷과 바꾼다. 봄이 되면 모든 집에서 면포를 짜서, 면포를 쌀과 바꿔 밥을 먹는데, 집

에는 남는 쌀이 한 톨도 없다. 5월이 되어 논일이 급박해지면 겨울옷을 [전당포에] 갖다 주고 담보로 잡혔던 쌀과 바꿔 돌아온다. …… 가을이 되어 비가 좀 내리게 되면 베틀 소리가 또 다시 촌락에 가득차고, 면포를 [시장에] 안고 가서 쌀과 바꾸어 먹게 된다. 그러므로 비록 우리 고장에 흉년이 들더라도 다른 곳의 면화가 풍년이 들기만 한다면 향민이 심각한 곤경에 빠지지는 않는다.*

비단 제사의 상황 또한 마찬가지였다. 17세기의 유명한 유학자 구옌우(顧炎武: 1613~1682)는 창장 삼각주 남부의 자싱嘉興에 대하여 이렇게 말한 바 있다.

숭읍(崇邑)[자싱 부 충더(崇德) 현]에는 논과 밭이 거의 비슷하다. 그러므로 논에서 거둔 것으로는 민간의 여덟 달 식량을 겨우 만족시킬 뿐이다. 나머지 달에는 대개 [시장에서] 쌀을 사다가 먹는다. 공·사의 공급은 오직 잠상에 기대고 있다. …… 무릇 채권·채무 문서는 반드시 양잠을 마친 뒤에 서로 결제한다. 겨울 관청에서 부세賦稅를 징수하더라도 쌀을 팔아 납부하려 들지 않는 경우가 많은데, 나중에 쌀값이 앙등할까 걱정할 따름이다. 대개 쌀을 맡겨 전당포에서 은을 빌리고, 양잠을 마친 뒤에 이자를 붙여 [은을 상환하고 쌀을] 되찾아 온다.**

농촌의 가내 수공업이 농업에서 분리되어 나오지 않았으므로, 이것은 조금도 이상할 바 없다. 영국 셉셰드 지역과 비슷한 변화의 논리

---

* 『석금식소록(錫金識小錄)』, 1752: v.1, 6-7. Huang 1990: 87; 황쭝즈 1992[2000]: 88에서 인용.

** 구옌우(顧炎武), 『천하군국이병서(天下郡國利病書)』, 1662. Huang 1990: 88; 황쭝즈 2000a: 88에서 인용.

가 창장 삼각주에서 실현되기란 어려웠다. 셉셰드에서는 원原공업화가 점차로 경작에서 독립된 취업 기회를 제공하였다. 이에 따라 자녀들은 농장을 상속받기 전에도 결혼할 수 있었다. 스코필드의 연구에 따르면, 18세기 영국 인구의 성장은 주로 레바인이 제시한 논리에 따라 평균 혼인연령이 약 26세에서 24세까지 낮아진 결과였다(Schofiled 1994: 74, 87). 중국에서는 그와 반대로 가내 공업이 농장 소득의 보충으로써 경작과 긴밀하게 묶여 있었기 때문에 줄곧 진정한 변화가 일어나지 않았다(아래에서 자세히 서술).

　내권의 가내 수공업이 근대 공업발전에 대하여 지니는 함의는 기존 연구에서 이미 자세하게 밝혀 놓았다. 수공 방직업은 20세기까지도 여전히 완강하게 살아남았다. 심지어 1936년까지도 수공업 면포가 중국 면포 소비 총량의 38퍼센트를 점유하였다(쉬신우 1990: 319 〈표 B-4〉; 또한 Huang 1990: 98; 황쫑즈 1992[2000]: 100 참조). 노동생산성이 4배나 높은 기계 방직에 수공 방직이 대항할 수 있었던 것은 전적으로 저비용의 가내 노동에 기댄 덕분이었다.* 이와 달리 방적업에서는 수공 방적과 기계 방적의 노동생산성 격차가 1 대 40으로 엄청나게 컸기 때문에 수공 방적이 무너졌다. 왜냐하면 이러한 격차에 더하여 면사 가격이 조면 가격에 매우 근접한 수준까지 떨어져서 설사 저비용의 가내 보조노동력에 의존한다고 하더라도 수공 방적의 생존이 어려워졌기 때문이다(쉬신우 1990: 320 〈표 B-5〉; 또한 Huang

---

* 그리고 새로 개량된 "개량토포"—교묘하게도 기계사(즉 양사[洋紗])를 날실로, "토사(土紗)"(즉 수공사)를 씨실로 쓴—라는 혁신에 기대기도 하였다. 상대적으로 거칠고 굵은 수공 방직 면포는 가늘고 고운 기계 방직 면포보다 내구성이 좋았기 때문에 농민들에게 계속 환영을 받았다(Huang 1990: 137; 황쫑즈 1992[2000]: 139-140).

1990: 98; 황쭝즈 1992[2000]: 100 참조). 이러한 사실은 모두 중국사 연구자라면 잘 알고 있는 것이다. 여기에서는 다만 유럽사를 연구하는 동학들에게 요점만 소개했을 따름이다.

18세기 창장 삼각주 농촌의 가내 공업과 18세기 영국의 원^原공업 간에 나타나는 차이는 두 지역 도시화의 상이한 역사 전개에까지 그 영향을 끼쳤다. 당시 창장 삼각주에는 면직물과 비단을 가공하고 판매하는 도시들이 새로 흥기하였다(Huang 1990: 48-49; 황쭝즈 1992[2000]: 47-48). 그러나 이는 리글리가 묘사한 영국의 도시화와 같은 차원에서 이야기할 수 없는 것이었다. 스키너^{G. William Skinner}의 추산에 따르면, 1843년 "창장 하류 대권역"에서 (2,000명 이상의 주민이 생활하는) 도시의 인구는 겨우 7.4퍼센트였다(Skinner 1977: 229).* 이는 리글리의 데이터와 날카로운 대조를 이룬다. 1801년에 이르러 영국에서는 이미 27.5퍼센트의 인구가 5,000명 이상이 거주하는 도시에서 생활하고 있었다(Wrigley 1985: 688, 700-701, 723).

원인은 쉽사리 발견할 수 있다. 창장 삼각주는 영국에서와 같은 농업혁명을 경험하지 않았다. 영국에서는 농업혁명 덕분에 식품 공급이 증가하여 대량의 비농업 인구의 수요를 만족시킬 수가 있었다. 더 나아가 원^原공업화가 점점 더 도시를 기반으로 삼게 되면서 가족농장의

---

* 차오수지(曹樹基)가 최근의 저서에서 내놓은 추계는 스키너의 추계보다 높다. 그러나 여전히 리글리의 영국에 대한 추계의 2분의 1에 불과하다. 그리고 만약 2,000명 수준의 작은 도회지를 제거하여 차오수지의 계산을 리글리의 계산—5,000명 이상의 도회지만 포함—과 서로 대응하게 만든다면 도시화율은 훨씬 더 낮아진다(차오수지 2000: 제 17장). 나중에 스키너가 쓰촨의 데이터에 대한 1986년의 연구에서 7.4퍼센트라는 숫자를 9.5퍼센트로 끌어올려야만 할 수도 있다고 말한 것은 주의할 대목이다(Skinner 1986: 75 주석 43).

속박을 벗어나게 되었다. 농업혁명은 도시를 기초로 하는 원[原]공업화와 더불어 리글리가 제시한 도시화의 초석이 되었다.

드 브리스[Jan De Vries]의 연구에 따르면, 이러한 "새로운 형태의 도시화"는 마땅히 전근대 도시화 모델, 즉 역사가 오랜 (4만 이상의 인구를 보유한 파리와 런던을 포함하는) 대형의 행정-상업도시의 성장과 구별해야 한다. 새로운 형태의 도시화는 주로 규모가 작은 (인구 5,000~30,000명의) 도회지와 도시에서 발생하였다. 드 브리스가 보기에, 이것은 대략 1750년경에 시작되어 전 유럽에 파급된 현상이었다. 1750년에서 1800년까지, 대도시에서 생활하는 유럽 인구는 (이 기간에 겨우 0.2퍼센트 성장하여) 안정 상태를 유지하였지만, 소도시와 작은 도회지의 인구는 오히려 4배로 격증하였다(De Vries 1981: 77-109; De Vries 1984). 리글리는 드 브리스의 영국에 관한 데이터와 논의 결과를 더욱 다듬어서, 이러한 "새로운 형태의 도시화"가 가장 먼저, 그리고 가장 두드러지게 나타난 것은 영국이었으며, 그 기원은 1670년경 이후 도시의 흥기와 확산까지 소급할 수 있다는 것을 보여 주었다(Wrigley 1985). 그러나 중국은 1980년대에 이르러 근대 공업이 농촌에서 발전하면서부터 비로소 이런 작은 도회지의 급속한 흥기를 경험하게 되었다(Huang 1990: 48-49, 264; 황쭝즈 1992[2000]: 47-48, 265-266).[*]

----

[*] 이것은 자연스레 중국의 "초기공업화"와 영국 및 유럽의 "원(原)공업화"를 동등하게 취급한 리보중의 의도에 저촉된다. 리보중은 다음과 같은 사실을 고려하지 않았다. 즉 영국의 원(原)공업은 도시 기반으로 진화하였으며 경작과 분리되었다. 이에 따라 드 브리스가 말하는 "새로운 형태의 도시화"를 촉진하였다. 그러나 창장 삼각주의 면방직 및 제사는 줄곧 농작(農作)과 단단히 묶여 있었다(리보중 2000a).

"근면혁명"?

드 브리스는 과거 20년간의 유럽 경제사 연구를 회고하면서, 탁월한 성취를 이룩한 네 가지 영역을 특별히 언급하였다. 첫째, 공업혁명 전 100년 동안 일어난 농업혁명. 둘째, 앞에서 소개한 레바인, 리글리 및 스코필드 등이 제시한 인구행태의 전환. 셋째, "(공업화 진전의 산물이 아니라) 공업의 성장을 일으킬 수 있는 지역 경제발전의 틀"을 마련해 준 "새로운 형태의 도시화". 넷째, 여성과 아동 노동력을 흡수하여 취업에 버금가는 기회를 제공하고 위에서 언급한 인구행태의 전환을 이끌어 낸 원^原공업화(De Vries 1994: 251-252; De Vries 1993: 85-132 도 참조). 이렇게 해서 모아진 연구 성과들이 드 브리스가 말한 "초기 근대 역사 연구자의 반란"을 구성하였다. 그들은 공업혁명의 근원을 근대 초기까지 소급하였고, 이에 따라 공업혁명에 대한 이해의 지평을 확대하였다.

드 브리스는 더 나아가 "근면혁명_{industrious revolution}"이라는 가설을 제출하였다. 위에서 열거한 성과 위에 다섯 번째의 새로운 인식 영역을 수립하려는 의도에서였다. 먼저 이 가설의 취지는 평균 임금이 적은데도 불구하고 총소비는 많았음을 보여주는 관련 증거들이 던진 경험적 난제를 해결하려는 데에 있다. 드 브리스는 여성과 아동이 낮은 평균 임금으로 생산에 참여하였지만 가계의 총소득을 증가시켰다고 생각한다. 여성과 아동 및 남성이 농촌과 도시에서 비농업 직업에 종사함에 따라, 한편으로는 18세기의 "근면한" 농가들이 도시에 더 많은 농산품을 제공하였고, 다른 한편으로는 그들 또한 도시의 상품에 대하여 더 큰 소비 수요를 갖게 되었다. 특히 소비 측면의 변화로 인해 공업혁명의 도래를 위한 준비가 갖추어졌다. 바꾸어 말하자면, "근면혁명"과 그것이 촉발한 소비의 변화("소비혁명"?), 그리고 "초기 근대 역사 연구자의 반란"이 제시한 기타 변화가 함께 어우러져서 공업혁명에 동력을 제공하였던 것이다.

12~17세기 내륙에 위치한 남부 "저지대 국가"("저지대 국가"란 네덜란드·벨기에·룩셈부르크의 총칭)와 연해에 위치한 북부 "저지대 국가"에 대한 비교 연구를 통해서, 브레너Robert Brenner는 이미 내권형과 자본주의 흥기형 원原공업을 매우 분명하게 구별해 냈다. 전자에 대해서 말하자면, 수공 공업이 여전히 소농 생산과 한데 묶여서, 주로 수익 체감의 내권형 생산을 통해서 생존을 유지하였다. 후자에 대해서 말하자면, 그것은 점차 경작과 분리되어 완전히 시장과 이윤을 향해 나아갔고, 아울러 자본주의의 도래를 예견하게 하였다(Brenner 2001: 275-338). 이러한 차이가 영국 원原공업화의 혁명적revolutionary 측면과 중국의 내권적involutionary인 소농 가내 공업 간의 중요한 차이를 일깨워 준다. 전자는 점차 도시의 현상이 되었지만, 후자는 기본적으로 가족농장의 부업이었을 따름이다. 전자는 "새로운 형태의 도시화"를 촉진하였지만, 후자는 여전히 주로 농촌의 현상이었다. 창장 삼각주라 해도 이와 마찬가지였다.

드 브리스와 기타 학자들은 17·18세기 네덜란드의 도시뿐만 아니라 농촌인구까지 포함하는 소비 모델의 거대한 변천에 관한 상세한 경험적 증거를 제공하였다. 드 브리스 본인은 유언을 공증한 법정의 기록에 근거하여 네덜란드 공화국 프리시안 열도Friesian Islands 거주 농민들을 연구하였다. 그가 말한 바와 같이, 이들 농민은 "점차 각종의 '도시 상품'—거울, 유화, 서적, 시계 등—을 구입하였고, 아울러 가구의 품질을 하나씩 제고해 나갔다." 유언 기록에 따르면, "참나무 재질의 큰 캐비닛이 간단한 목제 보관 상자를 대체하였고, 도기 및 [네덜란드] 델프트 도기delftware가 항아리 및 목제 사발을 대체하였다. 커튼은

16세기에 거의 필요한 물건이 아니었지만 1700년에 이르러선 이미 널리 보급되었다." 이밖에 "은제 장식품의 수장收藏이 갈수록 늘어나서, 은수저, 은제 물병, 은제『성경』책갈피, 그리고 남녀 개인 장식품 등을 포함하게 되었다"(De Vries 1993: 100).

웨더릴Lorna Weatherill의 저서는 영국에도 기본적으로 같은 모델이 존재하였음을 밝혔다. 이 책은 법정에서 공증한 3,000건의 유언 기록을 다루었는데, 기록의 지리적 범위는 8개 지역의 도시와 농촌을 포괄한다. 웨더릴이 "키워드"로 삼은 물품의 목록은 드 브리스의 것과 유사하여, 서적, 시계, 거울, 테이블보 및 은기銀器 등을 포함한다. 웨더릴은 1675~1725년간 이런 물건이 날이 갈수록 농촌인구 가운데 널리 보급되었음을 증명하였다(Weatherill 1993: 특히 219 〈표 10-2〉 및 220 〈표 10-4〉).

바로 이러한 증거를 기초로 한 위에, 드 브리스는 "근면혁명"설을 제시하였다. 여성과 아동이 취업 행렬에 가담함으로써 도시를 향한 농산품 공급을 확대하였고, 가족의 소득 잉여를 증가시켰으며, 도시의 상품에 대한 농촌의 소비를 제고하였다. 여기서 이렇게 말할 수 있다. 이것("근면혁명")은 애덤 스미스Adam Smith가 논술한 전형적인 도·농 교환을 이끌었으며, 스미스가 보기에 그것은 장차 양자의 나선식 경제 발전을 촉발할 터였다(A. Smith 1976[1776]: 401-406).

그러나 창장 삼각주는 이러한 소비혁명을 경험하지 못하였다. 쉬신우의 데이터에 의하면, 제국주의가 중국에 진입하기 이전 전국의 면포 소비량은 일인당 평균 약 1.5필, 즉 2근의 조면(2.2파운드)이었고, 여기에 일인당 평균 0.6근(0.66파운드)의 솜이 더해져 있었다. 면화의 총생산 증가, 기계방적 면사의 대량 유통, 그리고 토포土布에 비해 뒤떨어지는 기계방직 면포의 내구성(쉬신우의 자료에 근거하면, 토포는 3년을 입을 수 있었지만 기계제 면포는 2년밖에 입지 못했다) 등으로 인해, 이 수치는 1936년에 이르러 일인당 2필까지 증가하였다. 정확하고 믿을 만한 1936년 데이터의 기초 위에서, 쉬신우는 1840년, 1860년, 1894년, 1913년, 1920년, 그리고 1936년의 자세한 추계를 작성하였다(쉬신우 1990: 314-315).

　다른 측면에서의 중국인의 소비에 관해서는 계통적인 저술이 아직 적다. 팡싱方行이 1996년에 발표한 논문은 처음으로 진지하게 이 문제를 다룬 것 가운데 하나이다. 팡싱은 17세기와 19세기의 농서農書 세 가지를 상당히 독창적으로 이용하였다.* 그의 의도는 17세기 초에서 18세기에 걸쳐 창장 삼각주의 생활수준에 실질적인 제고가 있었음을 논증하는 것이었다. 그는 매년 일인당 평균 면포 소비량이 2필이었다는 합리적 수치를 채택하고, 이 기간 동안 변화가 없었다고 보았다. 생활수준의 제고와 관련된 팡싱의 논증은 주로 "부식"(주로 육류·어류·가금류) 소비의 증가에 집중되었다. 그는 17세기에는 식비가 가족 총소득의 76퍼센트를 차지하였으나, 18세기에는 83퍼센트를 차지하였다고 생각한다. 이것은 부식 소비의 증대에 기인한 것이었으며, 식량 소비는 (18세기 전반 55퍼센트, 후반 54퍼센트로) 안정 기조를 유지하였다. 증가 부분은 주로 농민들이 제법 많은 명절 기간에 소비한 육류·어류·가금류였다. 그리고 과거에는 설날과 같은 몇몇 제한된 명절에나 겨우 이런 종류의 소비가 이루어졌다. 18세기에 이르러 창장 삼각주의 농민이 이런 정도의 소비로 성숙하는 명절은 매년 20일 남짓이나 되었다. 설사 그렇다고 하더라도, 팡싱은 모종의 하락, 즉 식량 소

---

* 이들 농서는 1658년의 『보농서(補農書)』, 1834년의 『포묘농자(浦泖農咨)』, 1884년의 『조핵(租覈)』 등이다.

비에서 농민이 쌀처럼 값이 비싼 "고운 곡물"만 먹던 것에서 쌀(60퍼센트)에다가 보리·콩 등 값이 저렴한 "거친 곡물"을 섞어 먹는 것으로 변화하는 현상이 존재하였음을 보여 주는 증거가 있다는 것을 인정하였다(팡싱 1996: 91-98). 팡싱이 논증한 소폭의 제고는 창장 삼각주의 내권 시스템하에서도 가능한 일이었다고 생각된다. 그러나 그것은 결코 드 브리스의 "근면혁명"에서 묘사하는 종류의 변화가 아니었다.

인구사

이제 중국 인구사라는 논제와 그와 관련이 있는 여아살해 문제를 논의하여, 그것이 발전과 내권에 대하여 무엇을 설명할 수 있는지 살펴보고자 한다. 이 문제를 분명하게 말하려면, 먼저 기본 사실에 대하여 제임스 리^{James Z. Lee} 등이 저지른 엄중한 오류를 이야기할 필요가 있다. 그들의 견해에 따르면, 18세기 중국의 인구행태는 유럽과 기본적으로 일치하며, 그 사망률은 유럽과 비슷하고, 출생률은 유럽보다 낮았다. 그들이 이런 데이터를 얻을 수 있었던 것은 여아살해에 대한 특수한 이해에서 비롯된 것이다. 먼저, 여아살해를 "산후낙태"로 간주함으로써 살해된 여아를 출생률과 사망률 계산에서 배제하였다. 그들의 출생률과 사망률은 이로부터 도출된 것이다. 동시에 여아살해를 인구에 대한 일종의 "예방적 억제^{preventive checks}"로 간주하여 유럽의 만혼^{晩婚}과 동등하게 취급하였다. 중국의 인구압이 유럽과 대동소이했다는 결론은 이로부터 도출된 것이다. 아래에서는 이 점을 자세히 논증해 보겠다.

제임스 리 등의 논증과 데이터

제임스 리 등의 출발점은 중국에서 여아살해가 광범위하게 유행하였음을 논증하는 것이었다. 제임스 리는 각기 캠벨Cameron Campbell, 왕 펑Wang Feng: 王豐과 함께 두 권의 책을 썼다. 이 두 저서에서 제임스 리의 논의는 둥베이東北 랴오닝遼寧 성 다오이道義 지역의 1774~1873년 간 12,000개 농민 관련 기록에 보이는 남아와 여아 간의 사망률 격차를 기초로 삼았다. 제임스 리는 신생 남아의 대략 3분의 1과 신생 여아의 3분의 2가 기록에 이름을 올리지 못했다고 추측하였다. 만약 기록에 이름을 올리지 못한 영아의 사망률과 기록에 오른 영아의 사망률이 같았다고 가정하면, "5분의 1에서 4분의 1에 이르는 여아가 고의적으로 살해"되었을 가능성이 짙다(Lee and Campbell 1997: 58-70; Lee and Wang 1999: 51). 제임스 리는 또한 예외적으로 완비되었던 황족皇族의 호적 자료를 활용, 1700~1830년간 총 33,000명에 달하는 표본에 근거하여 "10분의 1의 여아가 아마도 태어난 지 며칠 안에 살해되었을 것"이라고 지적하였다(Lee and Campbell 1997: 49).

이어서 제임스 리 등은 여아살해가 실질적으로 일종의 "산후낙태"였다고 주장하였다. 그것은 맬서스Thomas Malthus의 "적극적 억제positive checks"와 같은 의미의 생존 압력—즉 토지에 대한 인구의 압력에 짓눌린 가운데 식량 생산이 인구의 성장을 따라잡기 어려워져 곡물 가격 상승, 실질임금 하락, 영양실조 내지 기아와 사망이 초래되는—에서 비롯되었다기보다는 오히려 그런 압력이 존재하지 않았음을 잘 보여준다. 그것은 유럽의 만혼과 같은 "예방적 억제preventive checks"와 비슷하다(Pomeranz 2000: 38; Lee and Campbell 1997: 70; Lee and Wang 1999: 61). 제임스 리와 포머란츠, 그리고 빈 웡R. Bin Wong: 王國斌과 리보중 등은 중국의 인구 모델이 유럽과 기본적으로 같았다는 것을 논증하려고 했다(Wong 1997: 22-27; 리보중 2000b). 즉, 주로 "예방적 억제"로 형성된 "출산 추동fertility driven"의 모델이었지, 일찍이 "맬서스 신화"가 제시한 것처럼 "적극적 억제"로 구성된 "사망 추동mortality driven" 모델이 아니었다는 것이다.

전체 논증의 관건은 "산후낙태"라는 개념에 있다. 만약 살해된 영아가 이미 태어났다고 할지라도 여전히 "낙태되어 버렸다"고 간주될 수 있다고 한다면, 그들은 사망률 계산에 포함되어서는 안 되며, 따라서 기대수명을 계산할 때에도 나타나서는 안 된다. 이 때문에, 제임스 리는 랴오닝 다오이 지역과 유럽의 교회 출생 기록의 데이터에 대한 비교를 진행할 때 다오이 지역에서는 신생 영아가 아니라 "월령 6월" 이상만을 계산에 넣었다(Lee and Wang 1999: 55 〈표 4-2〉).* 이렇게 해서 얻은 다오이 지역의 기대수명은 29세였다. 이런 기초 위에서 제임스 리 등이 얻은 결론은 중국인의 사망률과 기대수명이 유럽인과 대체로 같았다는 것이다. 그러나 실제에서 제임스 리의 기대수명 29세라는 숫자를 그가 추산한 25퍼센트라는 여아살해 비율을 써서 수정한다면, 신생 여아의 진짜 기대수명은 22세에도 미치지 못한다. 이것으로는 18세기 영국의 기대수명 34~35세라는 숫자와 비교가 근본적으로 불가능하게 된다(Schofield 1994: 67 이하).

살해된 여아를 사망률 데이터에서 배제하는 외에, 여아살해를 "산후낙태"로 간주하는 것은 그 영아들을 "합계 출산율Total Fertility Rate"로부터도 배제하게 된다. 여기서 다시 살해된 여아가 "낙태되어 버렸

---

* 포머란츠는 제임스 리의 숫자를 잘못 인용하여 "1년"을 자란 아이라고 하였으나, 제임스 리의 숫자가 실제 가리키는 것은 "1살"의 아이였다. 이는 중국식의 나이 계산법으로, 제임스 리와 왕펑은 이를 대략 "6개월"과 등치시켰다(Pomeranz 2000: 37; Lee and Wang 1999: 55).

으므로” 태어났다고 간주할 수 없다면, 그들이 출생 데이터에 나타나서는 안 된다.* 그러므로 우리는 그가 다오이 지역의 합계 출산율을 계산할 때 여아살해에 대하여 아무런 수정도 하지 않았음을 볼 수 있다. 실제로 그는 자신이 다만 미등록 남아에 대하여 추산한 기초 위에서 기록에 오르지 못한 인구에 대한 수정을 하였을 뿐, 숫자가 더 많은 미등록 여아는 고려하지 않았다고 밝혔다.** 여기에서 그들이 얻은 결론은 중국의 결혼 여성이 낳은 아이의 수가 의외로 적었다는 것이다 (Pomeranz 2000: 41). 그 “합계 출산율”은 6명이었고, 따라서 중국인의 출산율은 1550~1850년간 서유럽의 7.5~9명보다 훨씬 더 적게 된다(Lee and Wang 1999: 8; Pomeranz 2000: 41).

기실 이미 많은 연구가 그들이 틀렸다는 것을 밝혔다. 해럴^{Stevan Harrell}은 일찌감치 중국에서 나온 인구 회의 관련 논문집에 쓴 머리말에서, 기록 속의 숫자는 일반적으로 여아살해를 고려한다는 전제 하에 25퍼센트 상향 수정되어야 한다고 지적하였다. 예컨대, 류추이룽^{Liu Ts'ui-jong: 劉翠溶}은 “화남” 지역의 족보 5종으로부터 얻은 데이터에 기초하여 마땅한 수정을 가하였다. 왜냐하면 족보는 주로 아들에 관심이 있었고, 요절하였거나 살해되어 버려진 여아에 대해서는 기록에 올리지 않았기 때문이다(Harrell 1995: 15; Liu 1995: 94-120). 제임스 리와 달리, 텔포드^{Ted Telford}는 1520~1661년간 (창장 삼각주에 이웃한 안후이^{安徽} 성) 통청^{桐城} 현의 족보 39종, 합계 11,804명에 대한 기록에

---

* [원서에는 여기에 각주가 달려 있으나, 그 내용은 위의 각주와 완전히 같다. 저자의 착오로 보이므로, 번역에는 반영하지 않기로 한다: 역자]

** Lee and Campbell 1997: 90 주석 10 참조. 단, Lee and Wang 1999: 85-86 에서는 언급하지 않았다.

근거하여, 여아 사망률의 중간값 25퍼센트를 미리 설정함으로써 그 데이터에 대한 수정을 진행, 합계 출산율이 8~10명이었다는 추산을 내놓았다(Telford 1995: 48-93).*

사실 제임스 리 등이 자신들이 추산한 25퍼센트의 살해된 여아를 출생 영아로 산입했다고 하면, 그들의 숫자는 텔포드의 숫자와 거의 차이가 없게 된다. 이렇게 되면 그들의 데이터는 크게 달라질 수 있으며, 중국이 서유럽보다 낮은 출생률을 보였다는 그들의 결론도 도출할 수 없게 된다(Lee and Wang 1999: 제 6장, 특히 90; Lee and Campbell 1997: 92도 참조).

요컨대, 제임스 리 등은 여아살해를 "산후낙태"로 해석하였고, 이로 인해 출생률과 사망률 계산에서 배제하였는데, 이 조치는 실제에서 그 데이터와 기본 논점의 관건이 된다. 그 기본 논점은, 중국인의 사망률(이나 기대수명)이 유럽인과 비교하여 큰 차이가 없었으며, 중국에서 "예방적 억제"의 시행이 심지어 유럽의 수준을 넘어섰다는 것이다. 만약 여아살해의 실제를 직시하여 그것을 출생자와 사망자 수에 산입한다면, 그들 자신의 데이터와 추산을 쓰더라도 그들이 논증한 것과 매우 다른 그림을 얻게 된다.** 겉보기에 정확하고 가치중립적인 역사 인

---

* 이밖에 1906~1945년 일본의 식민통치 시기 타이완 하이산(海山) 지역의 신뢰할 만한 데이터, 벅이 처음으로 연구했던 중국 7개 지역의 여성 580명에 대하여 1980~1981년에 실시한 방문조사, 그리고 1931년 차오치밍(喬啓明)이 창장 삼각주의 장인(江陰) 현에서 수집한 고품질의 데이터에 근거하여, 울프는 자녀 7.5명이라는 추정치를 얻었다(Wolf 1985: 154-185).

** 이뿐만 아니라, 울프는 제임스 리의 저서를 신중하게 비평하면서, 설사 제임스 리가 얻은 숫자를 받아들인다고 하더라도 계획적인 출산 통제—즉 "늦게 시작하고, 일찍 정지하며, 자녀 간 터울을 길게 하는" 데 더하여 "산후 낙태"—

구학적 기술에 가려, 분명 독자는 이런 식의 거짓 증거와 왜곡에 오도
되기 십상이다.

다른 관점

여아살해 문제로 되돌아가자. 제임스 리는 중국의 여아살해가 남아선
호 문화에서의 선택이었으며 "생명에 대한 모종의 특수한 태도", 즉
"중국인이 1세 미만의 아이를 완전한 '사람'으로 간주하지 않았다"는
데에서 비롯된 것이기도 하다고 생각한다(Lee and Wang 1999: 60-
61). 그러나 겨우 남아선호 때문에 어떤 사람이 자신의 딸을 살해하는
일이 촉발될 수 있을까? 아니면, 기타의 압력이 먼저 영아를 살해하도
록 하였고, 그 다음에야 비로소 남아에 대한 문화적 선호가 여아살해
라는 선택을 촉발한 것일까? 그리고 중국의 거의 모든 지역에서 영아
의 출생 후 만 1개월을 축하한다는 사실을 고려할 때, 1세 미만의 아이
가 정말 완전한 사람으로 간주되지 않았다고 할 수 있을까?

　이 논제를 충분히 탐구하기 위해서, 서로 다른 계급과 계층을 구

보다 더 합리적인 다른 해석이 가능하다는 것을 증명하였다. 그는 조혼(早婚)
의 관습과 더 늦은 월경이 출산을 더 늦게 시작하는 이유를 해명해 준다고 지
적하였다. 또한 조혼(결혼할 때의 나이는 많지 않지만 실제 부부관계를 시작
하는 혼인연령은 도리어 높고 그에 따라 부부관계의 빈도를 더욱 낮춘다), 혹
은 건강 문제, 혹은 영양실조로 인한 조기 폐경 때문에 출산이 더 일찍 끝나는
현상을 충분히 설명할 수 있다고 하였다. 끝으로 자녀 간 터울이 길었던 것도
영양실조 및 가난뱅이가 생계 때문에 집을 떠나 품팔이를 하는 등의 요인으로
해명될 수 있다고 하였다. 울프는 심층적인 방문조사를 통해 얻은 직접적인
증거를 제시하여 자신의 견해를 뒷받침하였다. 그가 보기에 중국인의 낮은 합
계 출산율 자체는 빈곤과 생존 압력으로 해석해야지 생존 압력이 없었던 증거
로 삼을 수 없다(Wolf 2001: 133-154).

별하는 중국의 인구행태 분석이 더 많이 이루어질 필요가 있다. 그러나 이미 시사점이 적지 않은 몇몇 단서들이 나타났다. 해럴은 창장 삼각주 (저장浙江 성) 샤오산蕭山 현의 족보 3종—1240~1904년간의 자료—에 근거하여, (학위를 보유한 자이며, 따라서 비교적 부유하다고 볼 수 있는) 지위가 높은 가족에 기타 가족보다 아이가 더 많았다는 사실을 지적한다. 이것은 부자가 비교적 일찍 결혼할뿐더러 첩도 들일 수 있었기 때문이다(Harrell 1985). 울프Arthur P. Wolf는 양질의 타이완 지역 자료에 기초하여 해럴의 관점을 한층 더 강조하고 확장하였다. 그는 (단지 학위를 보유한 "신사紳士" 가족만이 아니라) 부유한 농민 가정에서 합계 출산율이 더 높았다는 것을 보였다(Wolf 1985: 182-183). 끝으로, 저우치런Zhou Qiren: 周其仁은 일본의 만철滿鐵 연구자가 계통적으로 조사한 3개 촌장村莊의 인구사를 재구성하여, 부유한 농민은 부양 능력이 있었기 때문에 아들이 더 많았지만, 빈농 또한 아들이 많았으며, 이는 그들이 노년에 이르게 되면 아들이 벌어들인 소득에 의지하여 생활을 유지하지 않을 수 없었기 때문이었다고 지적하였다(Zhou 2000). 종합해 보자면, 이들 성과는 여아살해가 주로 생계의 압박을 받은 빈농이 더 많은 아들을 두고자 애쓴 행위였을 가능성을 제시한다.

제국 말기의 몇몇 관찰자들은 명확하게 여아살해를 주로 빈곤과 앙등하는 혼수 탓으로 돌렸다. 또한 정부의 관원들은 고아원을 설립하여 이 문제를 처리하자고 촉구하였다(Ho 1959: 58-62; Waltner 1995: 193-218). 1583~1610년간 명 조정에서 생활하며 관리로 봉직했던 이탈리아 출신 예수회 선교사 마테오 리치(Matteo Ricci, 1552~1610)는 특히 분명하게 이야기하였다.

이곳에서 더욱 엄중한 죄악은 바로 몇몇 성(省)의 영아살해 행위이

다. 그 원인은 그들의 부모가 그들을 부양할 능력이 없어 철저하게 절
망했다는 데에 있다. 때로는 그렇게 가난하지도 않은 집에서 이런 일
을 저지르기도 한다. 어느 날 아이를 부양할 능력이 없어질 날이 올지
도 모른다고 걱정하기 때문이다. 그런 때가 오면 아이를 낯선 누군가
나 잔혹한 노예주에게 팔아넘길 수밖에 없다.(Waltner 1995: 200에서
인용)

적은 토지밖에 없는 빈농과 토지가 없는 고농 부부를 매우 두드러
진 예로 들 수 있다. 좀 많은 토지를 보유한 농민은 농촌의 습속에 따
라 일정한 양로지養老地를 남김으로써 노년에 먹고 살 수 있지만, 그들
은 그럴 수가 없었다. 그들은 오직 아들에게 희망을 걸 수밖에 없었다.
법률과 습속 모두 품을 팔아서라도 부모를 부양할 것을 아들에게 요구
하였다(황쫑즈 2001: 제 8장). 딸은 그렇게 할 수 없었다. 또한 설사 그
들이 딸을 성년에 이르기까지 애써 키우더라도, 결국에는 딸을 남에게
팔아야 할지도 몰랐다. 그러한 생존 상황하에서라면 여아살해도 이해
할 만한 일이다.

여기서 오직 가난뱅이만이 여아를 살해할 수 있었다고 주장하려는
것은 결코 아니다. 그들이 이런 행위의 대부분을 구성하는 주체 부분
이었다고 말하려는 것이다. 심지어 제임스 리 역시 "…… 과거 중국의
부모들이 출산 횟수를 줄이거나 아이를 죽인 것은 가족의 경제 상황에
대한 반응이었다."고 인정하였다(Lee and Wang 1999: 100). 제임스
리는 실제로 애초에 캠벨과 함께 쓴 저서에서 여아살해를 맬서스 식의
"적극적 억제" 범위에 두었지, 나중에 주장한 대로 "예방적 억제"로 보
지 않았다(Lee and Campbell 1997: 제 4장). 그러나 나중에 새롭고
기이한 주장을 내놓는 데 열중하고 "맬서스 신화"에 대하여 격렬한 비판
을 진행함으로써 중국의 인구 시스템이 "출산 추동"이지 "사망 추동"이

아니었음을 논증하고자 하면서는 그런 인식이 거의 모두 사라져 버렸다.

　제임스 리 자신의 데이터 역시 실제로 빈곤이 매우 중요한 요인이었음을 밝혀 준다. 위에서 이미 언급한 대로, 그의 황족 데이터는 여아살해의 비율이 10퍼센트였음을 말해 준다. 제임스 리는 이 숫자를 써서, 여아살해가 심지어 부유한 가정에서도 일어났다면 그런 행위는 전 사회 범위에 걸친 것이지 단지 빈곤으로 초래된 것이 아니라고 주장하였다. 그러나 이들 숫자는 분명 다른 논리를 드러낸다. 설사 그 자신의 데이터라 할지라도, 이미 빈곤화된 "하급 귀족"의 대부분이 "상급 귀족"에 비해 여아살해 경향이 더 뚜렷했음을 드러내고 있는 것이다(Lee and Wang 1999: 58). 더욱 중요한 것은, 33,000명의 황족 성원 모두가 여전히 상당히 넉넉한 형편이었다고 가정하더라도 여전히 이 집단의 10퍼센트에 달하는 여아살해율과 다오이 농민의 25퍼센트 사이에 존재하는 차이를 발견할 수 있다는 점이다. 다오이에서 살해된 여아의 적어도 5분의 3에 대하여 그것이 빈곤 탓이었다고 해석할 수는 없는 것일까?

　제임스 리 등이 제출한 해석은, 그 동기가 역시 주로 중국에서 유럽과 대등한 현상을 드러내려는 데 있다. 이것이 그를 중국 인구사에 관한 의심스러운 논술로 이끌었다. 차오수지曹樹基 · 천이신陳意新이 지적했듯이(차오수지 · 천이신 2002), 제임스 리는 유럽의 "출산 추동" 모델에 비추어 중국 인구사를 다시 쓰려고 결심하였고, 이것이 그에게 19세기 중엽의 거대한 재난을 인구 통계 기록으로부터 말살하게 만들었다. 이로 인해, 그는 1700~1950년간 직선형의 중국 인구 변동 모델을 도출함으로써 그가 실증하고자 한 "출산 추동 시스템"과 일치를 유지하였다. 사망 위기가 격발하는 시스템과 일치하는, 상승하다가 하락하는 곡선이 아니었다(Lee and Wang 1999: 28). 이렇게 해서 그는 19세기 중엽 남방과 창장 삼각주 지역의 태평천국太平天國 전쟁, 서북의

회민^{回民} 반란, 그리고 화북의 대한재^{大旱災} 등으로 조성된 가공할 인명 손실을 말살하였다. 차오수지의 최신 연구는 지방지 자료를 샅샅이 구사한 기초 위에서 각 부^府 인구의 총수와 변화를 재구성하였다. 그 결과 그는 1851~1877년간 이들 재난이 초래한 사망자가 무려 1.18억 명이나 되었다고 보았다(차오수지 2000: 455-689). 그의 추산에 대한 자세한 평론은 다른 학자들의 몫으로 맡겨야 하겠지만, 설사 그의 추산에서 오차범위가 100퍼센트에 이른다고 할지라도, 인명 손실은 여전히 6,000만 명, 즉 당시 총인구의 7분의 1에 달한다.

당연하게도 19세기 중엽은 재난이 처음으로 발생한 시기가 결코 아니었다. 왕조 교체에 따른 재난은 중국 역사의 대부분을 관통해서 나타났다. 내가 보기에, 역사 기록은 엄격하고도 좁은 의미에서의 맬서스의 "적극적 억제"는 아니었더라도, 사망이 강력하게 작용하면서 빚어낸 인구사를 보여준다. 이 시스템을 맬서스가 초기 근대와 근대 유럽을 대상으로 구성한 출산 추동의 "예방적 억제" 모델과 등치시켜서는 안 된다. 여아살해를 생존과 인구의 압력이 없는 것과 등치시키는 것은 더욱 불가능하다. 여기서 중국의 사람은 많고 땅은 적은 기본 국정^{國情}에 대한 상식적 인식으로 돌아갈 필요가 있다.

날이 갈수록 깊어졌던 사회위기

나날이 심각해져서 19세기 중엽의 재난 시기에 최고조에 도달했던 사회위기가 바로 여아살해가 일어난 사회 상황이 아니었을까? 최근의 중국 법률사 연구는 여아살해 배후의 동일한 생존 압력이 광범위한 여성매매를 초래하였다는 것을 보여 준다. 이런 현상이 이처럼 범람하여, 『대청율례^{大淸律例}』에 무려 16개 조의 신규 조례^[新例]가 이런 행위를 전문적으로 처리하기 위하여 추가되었다. 이들 신규 조례는 대부분 건륭 연간(1736~1976)에 반포되었다(쉐윈성 1970[1905]: 조례 275-3에서 275-18까지). 법정에서 다룬 사건의 기록에 대한 고찰도 여성매매가 매우 보편적이었음을 보여 준다. 이런 "거래"로 인한 소송이 지방 법정에서 처리한 "민사" 사건의 대략 10퍼센트를 차지하기에 이르렀다. 청의 법률 시스템이 비록 과거에 생각했던 것보다는 개방적이었지만, 법정은 여전히 보통 백성에게 두려움의 대상이었고, 대다수의 사람들은 정말 어쩔 수 없을 때에만 분쟁을 법정까지 가져갔던 것으로 알려져 있다. 이러한 상황에서라면 다음과 같이 생각하는 것이 합리적일 것이다. 즉, 모든 여성매매 가운데 결국 법정까지 갔던 것은 극히 일부에 지나지 않았다. 우리가 만약 그 비율을 5퍼센트로 잡는다면, 이런 "거래"는 매년 적어도 165,000건에 달하였다고 추정할 수 있다. 만약 1퍼센트로 잡는다면, 무려 825,000건에 이르게 된다.* 정확한

* 내가 쓰촨의 바(巴) 현, 허베이의 바오디(寶坻) 현, 그리고 타이완의 단수이(淡水) 청(廳)과 신주(新竹) 현 등의 지역에서 수집한 청 대 1760~1909년간 628건의 "토지, 채무, 혼인 및 상속" 안건 가운데, 총 68건, 즉 전체의 10퍼센트가 넘는 안건이 여성매매 사건을 처리한 것이었다(Huang 2001: 157, 225-226; Huang 1996: 240; 황쭝즈 2003: 〈표 9-1〉). 만약 나의 연구에서 제시한 추정치—"민사" 안건이 지방아문에서 처리한 안건 총수의 3분의 1을 차지하고, 지방아문은 현마다 매년 150건의 안건을 처리—를 사용한다면, 이런 종류의 안건은 현마다 매년 합계 5건이 있었던 셈이 된다(Huang 1996: 173-181; Huang 2001: 163-172). 관청에 제소한 안건이 이런 부류의 매매 총수의 5퍼센트였다고 가정하면, 현마다 매년 이런 매매가 100건이 있었던 셈이 되고, 전국 범위(청 대에는 1651개의 현·청·주가 있었다)에서는 165,100건이 있었다고 할 수 있다. 만약 제소한 안건이 1퍼센트였다고 가정하면, 총수는 그 5배가 되어 825,000건에 이르게 된다. 이것은 물론 거친 추정일 뿐이다. 더 믿을 만한 추정을 하려면, (만약 가능하다면) 안건의 수량과 현의 수량 모두에서 크기가 더 큰 샘플이 있어야만 할 것이다.

숫자가 도대체 얼마였든지 간에, 몹시 가난한 집에서 젊은 여성을 파는 현상이 이처럼 범람하여 청의 형부刑部는 늦어도 1818년에 이미 이런 사람들에게 징벌을 가하지 않기로 결정하기에 이르렀다. 그 이유는 생존 압력에 밀려 스스로를 팔아야 했던 가난한 사람은 동정을 받아야 마땅하지 징벌을 받아서는 안 된다는 것이었다(Huang 2001: 157, 168-169).

또 하나의 관련 사회 현상으로 결혼을 하지 못한 독신 "노총각[光棍]" 인구의 형성이 있다. 그것은 (결혼할 수 있는 경제 능력이 없기 때문에 혼자 사는 남성의) 빈곤과 여아살해가 촉발한 성비의 불균형이 함께 조성한 것이었다. 최근의 연구는 이러한 사회위기의 갈수록 심각해지는 징후가 법률상의 "범간犯姦" 행위illicit sex 처리에 대한 몇몇 중요한 변화를 이끌어냈다는 것을 밝히고 있다(Sommer 2000). 문제를 더 잘 보여주는 것은 아마도 청 대 "노총각" 및 이와 서로 연결된 "건달[棍徒]"과 "무뢰한[匪徒]"에 관한 일련의 입법일 것이다. 당시 정부가 보기에 이는 이미 중요한 사회문제였다. 여성의 인신을 매매하는 문제에 대한 조치와 마찬가지로, 청 정부는 무려 18개 조에 달하는 신규 조례를 반포함으로써 이 새로운 사회 문제에 대응하였다(쉐윈성 1970[1905]: 조례 273-7에서 273-24까지).

위로는 건륭제, 아래로는 지방 관원과 문인에 이르기까지, 18세기 사람들은 이러한 장기 추세의 몇몇 징후에 주목하였다(옌밍 1993: 188-189). 후자 중에서 가장 유명한 사람은 낭연히 훙량지(洪亮吉: 1746~1809)였다. 그는 1793년에 지은 「치평治平」과 「생계生計」라는 두 편의 문장 때문에 몇몇 사람들에 의해 (완전히 타당한 것은 아니지만) "중국의 맬서스"로 칭송된다. 출신이 빈한했던 그는 가난한 사람의 모든 측면에 대하여 아주 민감했다. 또한 그는 널리 돌아다녔고 수많은 지방지를 편찬하였기에 전국의 사회 경제 상황을 상당히 잘 이해하였다. 홍량지가 보기에, 100년에 가까운 태평으로 인해 인구가 큰 폭으로 성장하였고, 그 속도는 경지와 생존 자원의 증가를 크게 능가하였다. 물가가 가파르게 오르고 임금은 급격히 떨어졌으며 빈부의 분화가 커지고 실업 인구가 격증하여 사회 질서에 거대한 위협을 구성하였다. 그 결과로, 가난한 사람들이 굶주림과 추위, 기근, 홍수, 전염병 등의 첫 번째 피해자가 되었다. 이 두 편의 문장 외에도, 홍량지는 후세에 꽤나 많은 시를 남겼다. 그 가운데에는 그 자신의 현지 관찰에 기초한 것이 적지 않은데, 기근 피해자와 빈한한 인사에 대한 그의 깊은 동정이 잘 표현되어 있다. 그가 특별히 묘사하고 비평을 가한 기근은, 창장 삼각주 북쪽의 (장쑤 성 북부에 위치한) 화이안淮安 지역을 덮친 1774년의 큰 가뭄, 그리고 그에 이어서 창장 삼각주의 서부 쥐룽句容 현을 비롯한 19개 현에서 발생한 홍수였다. 30년 뒤에 다시 그는 1804~1806년 창장 삼각주 이북 양저우揚州 지역의 대홍수, 그리고 이듬해 델타 내부에 위치한 그의 고향 창저우常州 지역에서 발생한 기근과 가뭄을 기록하였다. 이번에 그는 재난 구제를 위하여 상당한 경비를 기부하였을 뿐만 아니라, 몸소 해당 지역에 대한 재난 구제 업무의 책임을 맡기도 하였다.*

<hr>

* 허빙디(Ho Ping-ti: 何炳棣)는 Ho 1959: 271에서, 홍량지가 지은 두 편의 논술 내용이 추상적인 이론화의 어조에 불과하며 실제 관찰의 어투는 아니라고 개술하였다(홍량지 1877[1793]: 8-10; 옌밍 1993: 184-190). 여기서 나는 그에 상응하게 약간의 수정을 가하였다. 홍량지의 빈한한 출신과 가난뱅이에 대한 동정에 관해서는 천진링 1995 참조. 홍량지가 기근 이재민과 가난뱅이에 대하여 쓴 수많은 시에 관해서는 천진링 1995: 48-54, 321-326 참조. 그가 편찬한 많은 지방지에 관해서는 옌밍 1993: 130-148 참조.

사람들이 홍량지의 관찰은 단지 18세기 말에만 적용될 수 있다고 생각하는 것을 막기 위하여, 나는 또한 18세기의 걸출한 관료 천홍머우(陳宏謀, 1696~1771)에 관하여 로우William T. Rowe가 내놓은 최신의 방대한 연구를 간단하게나마 인용해 보겠다. 로우는 천홍머우가 1744년 전후에 쓴 한 통의 편지를 소개하였다. 편지는 태평성대에 인구의 급증이 야기한 문제를 거듭 밝히고 있다. 천홍머우는 최근 둑을 쌓아 소택지를 개간하거나 산지를 개발함으로써 적잖은 경지를 추가하였지만 인구의 증가 속도가 경지의 확대를 크게 뛰어넘고 있음을 매우 걱정하고 있다고 썼다. 천홍머우는 이 문제가 모든 관원이 반드시 주의해야 할 일이라고 생각했다(Rowe 2001: 156). 그밖에, 1742년 건륭제에게 올린 상주에서 천홍머우는 (로우의 말을 빌린다면) "거대한 인구압 아래에서" 근년 들어 백성의 "생계"가 악화되고 있음을 강조하였다. 로우는 이들 증거 및 대량의 다른 증거에 기초하여 힘주어 이렇게 말하였다. "나는 이것[먹을거리]이 …… 청 제국에서 가장 중요한 시정施政 영역이었다고 생각한다. 적어도 서부에 조성된 미증유의 군사와 문화의 위협 앞에서는 더욱 그러하였다." 그리고 더 나아가 로우는 이렇게 말한다. "천홍머우의 시대에서는 …… 거의 모든 관원들이 무엇보다 먼저 이 문제[자원에 대한 인구의 압력]에 주의해야 했다고 자신 있게 말할 수 있다."(Rowe 2001: 155-156, 188 주석 13)

로우의 관찰은 청 법률에 대한 나 자신의 연구와 매우 높은 정도로 부합한다. 나는 청 내의 민사 법률이 일종의 "생존 윤리"를 드러냈으며, 이는 독일의 1900년 민법을 차용한 민국 시대 민사 법률에서의 계약과 이윤 추구 윤리와 선명한 대조를 이룬다는 것을 지적하였다. 청의 법률은 생존 압력에 밀려 어쩔 수 없이 토지를 매각한 농민들이 매우 유리한 조건으로 자신들의 토지를 되살 수 있도록 보장하였다. 법률은 어쩔 수 없어서 돈을 빌려 생존을 유지해야 했던 농민을 상대로 돈놀이 하는 사람이 고리대를 놓는 것을 금지하였다. 집을 떠나 소택지나 산지를 개간한 농민의 영구소작권[永佃權]을 보호하였다. 이윤을 노리는 상인이 가난한 사람의 부녀자를 매매하는 것을 금지하였다. 그와 동시에 법률은 생존 압력에 떠밀려 스스로를 팔아야 했던 가난한 사람을 법정이 처벌해서는 안 된다고 명시하였다. 1929~1930년에 (세 차례의 초안 수정을 거쳐) 반포한 신新민법은, 비록 조직 논리에서는 여전히 독일 민법의 본래 청사진을 보존하였지만, 결국 실천 성격의 조례 가운데 이런 규정의 대부분을 삽입하였다(Huang 2001; 황쭝즈 2003).

위에서 서술한 추세와 관찰은 18세기 이래 거대한 사회위기를 이해하는 데 도움이 된다. 위기는 먼저 19세기 중엽의 기아와 민중 봉기에서, 그 다음에는 20세기 공산당이 영도했던 혁명기의 재분배에서 최고조에 도달하였다. 여기에서 내가 말하는 "사회위기"는 순수하게 인구압으로 인해 조성된 생존 위기라는 단순한 맬서스 식의 관념을 가리키는 것이 결코 아니다. 내가 몇 년 전에 지적한 바와 같이, 청 대는 인구압과 상품화라는 양대 추세가 합류한 시기였다. 화북 지역에서는 상품화가 몇몇 사람들에게 치부致富의 가능성을 제공했지만, 그보다 훨씬 더 많은 사람들—시장의 위험을 부담하여 손실을 입은 사람들—의 빈곤화를 초래하였다. 창장 삼각주 지역에서는 면화 재배와 양잠으로 대표되는 내권형 상품화로 농촌경제가 더 많은 인구를 흡수할 수 있었다. 그러나 그것은 실질적으로 앞서 존재하던 사회불평등 상황을 결코 바꾸지 못했다. 인구압과 사회불평등이 서로 결합하여 만들어 낸 결과는, (반드시 총인구에서 더 많은 비중을 차지한 것은 아닐지라도) 방대한 "빈농" "계급"의 형성이었다. 여기에는 소작농, 단기 품삯 노동을 겸하는 빈농, 그리고 토지가 없는 고농 등이 포함되었다(Huang 1985; 황쭝즈 2000b; 또한 Huang 1990; 황쭝즈 1992[2000] 참조). 빈농계급의 밑바닥에는 경제 능력이 없어 결혼하지 못하는 노총각들이 있었다. 그 가운데 적지 않은 사람은 실업자와 거지로 이루어진 "유민游民"의 일부가 되었다. 18세기 이래로 그들은 중국 사회의 지속적인 특징을 이루었다.[*]

나는 여아살해가 이처럼 방대한 사회위기의 수많은 징후 가운데 하나였다고 생각한다. 그것은 가난한 사람들에게 생존 압력이 가중되었음을 나타내는 것이지, 제임스 리가 주장하듯이 이러한 압력이 없었던 것이 아니다. 마찬가지로, 여성매매는 극빈 계층이 받았던 압력을 보여주는 것이지, 그런 종류의 압력이 없었던 것이 아니다. 또한 시장의 자극 아래 자원이 합리적으로 분배되었던 것도 아니다.

석탄 때문이었는가?

끝으로 영국이 일찌감치 발전시킨 석탄이라는 요소를 고찰해 보고자 한다. 포머란츠는 리보중과 제임스 리의 저작에 근거하여 18세기 중국과 영국의 농업 및 인구행태에 현저한 차별이 없었음을 주장한 다음, 리글리의 저작에 기대어 영국이 유독 일찌감치 발전할 수 있었던 것은 석탄 덕분이었다고 주장하려고 시도하였다(Pomeranz 2000).

리글리는 "유기 경제", 즉 공업화 이전의 농업 시스템과 "광물 사원을 기초로 한 에너지 경제", 즉 주로 석탄(과 증기)에 기초한 공업혁명 간의 구별을 설득력 있게 논증하였다. 전자의 에너지원은 대부분 인력

---

[*] Kuhn 1990: 제 2장에 뛰어난 논의가 있다. 또한 기타 저술 참조.

과 축력에 국한되었고, 최종적으로는 매우 제한된 토지 자원에 기반을 둔 것이었다. 후자의 에너지원은 주로 훨씬 더 풍부한 석탄 공급에 기대었다. 한 명의 남성이 매년 채굴할 수 있는 석탄은 대략 200톤으로, 이것은 그가 소모하는 에너지보다 엄청나게 많은 것이었다. 리글리가 보기에, 바로 이러한 차이 덕분에 노동자의 실제 임금이 대폭 상승할 수 있었고, 이는 공업경제와 공업 이전 경제를 구분하는 표지가 되기도 한다(Wrigley 1988: 77 및 여러 곳).

이러한 분석적 사고에 따르면, 영국은 우연하게도 석탄이라는 풍부한 자원과 석탄 산업의 비교적 이른 발전으로부터 혜택을 입었다. 리글리의 계산에 근거하면, 1700년 영국은 매년 약 250~300만 톤의 석탄을 생산하였는데, 이는 대략 "세계에서 다른 지역의 석탄 생산 총량의 다섯 배"였다(Wrigley 1988: 54, Flinn 1984: 26에서 인용). 1800년에 이르러 영국은 매년 1500만 톤을 생산하였지만, "유럽 전체의 총 생산량은 기껏해야 300만 톤을 넘을 수 없었다."(Wrigley 1988: 54, Flinn 1984: 26에서 인용)

리글리가 석탄을 강조한 취지는, 영국의 공업화에서 우연적 요소를 논증함으로써 과도하게 목적론적인 "일체화"된 "근대화" 이론을 날카롭게 반박하는 데 있었다. 그러나 여기서 분명히 짚고 넘어갈 점은, 영국 공업화의 우연성을 부각시키는 것이 단지 우연적인 기회에만 기대어 공업화를 해석할 수 있다는 의미가 결코 아니라는 것이다. 단지 석탄만으로 해석하는 것은 더 말할 필요가 없다. 이 두 가지 논점 간의 구별이 그렇게 뚜렷하지 않다고 하더라도, 그 차이는 매우 결정적이다. 영국의 농업혁명 및 그것이 추동한 도시화, 그리고 기타 "자본주의" 요소를 지적한 다음에 석탄의 중요성을 강조하는 것은 경제 변천의 동력에 대하여 상당히 심오한 논점을 제시하는 것이다. 바로 리글리가 말했듯이, "한 국가는 통상적 의미의 자본주의화를 향해 나아갈 필요가 있을 뿐만 아니라 …… 원자재의 광물 자원 의존도가 갈수록 높아지는 자본주의를 향해 나아갈 필요가 있었다. …… 영국 경제는 이 두 가지 함의에서 말하는 자본주의 경제에 있었다. 그러나 이 양자의 관련성은 처음에는 우연적이었지 필연적인 인과 관계는 아니었다."(Wrigley 1988: 115) 이 논점은 단순한 우연론^[機遇論], 또는 석탄 단일 요소론과는 완전히 다르다. 실제로, 리글리가 자신의 저서에서 "농업혁명"("발달한 유기 경제")을 논술하는 데 할애한 지면은 석탄의 초기 발전("광물 자원을 기초로 한 에너지 경제")에 관한 논술에 할애한 지면에 절대 뒤지지 않는다. 그가 보기에 이 양자는 모두 영국에 일찌감치 출현한 특징이었다. 리글리가 강조한 것은 두 가지 요소의 교묘한 결합, 즉 석탄의 우연적 발전과 영국의 매우 발달한 유기 경제의 결합이었지, 석탄이라는 우연적 발전 요소 한 가지가 아니었다.*

* 아마도 리글리 본인이 사람들에게 광물 에너지원의 농업에 대한 의의를 과장했다는 인상을 풍겼을 수도 있다. 1949년 이후 중국의 경험은, 이미 고도로 집약화되고 내권화된 농업 시스템 위에 기계와 화학혁명이 일어나는 경우 그것이 다만 총생산량의 유한한 제고를 가져올 뿐이라는 것을 보여주었다. 즉 겨우 총생산량을 3~4배 증가시켰을 뿐 그 이상은 아니어서, 공업부문에는 크게 미치지 못하였던 것이다. 또한 (중국의 상황은) 여전히 극단적인 노동 집약화를 수반하고서야 비로소 총생산량을 늘릴 수 있었다. 비록 근대적인 에너지원을 투입하였지만, 토지의 생산력은 결국 매우 제한적이었다. 이러한 각도에서 보면, 18세기 영국의 농업혁명이 이룩한 두 배의 성장이 영국 공업혁명에 대하여 지니는 의의는 아마도 리글리 본인이 생각한 것보다 훨씬 더 중요했을 것이다.

　중국에 대해서 말하자면, 라이트(Tim Wright)의 중국 석탄 산업에 대한 자세한 연구에서 드러났듯이, 중국은 세계에서 석탄 매장량이 가장 풍부한 국가 가운데 하나이다(Wright 1984: 17). 그리고 공업에서의 수요가 도래했을 때 중

뚜렷한 대조를 이루는 두 가지 경제

이상에서 18세기 영국과 창장 삼각주가 실제로 유럽과 중국 간을 관통하고 있는, 발전에서 내권에 이르는 스펙트럼의 두 극단이었음을 알게 되었다. 영국의 농업에 대하여 말하자면, 그 토지 단위면적당 노동 투입은 창장 삼각주보다 훨씬 적었고, 그 농장의 평균 규모는 후자의 100배였으며, 그 단위 노동의 생산성은 훨씬 더 높았다. 비교적 많은 축력과 가축 비료의 투입 덕분에 이 농업 경제는 18세기에 의심할 나위 없는 노동생산성의 발전을, 그것도 매우 큰 정도의 발전을 경험하였다. 더 나아가서 이러한 노동생산성의 발전은 도시를 기초로 하는 수공업의 발전을 가능하게 만들었다. 후자는 수많은 사람들에게 농업을 대체하는 독립적인 생활의 원천을 제공하였고, 인구 확장과 신속한 도시화를 충분히 지탱할 수 있었다. 이밖에, 가족의 소득에 실질적인 증가가 있었고, 소비 패턴에도 큰 변동이 일어났으며, 이것들은 모두 도-농 교역의 확대를 추동하였다. 끝으로, 석탄 생산이 일찌감치 발전을 이루었다. 종합적인 결과는, 영국이 1800년 시점에서 세계의 다른 어떤 지역보다

국 석탄 산업은 발전 속도가 상당히 빨랐다. 연간 생산량은 1896년 50만 톤에도 미치지 못하는 수준에서 1936년 400만 톤으로 증가하였다(Wright 1984: 10-12 〈표 1〉, 〈표 2〉, 〈표 3〉; 195). 근대 중국사를 연구하는 전문가라면 모두 후난·장시 경계 산간지역에 위치한 핑샹(平鄉) 현의 탄광을 알 것이다. 이곳의 석탄은 샹장(湘江)과 창장을 경유하여 장즈둥(張之洞)이 우한(武漢)에 설립한 한양(漢陽) 제철소에 공급되었다(Homibrook 2001: 202-228). 그런 탄광이 창장 삼각주에 어렵지 않게 석탄을 공급할 수 있었으리라는 것은 분명하다. 바꾸어 말하자면, 중국(혹은 창장 삼각주) 공업화의 지체는 석탄 자원의 결핍으로 설명할 수 없다. 거꾸로 공업 수요의 결핍이야말로 비로소 중국 석탄 산업의 지체를 설명할 수 있다.

도 근대 농업발전과 공업발전의 조건을 더 잘 갖추고 있었다는 것이다.

창장 삼각주는 이것과 판이했다. 이곳에서는 토지 단위면적당 노동 집약화와 내권이 이미 전 세계 최고 수준에 도달하였다고 말할 수 있다. 공업화 이전 시대에, 쌀농사, 면화 재배, 양잠 등은 분명 노동 집약도가 가장 높은 생산 시스템이었다. 이들은 내가 말하는 내권식 성장, 즉 보수報酬의 체감을 대가로 하는 노동력 단위당 절대 생산량 증가를 뚜렷하게 드러냈다. 내권식 성장은 창장 삼각주를 중국에서 가장 "발달"한 지역으로 만들었다. 이는 단위면적당 생산의 증가와 그것으로 지탱되는 복잡한 도시 네트워크, 발달한 국가기구와 성숙한 엘리트 문화의 능력 등에 체현되었다. 그러나 이러한 발달 상황은 단위면적당 극도로 높은 노동 집약화, 노동력 단위당 낮은 자본화, 그리고 노동 일당 낮은 보수 등에 기대어 실현된 것이었다. 농촌의 가내 공업은 여전히 구식의 가족농장 경제에 거의 완벽하게 묶여 있었다. 양자 모두가 생존을 지탱하는 데 필요하였기에, 하나라도 없어서는 안 되었다. 이런 종류의 내권식 성장과 영국에서 발생한 종류의 변화는 동렬에 놓고 이야기할 수 없는 것이다. 영국 경제에 대하여 말하자면, 우리는 다섯 가지 큰 변화(혁명?)를 꼽을 수 있으며, 여기에 광업(석탄)의 이른 발전을 덧붙일 수 있다. 그러나 창장 삼각주는 어떤가? 이 가운데 어느 하나도 존재하지 않았다.

이 모든 것은 인구 또는 농업(과 가내 공업)이 단독으로 근대 공업의 발전과 미발달을 해석해 줄 수 있다는 의미가 결코 아니다. 이 점에서는 기타의 요소, 즉 시장 교환(과 노동 분업) 또는 생산관계, 또는 자본의 축적, 재산권 제도, 기술, 소비 수요, 석탄 등도 비슷하다. 중·영의 비교는 진실로 농업 및 가내 수공업에서 토지 단위면적당 노동 집약화 및 내권식 보수報酬의 차이를 두드러지게 보여준다. 그러나 분명히 근대 공업혁명은 단일 요소에 의한 사건이 아니라 다분히 여러 요소의 교묘한 결합으로 일어난 것이라고 이해해야만 한다. 18세기 영국의 경험은, 적어도 기인起因의 측면에서 반半독립적이었던 여러 추세가 서로 교묘하게 결합한 것이 얼마나 중요한지를 보여준다. 비록 그 가운데 일부, 즉 농업혁명, 원原공업화, 새로운 형태의 인구 모델, 새로운 형태의 도시화, 새로운 소비 패턴, 그리고 대량의 석탄 생산 등은 분명히 서로 관련되어 있는 것이기는 했지만 말이다. 그러나 이 모든 것이 18세기의 중국 또는 창장 삼각주에서는 어느 하나 출현하지 못하였다. 여기에서 나타난 것은 19세기 공업혁명의 발원이 아니라 19세기 거대한 사회위기의 근원이었다.

도량형

중국의 도량형은 지역과 시기에 따라 많이 달랐다. 이 글에서 사용한 "근(斤)"은 전적으로 "시근(市斤)"을 가리키며 1.1파운드에 상당한다. "석(石)"은 부피 단위로, 1석의 쌀은 무게가 약 160근, 즉 176파운드이다.

이 글에서 미곡의 생산량은 전적으로 쌀을 가리키며, 쌀과 껍질을 벗기기 전 벼의 비율은 약 7:10이다.

면화 생산량은 전적으로 조면을 가리킨다. 포의 단위 "필(匹)"이 가리키는 것은 표준 토포로, 무게가 1.0914관근(關斤)이다. 이는 1.32시근, 3.6337평방야드, 32.7평방척에 상당한다. 조면의 방직 과정에서 솜의 손실은 약 4퍼센트이지만, 풀을 먹이면 무게가 약 5퍼센트 늘어난다. 따라서 면포의 필당 중량은 방직에 소요되는 조면의 중량과 대략 같다.

제3장

중국 소농경제의 과거와 현재
: 슐츠 이론의 잘잘못

신고전파 경제학자이자 노벨상 수상자인 슐츠Theodore W. Schultz는 "전통 농업"의 "농민"이 시장경제의 작동 아래 생산요소의 사용에 대하여 최고 효율의 (수급) 균형을 향해 나아간다고 생각하였다. 농민은 절대로 우둔하지도 나태하지도 않았다. 전통 농업 개조의 관건은 농민에게 신기술 사용을 교육하고, 이를 통해 "인적자본"을 발전시키는 데 있다. 농민이 신기술을 운용하여 이익을 얻을 수 있다는 것을 일단 인식하게 되면 농업의 발전과 근대화를 추진할 수 있다. 국가는 절대로 시장의 작동에 개입해서는 안 된다. 토지 사유를 폐지하여 그것을 집체 농업과 계획경제로 대체해서는 더욱 안 된다. 슐츠의 관점에서 보자면, 중국혁명 및 그 후의 사회주의 개조는 전반적으로 착오였으며 경제의 정체를 초래하였다. 그리고 개혁 시기의 집체화 해소와 시장화야말로 그 후에 일어난 발전에 결정적이었다. 현재 남아 있는 부족한 구석은 아직 사유 재산권을 완전히 확립하지 못하고 전면적인 시장화를 이루지 못했다는 것이다. 앞으로 중국 농촌의 출로는 그가 구상하는 미국 모델, 즉 완전한 사유화, 최대 이윤을 추구하는 기업화 농업을 주체로 하는 농업 제도이다. 이러한 인식은 오늘날 이미 국내 경제학의 "주류"가 되었다. 그에 찬동하는 사람들은 그 첫 번째 조건이 토지 재산권의 완전 사유화라고 생각한다.

여기에서는 슐츠의 인식에 보이는 결정적인 착오에서 출발, 점차 기타 측면에까지 확대하여, 그의 잘못된 인식과 그의 정확한 인식을 구별해 내고, 이에 근거하여 현재 중국의 농업 경제 문제 및 가능한 출로를 논의하고자 한다.

인구문제

먼저, 슐츠의 전체 분석에서 출발점은 시장 메커니즘에 대한 그의 신념이다. 그는 그것이 반드시 "생산요소의 사용에 대하여 최고 효율의 균형을 향해 나아간다."고 생각한다. 이 때문에 그는 시장화된 전통 농업에서는 노동력의 과잉이 존재할 수 없다고 특별히 강조한다. 노동력은 다른 생산요소와 마찬가지로 역시 희소 자원이고 시장의 자원 분배 메커니즘 아래에서 저효율의 과잉 현상은 출현할 수 없기 때문이다.

경험적인 증거로서, 그는 1918~1919년 인도에서 발생한 유행성 독감을 인용하였다. 이 유행성 독감은 당시 인도 농촌의 노동력을 약 8퍼센트 감소시켰고, 이로 인해 농업 생산 수준이 현저하게 하락하였다. 슐츠는 농업에 만약 진정한 "영가치零價値"의 노동력이 있었다면, 생산은 이로 인한 영향을 받을 수가 없었을 것이라고 주장한다. 그러므로 그는 이 경험이 그의 이론, 즉 전통 농업에 이른바 노동력의 과잉은 존재하지 않는다는 것을 증명한다고 생각한다(Schultz 1964: 제 4 장; 중국어 번역은 슐츠 1999).

그러나 이러한 추론은 분명 실제와 부합하지 않는다. 먼저, 그는 모든 농가가 동등한 비율로 영향을 받았다고 가정하였다. 그러나 실제는 이럴 수가 없었다. 어떤 농가는 온 가족이 병으로 쓰러졌지만, 어떤 농가는 영향을 받지 않았다. 만약 8퍼센트의 농가가 유행성 독감으로 인해 온 가족이 경작을 할 수 없었다면 농업 생산 수준은 분명 하락했을 것이다. 설사 기타 농가의 절대 다수에는 모두 잉여노동력이 있었을지라도 말이다. 이밖에도 농업 노동은 고도로 계절화되었으므로 전염병의 영향이 농번기에 있었는지 아니었는지를 보아야 한다. 그리고 농번기에 설사 완전취업이 이루어졌을지라도, 그것은 농번기 외의 계절에 농촌에 잉여노동력이 없었다는 것을 보여주지는 않는다(이는 불완전취업 또는 은폐실업이라고 부를 수 있다). 슐츠는 이러한 경험의 세부내역은 고려하지 않았다. 그것은 주로 그가 이론가여서 순수 이론 문제에 관심이 있고 이론과 실제 경험의 긴밀한 연관은 보지 않았기 때문이다.

그 본인에 대하여 말하자면, 진정으로 중요했던 것은 경험적 논증이 아니었다. 그가 인도에 대해서 아는 바는 매우 제한되어 있었기 때문이다. 그가 중국에 대하여 실제로 아는 바가 제한적인 것과 마찬가지이다. 그의 진정한 관심은 이론이며, 진정으로 그의 관점을 지탱하는 것은 곧 그의 시장경제에 관한 이론이다. 그의 논증에서 관건이 되는 개념은 그가 설정한 "영가치零價値" 노동력이라는 허수아비이다. 그는 이 세상에 영零의 보수報酬를 얻기 위하여 노동을 투입하는 농민은 있을 수 없다고 주장한다. 이 때문에 이 세상에는 이른바 노동력 과잉도 결코 있을 수 없다. 그러나 실제에서 노동력의 상대 과잉은 영가치零價值의 노동과 결코 같지 않다. 이런 식으로 노동력의 과잉이 없었다고 논증하는 것은 일종의 변론 유희에 불과하며, 실제 문제를 이해하는 데에는 도움이 되지 않는다.

명·청 이후

역사적 사실은 이렇다. 중국에서는 명·청 이래 각 주요 하천 유역에 위치한 중핵지역은 인구가 이미 기본적으로 포화 상태에 있었다. 인구의 지속적 증가는 주변지역을 향한 인구 이동을 초래하거나, 중핵지역에서 노동일당 보수가 체감하는 가운데 농업 생산의 노동 집약화가 갈수록 심화되게 만들었다. 19세기와 20세기에 이르러, 화북 평원에서 슐츠의 논리에 부합하는 것은 그 지역에서 고용 노동력을 사용하는 경영형 농장뿐이었다. 이들 농장은 수요에 따라 노동력을 적당히 조정할 수 있었기 때문에 현존 기술 조건하에서 노동력과 토지의 최적 분배에 도달하였다. 그것은 평균적으로 25무의 토지에 1명의 노동력이었다. 그러나 이처럼 노동 효율이 높은 농장은 해당 지역 경지면적 전체의 10퍼센트에 불과하였다. 그 나머지 경지는 주로 가내 노동력에 의지하는 가족농장이 작물을 재배하였고, 그런 농장에서 일인당 경지면적은 겨우 10무였다. 이들 농장은 일반적으로 경영형 농장보다 무당 투입 노동일수가 더 많았지만, 무당 생산량은 약간 더 높을 뿐이어서 그 노동의 추가 투입 정도에 비례하지 못하였다. 노동일당 보수로 계산한다면 경영형 농장에 크게 뒤떨어졌다(황쭝즈 1986[2000]).

그러한 상황에서, 가족농장이 식량 생산으로부터 부분적인 면화-

면사-면포 생산으로 전향하는 현상이 상당히 보편적이었다. 후자는 식량작물 재배보다 12배에서 18배에 이르는 무당 노동 투입을 필요로 하며, 그로써 얻는 소득은 노동 투입에 크게 미치지 못하였다(식량작물 재배에는 무당 약 10일이 필요했음에 비하여, 면화는 재배에 약 20일, 방적과 방직에 161일이 필요하였다. 강남 지역에서는 무당 30근의 조면을 생산하여, 23필의 면포를 짤 수 있었는데, 면포 한 필에 방적 4일, 방직 1일, 솜 틀기[彈花] 및 풀 먹이기 등 2일, 합계 7일이 걸렸다)(황쭝즈 1992[2000]: 84). 강남에서는 적지 않은 농가가 식량 생산에서 잠상蠶桑 재배로 전환하여 9배의 노동력 투입을 서너 배의 순소득과 바꾸기도 하였다. (비록 그 연간 소득은 연간 노동일의 증가 및 가내 노동력의 더욱 충분한 사용 덕분에 증가할 수 있었지만) 면화-면사-면포와 잠상-제사를 막론하고 생산에 투입한 노동일당 소득이 모두 식량작물 재배에 크게 미치지 못했던 것은 매우 분명하다. 이것이 바로 내가 말하는 "내권"형 또는 "과밀"형 생산이다. 이러한 생산이 두 지역 (특히 강남에서) 농업의 상품화를 추진한 주된 동력이기도 했기 때문에, 나는 "내권형 상품화 (또는 시장화)"라고 부르기도 한다.

이 현상 배후의 논리는 가족농장의 특수한 조직적 성격으로, 이는 슐츠가 상정한 자본주의 기업 조직과는 다르다. 가족 구성원의 노동력은 이미 주어진 값이다. 동시에, 가족농장은 생산단위이자 소비단위이기도 하다. 그렇기 때문에 인구의 압력 아래, 즉 토지가 부족한 상황 하에서 가족농장이 생존수요 때문에 한계보수가 영零에 가까워질 때까지 계속해서 토지에 노동력을 투입할 수 있다는 논리가 작동한다. 그러나 자본주의 기업은 생산단위일 뿐으로, 한계보수가 시장 임금보다 낮아지는 때에 이르면 노동력 고용을 정지할 수 있다. 이러한 이치는 구舊소련의 차야노프가 러시아 농업 경제의 수많은 경험 증거에 근거하여 도출한 것이다(차야노프 1996: 제 3장). 이 같은 조직 논리의 차이 때문에, 화북·강남의 소규모 가족농장은 단위면적당 생산량이 경영형 농장보다 높을 수 있었다. 그러나 노동일 기준으로 계산하면 그 노동생산성은 경영형 농장보다 낮았다. 이것이 바로 내가 말하는 "내권"의 기본 함의이다.

바로 이러한 까닭에 가족농장은 낮은 노동보수를 견딜 수 있었으며, 달리 말해서 높은 지대 및 지가도 감당할 수 있었다. 그러므로 장시간의 역사 변천 추세 속에서 가족농장은 "경영형 농장"보다 더 완강한 생명력을 갖출 수 있었고, 경영형 농장을 압도할 수 있었다. 이 때문에 1930년대의 화북 평원에서는 경영형 농장이 경지면적의 10퍼센트 미만을 차지하는 데 그쳤다. 그 나머지는 모두 가족농장이었다(황쯩즈 1986[2004]: 78-81, 204-208). 창장 삼각주에서는 고도로 상품화한 면화와 비단 경제가 (내가 말하는) "생산의 가족화familization of production"를 화북보다 더 높은 정도로 촉진하여, 아동·노인·여성 등이 저보수의 면방적과 제사 노동을 떠맡게 만들었다(황쯩즈 1992[2006]: 84-86; 황쯩즈 2002[2007]: 239). 명·청 교체기에 이르러, 『심씨농서沈氏農書』가 자세히 증명해 주듯이, 품삯 일꾼에 의지하는 경영형 농장의 순수익은 소작을 내주는 지주의 순수익에 상당하는 수준에 그쳐서, 이미 가족농장과 경쟁할 수 없는 상태였다. 이 때문에 경영형 농장은 날이 갈수록 쇠퇴하여, 20세기에 들어오기 전에 이미 거의 공직이 끊어지고 말았다(『심씨농서』1936[1640년]; 황쯩즈 1992[2006]: 64-66).

이러한 내권 추세는 민국 시기에도 지속되었다. 중국 농업 경제가 "국제화"하는 추세 아래, 외래 자본(특히 산둥山東의 일본)이 건립한 방적·방직 공장을 포함하여 면화 경제가 더욱 더 확충되었고, (원래는 동일 가족농장에서 면화 재배·방적·방직 등이 이루어졌으나, 이제는 공장에서 방적을, 농촌에서 수공업으로 방직을 하는) 면화-면사-면포의 분리로 농촌의 상품화 비율이 (아마도 40배까지) 대거 제고되었다. 그러나 과밀화의 논리는 기본적으로 마찬가지여서, 일반적으로 농촌 노동력의 재배 면적은 이상적인 조건에서 자기 노동력이 경작할 수 있는 면적보다 더 작았다. "내권화"는 예전과 다름이 없었던 것이다.

나는 왜 "내권" 혹은 "과밀"을 강조하는가? 인구는 많고 일자리는 부족하다는 문제가 중국의 가장 기본적인 "국정國情"의 하나이고, 또한 중국 역사의 기본 동력 중 하나이기 때문이다. 노동력의 상대적 과잉, 노동력의 수요 대비 토지 자원의 심각한 부족은 역대 왕조에서 주기적인 사회위기와 농민 봉기를 야기하였다.

농민 운동에 대해 말하자면, 분배의 불평등 또한 당연히 중요한 요소였다. 여기에서는 더 나아가 인구과잉과 분배의 불평등 간의 상호관계를 설명해야 하겠다. 매우 분명하게도, 전근대 유럽의 봉건제도 아래에서 토지 분배는 중국의 장기에 걸친 지주제도 아래에서보다 훨씬 더 불평등하였다. 봉건영주와 보통 소농 간의 신분과 소득은 중국의 지주와 소농 간보다 차이가 훨씬 더 현격했다. 이 때문에, 전적으로 분배의 불평등 정도만 생각한다면, 유럽에서 농민의 반란 운동이 훨씬 더 빈번하게 일어났어야 마땅할 것 같다. 그러나 역사의 사실은 그와 정반대였다. 그 가운데 관건적인 원인은 인구압으로 인해 입에 풀칠하는 정도의 한계 상황에서 생활하는 처지에 몰린 사람이 훨씬 더 많았다는 데에 있었다. 물이 목덜미까지 차오른 상황에 처한 사람은 일종의 소강小康 상황에 처한 사람보다 분배의 불평등에 대한 감수성이 훨씬 더 강하기 마련이다. 이렇기 때문에 훨씬 더 강렬한 반란의 동기가 도출될 수 있었다.

가까이 있는 중국의 강남과 화북의 차이로부터도 이 문제를 설명할 수 있다. 강남은 지주가 점유하는 토지의 비율이 화북보다 훨씬 더 높아서 총면적의 절반 이상에 달하였지만, 화북은 15퍼센트에 불과했다. 달리 말하자면, 강남의 빈부 불평등 상태는 화북보다 심각했다. 이러한 각도에서 생각하면, 공산당의 농촌 혁명운동은 화북에서보다 강남에서 훨씬 더 호소력이 강했어야 마땅하다. 그러나 역사의 사실은 그와 정반대였다. 공산당의 혁명이 성공을 거둔 까닭은, 화북 평원에서 광범위한 농민의 지지를 획득한 덕택이 매우 컸다. 그러나 강남에서는 이러한 민중의 지지를 얻지 못하였다(Chang Liu 2007). 그 가운데 중요한 원인은, 강남은 토지가 비옥하고 작물 생장 기간이 길었으며 운수와 상업이 화북보다 발달하여, 이로 인해 전체적으로 말해서 화북보다는 소강小康의 생활수준에 가까웠기 때문이다. 이것이 강남 농촌 인민이 공산당 혁명을 쉽사리 받아들이지 못한 기본 원인이었다. 그러나 화북은 토지가 척박하고 (파종면적과 생산량에 비해서) 입구압이 심각하였으며 자연재해도 빈번하게 일어났다. 이 때문에 비교적 쉽게 공산당의 혁명운동을 접수하였다. 여기에서 드러나는 이치는 결국 인구압이 빈곤문제를 확대하고 가중시킬 수 있다는 것이다.

19세기 중엽의 태평천국 운동은 분명히 대규모 사회위기가 추동한 것이었다. 그것이 토지 균분을 요구한 까닭은 바로 인구과잉과 분배 불평등의 사실을 반영한 것이었다. 그 뒤의 국민당 시기는 자연재해와 인재기 빈번하여 농촌인구의 대규모 사망을 초래하였고, 이것이 곧 중국에서 공산당 혁명의 기본 동인이 되었다. 혁명 정권하에서 추진한 토지개혁 또한 마찬가지로 우연이 아니었다. 그 뒤로 집체화를 거쳐 농촌에 기본생활 보장과 공공서비스를 제공한 것도 역시 우연이 아니었다. 이것들은 농촌 인민의 기본 요구를 반영한 것이었다. 슐츠처럼 근대 중국혁명의 역사 배경과 기원을 함부로 말살해서는 안 된다. 국민당 시기 중국 농촌 사회 경제의 실제를 19세기와 20세기 초 미국 농촌처럼 상상해서는 더욱 더 곤란하다.

집체화 시기

그러나 이와 동시에 집체화 역시 중국 농촌경제를 성공적으로 개조할 수 없었다는 사실을 인정해야 한다. 중화인민공화국 시기에 중국 농촌은 슐츠가 강조한 근대 공업 과학기술 요소의 투입(주로 기계화, 화학비료, 과학적인 우량 품종 육성)을 실현하였다. 그러나 그것은 중국에서 다른 개발도상국가에서와 같은 노동생산성과 소득의 제고를 이룩하지 못하였다. 농촌의 생활수준은 여전히 입에 풀칠하는 정도에서 맴돌았다.

슐츠의 관점에 근거하자면, 이것은 주로 계획경제가 토지 사유를 폐지하고 생산과 가격을 지나치게 통제하여, 시장 메커니즘이 그 마땅한 작용을 발휘하는 것을 허락하지 않았기 때문이다(Schultz 1964: 제8장). 그의 이러한 관점은 정확한 구석이 있기는 했으며, 이 점은 아래에서 계속 논의할 것이다. 그러나 슐츠가 다시 한 번 인구 요소를 완전히 홀시했다는 점도 지적해야 한다.

인구 요소의 중요성은 먼저 일본과 중국의 농촌 발전 역사의 차이로 설명할 수 있다. 일본에서는, 1880년대부터 1950년대까지 농촌인구가 기본적으로 증가하지 않는 역사적 상황 속에서 근대 기술의 투입이 실현되었다(Hayami, Ruttan and Southworth 1979: 11-12). 일본은 메이지 유신 전의 약 150년 동안에 이미 일찌감치 인구 저성장 상태에 진입하였다(Smith 1977; Hanley and Yamamura 1977). 그 뒤로 1880년대부터 1950년대까지, 도시공업의 급속한 발전 때문에 상당

부분의 농촌인구를 흡수하였다. 이 때문에 농촌인구는 기본적으로 안정적이었고, 농촌 노동력은 근대적 투입으로 가능해진 생산의 제고를 흡수할 수 있었다. 또한 이 때문에 농촌의 노동생산성과 소득의 현저한 제고, 다시 말해서 내가 말하는 의미에서의 근대형 발전을 실현할 수 있었다.

그러나 중국에서는 이러한 투입의 실현과 동시에 농업 종사 인원("일차산업 취업인구")이 (1952년의 1.73억 명에서 1980년의 2.91억 명으로) 70퍼센트 가까이 증가하였다(『중국통계연감』 2004: 120). 그 위에 집체화 상황에서 여성 노동력의 동원 및 노동일의 매년 증가 등 대규모의 노동력 증가가 중국 농업 근대화의 모델을 결정하였다. 원래의 약 4배에 달하는 노동량 투입에 의지하면서 근대적인 생산요소를 투입함에 따라, 이미 상당히 높았던 총생산량의 기초 위에서 한 걸음 더 나아가 생산을 약 3배 늘렸던 것이다. 이것은 상당한 성취였다. 그러나 노동일당 보수가 제고되기는커녕 실제로는 하락하고 말았다(Perkins and Yusuf 1984; 황쭝즈 1992[2000]: 441). 다모작지수[復種指數]가 크게 상승하였고, 농업 생산은 노동 집약화가 더욱 심화되었다. 그 결과는 내권화의 지속이었다.

중국 내지를 타이완이나 한국과 비교한다면 그 차이도 상당히 선명하다. 타이완·한국과 중국 내지의 기본적 차이는 그들이 일본의 식민지배하에 경험한 변화이다. 식민정부의 목적은 말할 나위 없이 일본 본국의 이익이었다. 그러나 비록 그렇다고 하너라도 일본 식민정부가 확실히 두 지역의 농업 근대화를 추진하는 몇몇 조치를 실천하였다는 점은 인정해야 한다. 타이완에서는, 미국 학자 새뮤얼 허[Samuel Ho]와 앰스던[Alice Amsden] 및 타이완의 농업경제학자인 (전 총통) 리덩후이[Lee Teng-hui: 李登輝]의 연구가 이미 완전히 입증하였듯이, 1910년부터 1940년까지 일본 식민정부가 화학비료 사용량을 735퍼센트 늘렸다. 또한 동시에 과학적 품종 개량 연구와 응용을 추진하여, 이로 인해 1913~1937년간 매년 3.6퍼센트의 농업 성장률을 달성하였다(Ho 1968; Amsden 1979; Lee and Chen 1979). 같은 기간 농업 인구의 증가는 1950~1980년간 중국 내지의 증가율 약 2퍼센트와 대략 비슷하였다. 이에 기초하여 앰스던은 일본이 통치한 50년간 농업 노동생산성이 대략 두 배로 증가하였다고 추산하였다. 이것은 곧 1950~1980년의 중국을 뛰어넘는 것으로, 18세기 영국 농업혁명의 발전 정도를, 그것도 그 절반의 시간에 달성한 것이었다.

한국에 대하여 보자면 그 경험은 (비록 같은 정도를 달성하지는 못하여 1920~1930년간 연 0.5퍼센트, 1930~1940년간 연 2.9퍼센트였지만) 타이완과 비슷하다(Ban 1979: 92-93). 식민정부의 통치 아래, 화학비료 사용은 1920년 헥타르당 1.5킬로그램에서 208킬로그램으로 증가하였다(Kang and Ramachandran 1999: 792 〈표 6〉). 같은 시기 과학적 품종 선택이 일정한 작용을 일으켰다. 이렇게 해서 한국은 타이완과 마찬가지로 이미 일본 통치하에서 훗날 1960년대에서 1980년대에 일어난 이른바 "녹색혁명"에 앞당겨 진입하였다.

이밖에 (특히 정부가 일으키는 작용 같은) 수많은 기타 요소 외에 특별히 언급할 가치가 있는 것은 미국으로부터 (그 경제 규모에 대하여 말하자면) 거대한 양의 원조를 받았다는 점이다. 한국의 학자 반성환^{潘性紈: Sung Hwan Ban}이 지적하였듯이, 미국의 군대 조직은 화학비료 제공 측면에서 결정적인 역할을 맡았다(Ban 1979: 112). 농업 경제 노동생산성의 지속적인 상승 및 비농업 경제의 급속한 발전 아래에서, 타이완과 한국은 모두 도·농 호동^{互動}의 나선형 경제발전에 진입할 수 있었다. 1980년대에는 이미 선진국^{developed country} 수준의 일인당 소득을 달성하였다(이 책 제 1장의 〈표 1-1〉 참조). 중국의 일인당 GDP는 1980년에 이르기까지 여전히 노동력 과잉으로 인한 무거운 부담으로 곤란을 겪었다.

오늘날 돌이켜보면, 집체화 시기의 농촌 정책에는 확실히 잘못된 부분이 있었다. 농업 경제에 대한 통제가 너무 엄격하여 농민을 질식시킨 나머지 그들의 생산 적극성을 충분히 발휘할 수 없었던 것도 확실히 하나의 요소였다. 훗날의 연산승포제聯産承包制 아래 가족이 생산을 관리하는 제도에 비한다면 집체 생산은 분명 노동력 사용에서 효율이 낮았다. 1980년대 집체 농업에서 해방된 1억 명의 노동력이 향촌공업에 취업하였지만, 농업 생산 수준이 하락하기는커녕 오히려 상승을 지속하였다는 사실이 바로 가장 뚜렷한 증거이다. 이것은 슐츠 이론으로 발견할 수 있는 두드러진 문제이다. 그러나 슐츠는 인구 문제를 보지 못했다. 당시 농촌 정책의 결정적인 잘못은 인구 문제를 직시하거나 적절한 조치를 취하지 않음으로써 훗날 어쩔 수 없이 매우 극단적인 산아제한 정책을 채택하는 사태를 초래한 데에 있었다. 바로 이 때문에 근대 기술 투입이 가져온 노동생산성 발전은 그 절대 부분이 인구압에 잠식되어 버렸던 것이다.

개혁 시기

개혁의 처음 몇 년 동안, 즉 1980년대 전반기에 중국 농업은 매년 5퍼센트에서 6퍼센트의 폭으로 상당히 뚜렷한 발전을 이루었다. 슐츠 등은 그러한 발전을 완전히 탈脫집체화의 공으로 돌렸다(황쭝즈 1992[2000]: 250-251). 그들의 "논증"은 기실 다시 한 번 주로 그 기본 신조로부터 나온 추리였다. 중국은 그들이 극력 반대하는 계획경제 시스템에서 벗어나 시장경제를 채택하였고 집체 농업을 해체하였으며 개별 가정의 자주적인 조직 체계를 채용하였다. 그러므로 당연히 농업 발전을 이끌어낼 수밖에 없었다(그 발전의 불충분함에 대해서는, 마찬가지로 시장경제 이념에서 출발한 추리에 근거하여, 아직 미국 모델을 완전히 채용하지 않았기 때문일 따름이라고 생각하였다. 이 점은 아래에서 다시 논의하겠다). 그러나 농업 노동력을 집체 조직으로부터 해방시킨 것은 사실 정말로 중요한 요소였지만, 1980년대 초 국가의 농산품 가격에 대한 조정도 못지않게 중요했다. 이밖에 석유공업이 성숙한 발전을 달성하였기 때문에 화학비료 공급을 대거 늘릴 수 있었던 것 또한 중요한 요소였다. 일반적인 화학비료의 식량 생산에 대한 영향의 비례에 따라 계산한다면, 화학비료 물질의 양에 4.1을 곱하면 화학비료 실물의 양을 얻을 수 있고, 여기에 다시 3을 곱하면 기대할 수 있는 생산량 증가분을 얻을 수 있다. 이는 거의 대부분의 생산량 증가가 화학비료 덕분이었다고 해석할 수 있다(Perkins 1969: 73; 황쭝즈 1992[2000]: 252-253 참조).* 바로 이와 같기 때문에, 1980년대 상반기에 그 결과로 출현한 고속의 농업발전은 단지 단기적이고 일회적인 것에 그쳤고, 1980년대 후반기에 이르자 곧바로 다시 추세가 완만해졌다.

사실은 이랬다. 노동력 과잉의 상황하에서, 좀 더 높은, 혹은 좀 더 낮은 노동 적극성은 단지 단위면적당 노동 투입 시간에 영향을 끼칠 수 있을 따름이므로, 그 생산량에 대하여 일으키는 작용은 매우 제한적이었다. 과밀한 노동 투입은 노동의 한계생산성 체감을 초래할 수 있다. 하지만 반反과밀의 노동력 투입 축소는 완전취업 상태가 아닌 한 단지 휴식 시간의 증가를 초래할 뿐으로 무당 생산량에 뚜렷한 영향을 끼칠 수 없다. 이러한 이치는 1930년대 화북의 농촌 및 1980년대 쑹장

---

* 또한 품종의 작용이 있었다. 예컨대 잡종 교배 벼가 있었다.

松江 현에서 이미 충분히 드러났다(황쭝즈 1986[2000]; 제 9장; 황쭝즈 1992[2000]: 251-254). 해방 전의 시장경제 아래에서건, 아니면 마오쩌둥 시대의 집체 생산 아래에서건, 또는 마오쩌둥 이후 시대의 승포제承包制 아래에서건, 모두 똑같은 이치가 작동하였다.

슐츠처럼 개혁 전의 농업 문제를 완전히 집체화의 잘못으로 돌리고, 그 후의 성취를 완전히 비非집체화와 시장화의 공으로 돌리는 것은 곧 이데올로기의 작용으로 역사의 실제와는 들어맞지 않는다. 사실 중국 농업의 가장 기본이 되는 "과밀" 문제는 오늘날까지도 충분히 해결되지 않았다.

1980년대에 활발하게 일어난 향촌공업화를 다시 보자. 1989년까지 향진기업은 거의 1억 명에 이르는 (토지는 떠났으나 고향은 떠나지 않은[離土不離鄕]) 노동력(0.94억 명, 『중국통계연감』 2004: 123)을 흡수하여, 농촌의 노동생산성과 보수報酬를 제고할 수 있는 기회를 다시 한 번 가져 왔다. 그러나 농촌의 노동력은 너무나 풍부하였으며, 당시에는 자연증가율 또한 여전히 너무나 높았다. "농촌의 농·림·목·어" 업 취업인구는 10년간의 향촌공업화를 거친 뒤에도 여전히 1980년의 2.98억 명에서 3.24억 명으로 늘어났다(농촌인구는 8.1억 명에서 8.8억 명으로 증가하였고, 농촌의 총취업인구는 3.18억 명에서 4.09억 명으로 증가하였다). 노동력 일인당 경지면적은 이로 인해 증가하기는커녕 도리어 체감하였다(『중국통계연감』 2004: 473~474). 농업은 여전히 과밀이었고, 농업 노농력 가운데 3분의 1에서 2분의 1은 은폐실업 상태에 있었다.

그 뒤로 다시 1990년대에서 지금에 이르기까지 중국은 대규모로 국제시장에 참여하였고, 전 세계의 자본이 중국에 대거 진입하였다. 도시경제가 큰 폭으로 성장하여 또 다시 약 1억 명의 (고향을 떠난) 농민공을 흡수함으로써, 다시금 농업 노동생산성 발전의 기회와 가능성을 제공하였다. 그러나 농촌의 농업 종사 인원수는 겨우 소량 체감하여, 1989년의 3.24억 명에서 2003년의 3.13억 명이 되었고(『중국통계연감』 2004: 474), 그 다음에야 비로소 비교적 뚜렷하게 하강하기 시작하였다(이 책의 제 5장 참조). 중국 노동력의 인수와 그 자연증가율이 이와 같이 방대하고 높기 때문에, 개혁 이후 30년 가까이 발전해 온 놀라울 정도의 비농업 취업은 전체적으로 말하자면 여전히 농촌 노동력의 자연증가 인수보다 적다. 이것이 바로 오늘날에도 일인당 파종면적이 겨우 7무에 그치고 있는 기본 원인이다.* 전체적인 결과로, 오늘날에 이르기까지 농촌은 여전히 인구과잉이고, 상당 부분의 농업은 여전히 과밀하며, 대량의 농업 종사 노동력은 여전히 은폐실업 상태에 처해 있다. 농업 소득의 총합 역시 이 때문에 매우 낮다. 이것이 오늘날의 이른바 "삼농문제三農問題"[농업農業, 농촌農村, 농민農民의 세가지 문제: 역자]의 기본 원인 가운데 하나이다.

간단히 말하자면, 중국 농촌경제의 역사를 돌아보건대 인구 압력 문제는 분명히 중국의 가장 기본적인 국정國情 가운데 하나이다. 농촌 노동력이 대량의 과잉 상태에 있기 때문에, 중국은 슐츠 등이 제창하는 것처럼 농촌의 토지 사유제를 갑작스레 채용하여 시장경제에 완전히 의존하는 분배를 시행할 수 없다. 슐츠의 방안에 따르게 되면, 민국民國 시기 국민당 통치하에서와 같은 대규모 사회위기를 다시금 초래할 뿐이다.

---

* 물론 근년 들어 지방의 관료들이 도시 근교 농민의 승포지를 대규모로 징발하였다. 그 규모가 1.5억 무로 9천만 명에게 영향을 끼쳤으니, 결코 홀시해서는 안 될 요소이다(루쉐이 2005b).

토지승포제도

수많은 학자들이 이미 지적했듯이, 사람은 많고 토지는 적은 중국의 기본 국정國情 아래에서 토지를 균분하는 토지승포제도는 곧 사회 안정을 유지하는 기본 조치이다. 도시에 들어와 일하는 농민이 직면한 것은 불평등한 대우, 불안정한 취업이다. 그러나 일단 일자리를 잃게 되면 그래도 고향으로 돌아가서 구량지口糧地[자가소비용 식량을 생산하는 토지: 역자]와 승포지承包地를 경작하여 먹고 살 수는 있다. 오늘날의 제도하에서 구량지·승포지 토지제도가 일으키는 작용은 사회보장이 없는 농촌에서 일종의 대안성 사회보장과 같아 2억 명에 달하는 농민공에게 돌아갈 수 있는 집을 보장해 준다. 이 사실은 농촌으로부터 도시를 포위했던 중국혁명 운동과 마찬가지로, 슐츠와 같은 사람들이 직시하기를 원하지 않는 사실이다. 그 가운데 관건은 여전히 그들이 노동력 과잉이라는 중국의 기본 국정國情을 직시하지 않았다는 것이다.

그러나 이것은 결코 토지승포제도가 곧 이상적인 제도라고 말하는 것이 아니다. 이처럼 제도화된 구량지·승포지 생산 방식이 경직화되기 십상이라는 문제를 안고 있음을 지적해야 한다. 이러한 생산에 종사하는 농가에 대하여 말하자면, 그들은 다른 선택의 여지가 없다고 생각하여, 대부분 자기 생각에 마땅히 얻어야 할 승포지(와 자류지自留地)의 사용권을 꽉 틀어쥐고서 비농업 소득을 보조한다. 무엇보다도 이 제도가 공평한 것이라고 생각한다. 왜냐하면 마을 전체의 다른 사람들도 모두 마찬가지 상황에 처해 있고, 또한 역시 이렇게 생각하기 때문이다. 동시에 앞서 이미 지적했듯이, 구량지口糧地는 일종의 경제 보험과 같다. 만약 도시에서 일단 일자리를 잃게 되면, 적어도 돌아갈 수 있는 집이 있고 먹고 살 땅이 있기 때문이다. 그밖에 혹 뜻이 있어서 토지에 추가적인 투입을 가하여 가치가 높은 작물을 재배하거나 경영 다각화를 진행할 수도 있다. 그러나 자본을 마련할 방도가 없고 은행도 대출을 해 주지 않는데, 사채의 이자율은 보편적으로 최소 월 1퍼센트나 연 12퍼센트를 요구한다. 이는 농산품이 도달할 가능성이 크지 않은 자본 회수율이다. 정부의 각도에서 생각하자면, 이러한 노동력을 써서 농산품 생산을 유지하는 것은 가장 염가의, 가장 "경제"적인 방법이다. 그것은 또한 농업 종사 인원 가운데 3분의 1에서 2분의 1에 달하는 노동력이 은폐실업 상태임을 목전에 용인하거나 엄폐할 수 있는 방법이기도 하다. 도시의 보통 사람들도 일반적으로 이 제도를 인정한다. 왜냐하면 이렇게 해야 각종 소비 수요의 압력 아래 농산품의 가격을 낮게 유지할 수 있기 때문이다. 이렇게 해서 다양한 이익집단이 유지하기 원하는 제도가 형성되었다. 설사 그것이 저보수의 농업 생산 제도라 해도 말이다.

중국 역사상의 "남경여직男耕女織[남성은 토지를 경작하고 여성은 옷감을 짜는 것: 역자]은 매우 견고한 경제단위였다. 오늘날에도 그 만큼 견고할 수 있는 반공반경半工半耕[가내 노동력의 일부는 밖에 나가 일을 해서 돈을 벌고 나머지는 집안에서 농사를 짓는 것: 역자]의 경제단위가 이미 형성되었다. 아마도 이 상태는 경직화된 과밀형 농업 경영이라고 부를 수 있을 것이다. 동시에, 그것은 국가 정권이 제도화한 것이기 때문에 "제도화된 과밀형 농업"이라고 불러야 할지도 모른다.

반공반경 제도의 전체적 논리는 이렇다. 사람은 많고 토지는 적은 과밀형 농업은 소득이 부족하기 때문에 사람들을 밖으로 나가 일하도록 내몬다. 밖으로 나가 임시 노동을 하는 위험은 거꾸로 고향의 소규모 구량지口糧地에 의지하는 보험을 마련하도록 사람들을 내몬다. 이런 식으로 과밀형의 소규모·저보수 농업 제도와 악성의 임시 노동 제도가 긴밀하게 연계된다. 바로 이러한 제도가 원래의 집체 생산을 대체한 것이다.

위에서는 비교적 뚜렷한 제도성 요소를 서술하였다. 그러나 이밖에도 조직성 요소가 있다. 오늘날의 소농 농가는 여전히 (차야노프A. V. Chayanov가 오래 전에 지적했듯이) 생산단위이자 소비단위이다. 동시에 그 노동력은 이미 주어진 값이다. 이 때문에 그것은 자본주의 생산단위라면 할 수 없는 선택을 할 수 있다. (시장 임금 보수보다 낮은) 자가소비에 쓰기 위하여 구량지·승포지의 경작을 원할 수 있다. (과거와 마찬가지로) 가족의 소득을 늘리기 위하여 주업과 부업을 결합할 수 있으며, 주요 노동력과 보조성 노동력의 사용을 결합할 수 있다. 과거에는 작물재배업이 주업이었고, 농촌에서의 단기 노동이나 가내의 방적과 방직(또는 제사)이 부업이었다. 오늘날의 반공반경 농가는 도시에서의 노동을 주업(주요 소득원)으로 하고, 가내의 작물 재배를 부업으로 삼는다. 오늘날 중국의 반半무산화無産化된 농가가 (반半취업형) 작물재배업과 도시(와 향진鄕鎭)에서의 노동에 동시에 종사하는 까닭은, 이러한 농가 경제단위의 조직성 논리에서 비롯된 것이자 국가 정책성 선택의 원인에서 비롯된 것이기도 하다.

결론적으로 말하자면, 오늘날 이러한 제도의 기원은 역시 인구과잉 문제이다. 인구가 과잉하기 때문에 비로소 국가가 간섭하여 토지를 균분하고 사회 동란을 모면할 필요가 있는 것이다. 여기에서 우리는 다음과 같은 결론을 내릴 수 있다. 슐츠 등이 계획경제가 농업경제의 경직화를 초래할 수 있다고 생각한 것은 정확하다. 그들이 정부의 통제를 감소시켜 농민 노동의 적극성과 효율을 제고할 수 있다고 생각한 것도 정확하다. 그러나 그들은 중국이 사람은 많고 토지는 적으며 역사상 대규모의 사회위기를 겪었다는 기본 국정國情을 완전히 무시하였

다. 그들이 구상하는 미국 농업 모델을 중국에 이식하여 쓰고자 한다
면 그것은 잘못이다. 문제는 어떻게 해야만 슐츠의 관점으로부터 그의
정확한 부분을 뽑아내어 중국의 실제에 부합하는 선택을 할 수 있느냐
이다.

당면한 역사적 계기

앞에서 이미 현재의 "반공반경" 과밀형 농업의 여러 문제가 드러났다.
중국은 어떻게 해야 이 곤경에서 벗어날 것인가? 아래에서는 당면한
현실로부터 출발하여 슐츠의 옳은 지적을 포함하면서도 중국의 국정
國情을 고려하는 방안을 제시해 볼 것이다.

앞서의 서술에서 이미 보았듯이, "글로벌화"한 자본 투입의 추동 아
래 1억 명이 넘는 농촌 노동력이 도시에 진입하여 일을 하고, 향촌공
업화와 더불어 무려 2억 명이 넘는 농민이 비농업부문에서 일을 한다
는 거대한 역사적 추세가 형성되었다. 21세기에 들어서서 이 추세는
마침 다른 두 가지의 큰 추세와 합류하였다. 하나는 1980년대 이래 국
가의 산아제한 정책으로 인한 인구 증가율 저하가 드디어 신규 취업인
구의 감소로 반영되었다는 것이다. 또 하나는 국민 소득의 상승에 수
반한 식품 소비의 전환, 즉 곡물 위주의 모델로부터 곡물, 육류·어류,
채소·과일이 모두 중요한 모델로의 전환이 일어났고, 이로 인해 농
업 생산에 대하여 다른 수요가 형성됨으로써 더 높은 노동 투입과 그
에 비례하거나 그 비례를 넘어서는 가치의 농산품 수요를 추동하였다
는 것이다. 이러한 세 가지 역사적 변동의 합류는 중국에 역사적 계기
를 제공하였다. 만약 적당한 제도 환경을 조성해서 시장 수요에 기대
어 농업 생산을 추동한다면, 장기간에 걸친 농업 과밀화의 곤경으로부

터 벗어날 수 있을 것이다. 농촌의 노동력 단위당 토지 면적을 넓히고 농업 종사인구의 소득을 제고하여 대다수 농민이 점차 소강小康의 생활수준에 도달하도록 할 수 있다(자세한 내용은 제 5장 참조; 또한 황쫑즈 2006a; 황쫑즈 2006b; 황쫑즈·펑위성 2007 참조).

앞에서 이미 언급했듯이, 슐츠는 시장 메커니즘이 작동하는 가운데 노동력의 과잉은 있을 수 없다는 입장을 견지한다. 그러나 사실은 중국 농촌이 오래 전부터 줄곧 노동력 과잉 상태에 처해 있었다는 것이다. 그리고 오늘날의 역사적 계기는 완전히 슐츠의 시야에서 벗어난 사회와 경제 요소로부터 비롯된 것이다.

이 책의 제 5장에서 나는 펑위성彭玉生 교수와 공동으로 이 3대大 추세가 앞으로 10년에서 25년 동안 어떤 방향으로 나아갈지에 대하여 비교적 계통적인 추산을 시도할 것이다. 먼저 근년의 인구와 취업 추세에 근거하여 금후의 방향을 살펴볼 것이다. 사실 2억 명에 달하는 농민의 비농업 취업과 인구 증가율의 저하(와 이어지는 노동력 자연증가의 감속)는 장기長期 이래 처음으로 농업 종사인구의 지속적인 감소를 초래할 것이다. 이것은 획기적인 변화이다.

이와 동시에, 중국인의 식단 구성은 식물섬유에서 동물지방 및 고단백을 아울러 중시하는 방향으로의 전환을 거치고 있는 중이다. 동물류 부식품(생선·고기·계란·우유)의 소비량이 해마다 상승하였고, 특히 근년에 들어 우유와 유제품의 소비가 급속하게 늘어났다. 이와 대조적으로 식량 소비는 현저히게 감소하여 동물류 부식품의 내체 삭용을 반영하고 있다. 펑위성과 나는 오늘날 도시의 평균 소비량과 도시 중 소득 상위 40퍼센트 계층의 소비량에 근거하여 전국 식품 소비량의 미래 수요와 상승 여지를 계산하였다. 식품 소비의 전환은 근년 들어 나타난, 대규모 비농업 취업과 인구 증가율 하락 외의 세 번째 역사적 변화이다.

가족농장의 규모로부터 보아도 이 문제를 설명할 수 있다. 우리의 추계에 근거하면, 10년 뒤 일인당 파종면적은 현재의 7무로부터* 10무 전후까지 늘어날 것이고, 25년 뒤에는 15~16무에 도달할 것이다. 개혁 초기 곡물 위주의 농업 구조하에서 노동력 일인당 최적규모는 강남에서 최소 10무, 화북에서 15무였다. 그러나 오늘날 다양한 작물로 경영을 전환하는 농업 구조하에서는 당시의 약 절반에 불과한 경지만 필요하다. 이로 인해 10년에서 25년 안에 중국의 노동력 과잉 문제는 뚜렷이 개선될 것이다.

위에서 간략히 서술한 세 가지 역사적 변화 가운데, 앞의 두 가지—취업 추세와 인구의 자연증가—는 인구과잉 문제 및 국가가 통제하는 산아제한 정책과 직접 관련이 있으며, 슐츠의 시야에서 완전히 벗어난 요소이다. 세 번째—식품 소비의 전환—도 완전히 슐츠가 고려할 수 있었던 요소가 아니다. 하지만 바로 이 세 가지 요소가 오늘날 중국의 농촌 문제에 역사적 계기를 형성해주고 있다.

미국 모델과의 차이

우리가 구상하는 중국 농업발전 모델과 슐츠의 모델 간에 매우 큰 차이가 있다는 것을 밝히지 않을 수 없다. 먼저 우리가 구상하는 소규모 가족농장과 슐츠의 그것은 완전히 다르다. 우리가 구상하는 것은 중국에 앞으로 출현할 일인당 10무에서 15무에 이르는 가족농장이지만,

---

* 오늘날 파종면적은 일인당 2.4무, 호당 9무, 노동력 일인당 7무이다.

그가 염두에 둔 것은 결국 미국의 가족농장으로, 오늘날 일인당 900무의 가족농장이다. 우리가 구상하는 것은 소규모의 다각화 경영이지만, 그가 구상한 것은 대부분 상대적으로 대규모인 전업專業 경영이다. 우리가 구상하는 것은 탈공업화 시대인 21세기의 소규모 농장으로, 탈공업화 기술, 특히 실용성 생물기술(여기서 가리키는 것은 아래에서 논의하는 바와 같은 "바이오매스biomass 사료"에서 쓰는 생물제生物劑이지, 다국적 기업이 판매하고자 하는 유전자 변형 기술이 아니다)을 시간이 갈수록 더 많이 사용할 것이다. 예컨대, 농업부農業部가 2003년 이래 보급에 주력하고 있는 "바이오매스 사료" 모델은 상당한 잠재력을 갖추고 있다. 새로운 생물기술을 배합하여, 농촌에서 대부분 버려지거나 소각되었던 농작물의 줄기나 짚 등 바이오매스는 소량의 생물제生物劑를 사용함으로써 고품질·저비용의 가축사료로 바꿀 수 있다(「목축업에서 바이오매스 분해제의 응용을 논함論秸秆分解劑在養殖業中的應用」, 2006). 이밖에 생물 에너지원이 있다. 잠재력이 꽤나 클 수 있는 것을 들자면, 전국 토지 면적의 무려 41퍼센트를 차지하는 황허黃河 이북의 초원 지대에서 단수수를 재배, 그것으로 자동차 연료로 쓸 수 있는 생물 에너지원인 에탄올 연료 및 설탕과 주정酒精을 생산할 수 있다(「중국의 단수수中國的甛高粱」 2006; 주즈강 2006). 위에 서술한 것은 단지 두 가지의 가능한 사례일 뿐이다. 탈공업화 시대의 기술은 더욱 많은 가능성을 창조할 수 있다. 실용성 생물기술을 사용하는 방법은 일반석으로 환경보호형의 생태 농업, 녹색 생산품, 장기 지속가능한 농업이 될 것이며, "탈공업화의 '소농경제'"라고 부를 수도 있다. 그러나 슐츠가 구상했던 것은 완전히 전통 농업에서 공업화 기술로 전향하는 농장이었다.

더 많은 차이는 여러 요소가 결합되는 조건에 있다. 분명히 위에서 이야기한 역사적 계기는 하나의 계기에 불과할 뿐 실제와는 거리가 멀다. 왜냐하면 그 실현에는 제도성 요소와 기타 요소가 필요하기 때문이다. 우리가 상정하는 소규모 농업은 충분히 발달한 융자 조건을 아직 구비하지 못하였지만, 슐츠가 염두에 둔 것은 미국의 현실이 갖추고 있던 은행 대출 등을 기정 조건으로 삼은 것이다. 우리가 상정하는 농장은 또한 충분한 운송·판매 등 시장 진입에 필요한 조건을 아직 갖추지 못하였지만, 슐츠가 구상한 것은 이런 것들을 기정 조건으로 삼고 있다. 우리가 제시한 미래의 추계는 수요 측면의 추세에 불과하여 구체적인 제도성 조치의 계획을 아직 구비하지 못하였지만, 슐츠의 추계는 제도성 조건을 기정의 전제로 삼은 것이다. 이러한 차이로부터 시장화 과정에서 국가의 결정적 역할이 필요하다는 것이 부각된다. 슐츠는 시장과 국가를 이것이 아니면 저것이라는 식의 대립하는 쌍방으로 간주한다.

국가의 역할

신고전파 경제학자인 슐츠의 기본 신조는 국가의 간섭은 적으면 적을수록 더 좋다는 것이다. 신고전파 경제학의 핵심 신조는 정부의 간섭을 시장경제와 완전히 대립시켜, 정부의 간섭이 최소화된 제도 환경 아래에서야 비로소 시장경제의 작용이 충분히 발휘되어 자원을 합리적으로 배분할 수 있다는 것이다(하이예크 2003도 참조). 신新제도경제학에서 특별히 강조하는 것은, 오직 재산권이 완전하고 명확하게 사유화된 제도 아래에서라야 비로소 "거래비용"이 영零이 되는 이상적인 상태에 접근하여 효율을 제고할 수 있으며 이로부터 경제발전을 촉진할 수 있다는 것이다(노스 1992). 많은 중국의 제도경제학자에 대하여 말하자면, 이런 이론의 주요 함의는 국가기구를 약화시킨다는 것이다. 심지어 쇼크 요법을 통해서 현존 정치체제를 소멸시키는 것이다.

그러나 실제로 중국에서 최근 30년간 시장화 발전의 "기적"을 이룬 동력은 기실 주로 국가로부터 나온 것이다. 먼저 향(진)·촌 급의 (집체) 정부가 추동한 향촌공업화가 있었고,* 그 뒤로는 성省·시市·현縣의 각급 정부가 이끈 "초상인자招商引資"[기업가를 불러들이고 투자를 유치하는 일: 역자]가 있었다(자세한 내용은 이 책의 제 9장 참조). 이 경제발전 과정에서, 국가체제의 변천은 신고전파 경제학의 예측과 완전히 상반되어 수축하기는커녕 도리어 더욱 방대해졌다.

한편으로는, 시장화가 작동하는 가운데 국가체제가 사람들의 불만을 야기하는 폐단을 더 많이 드러냈다. 특히 관료 기구는 더욱 비대해졌고, 권력의 상품화와 정부 각 부문의 모리화牟利化 등이 일어났다. 다른 한편으로는, 국가체제가 일정 정도 베버가 말한 ("이성" 혹은 근대성) "관료제화"를 실현하여, 전업화된 합리적 부문과 관리 체계를 건립하거나 확대하였다. 예컨대, 환경보호, 식품 검사, 품질 검사, 도시 건설, 공항, 교통 등이 그것이다.**

기실 오늘날 중국의 정치체제는 기원을 달리하는 세 가지 성분을 동시에 포함하고 있다. 역대 왕조 시기의 "관료" 체계, 혁명 시기 소련 모델로부터 유래한 "간부" 체계, 그리고 최근 제창하는 근대 서방의

---

* 1980년대 중·후기 향(진)·촌의 정권체제 개혁에 관해서는 자오수카이 2007 참조.

** 예컨대, 허둥항(賀東航)의 푸젠 남부 (시로 개편된) 어떤 현에 대한 충실한 경험 연구(허둥항 2006) 참조.

"공무원" 체계가 그것이다(위안강 2007). 고도로 집권화된 역대의 정치체제 아래에서 관료 제도의 사회 기초는 처음부터 고밀도의 인구였다(황쭝즈 1992[2000]). 그로부터 형성된 대규모 사회위기가 근대 공산당 혁명으로 건립된 전능적인 정권의 근원이었다. 새로운 공무원 제도는 시장화 개혁 아래 서양에 대한 모방에서 유래한 것이다. 바로 이 삼자의 조합이 오늘날 중국의 국가 정치체제를 형성하였다.

경제발전의 각도에서 생각하면, 이 "체제"는 개혁 과정에서 확실히 농촌 기층과 지방 당黨·정政 간부의 경제발전을 향한 적극성을 격발하는 데 성공하여, 그들로 하여금 국민경제 전체의 발전을 이끌도록 하였다. 이 점은 이미 수많은 외국 경제학자들로부터 인정을 받았다.* 또한 중국의 국가체제는 개혁 이래 경제발전의 동력이었을 뿐만 아니라 동시에 수많은 폐단의 근원이 되었다고 말할 수도 있다(자세한 내용은 제 10장 참조).**

30년간의 개혁 경험에 대한 이해에서 신고전파 경제학의 가장 중대한 착오는, 그들이 반드시 약화, 혹은 심지어 소멸시켜야 한다는 "체제"가 여전히 경제발전에서 결정적인 작용을 일으켰다는 데에 있다. 구舊체제 내의 촌·향 정부 및 나중의 성省-시市-현縣 정부가 추동하지

---

* 이와 같은 분석은, 예컨대 David Li 1998의 종합적이고 총결적인 논의 참조. 또한 Qian and Weingast 1997 참조.

** 이러한 사실은 개혁 시기의 발전이 분명 적어도 일부는 마오쩌둥 시대에 건립한 당·정 국가기구의 기초 위에 이루어진 것이라는 점을 밝혀주기도 한다. 두 시기의 "제도"에는 기실 일정한 연속성이 있다. 경제에서의 연속성은 췌언을 요하지 않는다. 마오쩌둥 시대의 기초 건설과 중공업 발전이 없었다면, 마오쩌둥 이후 시기의 다원적인 발전이 있을 수 없었다. 이 모든 것은 신고전파 경제학의 예측과 신념에 부합하지 않는다.

않았다면 최근 30년간의 경제발전도 없었을 것이다. 이렇게 묻고 싶다. 만약 1930년대의 국민당이 당시 지방정부에 권한을 좀 더 이양하고 그들에게 경제발전의 추동을 호소하였다면, 어떠한 결과를 얻을 수 있었을까? 또한 더 나아가, 지금 만약 강력한 국가기구의 협조가 없다면, 중국의 기업은 국내·외에서 다국적 기업과 어떻게 경쟁해 나갈 수 있겠는가? 문제는 공산당의 당·정 체제 및 그것이 동반한 부정할 수 없는 폐단을 어떻게 이해해야 하는가이다. 어떻게 해야 그 적극성을 한 걸음 더 발휘할 것이며, 또한 동시에 그것의 많은 약점을 바로잡을 수 있을 것인가? 쇼크 요법을 통해서라도 어떻게든 현존 체제를 소멸시킬 것인가를 문제로 삼아서는 안 된다.

오늘날 슐츠 이론의 구상을 억지로 적용하여 국가의 간섭을 최소화해야 한다고 강조할 필요는 없다. 오늘날 필요한 것은 중국 농업의 장래가 마땅히 소규모 농업을 주체로 삼아야 한다는 현실을 인식하는 것이다. 슐츠는 시장 메커니즘을 통해서 이윤 추구를 향한 농민의 자발적인 적극성을 격발하여 농업을 개조해야지, 농촌경제를 죄다 죽이거나 질식시켜서는 안 된다고 생각한다. 이는 정확한 것이다. 그러나 그는 인구가 과다한 중국의 기본 국정國情을 무시하여, 미국의 대규모 가족농장을 중국 농업발전의 모범으로 삼았는데, 이는 완전히 틀린 것이다. 우선 이것은 미국의 역사 실제와도 부합하지 않는다. 사실 미국은 오랫동안 농업에 간섭하고 농업을 지원해 왔다(미국 연방정부는 지금도 매년 선국의 농상에 200억 달러를 보조하고 있다). 그 다음으로, 간섭이 없는 농업 경제는 중국 현대사의 실제와 농업의 수요와도 완전히 부합하지 않는다. 사실 중앙과 지방의 강력한 국가기구가 개혁 시기의 경제발전을 가능하게 만들었으며, 그 산아제한 정책은 중국 농업에 목전의 역사적 계기를 조성해 줄 수 있었다. 앞으로 농업과 농촌의 개조를 가능하게 할 책임은 국가가 아니면 아무도 질 수 없다.

양대 국정(國情)의 상호관련

국가 정치체제 문제와 인구과잉 문제—중국의 양대 기본 국정[國情]이
라고 말할 수 있다—는 기실 서로 밀접하게 관련되어 있다. 방대한 인
구는 대규모의 빈곤을 조성하여 사회위기를 초래하였다. 고대의 정권
은 고도로 집중되었을지라도 동시에 고도로 간략하여, 사회 기층에 대
해서는 기실 고도로 방임하였고 그 시장 메커니즘은 자유롭게 작동하
였다(황쭝즈 2007a). 바로 이와 같았기 때문에, 대규모 빈곤의 문제를
극복할 방도가 없어서 주기적인 농민운동과 전란을 초래하였다. 근현
대에 접어들어, 이 같은 사회 배경에 상응하여 중국공산당이 영도하는
사회혁명 및 그 뒤 국가의 사회에 대한 대규모 간섭이 촉진되었다. 이
로 말미암아, 원래부터 존재하고 있던 고대적인 관료 체제 위에 근대
혁명의 사회에 대한 "전능"적인 통제 "체제" 및 그 강렬한 관료주의화
경향이 형성되었다.

권력이 이처럼 방대하고, 이처럼 고도로 기층에 침투하는 "체제" 문
제에 대하여, 마오쩌둥 시대에 채용한 것은 주로 두 가지 대책이었다.
하나는 "문호를 열어 당을 숙정하는[開門整黨]" 군중운동을 통해서 정치
제도의 관료화를 바로잡는 것인데, 최종적으로는 문화대혁명의 극단
으로 치달았다. 또 하나는 중앙의 이런저런 권한을 지방의 여기저기에
이양하여, 제일선의 기층과 지방에 더욱 큰 융통성을 부여하는 것이
다. 개혁 시기에 운용한 방법은 바로 후자였다(자세한 내용은 제 10장
참조).

지금 되돌아보면, 1980년대 향촌공업화 성공의 주요 원인 가운데 하나는 기층 속의 몇 가지 중요 요소가 교묘하게 결합한 것이다. 먼저 마오쩌둥 시대가 남긴, 공동체[社區]를 위한 복무에 능숙한 인민공사人民公社 · 생산대대生産大隊의 간부 집단이다. 그 다음은, 자원에 대한 소유권과 관리가 하나로 결합한 집체集體 제도이다. 중앙의 권한 이양이 양자 결합하의 융통성과 적극성을 격발하였고, 이로부터 왕성한 향촌공업화가 추동되었다. 당연하겠지만, 농업 노동 자원의 과잉과 앞서의 공업화 또한 핵심적인 전제 조건이었다. 그 뒤로 일정 정도의 경제발전을 거친 다음에, 그리고 국제 자본의 글로벌화라는 거대한 조류 아래에서, 투자 공급과 투자 수요의 규모가 촌 · 향 수준의 집체에서는 감당할 수 없는 정도로 확대되었다. 이로부터 경제 주체의 현 · 시 · 성 정부로의 이행이 추동되었다. 후자는 촌-향처럼 기성의 집체 소유제를 갖추고 있지 못했다. 이로 인해 집체가 주체가 되는 제도로부터 관료와 기업 · 상인 간 결합이 주체가 되는 제도로의 전향이 일어났다. 그러나 그 동력은 여전히 상당 정도 본래의 제일선으로의 권한 이양이 촉발한 융통성 및 소속 공동체를 위해 복무한다는 지방간부의 가치관으로부터 나온 것이었다. 정부의 새로운 시장화 이론과 어휘로 조성된 거대한 분위기 아래에서 지방 관료의 개인적 모리牟利 동기와 행위가 동시에 격발되었다는 점이 달라진 것이었다. 시장주의 이데올로기 아래에서 일신의 이익 추구는 새로운 시대의 경제발전을 추동하고 시장 메커니즘의 분배 효율을 제고하며 "인적자본"을 발동시키는 정당한 방법이자 행위로 분식되었다.

분명하게도 오늘날의 "체제"에서 부패와 "관료주의"라는 폐단의 근원은, 슐츠가 구상한 것처럼 전적으로 마오쩌둥 시대의 혁명이 남긴 "극권極權" 체제가 아니라, 시장화 아래에서 일신을 위하여 사리를 도

모하는 자본주의 의식인 경우가 훨씬 더 많다. 쇼크 요법을 제창하는 신고전파 경제학자 삭스Jeffrey Sachs의 모델에 근거할 때, 개혁 시기 중국 경제발전의 성공은 곧 극히 우연적인 것이다. 중국의 비非시장, 비非사유, 비非완전 법제화의 체제는 갈수록 부패하고 갈수록 효율이 떨어질 따름이다. 유일한 해결 방법은 바로 서방에서 이상시하는 순수 시장경제 및 그것이 반드시 갖추어야 하는 민주-선거, 자유-사유재산, 법률-헌정의 조합을 전반적으로 모방하는 것이다. 오직 이렇게 해야만 비로소 사리를 추구하는 개인주의를 시장근본주의에서 말하는 종류의, 필연적으로 최대 다수의 최대 이익을 이끌어낼 수 있는 메커니즘으로 변화시킬 수 있다.[*]

당연하게도 사실은 이처럼 단순할 수 없다. 또한 이것이 아니면 곧 저것일 수도 없다. 위에서 논술한 역사 경험이 이야기해 주는 것은 다음과 같다. (1) 순수 방임의 시장경제, 예컨대 국민당 시기의 농촌경제는 중국의 대규모 사회위기 문제를 처리할 수 없다. (2) 전능적 성격의 계획경제, 예컨대 마오쩌둥 시대의 계획경제는 관료주의화된 정치체제와 경직화된 경제를 초래할 수 있다. (3) 제일선의 기층과 지방에 대한 중앙의 권한 이양, 예컨대 개혁 시기의 그것은 체제내의 적극성과 융통성을 발동할 수 있다. (4) 계획 메커니즘으로부터 시장 메커니즘으로의 "전환", 특히 시장 수요를 통한 생산 선도는 경제에 생기를 띠게 할 수 있지만, 빈부 불평등과 관료 부패를 초래할 수도 있다. 전체적으로 보자면, 중국의 정치 체제가 개혁 속에서 일으킨 작용은 국가의 선택이 매우 관건적이라는 것을 말해 준다. 문제는 이렇다. 어떻게 해야 본디 그것이 사회적 평등을 위해 움켜쥐고 건립했던 "전능"한 권

---

[*] 삭스의 이론은, 예컨대 삭스·후융타이·양샤오카이 2000 참조.

력을 계승해 나가고, 또한 동시에 그것으로 하여금 권한 이양과 시장화를 통해서 사회의 경제 잠재력과 함께 발전을 촉진하도록 할 수 있을까?*

우리에게 필요한 것은 형식화된 신고전파 경제학과는 다른, 또 다른 종류의 학술 사유방식이며, 이론 신조가 아니라 실제 경험, 즉 실천의 역사라고 할 수 있는 것으로부터 출발한 학술 연구와 이론 건설이다.** 최근 30년간 중국의 경제발전 과정은 매우 독특하기 때문에 착실한 경험 연구로 실제를 파악하여 창조적인 이론 개념으로 개괄해야 한다. 이 과정에서는 당연히 서방의 경제학이 축적한 매우 풍부하고 매우 촘촘한 이론 개념과 방법을 빌릴 수도 있으며 또한 빌려야 한다. 그러나 그와 동시에 그것들이 주로 이상화된 "합리적인 경제적 인간"과 순수 시장경제의 경쟁을 전제로 삼아 연역 논리를 통해서 도출한 일련의 이론에서 나온 것임을 인식해야 한다. 그들의 장점은 논리에서의 엄밀성이다. 그들의 약점은 이론 구조와는 다른 경험 및 그 이론의 구체화를 무시한다는 것이다. 우리는 그들과의 대화를 통해서 우리 자신의 이론 개념을 수립할 수 있다. 그러나 그들의 이론에 구애되어서는 절대로 안 된다.

중국의 농업 문제를 생각할 때에는 소규모 농업이 장기간 지속되어 온 현실을 반드시 인식해야 한다. 그리고 소규모 농업의 현실을 생각하면, 국가의 관건적인 역할 수행이 필요하다는 사실이 두드러진다. 오늘닐 필요한 깃은 중국의 실제에 부합하지 않는 고도로 이네올로기화한 미국의 농업발전 이론을 억지로 적용하는 것이 아니다. 미국 모

---

* 이 점에 대한 초보적인 검토는 황쫑즈 2007a 참조.

** 더 상세한 논의는 황쫑즈 2007b 참조. 또한 황쫑즈 2005도 참조.

델을 모방할 것이 아니라, 중국 자신의 발전 모델을 창조해야 한다. 그 근본 문제는 소규모 가족농장의 적극성을 어떻게 격발하고 보조할 것인가에 있다. 여기에는 일련의 제도 선택이 포함되어야 한다. 소규모 가족농장의 생산을 주요 대상으로 삼는 융자 채널(가령 이자 면제 또는 저리 대출)을 제공하고, 소규모 가족농업을 주체로 하는 농업 합작을 격발하며, 그들의 생산·운송·판매에 필요한 조건을 제공하고, 아울러 그들을 위하여 필요한 탈공업화 시대의 기술을 염가로 제공해야 한다. 이렇게 해야 비로소 슐츠가 강조한, 새로운 기술을 사용한 저비용·고효율의 경제 환경을 창건할 수 있으며, 이를 빌려 소농업의 창의성과 적극성을 충분히 발휘할 수 있다. 이밖에 국가가 농민을 위하여 기본 의료보험을 제공하여 도·농 간의 뚜렷한 격차 속에서 오늘날 농민이 강렬하게 느끼는 불안감을 제거해야 한다. 사실 국가의 적극적인 영도와 지원이 있어야만 비로소 슐츠 이론에서 말하는 것과 같은 농민의 적극성을 격발하여 시장 메커니즘을 통해 오늘날 "삼농문제"의 경제적 뿌리를 근본적으로 제거할 수 있다.

목전의 이 국가체제가 수많은 문제를 해결하는 출로이면서 동시에 그 문제들의 근원이라는 데에 난점이 있다. 오늘날 필요한 것은, 국가를 개조하여 통제·흡취 성격의 기구에서 봉사 성격의 기구로 바꾸는 일이다. 오늘날에 필요한 것은 계획경제하의 집권체제가 아니다. 슐츠가 구상한 "보이지 않는 손"도 아니다. 도우미 성격의 손을 가진 국가이다. 문제는 이 체제를 어떻게 변화시키느냐이다. 단지 그것의 이론 구상을 변화시키는 데 그치는 것이 아니라, 그것의 실제 운용을 변화시키는 것이 더욱 필요하다. 오랫동안의 관료주의 습성에 직면한데다가 형식화의 작풍과 관료주의의 숨은 규칙 및 잠재의식까지 포괄해야 하므로 이는 어렵고도 거대한 프로젝트이다. 그러나 그 첫걸음은 반드시 우리의 과거 계획경제에 대한 생각 및 슐츠의 신고전파 경제학에 대한 생각을 깨끗이 정리하는 것이어야 한다. 그렇게 해야만 비로소 문제의 진정한 성격을 인식할 수 있으며, 그런 다음에야 비로소 대책을 이야기할 수 있게 된다.

이론의 한계

마지막으로, 경제학과 이른바 "이론"에 대한 태도에서 나와 슐츠의 기본적인 차이를 밝히고자 한다. 분명히 나 자신의 이른바 "내권", "과밀", "이론"은 처음부터 특수한 역사 및 사회 배경과 관련되어 있다. 그것은 역사의 실제로부터 정련해 낸 분석 개념으로, 경험 증거와 밀접히 결합한 개념이다. 명·청 이래 1980년대에 이르는 역사 환경에서 중국의 농업은 "과밀" 농업이었다. 그러나 근년 들어 "3대^大 역사적 변화가 합류"하는 가운데(자세한 내용은 이 책의 제 5장 참조), 미래의 추세는 "탈^脫과밀화"가 될 가능성이 매우 크다. 분명히 내가 말하는 "과밀화" "이론"에는 특수한 역사 상황을 초월하여 보편적인 적용을 꿈꾸는 야심이 처음부터 없었다. 또한 국가 이데올로기—신고전파 경제학처럼 미국 신보수주의 통치 집단이 세계 패권을 획득하기 위하여 구상한 국가 이데올로기화 이론—가 될 수도 없었다. 그것은 원래부터 "단지" 하나의 학술 분석 개념에 "불과한 것"으로, 시공을 초월할 수가 없었다.

　여기서 강조하고 싶은 것은, 이 세상에는 그 어디에서나, 그리고 어느 시기에나 모두 들어맞는, 절대적이고 보편적인 진리란 없다는 것이다. 어떠한 이론이든 일정한 역사와 사회 배경이 있으며, 모두 당시의 정황을 통해서 이해해야 한다. 이른바 "과학"을 미신해서는 안 된다.

인문·사회 영역에서 연구의 대상은 의지와 감정이 있는 사람이다. 의지도 감정도 없는 물질세계를 다루는 수학과 같은 과학의 방법에 완전히 의지해서는 이해할 수도 없거니와 그렇게 해서도 안 된다. 전자에서는 외인外因과의 관계가 쌍방향이며, 객관과 주관 요소가 상호작용한다. 후자에서만 일방적이거나 객관적이다. 생명과학의 경우일지라도 오늘날 허다한 경제학자들이 스스로 자랑하는 종류의 수학과 비슷한 과학성·정확성·절대성을 지닐 수 없다. 기실 물리학 자체도 뉴튼Isaac Newton의 물리학에서 말한 절대적 시공 관념을 일찌감치 초월하였다.

오늘날 중국 농업과 농촌을 위하여 나아갈 수 있는 출로를 찾고자 할 때 우리에게 필요한 것은 실제로부터 출발한 사유이지, 어떤 간단한 이론이나 이데올로기의 억지스런 적용이 아니다. 중국의 눈앞에 있는 경험과 문제는 역사상 유례가 없는 것이어서, 어떠한 학과 혹은 학파가 논의하여 결정한 전제를 통해서 해결할 수 없다. 그것은 우리에게 경험을 직시하는 엄밀한 연구를 요구한다. 이른바 과학의 이데올로기를 미신해서는 안 된다. 그것은 우리에게 개념상 대담하고도 엄밀한 창의성을 요구한다. 어떠한 이론 모델을 맹종해서는 안 된다. 그것이 요구하는 것은, 다학문적 시야의 융통성 있는 활용이지, 스스로를 과학이라고 명명하는 어떤 단일 학문의 방법이나 관점이 아니며, 슐츠가 말하는 미국 모델의 맹목적인 적용은 더더욱 아니다. 중국의 양대 국정國情의 역사성과 목전의 계기를 직시해야만 비로소 오랫동안의 농업 과밀화라는 곤경을 극복하고 탈공업화 "소농경제"의 발전 도로를 내달릴 수 있게 될 것이다.

제4장

토지제도, 농업 시스템, 그리고 발전 출로

중국 농업과 인도 농업의 비교는 중국의 토지제도에 대한 우리의 사고에 도움이 된다. 우리는 앞에서 슐츠Theodore W. Schultz의 이론에 대해 논의하면서 중국의 경험과 영국, 일본 및 타이완·한국의 경험을 비교하였고, 그를 통해 인구 대비 토지 비율의 중요성을 이야기하였다. 이러한 비교를 거쳐 우리는 기실 중국과 진정으로 비슷한 국가는 인도라는 것을 발견할 수 있었다. 두 나라는 공히 심각한 인구압에 직면하고 있다. 두 나라는 모두 1960~1970년대의 근대 요소(주로 화학비료와 과학적 품종 선택) 투입 과정에서 농업 노동생산성을 현저하게 제고하지 못하였으며, 1980~1990년대에 이르러서야 비로소 비교적 높은 농촌 노동생산성의 발전 및 전체 국민경제에서의 비교적 뚜렷한 일인당 GDP 상승을 경험하였다. 여기서 제 1장의 〈표 1-1〉에 정리한 비교경제사가 매디슨Angus Maddison의 양국 일인당 GDP에 대한 추계를 한번 되돌아보자. 영국의 일인당 GDP는 일찍이 18세기에 이미 1950년대 중국의 세 배가 넘었다. 일본은 20세기 전반에, 타이완과 한국은 1970년대에 녹색혁명을 통해서 그에 상당하는 수준에 도달하였다. 그러나 중국과 인도의 일인당 GDP는 공히 (구매력 평가 기준) 연간 1,000달러 이하를 배회하였고, 1990년대에 이르러서야 비로소 일인당 GDP가 두 배로 늘어나는 발전 단계에 진입하였다.* 이밖에도 근년 들어 두 나라의 농업은 서로 비슷한 구조적 개조를 경험하였다. 그것은 소비의 전환이 견인한 것으로, 식량작물 위주의 농업으로부터 부가가치가 훨씬 더 높은 가축 사육과 어류 양식, 그리고 채소·과일 재배로의 전환이었다.** 이상의 여러 측면에서 중국과 인도 농업의 변화는 기본적으로 유사하였다.

그러나 사회형태 측면에서는 양국이 매우 달랐다. 인도에서는 농업 발전에 수반하여 무산無産의 농업노동자가 1961년 농업 노동 총수의 25퍼센트에서 2000년 45퍼센트로 증가하였다(Dev 2006: 19). 세계은행World Bank의 2008년 최신 연구에 따르면, 2005년 인도에서 (일일 생활비가 미화 1.25달러 이하인) 빈곤 인구의 비율은 무려 총인구의 42퍼센트에 달하였다(World Bank, 2008). 하지만 토지승포제도 아래의 중국은 인도와 매우 달라서, 근년 시장화 농업의 발전으로 인해 농업 무산계급이 대규모로 형성되는 일은 일어나지 않았다. 아예 없었다

---

* 매디슨의 데이터는 모두 1990년 구매력 평가(PPP) 달러에 근거하여 계산한 것이다.

** 인도보다 높은 일인당 GDP 증가에 따라 중국에서 이러한 변화의 규모는 인도보다 커서 농업 생산액이 몇 배 상승하였다. 제 5장에서는 이 문제를 더 깊이 논의하고, 아울러 상세한 데이터와 추산을 제시할 것이다.

고 말하는 것은 당연히 아니다. 현지대사의 경험과 조사 보고서를 통해서 다들 알고 있듯이, 도시 교외와 동부 지역의 수많은 부유한 농촌에는 상당히 많은 외지 인구가 유입하여 거주하고 있다. 어떤 사람들은 비농업 직종에 종사하지만 농업에 종사하는 사람도 적지 않다. 그들은 마을에 원래부터 있던 낡은 단층집을 빌려 살면서 승포지承包地를 빌려 경작하거나 단순히 품삯을 받고 일을 한다. 그러나 이러한 농업에서의 품삯 노동이라는 현상은 오늘날까지도 기본적으로 은폐되어 있으며, 통계 기구에서 중요하게 생각하지 않는다. 그래서 우리에게는 그들의 숫자를 정확히 추산할 방법도 없다. 하지만 인도에서 무산 농업노동자가 차지하는 비율에는 크게 미치지 못한다는 것은 자신 있게 말할 수 있다. 이는 중국이 빈곤 인구를 (위의 세계은행 연구의 계산에 근거하자면) 1981년의 85퍼센트에서 2005년의 15.9퍼센트로 낮출 수 있었던 중요한 요인이었다.

그 가운데 결정적으로 중요한 요소는 말할 나위 없이 토지승포책임제土地承包責任制이다. 이 제도 덕분에 현재 중국의 농가는 대부분 소규모 가족농장의 작물재배와 집밖에서의 품삯 노동을 통한 돈벌이에 동시에 의지하여 생활을 유지함으로써 완전하게 무산화되지는 않았다. 이에 "반공반경半工半耕" 농가가 사회의 주요 성원이 되는 사회형태가 만들어졌다. 이하에서는 먼저 이러한 반공반경 제도의 기본 상황을 묘사하고, 그 다음에 그것의 가능한 발전 출로를 생각해 보겠다.

토지제도

현재 중국 농촌의 토지제도에서는 재산권이 매우 명확하지 못하다. 이는 서방 신新제도경제학의 핵심 이념과 어긋난다. 그것은 서방의 근현대 역사에서처럼 기본적으로 개인에 귀속되는 것이 아니다. 매우 복잡하게, 그리고 층위를 나누어 서로 다른 담지자에게 각기 귀속되어 있다. 그 사용권은 (30년간) 농촌의 개인에게 속하지만, 그 소유권은 집체集體에 속한다. 그러나 국가가 "공공 이익"을 위하여 토지를 징발할 수 있는 특권을 보유한다. 이로 인해 오늘날의 물권법에서 개인은 그 승포지(사용)권을 (농업용에 국한하여) 양도할 수 있지만, 그 토지를 매도할 수는 없다.* 그밖에 국가의 「토지관리법」에는 "경지를 비경지로 전환하는 것을 엄격히 통제한다."라는 규정이 있다.** 하지만 실천 과정에서 지방정부는 경제 건설을 위해 토지를 광범위하게 징발하고 있다. 추계에 따르면, 그 규모는 2004년 무려 1.5억 무에 달하였고, 9천만 명의 농민을 대상으로 하였다(루쉐이 2005b).

이러한 토지제도는 중국 근현대의 꽤나 독특한 역사에서 비롯된 것이다. 먼저 1946~1952년의 토지개혁 운동이 있었다. 이 운동의 주도 정신은 토지의 균분이었다. 당시 전국적으로 총경지면적의 43퍼센트가 다시 분배되었다. 지주와 부농이 소유한 초과 토지를 가난한 자경농·소작농·고농에게 분배하였다. 그러나 그 이후 매우 빠른 속도로 "사회주의 개조"에 진입하여, 몇 년 만에 호조조互助組로부터 초급합작사初級合作社와 고급합작사高級合作社로 치달았다.* 농촌의 경지는 개인 소유로부터 집체 소유로 바뀌었다. 그 뒤로 다시 개혁 시기에 진입하

---

* 「중화인민공화국물권법(中華人民共和國物權法)」 2007년 3월 16일 공포, 10월 1일 시행, 제 11장 "토지승포지경영권(土地承包地經營權)", 제124~134조. www.sina.com.cn 참조.

** 「중화인민공화국토지관리법(中華人民共和國土地管理法)」 1986년 통과, 1988년·1998년·2004년 수정, 제 31조. www.china.com.cn 참조.

자, "시장화"와 "사유화"의 동기로부터, 그러나 균분의 원칙도 결합시켜, "토지승포책임제"가 창조되었다. 마을마다 인구 또는 노동력에 따라 토지의 사용권을 평균적으로 분배하였다. 이와 동시에, 위와 같은 조치 외에 고대 군주/정부의 토지에 대한 최종 소유 특권이 줄곧 계승·연속되어 왔다.

오늘날 돌아보건대, 토지승포책임제의 형성에는 개혁에서 비롯된 시장화와 사유화의 동기도 있지만, 중국혁명의 수호守護에서 비롯된 지권地權 평균의 동기 또한 있었다. 다시 말하자면, 나중 30년의 "시장주의" 전통에서 유래한 것이기도 하고, 앞선 30년의 "사회주의" 전통에서 유래한 것이기도 하다. 어떤 의미에서 그것은 "사회주의"적이면서도 "자본주의"적이며, 또한 둘 다 아닐 수도 있다. 동시에 전통 군주제

※ 역주: 중화인민공화국은 건국 초기 토지개혁을 실시하여 모든 농민에게 토지를 분배하였다. 이로써 모든 농민은 각자 소유한 토지를 각자 경영하였다. 그러나 정부는 규모의 경제를 추구하여 농업 경영 규모를 단계적으로 확대하는 정책을 추진하였다. 먼저 20~30호 규모의 호조조(互助組)를 조직하였는데, 이는 우리 농촌의 '품앗이'에 해당하는 것이었다. 이어서 역시 20~30호의 농민이 소유 토지를 출자하여 공동으로 경영하는 초급합작사(初級合作社)를 조직하였다. 초급합작사에서 생산의 성과는 출자 지분과 투입 노동의 다과에 따라 분배하였다. 그 다음에는 "사회주의 개조"가 급진적으로 추진되면서 규모의 확대와 더불어 소유 형태의 변화가 이루어졌다. 즉, 200~300호 규모의 고급합작사(高級合作社)를 조직하였고, 토지 소유권을 합작사에 귀속시켜 소유 형태를 집체 소유로 바꾸었다. 이 단계에서 생산 성과의 분배는 투입 노동의 다과에 따라 이루어졌다. "사회주의 개조"의 최종 단계에서는 평균 5,000호 규모의 인민공사(人民公社)가 조직되어 공동 생산과 공동 소비가 이루어졌다.

도에서 유래한 요소도 있다. 이 때문에 토지승포제도는 자본주의 입장
에 선 경제학자(특히 시장주의자와 신제도경제학의 재산권주의자)의
비판을 받았을 뿐만 아니라 토지 공유의 유지를 희망하는 사회주의자
의 비판도 받았다. 그것은 논란이 그치지 않는 제도이다.

"반공반경"의 과밀형 농업

토지승포제도 아래에서 오늘날의 가족농장은 거의 다 소규모 농장이
다. 국가통계국의 숫자에 근거하자면, 2003년 분배 토지는 (파종면적
기준) 일인당 2.4무, 호당 9.2무, (실제 농업 종사 노동력) 일인당 7.3
무였다(『중국농촌통계연감』[이하 『농감』으로 약칭] 2004: 31, 135).
당연히 이것은 평균 수치에 불과하여, 각 지역 간의 차이를 무시한 것
이다. 외부로 나와 품삯 노동을 하는 사람이 비교적 많은 후난·후베
이·안후이·쓰촨 성 등의 수치는, 후난이 2.1무/인, 후베이가 2.7무/인,
안후이가 2.7무/인, 쓰촨이 2.0무/인 등이다(『농감』 2004: 33, 139).

이밖에 총파종면적의 약 3분의 2(23억 무 가운데 15억 무)는 식량
작물을 재배한다(『농감』 2004: 135). 그리고 국가통계국 표본조사의
수치에 근거하면, 2003년 식량작물의 무당 생산량 344.2킬로그램(쌀,
밀, 옥수수 등 세 가지 식량작물의 평균) 가운데 166.4킬로그램은 판
매되었고, 그 나머지는 모두 농가의 자가소비였다(『농감』 2004: 261
〈표 10-3〉). 이러한 자가소비용 식량작물 재배는 오늘날 "구舊농업"이
전체 농업의 대략 절반을 차지하고 있음을 나타낸다고 할 수 있다.

이렇게 농장에 "취업"한 노동력은 일반적으로 매년 평균 130일에
상당하는 전일全日 노동을 투입할 뿐이다. 그 가운데 80일은 식량작

물을 재배하고(11일/무, "세 가지 식량작물 평균"), 또 50일은 채소를 재배하고 돼지와 닭을 기른다(채소 재배는 0.6무에 35일, 양돈은 1마리에 12일, 양계는 15마리에 3일) (『농감』 2004: 148, 261, 276-277, 278). 이러한 노동력 투입은 비록 실제 도시에서의 출근처럼 130일 안에 집중되지 않고 더 많은 날수에 분산되어 있더라도 집에서 농업에만 종사하는 노동력이므로 일반적인 완전 "취업"이 아니라 "반^半취업"이라고 말할 수 있다(당연히 가내의 농업 노동력은 한 사람에 그치지 않고 호당 평균 파종면적은 9무뿐이므로, 노동력 일인당 재배 면적은 더 작아지며, 취업 비율도 그에 상응하여 낮아진다). 따라서 오늘날 구형 농업에는 불완전취업, 혹은 "은폐실업"이 방대하게 존재하고 있다고 말할 수 있다.

널리 알려져 있듯이, 농업 종사인구의 소득은 일반적으로 매우 낮다. 국가통계국의 수치에 근거하면, 2003년 농업에 종사하는 사람이 작물재배업과 사육·양식업에 투입한 노동은 "가격으로 환산[用工作價]"해서 일평균 11위안이었다. 이로써 계산한다면, 반^半취업 노동력은 자가의 가족농장에서 일반적으로 매년 약 1,430위안, 다시 말해서 매월 약 120위안의 순소득을 거둘 수 있다. 농촌에 상주하는 농업 종사인구의 비농업 임금 소득도 기본적으로 비슷하여 2003년 연간 1,344위안이었다(『농감』 2004: 289).

이러한 소득수준이야말로 "토지도 떠나고 고향도 떠난[離土離鄉]" 농민공^工이 도시로 흘러나가 품삯 노동을 하게 만드는 가장 기본적인 동인^{動因}이다. 밖으로 나가 품삯 노동을 해서 거둔 소득은 비록 높지 않지만 구형 가족농장이나 향진기업에서 일하는 것보다는 몇 배 많다(비용도 당연히 상대적으로 높다). 거꾸로 말하자면, 저소득의 작물재배 노동(과 저임금의 향진기업)이 토지도 떠나고 고향도 떠난 농민공의 임금을 낮추는 기본 원인이 되기도 한다. 왜냐하면 농촌에는 이런 종류의 낮은 보수를 위해서라도 기꺼이 밖으로 나가 품삯 노동을 하려는 노동력이 가득하기 때문이다. 수요보다 공급이 많은 환경 아래 "토지도 떠나고 고향도 떠난" 농민공의 임금은 밀고 당기는 힘이 교차하는 최저점까지 짓눌리게 되었다.

2003년 연말 "토지도 떠나고 고향도 떠난" 농민공은 합계 약 1억 명(0.98억 명)이었다. 그밖에 "토지는 떠났으나 고향은 떠나지 않은[離土不離鄕]", 즉 향진기업에서 일하는 농민공도 합계 약 1억 명이었다. 이 밖에 또 대략 1억 명이 농촌에서 기타 비농업 직종에 종사하였다. 그러므로 합계 약 5억 명(4.90억 명)의 "농촌 취업인구" 가운데 약 2억 명(40퍼센트)이 비농업에 종사하고 약 3억 명(3.13억 명)이 농업에 종사하고 있는 셈이다.* 전국을 70만 (행정)촌으로 계산하면, 촌당 평균 700명의 노동력 중에서 300명 가까이가 농업을 이탈하였다(『농감』 2004: 31). 농촌의 비농업 취업인구와 농민공은 당연히 모든 촌장村莊에 골고루 분포하는 것이 아니라 일부 지역에 집중해 있다. 왜냐하면 향진기업은 동부 연해지역과 도시 근교지역에 집중하고 있으며(공업화와 도시화 정도가 가장 높은 지역, 예컨대 주장珠江 델타와 창장長江 델타에서는 이미 상당한 비율의 농가가 더 이상 농업에 종사하지 않고 토지를 외지인에게 다시 빌려주어 경작시킨다), 토지도 떠나고 고향도 떠난 농민공은 중부 지역 출신이 훨씬 더 많기 때문이다. 어쨌든 간에 전국의 농촌은 대부분 "반공반경半農半耕"의 촌장村莊이 되어버린 셈이

---

* 농업 및 비농업 종사인구의 숫자는 비교적 확실한데, 이는 『농감 2004』: 31에 서 얻은 것이다. 토지와 고향을 떠난 농민공의 숫자 0.8억 명은 2000년 인구센 서스에 근거한 것이다. 그 뒤로 농업부의 조사에 따르면, 2002년에 0.95억 명, 2003년에 0.98억 명이었다. 장샤오산 2004; 루쉐이 2005a 참조.

다.[*]

역사적 회고와 경제 분석

장기간에 걸친 인구압은 오늘날 저보수·반^半취업형 작물재배업의 주된 원인으로, 몇 차례의 역사적 대전환에도 불구하고 해결이 되지 않았다. 먼저 1950~1970년대에 근대 생산요소(농기계, 과학적 품종 선택, 화학비료 등)가 농업에 투입되었다. 어떤 국가나 지역, 예컨대 일본, 한국, 타이완 등에서는 이러한 농업 근대화가 노동생산성과 소득의 뚜렷한 제고를 가져왔다. 1880년대에서 1950년대에 이르기까지 일본에서는 농촌인구가 기본적으로 증가하지 않는 역사적 상황 속에서 이러한 투입이 이루어졌다. 당시 도시공업의 왕성한 발전이 상당한 농촌인구를 흡수한 덕분에 농촌인구는 기본적으로 안정적일 수 있었고, 농촌 노동력은 근대 생산요소 투입이 선사하는 생산량 제고 효과를 누릴 수 있었다. 또한 그 덕분에 농촌 노동생산성과 소득의 제고를 실현할 수 있었다. 한국과 타이완은 식민통치하에서 이루어진 이른바 "녹색혁명"과 유사한 이른 시기의 건설로부터 혜택을 입어, 1960년대와 1970년대의 "녹색혁명"에서 뚜렷한 농업 노동생산성 및 전체 국민경제 일인당 GDP의 발전을 이룩할 수 있었다. 1980년대 이후에는 이미

---

[*] 비록 그렇기는 하지만, 농촌의 모든 노동력 가운데 60퍼센트는 여전히 순수하게 농업에 종사하고 있다. 당대 중국 사회계층구조 연구과제조[當代中國社會階層結構研究課題組]의 표본조사에 따르면, 58퍼센트가 단지 농업에만, 16퍼센트가 비농업에만 종사하며, 15퍼센트가 양자를 겸하고 있었다. 10퍼센트는 직업이 없었다. 루쉐이 2004: 308-309.

선진국 대열에 진입하였다. 그러나 중국 대륙에서는 이러한 투입의 실현과 동시에 노동 투입량도 약 4배 늘어났다. 그 결과 생산량은 약 3배 늘어났다. 이는 괄목할 만한 성취였다. 그러나 노동일당 보수報酬는 제고되기는커녕 실제로는 오히려 저하되었다(Perkins and Yusuf 1984; 황쭝즈 1992: 441).

그 뒤로 1980년대의 왕성한 향촌공업화가 1989년까지 1억 명에 가까운 (토지는 떠났으나 고향은 떠나지 않은) 노동력(0.94억 명,『중국통계연감』[이하『통감』으로 약칭] 2004: 123)을 흡수하여, 다시 한 번 농촌의 노동생산성과 보수를 큰 폭으로 제고할 기회를 가져왔다. 그러나 농촌의 노동력이 너무나 풍부한데다가 당시에는 자연증가율도 여전히 높았기 때문에 노동력 일인당 경지는 증가하지 않았을 뿐만 아니라 도리어 체감하였다(『통감』 2004: 473-474). 그 결과 농업의 노동력 일인당 생산성 발전은 한계에 부딪혔다.

그 뒤로 1990년대 이후 도시경제의 대폭 성장이 또 다시 약 1억 명의 (토지도 떠나고 고향도 떠난) 농민공을 흡수하였다. 그러나 농촌 농업 종사인구는 겨우 소량 체감하였다. 이것이 바로 노동력 일인당 (파종면적이) 겨우 7무에 불과한 기본 원인이다.* 이 때문에 농업 노동생산성과 일인당 GDP는 비록 일정한 발전을 이루었지만 낮은 보수가 여전히 농업의 기본문제로 남아 있다.

인구의 밀집이 오늘날의 소규모 경영을 완전히 해명할 수 없다는 것은 당연하다. 전국 농업의 탈脫집체화 과정에는 본디 다른 제도적 가능성이 열려 있었다. 한 가지 가능성은 계획경제 아래 강제성 집체 제

---

* 물론 근년 들어 지방의 관료들이 도시 근교의 농민 승포지를 대규모로 침탈·징발하고 있는 것도 홀시할 수 없는 요소이다.

도로부터 시장경제 아래 자발성 합작 경영으로 전환, 이를 빌려 규모의 경영을 달성하는 것이었다. 또 하나의 가능성은 집체 소유제로부터 완전한 사유제로 전환, 사람들이 자유롭게 토지를 매매, 이로부터 일부나마 규모의 경영(과 그에 수반하는 인도에서와 같은 농업에서의 임금 노동과 빈부의 불평등)을 이루는 것이었다. 그러나 중국 정부의 선택은 양자 사이에 위치한 책임제로, 경지 매매를 불허한다는 원칙 아래 경지의 사용권을 평균 분배하였다. 이로 인해 파종면적이 일인당 2.4무, 호당 9무, 노동력 일인당 7무에 그치는 국면을 형성하였다. 이 밖에 국가가 강제적으로 실행한 도·농 이원화의 호적제도 또한 이런 제도 형성의 중요한 요소였다.

여기에서 이 제도의 생산 논리와 내가 과거에 강조한 5~6백년 이래 농업의 "내권화" 또는 "과밀화" 간에 서로 비슷한 점도 있고 일정한 차이도 있다는 것을 설명해야 하겠다. 명·청 이래 강남과 화북 지역의 "내권화"는 주로 다음의 몇 가지로 표출되었다. 먼저 고밀도 노동력 투입 아래 노동일의 한계보수 체감이 있었다. 예컨대 식량작물 재배에서 면화-면사-면포 생산으로의 전환은 무당 12배에서 18배에 달하는 노동 투입(20일의 재배, 161일의 방적·방직에 비해 쌀농사는 무당 10~15일)을 그에 크게 미치지 못하는 배수의 소득과 맞바꾼 것이었다(황쭝즈 2002; 황쭝즈 2004). 강남에는 또한 식량작물 재배에서 잠상蠶桑 재배로 전환하는 모델이 있었는데, 이는 9배의 노동력 투입을 3~4배의 순소득과 맞바꾸는 것이었다. 그밖에 (강남에는 기본적으로 없었던) 화북 지역의 "경영형 농장"과 가족농장 간의 차이가 있었다. 전자는 (노동량을 적절히 조정할 수 있었기 때문에) 노동력 일인당 약 25무를 재배하였지만, 후자는 (이미 주어져 있는 노동력이 상대적으로 과잉했기 때문에) 겨우 10여 무를 재배하였다(황쭝즈 1986: 제9

장). 후자의 무당 생산량은 전자보다 약간 높았을 뿐이어서 재배면적의 차이만큼 크지는 못했다. 끝으로, 두 지역의 농가는 모두 (자가소비) 식량작물을 상당한 비율로 재배하였다. 그것은 적정규모의 다각화 경영이 부여할 수 있는 안정성을 결여한 상황에서 시장의 가격 파동이라는 위험에 대응하기 위한 전략이었다.

21세기의 제도화된 구량지^{口糧地} 작물재배에서도 여전히 유사한 현상을 발견할 수 있다. 우리에게는 품삯 일꾼을 쓰는 농장의 수치가 없지만, 국영농장의 수치를 가족농장과 대조하면, 전자는 노동력(직공^{職工}) 일인당 (파종면적) 20무를 재배하고 후자는 7무를 재배한다. 무당 생산량은 전자가 분명 더 낮아서 2003년 무당 곡물 281킬로그램이었지만, 후자는 293킬로그램이었다. 하지만 이 차이는 노동력 일인당 재배면적의 3 대 1에 가까운 차이에는 크게 미치지 못한다(『통감』 2004: 486, 491, 507). 후자가 받는 인구압은 매우 뚜렷하여 극소규모^{極小規模}의 경영에 체현되어 있다.

당연하겠지만, 해방 전과 집체화^{集體化} 시기에 단위면적당 극히 높은 노동 투입을 극히 낮은 한계보수와 바꾸었던 것과 같은 종류의 현상은 이제 그다지 뚜렷하지 않다. 왜냐하면 소득이 제고되고 기계와 화학비료가 대량으로 사용되는 상황 아래 과거와는 다른 수익 기대와 고생^[辛苦]에 대한 관념(노동 투입량은 양자의 균형으로 이해할 수 있다)이 형성되었기 때문이다. 1930년대의 혹독한 생존 압력 아래에서는 고생 정도에 대한 고려는 그리 뚜렷하지 않았다. 그러나 오늘날에는 노동 투입 여부를 결정하는 뚜렷한 요소가 되었다. 과밀하다는 사실은 주로 농업 종사인구의 휴식 시간(이것 또한 은폐실업이다)을 통해 확인할 수 있다. 그밖에 1930년대와 같은 구량^{口糧} 재배는 주로 자가소비를 위한 것이며, 마찬가지로 다각화 경영의 안정성이 결핍한 상황에서 시장 위험에 대응하기 위한 행위이다.

1996년에서 2003년에 이르는 8년 동안, (사탕수수를 제외한) 주요 농산품의 단위면적당 생산량은 기본적으로 정체되었다. 식량 생산량은 줄곧 헥타르당 5,000킬로그램 이하(즉 무당 667킬로그램 이하)를 배회하였다. 면화, 땅콩, 유채씨, 참깨, 황마黃麻·홍마紅麻, 사탕무, 담배 등도 모두 뚜렷한 상승을 보이지 않았다. 2004년 이후에 이르러서야 비로소 증가의 기색이 보였다(〈표 4-1〉 참조). 좀 더 장기적인 시야에서 생각하자면, 연년으로 이루어진 화학비료의 대량 사용 및 저보수로 인해 조성된 무성의한 재배를 거쳐, 전체 작물재배업에 더욱 큰 위기가 잠복하였던 것이다. 이는 또한 그 제도화된 과밀형 경영이라는 사실로부터 예측할 수 있는 위기이기도 하다.

표 4-1　주요 농산품의 단위면적당 생산량, 1996~2003년 (킬로그램/헥타르)

연도	곡물	면화	땅콩	유채씨	참깨	황·홍마	사탕무	담배※
1996	4,894	890	2,804	1,366	969	2,487	24,150	
1998	4,953	1,009	2,943	1,272	1,042	2,677	24,806	
2000	4,753	1,093	2,973	1,519	1,034	2,516	24,518	
2002	4,885	1,175	3,011	1,477	1,180	2,868	30,232	
2003	4,873	951	2,654	1,582	863	2,462	24,925	

＊ 자료 출처: 『중국통계연감』 2008: 465 〈표 12-16〉

※ ['담배' 항목에 아무런 숫자가 없는 것은 원서 그대로이다: 역자]

어떤 사람은 혹 1980년에서 1996년까지 식량작물의 부낭 생산량이 지속적으로 상승한 사실(1996년 총생산량은 5억 톤을 초과)을 들어 반박을 할지도 모르겠다. 그것이 토지승포제도 아래 노동(적극성)의 우월성을 증명한다고 생각하기 때문이다. 심지어 이로 인해 중국의 식량·농업 문제가 이미 영구적으로 해결되었다고 생각할 수도 있다.

그러나 이러한 시각은 전적으로 시장주의 이데올로기의 오도^{誤導}에서
비롯된 것이다. 개체^{個體} 노동의 적극성은 확실히 집체^{集體} 노동보다
는 높기 때문에, 어떻게 해서 개혁 기간 농업으로부터 대량의 과잉노
동력이 풀려나 비농업 직종에 종사할 수 있었으며 그러고도 여전히 대
량의 휴식 시간이 남을 수 있었는지 설명할 수 있다. 그러나 그것은 무
당 생산량의 지속적 상승을 설명하기에는 부족하다. 개혁 초년 농산품
가격의 상승과 토지승포제도로 촉발된 노동 적극성이 영향을 끼친 것
은 분명하다. 그러나 과대평가해서는 안 된다. (석유공업의 성숙과 발
전에 수반한) 화학비료의 투입이 더 기본적인 요소였다. 2003년 무당
화학비료 투입량은 1980년에 비해 무려 3.48배나 되어, (비료 물질의
양이) 1980년의 무당 약 12.3근에서 43.1근으로 증가하였다(『통감』
2004: 479, 486). 화학비료가 식량 생산량에 끼치는 영향의 일반적 비
율에 따라 계산하면(화학비료 물질의 양에 4.1을 곱하면 화학비료 실
물의 양이 나오고, 다시 3을 곱하면 예상 가능한 생산량 증가분을 얻
을 수 있다. Perkins 1969: 73; 황쭝즈 1992: 252-253 참조), 이러한
증가폭으로 379근/무에 달하는 생산량 증가를 족히 예상할 수 있다
(말할 나위 없이, 이러한 화학비료 투입은 농촌의 경지와 전체 자연환
경의 위기를 초래하는 중요 원인이다). 이밖에 과학적 품종 선택과 농
업 기계의 총동력 투입 상승(410퍼센트)도 부분적인 요소였다고 해야
할 것이다(『통감』 2004: 477). 그러나 이 기간 식량 생산량의 실제 증
가폭은 겨우 239근/무에 불과하였다(1980년의 407근/무에서 2003년
의 646근/무로 증가하였다. 『통감』 2004: 486, 491 참조). 노동력이 과
잉한 상황에서 더 높거나 더 낮은 노동 적극성은 단지 단위면적당 노
동 투입 시간에 영향을 끼칠 뿐으로, 그것의 생산량에 대한 영향은 매
우 제한적이다. 과밀한 노동 투입은 노동의 한계생산성 체감을 초래할

수 있다. 반^反과밀의 노동력 투입 축소는 완전취업 상태가 아닌 한 단지 휴식 시간의 증가를 초래할 뿐으로 무당 생산량에 뚜렷한 영향을 끼칠 수 없다.

반공반경^{半工半耕} 제도 전체의 논리는 이렇다. 사람은 많고 토지는 적은 과밀형 농업은 소득의 부족으로 인해 사람들을 밖에 나가 품삯 노동을 하도록 내몬다. 밖에 나가 품삯 노동을 하는 임시 노동의 위험은 거꾸로 사람들을 가내의 소규모 구량지^{口糧地}에 의지하여 보험을 삼도록 내몬다. 이렇게 해서 과밀형의 소규모·저보수 농업제도와 악성의 임시 노동제도가 긴밀하게 연결된다. 바로 이러한 제도가 원래의 집체 생산을 대체한 것이다.

국가 정권과 "삼농문제"

개혁기 동안에 과밀형 농업제도 부분은 국가 정책의 설계 바깥에 놓여 있었지만, 그 후과^{後果}는 대부분 일찍이 예상하지 못했던 것이다. 토지 개혁의 실행 이후, 국가는 농촌의 재차 계급분화를 회피하기 위하여, 또 소규모 경영의 한계를 돌파하고 도시의 식량과 의류 공급을 안정시키며 농촌으로부터의 국가 수취를 공고하게 만들기 위하여, 농업 집체화를 실행하였다. 집체 조직의 기초 위에서 전 세계가 주목할 수많은 성과를 이룩한 것은 분명하다. 의료·위생을 보급하였디. 농촌 사망률을 낮추어 선진국 수준에 접근시켰고, 기대수명 또한 마찬가지였다. 사망률과 기대수명은 인도보다 훨씬 더 양호한 상황이다(〈표 1-2〉). 동시에 이미 상당히 높은 수준에 있던 작물재배업의 산출량을 본래의 3배 이상으로 증가시켰다. 그리고 촌장마다 당의 지부 조직을 건설하여 대량의 기층간부를 길러냈다. 안정되고 자신감 있는 촌장 공동체[社區]도 건립하였다. 그러나 몇몇 전략상의 착오가 있었다. 주요하게는 인구문제를 올바로 인식하지 못하였다. 또한 농촌으로부터의 수취가 과다하였으며 식량 생산에 지나치게 집중하였다. 이 때문에 그 뒤로 비록 안정적이기는 하지만 기본적으로 정체된 농촌 노동생산성과 소득에 직면하게 되었다.

개혁기에 진입하자 국가는 결단을 내려서 농촌 간부들에게 향촌공업의 전면적인 발전을 지시하였다. 과밀할 뿐만 아니라 지나치게 강제적으로 조직되었던 농업으로부터 이전되어 나온 노동력을 활용하여 놀라울 정도의 향촌공업 발전을 이루었다. 매년 20퍼센트 이상의 성장률로, 십 수 년 만에 국영공업에 거의 필적하는 총생산량을 달성하였다. 이 덕분에 농업에서의 매우 심각한 인구압이 완화되기도 하였다. 그 뒤로 정보·통신기술로 촉발된 전 지구적인 무역과 자본 이동의 급격한 증가라는 거대한 조류 아래, 국가는 외자[外資]를 대규모로 끌어들이고 국제시장에 진입한다는 결단을 내렸다. 이를 통해 국내의 경제발전을 추동하여, 30년 동안 지속적으로 10퍼센트에 가까운 국민경제성장률을 달성함으로써 전 세계를 놀라게 만들었다. 그와 동시에, 농촌의 토지 겸병과 더욱 엄중한 사회 분화를 회피하기 위하여 사람과 노동력에 따른 토지(사용권)의 분배를 유지한다는 결정을 내렸다. 이 때문에 도시경제의 왕성한 발전(과 그것의 농민공에 대한 수요)과 농촌의 토지균분제도가 합류하는 가운데 반농반경의 과밀형 재배 제도가 형성되었다.

정부와 이 제도의 관계에는 모순이 가득하다. 한편으로, 정부에서 토지의 자유매매를 불허하는 것은 사회의 평등을 유지하고 약자 집단을 돌보려는 동기에서 비롯된 것이다. 다른 한편으로, 정부에서는 외자를 대거 도입하고 새로운 형태의 자본주의 기업의 대규모 농민공 고용을 허락하는 동시에 농민공의 노동조합 조직을 불허하였다. 또한 도·농 이원의 호적제도를 유지하여 농민공을 오랫동안 준準공민·피압박 지위에 처하도록 만들었다(자세한 내용은 이 책의 제 8장 참조). 이밖에, 농업에 대한 정책은 주로 대규모의 산업화된 신新농업에 희망을 걸었다. 구舊농업의 남공여직男工女織, 장공로경壯工老耕[젊은 사람은 밖에 나가 일을 해서 돈을 벌고 늙은 사람은 집안에서 농사를 짓는 것: 역자] 등 농업 체계를 기정의 사실로 간주하여 다른 경영 모델의 발전은 적극적으로 지원하지 않았다(아래에서 다시 논의 예정). 그밖에 (특히 21세기 들어 농민 부담을 감소시키는 조치를 취하기 전까지는) 농촌으로부터의 수취가 과다하였다. 미국이나 일본(과 기타 선진국)처럼 농산품 가격을 지지하거나 농장을 직접 보조하는 것과 같은 정책을 실시하지 않았다는 것은 더 말할 필요가 없다.

이밖에 개혁 시기의 시장화는 중국공산당이 농촌에서 수십 년 동안 건설한 것을 파괴하거나 심지어 절멸시켰다고 말할 수도 있다. 한편으로 토지승포제도 아래의 소규모 농장은 상당 부분이 저보수의 정체된 소규모 경영에 빠져들었다. 노동력의 유출은 일정 정도 본래의 가내 세대 간 관계를 급변시켜 원래의 농가 가족 구성원을 서로 소원하게 만들었으며 본래의 공동체社區 질서 또한 이완시켰다. 저보수의 농업은 보편적으로 아무도 하고 싶지 않은 일로 간주되었다. 부모가 좀 더 높은 보수를 추구하여 밖으로 나가 품僱 노동을 하자, 정소년 자녀는 보편적으로 농사와 농촌을 더욱 멸시하게 되었다. 도시는 모두가 이상과 희망을 기탁하는 곳이 되었고, 농촌은 모두가 하루라도 빨리 떠나야 하는 장소가 되었다. 부모들은 죄다 자신의 자녀가 대학에 진학하여 농촌을 탈출하기를 학수고대한다. 이밖에 농촌의 비非조직화와 일부 지방 관료의 권력 남용에 수반하여 기층 정권 조직의 권위가 보편적으로 추락하였으며 농촌 사회의 치안도 일락천장一落千丈의 기세로 악화되고 있다. 모든 것을 금전화하는 거대한 추세 속에, 본래 집체제集體制 아래에서 이루어지던 공공서비스(비록 품질이 높지는 않았지만 그래도 안정적이었고 최소수준은 유지했다)에도 보편적인 위기가 출현하였다. 교육과 의약 모두 빈곤 농민이 갈수록 견디기 어려워지는 부담이 되었다. 동시에 임시 노동 제도는 상당히 보편적인 농민공에 대한 비인도적 압박을 야기하였다.

이 때문에 사회의 지식인들은 상당히 보편적으로 "삼농문제"를 외치며 새롭게 "향촌을 건설하자"고 호소하였다. 이는 그 자체로 아이러니한 사실이다. 1920~1930년대 옌양추晏陽初·량수밍梁漱溟 등의 사람들이 당시에 상상은 했으나 이루어낼 수는 없었던 일을, 적어도 교육·위생·기본생계 등 문제에서 훗날 농촌으로부터 도시를 포위했던 중국 혁명과 중국공산당이 이룩할 수 있었다. 그러나 개혁 기간에 새삼 "향촌 건설"이라는 우렁찬 호소가 새로이 출현한 것이다!

출로 문제

신고전파 경제학과 신제도경제학에서는 모두 중국의 농촌이 단지 사유 재산권을 좀 더 명확하게 만들고 시장을 개방하며 토지 매매를 허락하고 글로벌 자본을 흡수하기만 하면, 자연스레 서방의 농촌처럼 근대화와 고도의 도시화를 이룰 수 있으며, 농장은 규모의 경제를 달성하고 농촌은 미국처럼 "자본주의"식 발전을 달성할 수 있다고 생각한다.

지금 중국 농촌에 분명히 "자본주의"식의 발전이 있고, 일부 지역에

확실히 "자본주의"식의 대농장, 고용 노동, 자본 축적 등이 있다는 것
에는 의문의 여지가 없다. 설사 그렇다고 하더라도, 21세기에 이른 오
늘날 대규모 농장은 여전히 매우 제한적이다. 이 사실은 토지의 이전^移
^轉에 관한 최근의 몇몇 연구에서 발견할 수 있다. 예컨대, (농업 대규모
화를 제창하는) 저장^{浙江} 성에 관한 표본조사 연구에 따르면, 2006년
까지 저장 성에는 소작, 상호교환, 양도, 집체 조직의 승포지 재임차^返
^{租倒包}, 지분 합작 등의 형식으로 약 17.9퍼센트의 승포지가 이전되었
다. 그러나 그 가운데 "80퍼센트 이상"이 (친척, 이웃, 친구 등) 개별 소
농가 간에 진행된 것이었다. 이 때문에 대규모 농장이 차지하는 비율
은 기껏해야 3.6퍼센트 이하에 그쳤다(황쭈후이·왕펑 2008). 또 다른
예를 들자면, 둥베이 지역에 관한 연구에서는 비교적 상세한 데이터에
근거하여 지린^{吉林} 성 전체 4,700만여 무의 경지 가운데 100무 이상을
경작하는 농가는 겨우 72호뿐으로 총경지면적의 0.06퍼센트를 차지하
고 있음을 밝히고 있다. 이 연구의 저자가 지적하듯이, 100무 이상의
토지를 경작하려면 5호(평균 호당 20무)의 승포지를 획득해야 하는데,
이는 한 촌장 안에서 달성하기 쉽지 않다. 게다가 그 5호의 토지가 한
군데에 몰려 있기는 더욱 어렵다(류펑친 2006).

　이로부터 우리는 중국 농업이 여전히 주로 소농경제라는 사실을
알 수 있다. 그 주요 형식은 소농장이며, 그 가운데에는 구형의 과밀화
소농업, 심지어는 거의 "자연경제"형의 구량^{口糧} 재배도 있고, 자본과
노동이 모두 집약되는 새로운 형태의 소농업노 존재한다(자세한 내용
은 제 5·6장 참조). 과거 30년에 가까운 왕성한 공업발전과 농촌 노동
력의 대규모 이동도 구^舊농업의 소규모 과밀이라는 실제를 근본적으
로 바꾸지 못한 것이다. 미국 중심의 신고전파 경제학자들이 기대하는
산업화된 대규모 농업은 기껏해야 몇 백만, 심지어 몇 천만 명의 노동

생산성 문제(미국의 전체 농업 인구는 겨우 700만 명이다)를 해결할까 말까 하는 것이다. 그러나 그것은 3억 명에 달하는 중국의 농업 종사 노동력의 문제와 그 절반에 달하는 은폐실업을 절대 해결해 낼 수 없다. 농촌은 상당히 오랜 시간 동안 사람은 많고 토지는 적은 소농경제 국면에 처해 있었다. 만약에 정말 전적으로 재산권 사유화와 시장 메커니즘을 통해서 노동력 자원의 "가장 합리적인 배분"을 이룰 수 있다면, 빈부분화에 더하여 1.5억 명에 달하는 농촌의 은폐실업자가 즉각 완전한 실업자로 드러나게 될 것이다. 그 후과後果는 상상할 수도 없다. 중국의 방대한 인구 문제는, 애초부터 노동력이 희소 자원이라고 가정하는 형식주의경제학이 가장 이해할 수 없는, 가장 해석할 수 없는, 가장 처리할 수 없는 문제인 것이다.

"삼농문제"에 대하여, 국가 지도부는 "사회주의 신新농촌을 건설한다"는 구상을 제출하였다. 여기에는 "천방백계千方百計"로 농민 소득을 제고하려는 의도도 포함되어 있다. 이것은 사회평등을 유지하고 약자 집단을 돕는다는 훌륭한 동기에서 나온 계획이다. 21세기에 들어선 뒤, 농촌에 존재하는 여러 문제는 모두 초보적인 개선이 이루어졌다. 여기에는 세금·경비의 감면과 공공서비스(특히 교육과 의약·위생)의 개선이 포함된다. 이런 것은 분명 매우 필요한 것이다. 또한 (만약 지방정부가 정말로 흡취·통제형 기관으로부터 봉사형 기관으로 변신할 수 있다면) 더욱 근본적인 기층정권 운영 개혁의 조치를 이끌어낼 수도 있다.

그러나 "제 11차 5개년 계획 건의"에서 볼 수 있듯이, 정책 결정자는 여전히 구량지 재배 제도를 기정의 사실로 간주하고, 주로 더 고도화된 도시화와 공업화에 희망을 걸고 있다. 그들이 구상하는 농업의 출로는 주로 "산업화"된 농장으로, 현존하는 소농 가족농장의 개선 및 가능한 범위 내에서 규모가 적절한 (반드시 전업화된 것은 아닌) 가족 농장에 대한 지원은 중점 고려사항이 아니다. 수많은 기타 관찰자들처럼, 나 자신도 십여 년 이래 농촌 공업화와 도시발전에 희망을 걸어 왔다는 점에서는 마찬가지였다. 그러나 눈앞의 사실은, 노동력의 대량 이동 이후에도 농업이 여전히 과밀하며, 더욱 광범위한 "삼농위기三農危機"가 잇따라 발생했다는 것이다. 이를 거울로 삼아, 우리는 반드시 한발 더 나아가 오랫동안의 소농경제가 여전히 존재한다는 현실을 직시하면서 생각을 해야 한다. 그 다음에 농업 자체를 점검하여, 그 가운데로부터 출로를 탐색해야 한다. 그것의 자연소멸이나 미국식 농장의 도래에만 희망을 걸어서는 안 된다.

역사적 계기

근년 들어 비록 농촌의 비농업 분야 취업이 대규모로 일어나고 있지만, 앞에서 이미 논증한 대로 현재의 제도와 기술 조건 아래에서 농촌에는 여전히 대규모의 노동력 과잉이 존재한다. 그것은 농업 종사 노동력 총량의 3분의 1에서 2분의 1에 달한다. 이 때문에 사람들은 다들 오직 더 높은 정도의 도시화가 이루어져 인구압이 해소된 다음에야 비로소 농업 생산과 농민 소득을 근본적으로 변화시킬 수 있다고 생각한다. 농촌의 인민들 사신노 이미 상낭히 보편석으로 농업을 줄로가 존재하지 않는 곤경으로 간주한다. 천방백계千方百計로 자신의 다음 세대가 농업과 농촌을 벗어나게 만들고자 한다. 이것이 현재 이른바 "삼농문제"의 주요 원인이다.

그러나 이런 식의 생각은 근년 들어 일어난 농업 구조의 혁명적 변화를 고려하지 못한 것이다. 근 20여 년 동안 경제발전과 주민 소득의 향상에 수반하여 일어난 농산품 소비구조와 그에 따른 농업 생산구조의 근본적 변화가 그것이다. 〈표 4-2〉에서 보듯이, 1978년부터 2004년까지 전체 국민경제 일인당 생산의 총가치는 7배 남짓 증가하였다. 그 가운데 농^農·림^林·목^牧·어업^{漁業}의 총생산액에서 (협의의) "농업"이 차지하는 비율은 1978년의 80퍼센트에서 2004년의 50퍼센트로 하락하였다. 목·어업이 차지하는 비율은 1978년의 17퍼센트에서 2004년의 44퍼센트로 상승하였다. 이것은 전 인구(그 가운데에는 당연히 도시인구가 더욱 두드러진다)의 식품 소비에서의 구조적 변화를 의미한다. 즉 곡물 위주의 소비형으로부터 곡류-육류·어류를 모두 중시하는 (서방과 유사한) 소비형으로 전환한 것이다. 작물재배업 내부에서는 또 하나의 구조적 변화가 있었다. 즉 "식량을 벼리로 삼는^[以糧爲綱]" 것에서 곡류-채소·과일 겸중형^{兼重型}으로 바뀐 것이다. 2004년 채소와 과일이 (협의의) "농업" 총생산액에서 차지하는 비율은 이미 37퍼센트에 달하였다(파종면적으로 계산하면 18퍼센트. 『농감』 2005: 106; 『통감』 2005: 460). 여기에 하나의 방증을 들자면, 갈수록 더 많은 젊은이들의 체격이 부모 세대와 선명한 대조를 이루고 있다. 신장·혈색이나 기타 측면의 발육을 막론하고 훨씬 더 풍부한 영양 상태를 나타내고 있다. 이것은 하나의 역사적 전환이자, 이제 막 싹이 트고 있는 전환이다.

도시화는 당연히 이러한 발전이 체현된 것이다. 같은 기간 전국 인구 가운데 도시인구가 점하는 비율은 1978년의 18퍼센트에서 2004년의 42퍼센트로 무려 24퍼센트 포인트 증가하였다. 만약 앞으로 30년 동안 인구의 도시화 증가가 대체로 매년 1퍼센트 포인트의 속도를 유지한다면, 이는 중국의 인구가 도시 7 대 농촌 3의 국면에 도달할 수도

표 4-2 　일인당 총생산액, 농·림·목·어업 생산액에서 각 부문의 비중 및 도·
　　　　농 인구 비율, 1978~2004년

연도	일인당 생산액 1978=100	농·림·목·어업 생산액 중			도시인구	농촌인구
		농업	목축업	어업		
1978	100.0	80.0%	15.0%	1.6%	17.92%	82.08%
1980	113.0	75.6%	18.4%	1.7%	19.39%	80.61%
1985	175.5	69.2%	22.1%	3.5%	23.71%	76.29%
1990	237.3	64.7%	25.7%	5.4%	26.41%	73.59%
1995	394.0	58.4%	29.7%	8.4%	29.04%	70.96%
2000	559.2	55.7%	29.7%	10.9%	36.22%	63.78%
2004	760.0	50.1%	33.6%	9.9%	41.76%	58.24%

* 자료 출처: 『중국통계연감』 2005: 54, 93, 448; 『중국농촌통계연감』 2005: 105, 106

있다는 의미이다. 이런 규모의 도시화는 농업에서 인구압의 추가적인 하락을 의미할 것이다. 비록 그렇다고 하더라도 도시화 자체로는 농업의 구조적 변화를 해명할 수 없다. 진정으로 관건이 되는 것은 소득의 제고와, 그로 인한 부식 소비의 증가, 곡물 소비의 감소이다.

당연히 이러한 변화는 전체 인민을 포함하는 보편적 변화를 포괄하는 것이 아니다. 사회 계층 분화와 소득 차이의 확대를 수반하고 있는 변화이다. 먼저 도시 인민의 평균 소비수준은 일반적으로 농촌보다 높다. 그러나 도시에는 여전히 상당한 비율의 빈곤 인구가 존재한다. 여기에는 도시 자체의 퇴직 노동자와 농촌에서 유입된 임시 거주 인구가 포함된다. 그들의 식품 소비는 과거와 큰 차이가 없다. 농촌(과 작은 노회시)에 이르러서는, 소득이 상대적으로 높은 주민—주로 시장경제로부터 혜택을 얻은 사람들—이 일정 비율 존재하기는 하지만, 일반 인구, 특히 식량작물 재배에만 종사하는 농민은 식품 소비에서 앞 세대와 기본적으로 차이가 없다.

이 때문에 사회 중·하층의 소득이 앞으로 광범위하게 향상된다면, 전 인구의 식품 소비와 농업 생산의 구조는 더욱 완전하게 전환되어, 오랫동안의 식량 위주 "단일"형 농업과 농산품 소비구조로부터 작물재배업-목·어업을 아울러 중시하는 농업 구조 및 전통적인 식량 위주 식품 소비형에서 더욱 완전하게 곡류-육류-채소류를 아울러 중시하는 소비형으로 전환될 것이다. 개혁 이래 거의 30년에 달하는 시간은 이러한 변화의 전반기였다. 앞으로의 30년은 그 후반기가 될 수 있다. 더 높은 육류·어류와 채소 소비 외에, 더 높은 비율의 고품질 채소, 신선한 우유, 녹색 식품 등에 대한 수요도 포함될 것이다. 우리는 다음 장에서 이 가능성에 대하여 비교적 상세하고도 정확한 추계를 시도할 것이다.

하나의 가능한 출로

여기서 우리는 이런 질문을 던져야 한다. 식품 소비의 이러한 구조적 변화는 극히 오랫동안 지속된 중국 인구의 토지에 대한 압력 문제에 어떠한 변화를 의미하고 있는가? 그것은 농업에 어떠한 기회를 부여하고 있는가?

먼저, 그것은 결코 중국 농업 구조가 장차 미국형 농업과 비슷하게 되리라는 것을 의미하지 않는다. 현재 (미국의 300만에 대하여) 중국 농업의 3억 노동력이 설사 절반으로 줄어든다고 할지라도 중국의 농업은 여전히 노동이 상대적으로 집약되는 소규모 경영을 위주로 할 것이고 미국과 같은 토지는 많고 사람은 적은 유형으로 변화할 수는 없다는 것을 의미한다. 중국의 농장 규모는 노동력 일인당 900무의 미국식 농장 규모에 도달할 수 없다. 앞으로도 오랫동안 10무에서 20무의 소규모 가족농장 규모를 배회할 것이다. 신^新시대의 농업은 여전히 중국식 고밀도 인구라는 특징을 유지할 것이다. 아마도 농-목 겸중^{兼重} 및 곡류-육류-채소류 겸중이라는 형식에서는 중국 전통 농업과 다르고 미국 농업과 더 비슷하게 될 것이다. 다시 말해서, 중국 농업의 장래는 여전히 소규모 농장에 의지할 필요가 있으며, 그 출로는 대농장이 아니라 신시대의 소농경제에 있다.

그러나 이와 동시에 적정규모 구상은 이미 앞서 1980년대 이래 유행했던 실제와는 맞지 않는 이상^{理想}이었다. 600여 년 이래 줄곧 도달할 가망이 없었던 규모이기도 하다. 그러나 그것은 이제 완전히 실행할 수 있는 목표로 바뀌었다. 여기서 관건적인 요소는 역시 앞에서 이야기한 농업과 식품 소비의 변화이다. 널리 알려져 있듯이, 채소와 과일 재배 및 축사^{畜舍}에서의 목축은 토지 이용에서 일반 작물재배업보다 더 높은 정도의 단위면적당 노동 투입을 필요로 하며, 노동 투입에 정비례하거나 좀 더 높은 수준의 노동보수를 얻을 수 있다. 구^舊농업에서 일반적인 농가는 한두 마리의 돼지와 십여 마리의 닭을 풀어서 키웠다. 어떤 농가가 만약 십여 마리의 돼지를 길렀다면 그 소득을 적잖이 높일 수 있었다. 만약 소득이 더 높은 육우, 젖소, 육계^{肉鷄}, 난계^{卵鷄} 등을 길렀다면 소득은 훨씬 더 높았을 것이다(아래의 논의 참조). 채소나 과일을 함께 재배하는 것도 그 논리는 마찬가지이다. 만약 (비교적 보수적인) 2배에서 3배의 노동 투입과 보수로 이해한다면, 이것은 식량 위수의 농장에서 작불재배-사육 겸중^{兼重} 및 곡류-육류-채소류 겸중의 농장으로 전환하는 경우 2~3배의 노동력을 흡수할 수 있다는 것을 의미한다. 달리 말해서, 만약 1980년대 식량 위주의 적정규모가 화북에서 30무, 강남에서 20무였다고 한다면, 오늘날 곡류-채소류와 작물재배-사육 겸중의 농장은 그 적정규모가 화북은 10무에서 15무, 강남은 7무에서 10무가 된다.

이러한 규모는 오늘날 수많은 지역에서 이미 도달할 수 있는 것이다. 현재 일인당 경지는 2.4무, 노동력 일인당 경지는 7.3무이다. 만약 한 집에 두 명의 농업 종사 노동력이 있다고 계산하면(기타 성원이 밖에 나가 품삯 노동을 하는 것을 배제하지 않는다), 이는 곧 농가 1호당 평균 14.6무가 된다. 그렇다면 오늘날에는 이미 매우 많은 지역에서 노동력이 충분히 취업할 수 있는 이런 종류의 적정규모에 완전히 도달할 수 있는 것이다. 특히 (채소 재배를 전업으로 하는 농가는 노동력 일인당 2~3무의 토지를 필요로 할 뿐이니) 전업화된 고도의 노동 집약형 재배는 더욱 더 그러하다. 앞으로는 새로운 형태의 식품 소비구조의 추가적인 변화에 근거하여 적절히 확대할 수 있다. 기실 2005년 7월 11일 공포된 「물권법초안物權法草案」은 "토지승포경영권의 재차 청부[轉包], 소작, 상호교환, 양도 또는 기타 방식에 의한 이전"(제132조)을 허락한다는 구상을 제출하여, 점차 적정규모 경영으로 방향을 바꿀 수 있는 길을 이미 마련하였다. 이제 남은 것은 국가의 적절한 지원이다.

이밖에 초보적 가공을 거친 육류·어류와 채소 산품으로부터 더 높은 비율의 고도 가공을 거친 고품질 제품으로의 전환이 더 높은 수준의 노동 흡수량과 소득을 가져올 수 있다. 오늘날 중국에서 식품 산업의 농산품 생산액에 대한 비율—0.3~0.4 대 1—은 아직 선진국의 3~4 대 1보다 훨씬 더 낮다. 이 측면에서 중국 농업은 아직 매우 큰 발전의 여지가 있다.

이외에도 탈공업화 시대의 과학기술이 토지의 생산력과 노동 흡수량을 제고하는 데 여러 가지 가능성을 제공해 줄 수 있다. 예를 들자면, 농업부가 2003년 이래 보급에 노력하고 있는 "바이오매스biomass 사료" 모델은 상당한 잠재력을 갖출 수 있다. 농촌에서 대부분 폐기되거나 소각되고 있는 농작물의 바이오매스에 신^新생물기술을 배합하여 소량의 생물제를 쓴다면 고품질·저비용의 목축 사료를 얻을 수 있다. 보도에 따르면, 1근의 바이오매스 발효균제는 사흘에서 일주일 안에 1톤의 생물 사료를 발효시킬 수 있다. 이밖에 "분해제^{分解劑}"는 사일로^{silo} 발효를 거치지 않고도 바이오매스를 직접 분해하여, 소나 양 같은 반추동물에 먹일 수 있을 뿐만 아니라 돼지나 닭 같은 단위^{單胃} 가축에도 먹일 수 있다고 한다. 널리 알려져 있듯이, 전통적인 사육 방식—방목하여 풀을 먹이는 소나 양, 우리에 가두어 곡물을 먹이는 돼지와 가금류—은 심각한 자원의 한계에 직면하여, 과도한 방목으로 초지의 사막화를 가속화시키거나, 아니면 곡물을 소모하여 식량 부족을 초래한다. 그러나 바이오매스 사료는 이와 달리 사람과 식량을 다투지 않으면서 식량을 아끼는 사육 방법으로, 단위면적의 토지에서 기를 수 있는 가축의 수를 상당한 정도로 늘릴 수 있다. 보도에 의거하면, 곡물을 써서 돼지를 기르면, 1무의 옥수수로 겨우 1마리를 기를 수 있지만, 바이오매스를 분해하여 이용하면 1무의 옥수수로 돼지 5마리를 넉넉히 먹일 수 있다. 이 때문에 옥수수만 재배하는 것에 대하여 말하자면 소득을 3배 높일 수 있다. 이러한 바이오매스 사료는 그 발전의 여지가 상당히 넓다. 왜냐하면 전국적으로 매년 각종 바이오매스가 5억 톤 가량 생산되며, 여기에 잡초 등을 더하면 무려 7억 톤에 달하기 때문이다(「목축업에서 바이오매스 분해제의 응용을 논함(論秸秆分解劑在養殖業中的應用)」 2006).

사료의 제약을 감소시키면 목축업에서 고수익 사육의 비율을 확대할 수 있다. 국가발전과개혁위원회가격사^[國家發展和改革委員會價格司]의 조사에 따르면, 농가의 돼지를 풀어 기르는 방식은 목축업에서 주요 지위를 점하고 있지만 그 노동일당 수익은 가장 낮다. 2003년 육우의 노동일당 순수익은 양돈보다 4배 가까이 높았다. 난계卵鷄는 4.5배, 육계肉鷄는 6배, 젖소는 7배 높았다. 난계와 젖소에 대하여 말하자면, 주요 제약은 비용·수익 문제가 아니라 토지의 제한에 있다. 왜냐하면 이두 가지는 곡물 소모가 비교적 많기 때문이다(양돈보다 약 11~15배; 육우와 육계의 곡물 소모는 상대적으로 적어서, 각각 25퍼센트와 79퍼센트). 난계와 젖소가 소비하는 곡물을 감소시키면 목축업에서 고소득인 육우, 난계, 육계, 젖소 등이 차지하는 비율을 더 확대하여 목축 농가의 노동보수를 제고할 수 있다(국가발전과개혁위원회가격사[國家發展和改革委員會價格司 價格司] 편 2004: 263, 322, 328, 340, 358).

이러한 중국식의 신시대 농-목 모델은 서방의 전통적인 농-목 모델과 매우 다르다는 점을 밝혀 두어야 하겠다. 후자는 주로 방목을 통해 풀을 먹이는 형태로, 상대적으로 풍부한 토지 자원에 힘입은 것이어서 중국의 사람은 많고 토지는 적은 객관적 조건에 적합하지 않다. 내가 여기에서 제창하는 것은 서방의 전통적 농-목 모델을 모방하자는 것이 결코 아니다. 그것은 중국식의, 소규모의, 신시대의 기술을 사용하는 모델이다. 가축을 우리에 가두어 곡물을 먹여 기르는 것은 본래 방목하여 풀을 먹이는 것보다 토지를 훨씬 적게 쓴다. 여기에 바이오매스 사료와 단수수 등을 먹이는 방법이 일으키는 작용을 더하면 토지를 더욱 적게 쓸 수 있다. 이러한 작물재배-사육 결합 모델 아래에서 식품 생산품과 소비의 구조는 비록 서방의 전통적인 곡류-육류 겸중 모델과 유사하겠지만 그 경영규모, 기술, 논리 등은 모두 매우 달라서 중국의 객관 상황과 부합한다. 이것은 탈공업화 시대의 과학·기술조건 아래 실행 가능한 모델이기도 한다.

현재 가장 중요한 첫걸음은 아마도 개념상의 전환일 것이다. 기본적으로 소농경제를 홀시하고 일체의 희망을 도시화와 대규모로 산업화된 농업에 거는 것으로부터, 소농경제의 상당히 장기간에 걸친 지속과 그 점진적인 개선을 구상하는 것으로 방향을 돌려야 한다. 반공반경의 과밀형 농업 제도가 조속한 개혁을 필요로 한다는 것을 명확히 인정하고, 발전이 지속가능한 적정규모의 소농 가족농장으로 방향을 돌려야 한다. 이러한 가족농장의 일부는 당연히 소규모 전업호專業戶와 합작조직으로 이행할 수 있다. 멀고도 기나긴 역사의 시야에서 보건대, 목전의 역사적 계기를 포착하여 극소규모, 낮은 노동생산성, 저보수의 제도화된 구舊농업을 점진적으로 개선해 나가는 것은 "삼농문제" 해결의 상당히 핵심적인 측면이 될 수 있다.

제5장

3대 역사적 변화의 합류와 중국 소규모 농업의 앞날[※]

현재 서로 대립하는 관점에 선 두 학파가 토지 재산권 문제를 두고 정말 날카롭게 맞서고 있다. 그러나 농업 자체에 대해서는 한 가지 기본인식을 공유하고 있다. 즉 중국 농업의 저소득은 도시화가 더 고도로 진행된 이후 인구압을 낮추고 규모의 농업을 건설해야만 비로소 해결이 가능하다는 것이다. 이러한 공통의 기본인식 위에서, 한쪽은 토지 사용권을 균분하는 현재 제도의 유지를 요구한다. 농촌의 인민에게 기본생활을 보장해 주고 빈부분화를 방지함으로써 농촌을 안정시키

※ 저자 주: 제5장의 원고는 펑위성(彭玉生)과 황쭝즈(黃宗智) 두 사람이 10여 차례에 걸친 왕래를 통해 공동으로 저술한 것이다. 계량 작업은 주로 펑위성이 맡았다.

고 더욱 첨예한 사회 모순을 피하자는 것이다. 다른 한쪽은 토지의 사유화를 요구한다. 시장 메커니즘에 의지하여 자원의 배분을 진행하여, 소수의 능력 있는 농민이 규모의 경영을 실현하여 먼저 부유해지도록 하자는 것이다. 그리고 도시화가 더욱 진전되기를 기다렸다가 서방 선진국의 자본주의 농업발전 모델을 향해 나아가자는 것이다. 소규모 농업의 잠재력은 매우 제한적이고 상당히 오랫동안 중국 농촌 노동력은 계속 과잉상태에 있을 것이며 농업 종사인구의 대부분은 과거와 마찬가지로 빈곤을 벗어나지 못한다는 것이 양쪽의 공통 인식이다.*

이러한 의견은 오늘날 수많은 농민의 자기인식이기도 하다. 바로 이러한 까닭에 농촌 인민은 보편적으로 모든 희망을 자녀 교육에 걸고 있다. 다음 세대가 농업과 농촌의 절망적인 곤경을 탈출하여 도시의 재부財富를 쟁취하도록 만들기 위해서이다. 정책 결정자들도 분명히 이러한 의견을 받아들였다. 윗사람이든 아랫사람이든 모두 "사회주의 신新농촌을 건설"하자고 외치면서 "천방백계"로 농민 소득을 제고

---

* 토지 재산권 문제에 대한 두 학파의 논쟁으로는, 예컨대 2005년 7월 11일 공포된 「물권법초안(物權法草案)」으로 야기된 수많은 논쟁을 들 수 있다. 관련 보도로는, 샤오닝(曉寧), "물권법 초안 논쟁에서의 문제와 주의[物權法草案爭議中的問題與主義]", www.chinacourt.org (원래는 『소상신보(瀟湘晨報)』에 게재); 왕이쥔(王亦君)·완싱야(萬興亞) 정리, "물권법 초안 논쟁의 초점에 관심을 기울이다[關注物權法草案爭議焦點]", 『중국청년보(中國靑年報)』 2005년 7월 21일, www.chinayouthdaily.com.cn 등 참조. 토지 사유화 등에 대한 시각에 관해서는, 당궈잉 2007(원래는 『남방도시보(南方都市報)』에 게재)과 그에 대립하는 학파의 원톄쥔(溫鐵軍), 「"삼농" 문제 연구 사고의 방향["三農"問題研究思路]」(2004년 10월 중국사회과학원[中國社會科學院] 금융연구소[金融研究所] 강좌)과 「"16대" 이래 거시경제의 형세["十六大"以來宏觀經濟形勢]」(2004년 10월 13일 푸젠 닝더[寧德]에서의 강연), www.xschina.org 참조.

하려고 한다. 그러나 전체적인 생각은 여전히 장기적인 희망을 도시화에 걸고 있으며, 당장에는 공업으로 농업을 먹여 살리자고 외친다. 그러나 농업 자체의 발전 잠재력은 진정으로 고려하지 않는다. 농업 투자의 고수익 가능성은 말할 것도 없다.[*] 한 마디로 말해서, 정책 결정자들은 한결같이 사람은 많고 토지는 적은 기본 국정國情 아래 농업 자체는 남이 먹여 살려 주기를 기다리는 취약 산업일 수밖에 없다고 생각한다.

황쫑즈[**]는 역사의 시각에서 이러한 경제의 현재 상황과 그 제도적 기원을 되돌아보았다(황쫑즈 2006a). 그에 따르면, 현재의 토지승포제도 아래 농업 종사인구는 보편적으로 토지가 너무 적어서 야기된 "불완전취업"이나 "은폐실업"에 처해 있으며, 기본적으로 장기간 지속되어 온 사람은 많고 토지는 적은 "과밀" 상태에서 벗어나지 못하였다. 이 때문에 대규모로 도시로 향하여 일자리를 구하고 있으며, 낮은 농업 소득은 다시 도시에서 얻을 수 있는 임금을 입에 풀칠하는 정도의 최저 수준까지 짓누르고 있다. 수많은 농가는 저소득 농업과 저소득 임시노동에 동시 의존하면서, 일부 가족 성원이 밖에 나가서 품삯 노동을 하는 "반공반경半工半耕" 방식으로 생활의 수요를 맞춘다. 이것이

---

[*] 국가 정책 결정자의 생각은 2006년 「중공 중앙과 국무원의 사회주의 신농촌 건설에 관한 몇 가지 의견[中共中央國務院關於推進社會主義新農村建設的若干意見]」, 2007년 「중공 중앙과 국무원의 현대 농업의 적극 발전과 사회주의 신농촌 건설의 착실한 추진에 관한 몇 가지 의견[中共中央國務院關於積極發展現代農業, 扎實推進社會主義新農村建設的若干意見]」 등 문건에서 볼 수 있다.

[**] 제5장은 본래 황쫑즈와 펑위성 두 사람이 함께 집필하여 공동 명의로 발표한 논문이었다. 그래서 황쫑즈를 언급할 때 삼인칭의 형식을 취하였는데 여기에서도 바꾸지 않기로 한다.

현재의 "삼농문제"를 낳은 경제의 기본 원인이다.

또 다른 논문(황쭝즈 2006b: 118-129)에서 황쭝즈는 전망적인 각도에서 농업의 가능한 출로를 탐색하였다. 그에 따르면, 개혁 이래 대규모의 비농업 취업(먼저는 향촌공업, 그 다음에는 도시 취업)과 근년 사람들의 (식량 위주로부터 곡류, 육류·어류, 채소·과일 등이 아울러 중요한 모델로) 식품 소비 변화라는 양대 추세가 합류하여 소규모 농업에 역사적인 계기를 마련해 주고 있다. 이는 황쭝즈 자신이 오랫동안 강조해 온 "과밀화"의 곤경으로부터 벗어날 수 있는 가능성을 중국 농업에 부여하는 것이다. 곡류, 육류·어류, 채소·과일을 겸하는 신시대 중국 특색의 소규모 노동 집약형 농장을 적절하게 확대시킨다면, 20~30년 안에 완전취업을 이루는 적정규모의 다각화 경영 농업을 향해 나아갈 수 있다. 이는 은폐실업 문제를 개선하고 농업 종사인구의 소득을 제고하며 오랫동안의 농촌 노동력 과잉과 저소득 문제를 완화할 수 있다. 황쭝즈의 논문은, 법률 규정과 시장 메커니즘을 통해서, 기한부 소작이나 환수 조건부 대여를 포함하여 토지 사용권의 이전을 더욱 촉진할 것을 건의하였다. 이로써 적정규모 농장의 비율을 확대하며, 소유권 문제는 잠시 한쪽에 미루어 둔다.

황쭝즈의 논문은 발표 이후 논쟁 쌍방의 인사들로부터 비판에 직면하였다. 우선 모든 사람들이 직관적으로 이렇게 생각하였다. 농업은 기껏해야 농업 종사인구가 바듯이 생활을 유지하게 할 수 있을 뿐으로, 그들에게 고소득의 기회를 제공할 수 없다. 그 가운데 주요 의견에 따르면, 오늘날 육류·어류, 채소·과일의 시장은 이미 기본적으로 포화상태에 들어갔기 때문에 발전의 여지가 매우 제한되어 있다. 이렇게 많은 농업 종사인구가 도시인구에 식품을 제공한다면 저보수의 농업이 될 수밖에 없다. 그러므로 오직 더욱 고도로 도시화된 거시경제 환경 아래에서만 농촌의 빈곤문제를 해결할 수 있다.

이에 우리는 농업의 중·단기 전망 문제에 대하여 좀 더 계통적인 탐색을 실시하기로 결정하였다. 먼저 근년 인구와 취업의 변화 추세에 근거하여, 앞으로 10년, 25년 후의 농업 종사인구 변화를 추정하였다. 산아제한 정책의 실시로 중국의 인구는 출생률이 크게 낮아졌고, 노동력의 자연증가는 1980~1990년대에 관성에 따른 절정기를 거쳐 근년 들어 대폭 하락하였다. 이와 동시에 비농업 취업의 고속 증가로 농업 종사인구는 증가추세로부터 방향을 전환하여 21세기로 접어들 무렵 감소하기 시작하였다.

그 다음에, 식품 소비에 대한 국가통계국의 현별·호별 표본 조사에 근거하여, 근년 소비 변화 추세를 분명히 밝혔다. 앞으로 10년에서 25년까지 근년의 추세가 지속되어 변화가 심화된다고 가정하면, 일인당 식용 곡물 수요는 절반으로 줄고, 육류·어류, 채소·과일, 계란, 우유 등 "부식"에 대한 수요는 대규모로 증가할 것이다(아울러 사료 수요의 증가를 동반). 육류 가운데 소와 양, 가금의 상승 여지는 특히 크다. 우유, 계란, 과일 또한 마찬가지이다. 채소의 발전 여지는 주로 판매 비율 제고 및 다품종·고품질 산품으로의 전환에 있지, 총소비량 또는 생산량에 있지 않다. 이러한 식품 소비 전망에 직면하여, 농업 생산은 응당 수요에 맞추어 더욱 변화해서, 노동이 상대적으로 집약되고 소득이 상대적으로 높은 육류·어류, 채소·과일, 계란, 우유 등의 생산을 확대할 것이다.

전체적인 결론은 이렇다. 인구 증가의 감속과 비농업 취업의 합류로 농업 종사인구는 오랜 역사 속에 최초의 뚜렷한 감소세를 보이게 될 것이다. 이러한 감소세는 마침 식품 소비 변화로 초래된 상대적으로 가치가 높고 노동 수요가 높은 산품을 향한 농업의 변화와 보조를 함께하고 있다. 그 결과로 농업 노동인구의 일인당 노동과 소득의 증가가 일어날 것이다. 소규모 농장의 농업 종사인구는, 오늘날의 반半은 폐실업에서 벗어나 완전취업에 가까운 상태에 도달하고 소득에서도 현저한 향상을 이룩할 수 있을 것이다.

우리는 토지 사용권의 균분을 주장하는 일파의 의견과 마찬가지로, 토지를 승포承包하는 기본 제도를 견지하여 대량의 농민이 토지를 잃고 떠도는 사태를 막아야 한다고 생각한다. 앞으로의 농업발전은 마땅히 소규모 가족농장을 위주로 하여 양극분화를 피해야 한다. 이 일파와 우리의 의견이 갈리는 대목은 토지 경영권 이전의 촉진을 허락해야 한다고 주창하는 데에 있다. 경작을 원하지 않는 농민은 경작을 원하는 사람에게 시장가격에 따라 기한부 소작 또는 대여로 토지 경영권을 이양하게 한다. 이를 통해서 적정도 높은 소규모 농장이 차지하는 비율을 높인다. 농촌의 과도한 분화를 피하기 위하여 국가 법률은 1호의 농가에서 경영하는 토지의 최대한도를 규정해도 무방하다. 기본적으로 자가노동의 소규모 농장을 위주로 하고, 정책적으로 적당한 지원을 해 준다. 한편, 우리는 토지 사유화를 주장하는 일파의 의견과 마찬가지로, 농산품의 시장화를 빨리 심화시켜야 한다고 생각한다. 곡류, 어류·육류, 과일·채소의 판매 비율이 낮은 현재의 국면을 돌파하여, 농민이 시장 수요에 맞추어 충분한 이윤을 획득할 수 있도록 해야 한다.*

* 여기에서 시장화를 제창하는 가족농장은 표면상 슐츠(Theodore W. Schultz) 가 『전통 농업의 개조』(Schultz 1964)에서 제시한 방안과 비슷하지만, 양자 간에 실질적인 차이가 있다는 점을 밝혀두어야 하겠다. 슐츠가 말한 "전통 농업" 은 대체로 1949년 이전의 중국 농업에 상당하며, 오랫동안 줄곧 고도로 시장화된 가족농장 경제였다. 그러나 그것은 개조와 발전이 아닌 인구과잉과 빈곤, 그리고 분배의 불평등을 초래하였다. 슐츠는 시장경제 아래에서 노동력 과잉은

이 일파와 우리의 의견이 갈리는 대목은 소수의 사람이 대농장을 경영하고 다수의 사람이 무산화하는 전통 자본주의 모델의 채용을 반대하는 데에 있다. 우리는 작물재배-사육을 겸영하는 소규모 가족농장이 중국 농촌 대부분의 실제 상황에 더 부합한다고 생각한다. 그밖에도 우리는 농업 생산이 소비 수요와의 균형을 향해 나아가는 동시에 계획적으로 고품질·고가치의 지속가능한 녹색농업으로 나아가야 한다고 생각한다. 채소 방면에서 이는 더 이상 기다릴 수 없는 요구이다. 사람들의 소득수준과 소비수준 향상에 수반하여, 시장 수요는 앞으로 시간이 갈수록 고품질의 녹색 산품 쪽으로 바뀔 것이다. 그것은 중국 농업발전의 장기적인 방향이자 전망이다. 위에서 서술한 전망에 직면하여, 국가는 농업에 대하여 그에 상응하는 적극 투자와 지원을 통해 중국 특색을 갖춘 신시대 소규모 농장의 발전을 촉진해야 한다. 이를 통해서 전체 국민의 소득수준을 제고하고, 동시에 공업 산품을 위하여 광활한 농촌 시장을 제공하며, 이에 기대어 전체 국민경제의 지속적인 발전을 촉진해야 한다.

우리의 생각은 기실 1980년대에 나온 적정규모와 다각화 경영 구

있을 수 없다는 주장을 견지하였다. 이밖에 오늘날 중국 농업의 객관적 상황은 슐츠의 "전통 농업"과 전혀 다르다. 농업은 이미 고도로 근대화된 농업이며, 획기적인 3대(大) 변화—대규모 비농업 취업, 인구 증가율의 하락, 그리고 식품 소비의 전환—가 합류함으로써 인구 문제의 해결이 가능하게 된 것은 전적으로 슐츠의 시야를 벗어난 변화이다. 우리가 구상하는 "이론"은 슐츠와 전혀 다르다는 점을 강조해야 하겠다. 이것은 황쭝즈의 "내권형 상품화" 개념처럼 특수한 실제/역사 상황에서 단련을 거친 분석 개념이며, 이 장의 "3대 역사적 변화의 합류"도 포괄한다. 보편적으로 적용할 야심은 없다. 보편화의 야심을 품은 "이론"은 실제를 벗어난 이데올로기 또는 근본주의적인 신앙으로 변질되기 십상이다. 더 상세한 논의는 이 책의 제 3장 참조.

상과 유사하다. 1980년대와 다른 점은, 우선 당시 인구와 토지의 객관 조건이 아직은 적정규모 가족농장의 보편적 건설을 허용하지 않았다는 데에 있다. 20여 년에 걸쳐 대규모 비농업 취업이 이루어진 지금은, 식품 소비와 농업 구조의 변화가 이끈 토지의 단위면적당 노동 흡수량 증가가 더해져, 실제로 충분히 실현 가능한 방안이 되었다. 이밖에, 1980년대에는 환경오염 문제가 지금처럼 심각하지 않았다. 그 때문에 녹색농업에 대한 수요도 지금처럼 절박하지 않았다.

인구와 노동 취업

중국 경제의 앞날에 대한 우리의 기본적인 추정은 그것이 앞으로 수많은 심각한 도전에 직면하리라는 것이다. 그러나 설사 과거 20년의 고속 성장을 유지할 수 없을지라도, 감속 성장은 충분히 계속할 수 있을 것이다. 중국은 값싼 노동력과 기업 및 과학·기술 인적자본이 여전히 상대적으로 풍부하며 지금은 자본도 부족하지 않다. 전체 국민경제가 이미 일정한 동력을 축적하였으며 연쇄 효과도 이끌어냈다. 오늘날 중국이 직면한 주요 문제는 분배의 불평등과 사회 모순이지 경제 성장이 아니다. 앞으로 중·단기의 취업, 소비, 소득에 대한 우리의 예측은 이러한 기본 추정에서 출발한 것이다.

개혁 초기 20년 동안 중국 경제는 고속으로 성장하였지만, 노동력도 동시에 고속으로 증가하였다. 노동력의 증가 현상은 주로 1960~1970년대의 출생률 절정기에 태어난 아이들이 1980~1990년대 노동력 시장에 대거 쏟아져 나온 데에서 비롯된 것이었다. 1978~1990년간 농촌 노동력의 총수는 3억 명에서 5억 명 가까이로 폭증하였다. 1990년대 노동력의 자연증가가 늦추어지고 국제자본이 쏟아져 들어오며 도시

화의 진전 속도가 더욱 빨라지는 거시환경 속에서, 농촌 노동력의 총
량은 기본적으로 안정 추세를 보였다. 비록 5억 명 수준을 돌파하지는
못했지만 높은 수준에서 내려오지는 않았다. 1980~1990년대 농촌에
서는 향진기업과 사영 개체호個體戶가 왕성하게 발전하여 현지에서 농
촌의 새로 증가한 노동력을 대부분 흡수한 덕에 농업 종사인구의 대폭
적인 팽창을 피할 수 있었다. 1990년대 후반에 이르러 국영기업 개혁
과 국영기업 직원의 대량 해고가 이루어져, 도·농 전체의 비농업 취업
증가 속도가 격감, 1980년부터 1996년까지의 매년 평균 1,500만 명에
서 1997년부터 2000년까지 매년 평균 650만 명으로 줄었다. 이는 노
동력의 자연증가를 간신히 소화하는 데 그친 것이어서, 농업 종사인구
는 여전히 3억 명 수준을 웃돌았다(〈그림 5-1〉). 이러한 배경하에, 수많
은 학자들이 중국 농촌의 인구는 장기적으로 사람은 많고 토지는 적은 쳇바

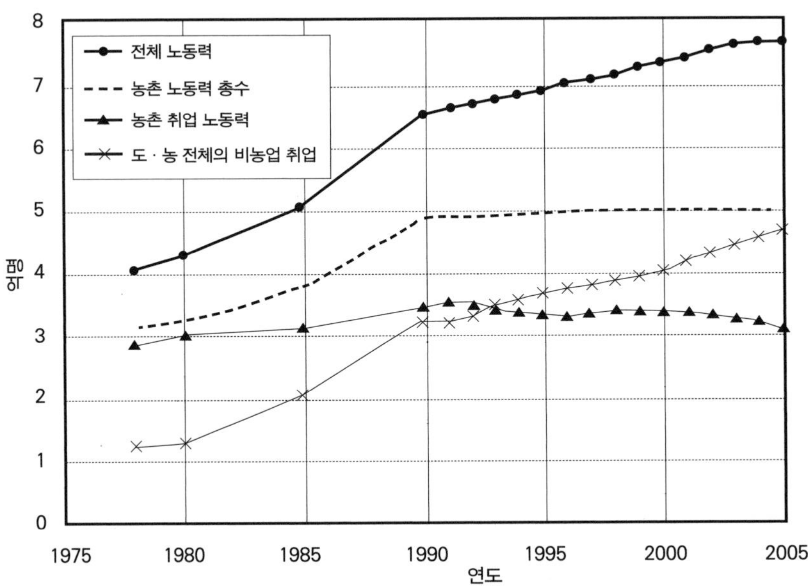

그림 5-1　1978~2005년 중국 노동력과 취업인구의 증가

＊ 자료 출처:『중국통계연감』2006: 〈표 5-4〉

퀴에 빠져 그로부터 벗어날 수 없으리라고 비관적으로 생각하였다. 이것은 "삼농문제" 토론과 "사회주의 신농촌" 건설 방안이 등장한 배경의 일부이다.

그러나 사람들의 예상을 벗어나, 몇 년의 고통스런 적응과정을 거쳐 도·농 전체의 비농업 취업 증가 속도가 최근 몇 년에 다시 상승세로 돌아서 매년 1천여 만 명이라는 수량에 도달하였다. 농업 종사인구도 2000년 이후 매년 평균 2퍼센트의 속도, 즉 매년 약 600만 명 좌우로 체감하였다. 이것이 바로 황쭝즈 논문에서 말하는 역사적 계기의 일부 배경이다. 우리는 농업 노동력의 감소 추세가 지속되어 갈 것이라고 생각한다(당연하게도 이것이 같은 속도의 도시화를 의미하지는 않는다. 왜냐하면 도시에 들어와 일하는 농민은 대부분 몇 년 지난 뒤 농촌으로 돌아가고, 새로운 노동 인력이 그 뒤를 이을 것이기 때문이다. 우리는 여기에서 단지 업종 종사 추세만을 고려한다). 이제 인구의 자연증가 추세는 이미 완만해져서, 1980~1990년의 1.37퍼센트에서 오늘날의 0.6퍼센트 좌우로 하락하였다. 노동력의 자연증가도 그에 따라 완만해졌다. 앞으로 비농업 취업인구의 증가가 완만해진다고 하더라도 농업 종사인구는 여전히 매년 5~6백만 명의 속도로 감소하여 25년 후에는 절반 수준에 도달할 것이다.*

요컨대, 중국 농촌인구의 취업은 바야흐로 양대 추세가 합류하는 상황에 처해 있다. 2억 명에 이르는 농민의 비농업 취업과 인구 증가율의 저하(와 향후 노동력 자연증가의 감속)로 농업 종사인구는 오랜

---

* 우리는 현재의 추세에 근거하여 미래의 농업 종사 노동력을 매년 600만 명씩 계속 감소하리라고 가정한다. 이러한 가정은 중국사회과학원 인구와 노동경제 연구소의 예측과도 우연히 부합한다. 후자는 근년 들어 16~24세 청년의 노동 참여율이 (주로 진학 때문에) 뚜렷이 하락하고 있다는 사실까지 고려하여 우리보다 더 낙관적인 추정치를 얻었다. 우야오우·리톈궈 2006 참조.

역사 속에서 최초의 지속적인 감소세를 보일 것이다. 이것은 획기적인 변화이다. 중국 인구의 최고치에 대하여, 국가계획생육위원회國家計劃生育委員會는 14.68억 명으로, 국가통계국 인구사人口司는 15.57억 명으로 예측하고 있다. 2000년 제 5차 인구센서스 자료에 따르면, 중국의 출산율(부부 한 쌍의 평균 자녀 수)은 이미 1.22명 수준으로 떨어졌다. 그러나 인구학자들은 보편적으로 이 숫자가 심각한 과소평가라고 생각한다. 사회과학원의 인구 전문가는 역대 초등학교 입학 학생 수에 근거하여 1990년대 출생 인수를 다시 추산, 2000년의 출산율이 1.7명에서 1.8명 사이였을 것이라고 생각한다. 이 역시 인구의 단순 교체 수준에 해당하는 2.1명보다는 낮다. 만약 앞으로 출산율이 1.75명 수준을 유지한다면, 총인구는 14.5억 명 좌우로 통제될 것이다. 설사 향후 출산 정책에 다소의 완화가 이루어져서 출산율이 2.1명의 교체 수준으로 재상승한다고 하더라도 총인구는 여전히 16억 명으로 통제할 수 있다(왕광저우 2006). 편의를 기하기 위하여 이 장에서는 인구가 2030년 15억 명에 도달하리라고 가정한다. 그렇다면 앞으로 25년간 인구의 평균 증가율은 매년 0.55퍼센트가 된다.

한편 인구의 도시화 진전을 보면 과거 20년 동안 기본적으로 견실했다. 1985년 전국의 도시인구는 총인구의 24퍼센트를 차지하였는데, 2005년에 이르러 43퍼센트로 늘어났다(국가통계국 2006: 〈표 4-1〉).* 우리는 이러한 취업 추세가 앞으로도 계속되리라 생각한다. 만약 앞으로 25년간 매년 1퍼센트 포인트씩 증가한다면, 25년 뒤 중국의 도시

---

* 도시인구는 도시 범위 안에 거주하는 상주인구 전체를 가리키며, 도시에 상주하나 호구(戶口)['후커우'라고 읽는 중국의 호구는 정규 주민 신분을 가리킨다: 역자]는 없는 농민공도 포함한다.

거주인구 및 취업인구는 총인구의 약 3분의 2를 차지하게 될 것이다.

농업 종사인구와 농촌인구의 감소는 두 가지 결과를 낳을 수 있다. 하나는 농업 소득을 나누는 인수가 감소, 농업의 노동력 일인당 소득이 이로 인해 제고될 것이다. 또 하나는 공·상업 종사인구가 증가하고 이 부문 사람들의 소득수준이 제고되면 농산품 소비수준을 제고할 것이고 식품 소비 수요의 제고는 다시 농업 생산의 발전을 자극, 농업 소득을 추가로 제고할 것이다. 아래에서는 먼저 식품 소비의 역사적 추세와 증가 여지를 분석할 것이다.

식품 소비의 추세

〈그림 5-2〉와 〈그림 5-3〉은 국가통계국의 가계 조사 자료에 근거하여 작성한 것으로 각종 식품의 일인당 소비량의 역사적 추세를 보여준다. 전체적으로 말해서, 중국인의 식품 구조는 식물성 섬유질 위주에서 동물성 지방과 고단백을 아울러 중시하는 방향으로 바뀌고 있는 중이다. 〈그림 5-2〉에서 보듯이, 동물류 부식품(어류·육류·계란·우유)의 소비량은 해마다 늘어났다. 특히 근년 들어 우유와 유제품의 소비가 가파르게 상승하고 있다. 이와 대조적으로 곡물 소비는 뚜렷한 하락세로 동물류 부식품의 대체 효과를 반영하고 있다. 채소의 일인당 소비량은 1990년부터 1995년까지 하락세였다가, 그 뒤로 110킬로그램 좌우에서 안정세를 보이고 있다. 채소 소비량에 비하여 과일 소비량은 낮은 편이지만 상승 추세에 있기는 하다(〈그림 5-3〉).*

* 우리는 이 장의 원고를 탈고한 뒤에야 코넬대학(Cornell University) 도서관으

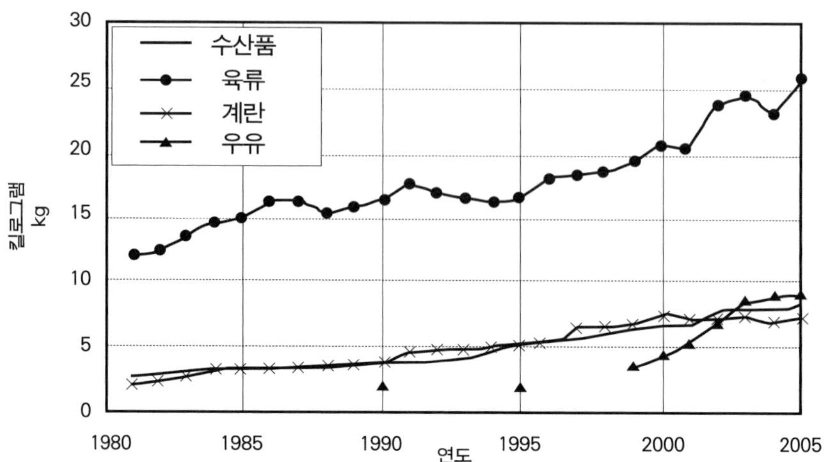

그림 5-2　　중국 도·농의 일인당 부식품 소비량

* 자료 출처: 『중국통계연감』 2006: 〈표 10-9〉, 〈표 10-29〉; 『중국통계연감』 2005: 〈표 10-11〉; 『중국통계연감』 2003: 〈표 10-10〉; 『중국통계적요(中國統計摘要)』 2000: 106; 『중국통계연감』 1996: 〈표 9-6〉; 『중국통계연감』 1993: 〈표 8-8〉; 『중국농촌주호조사연감(中國農村住戶調查年鑑)』 2005: 25. 이상의 자료는 모두 중국통계출판사(中國統計出版社)에서 출판한 것이다.

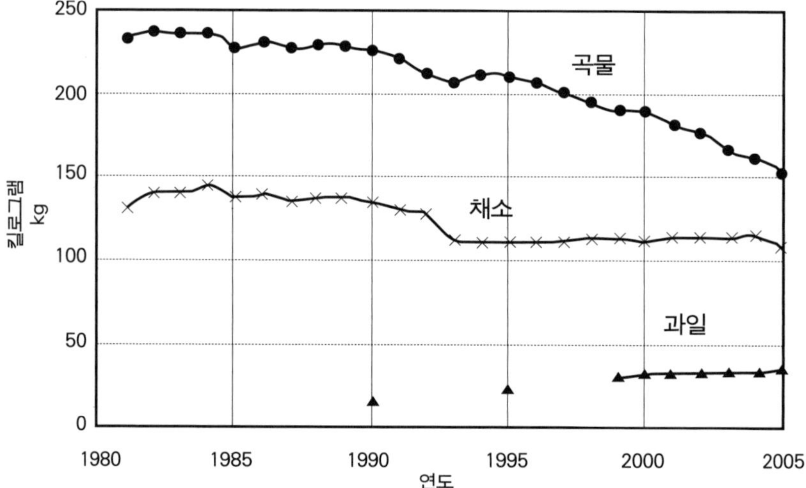

그림 5-3　　중국 도·농의 일인당 곡물·과일·채소 소비량

* 자료 출처: 〈그림 5-2〉와 동일.

중국에서 도·농 간 생활수준 격차가 매우 크다는 것은 더 말할 필
요가 없다. 그러나 식품 구조의 전환으로 보면 도·농이 보조를 같이
하고 있다. 〈그림 5-4〉는 도·농의 육류(돼지, 소, 양, 가금)와 수산물
소비 추세를 비교한 것이다. 비록 개혁 이래 농촌의 일인당 소득이 도
시보다 증가율이 낮아 도·농 소득 격차가 확대되었지만, 동물성 단
백질 소비량의 도·농 격차는 오히려 축소 추세에 있다. 먼저 육류 소
비량을 보면, 1980년대 초 도시가 (1981~1983년의 3년 평균) 일인
당 약 21킬로그램, 농촌이 일인당 10킬로그램으로, 도·농 간 비율은 2

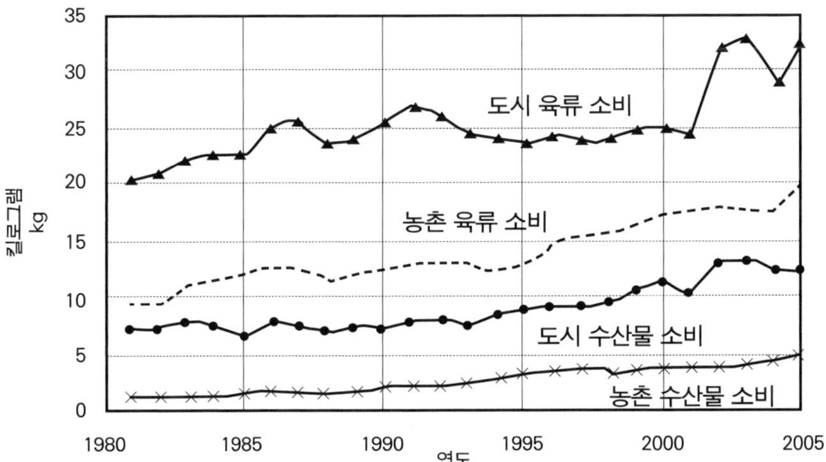

그림 5-4   도 · 농 주민의 육류와 수산물 소비 비교

* 자료 출처: 〈그림 5-2〉와 동일.

로부터 리둥성(黎東升) 박사의 최근 저서(리둥성 2005)를 빌려 보았다. 그의
저서는 식품 소비 추세에 대한 판단이 우리와 기본적으로 일치하며, 국가 간
비교에서 많은 작업을 수행하였다. 그러나 이 장의 주제, 즉 식품 소비 전환의
전망에 대한 계량적 추산, 그에 상응하는 농업 생산, 노동력의 수요와 소득, 그
리고 이 모든 것의 역사적 근원 등에 대한 논의는 적다.

대 1이었다. 그러나 근래 몇 년 동안에 도시의 일인당 육류 소비량은 (2003~2005년의 3년 평균) 31~32킬로그램, 농촌은 일인당 19킬로그램으로, 도·농 간 비율은 1.7 대 1이다. 한편 수산물 소비량을 보면, 1980년대 초 도시가 일인당 7.7킬로그램, 농촌이 일인당 1.4킬로그램으로, 도·농 간 비율은 5.5 대 1이었다. 근래 3년 동안은 도시가 일인당 12.8킬로그램, 농촌이 일인당 4.6킬로그램으로 도·농 간 2.8 대 1이었다.

식품 구조의 전환은 서로 다른 소득 집단에서 공히 진행되고 있는 것이기도 하다. 국가통계국의 소득별 가계 조사 자료에 따르면, 어류·육류·계란·우유의 일인당 소비량은 소득수준에 따라 체증한다. 1995년과 2005년의 소득별 자료를 수직 비교해 보면, 동물성 단백질 소비량의 증가는 고소득 집단뿐만 아니라 저소득 집단에서도 나타난다. 예컨대, 1995년 도시의 소득 최상위 10퍼센트와 최하위 10퍼센트 인구의 육류(돼지·소·양·가금) 소비량은 각각 일인당 30.2킬로그램과 17.5킬로그램이었다(국가통계국 1996: 〈표 9-10〉). 2005년에 이르러, 두 소득 집단의 육류 소비량은 각각 37.5킬로그램과 23.7킬로그램이었다(국가통계국 2006: 〈표 10-13〉). 그러므로 도·농 주민 소득수준의 제고에 따라 고영양의 동물성 단백질 소비량은 계속해서 늘어날 것이다. 식품 구조에서 중국인의 요구는 도시이든 농촌이든 간에 (육체노동과 비[非]육체노동 간의 주로 양적인 차이를 배제하면) 기본적으로 마찬가지인 것이다.

식품 소비의 상승 여지

유엔 식량농업기구의 국가별·지역별 식품 공급에 대한 통계에 의하면, 중국 내지의 일인당 영양 수준은 일본, 타이완, 한국에 접근하여 하루 3천 칼로리^{Cal} 좌우이다. 그러나 식품 구조로 보면, 중국 내지의 어류·육류·계란·우유 소비수준은 아직 낮아서 상승의 여지가 여전히 크다.

도시 평균과 도시의 소득 상위 40퍼센트 계층의 소비량에 근거하여 전국 식품 소비량의 상승 여지를 추산해 보았다(〈표 5-1〉). 이러한 추산은 비교적 보수적인 것으로 증가 잠재력을 낮게 잡았지만, 신뢰도가 높고 국가 간의 비교 통계에서 문제가 되는 기준 불일치와 소비 습

표 5-1　전국 일인당 소비수준 상승 여지 추산 (킬로그램, 2005년 자료)

구분	전국 일인당	농촌 일인당	도시 일인당	도시 상위 40% 일인당	도시 일인당 기준 상승 여지	도시 상위 40% 기준 상승 여지
수산	8.21	4.94	12.55	15.62	53%	90%
육류	25.95	20.75	32.83	37.32	27%	44%
돼지고기	17.57	15.62	20.15	22.16	15%	26%
소·양고기	2.43	1.47	3.71	4.24	52%	74%
가금	5.95	3.67	8.97	10.92	51%	84%
계란·난제품	7.16	4.71	10.40	11.06	45%	55%
우유·유제품	9.34	2.86	17.92	24.23	92%	159%
곡물	152.14	208.85	76.98	73.97	-49%	-51%
식물성 식용유	4.90	9.25	9.13	6.77	37%	35%
과일	34.17	17.18	56.69	70.62	66%	107%
채소	109.29	102.28	118.58	124.64	9%	14%

＊ 자료 출처: 『중국통계연감』 2006: 〈표 10-13〉, 〈표 10-29〉

관의 차이로 인한 곤란을 피할 수 있다. 도시의 소득 상위 40퍼센트 계층은 일인당 육류와 수산물 소비량이 각각 37킬로그램과 15.6킬로그램으로, 하루 약 150그램의 어류·육류를 소비하는 수준이다. 이는 어류·육류 소비량이 아직 포화 수준에는 도달하지 못했을지라도 거의 육박했다고 볼 수 있다. 그러나 양적 포화가 곧 소비의 정체를 의미하는 것은 아니다. 소득수준의 향상이 계속됨에 따라 소비수준의 추가적인 상승은 품질에 대한 요구로 반영될 가능성이 높다. 즉, 배불리 먹고자 할 뿐만 아니라 잘 먹으려고 할 것이다.

〈표 5-1〉에서 보듯이, 일인당 수산물 소비량은 아직 상승 여지가 커서 거의 두 배(90퍼센트 상승)가 될 수 있다. 전국의 일인당 육류 소비량은 앞으로 44퍼센트 증가해야 도시 중·상층의 현재 소비수준에 도달할 수 있다. 그 가운데 돼지고기의 상승 여지는 비교적 작지만, 소와 양, 그리고 가금의 상승 여지는 비교적 크다. 계란은 아직 55퍼센트의 상승 여지가 있다. 우유와 유제품은 상승 여지가 가장 커서 159퍼센트나 된다.

일인당 곡물 섭취량은 절반으로 줄어들 전망이다. 그러나 이것이 곡물에 대한 총수요가 반드시 감소할 것이라는 의미는 아니다. 그와 반대로 곡물 소비의 감소는 육류 소비의 증가를 의미하는데, 목축업의 발전에는 더 많은 사료가 필요하다. 새로 늘어나는 인구도 곡물이 필요하다. 근년 들어 곡물 총생산량은 4.5억 톤에서 5억 톤 사이에 머물고 있는데, 그 가운데 사람이 소비하는 것은 약 2억 톤이다. 국가발전과개혁위원회가격사[國家發展和改革委員會價格司]의 데이터에 근거하여 대략 계산해 보면(〈표 5-2〉), 사료로 소비한 곡물은 2003년 1.5억 톤이었고, 2005년 약 1.7억 톤이었다. 나머지 곡물은 공업용과 가공용으로 사용되었다. 미래 목축업 발전의 잠재력에 대한 우리의 추정에 근거하면, 사료용 곡물은 대략 1억 톤의 증가 여지가 있다. 그러나 실제 수요는 이렇게 많을 수 없을 것이다. 왜냐하면 바이오매스biomass 사료 등 신기술 덕분에 사료 수요로 인한 압력을 완화해 줄 수 있기 때문이다. 그밖에 (예컨대 재생 가능한 녹색 에너지원 같은) 공업용 곡물의 발전 여지도 매우 광활하다. 그러므로 곡물 총수요는 감소할 수 없고 오히려 증가할 수 있다.

채소 소비는 단지 무게만 고려한다면 상승 여지가 크지 않다. 그러나 채소는 문제가 좀 더 복잡하다. 우선, 만약 생산량만 보면 총생산량이든 일인당 생산량이든 간에 중국의 채소 생산은 이미 세계를 선도하는 수준이어서 추가 발전 여지가 없어 보인다. 그러나 실제로는 국가통계국의 숫자(총생산량 5.4억 톤, 일인당 415킬로그램)가 과대평가일 수 있다. 유엔 식량농업기구에서 채택한 숫자는 2.9억 톤이다. 동시에 선진국이든 후진국이든 간에 중국의 농업 조직은 좀 특수하다. 오늘날까지도 가가호호의 자류지自留地 위주이고, 대부분은 가공이나 저장을 거치지 않고 곧장 소비되므로 시장에 진입하는 것은 낮은 비율을 차지하는 데 그치고 있다.* 국가통계국의 숫자에 의거하면, 전국의 실제 채

* 우리에게는 채소에 관한 정확한 데이터가 없다. 『중국농촌통계연감』의 채소 총생산량에 의하면 2003년 농촌의 일인당 채소 총생산량(그 해의 채소 총생산량을 농촌인구로 나눈 값)은 703킬로그램이었다(『중국농촌통계연감』 2004: 159 〈표 7-22〉). 국가통계국의 "농촌 거주 가족 일인당 평균 주요 농산품 판매"에 이하면, 2003년 농촌의 재소 판매는 일인낭 평균 147.58킬로그램으로 총생산량 703킬로그램의 21퍼센트였다(『중국통계연감』 2007: 474 〈표 12-22〉). 그러나 이 두 가지 수치는 통계지표("농촌인구" 일인당과 [표본으로 추출한] "농촌 거주 가족" 일인당)가 같지 않고 채소 생산량 계산의 표준도 불일치할 수 있다. 『중국농촌통계연감』의 "전국 작물재배업 생산품의 비용과 수익"(〈표 10-3〉)에는 "상품 비율" 데이터가 포함되어 있는데, 비교적 정확하기는 하나 채소에 대한 데이터는 없다.

소 소비량은 기실 총생산량의 26퍼센트에 그친다. 앞으로의 발전 방향은 생산량이나 파종면적의 확대가 아니라 주로 품종, 품질 등급, 가공과 운송·판매 등의 개선에 있다.

총생산량은 차치하고 일인당 소비량만 고려해도 결론은 마찬가지이다. 〈그림 5-3〉에서 보듯이 1995년 이후 일인당 채소 소비량은 늘어나지 않았다. 그러나 널리 알려져 있듯이, 개혁기 도시의 채소 소비는 공급 측면에서 과거에 비해 일정한 진보가 있었다. 그 지향은 품종, 품질 등급, 가공과 운송·판매 방면의 개선이지 단순한 생산량 확대가 아니었다. 예컨대, 북방에서는 과거의 대·소 배추 외에 가지, 토마토, 씀바귀, 수세미, 아스파라거스 등 다양한 품종이 더해졌다. 심지어 유기농 채소가 나와서 가격은 보통 채소보다 몇 배나 되는데도 여러 해 전부터 대도시에서 소비자로부터 좋은 반응을 얻고 있다.

앞으로 채소의 발전 여지는 주로 보통의 노지 생산에서 점차 여러 계절에 걸치거나 계절에 반하면서 고품질 채소를 생산하는 일광온실이나 비닐하우스 생산으로 전환하는 데 있다. 이러한 발전 방향은 동시에 토지를 절약하고 소득을 제고할 수 있을 것이다. 일광온실이나 비닐하우스가 흡수하는 무당 노동력은 노지채소의 4배이며, 그에 정비례 또는 그보다 더 높은 소득을 안겨 준다. 추계에 의하면, 노동력 한 명이 일광온실과 비닐하우스 생산을 진행하는 데 겨우 1무의 땅이 필요한데, 얻을 수 있는 순수익은 일광온실이 6,000~8,000위안, 비닐하우스가 3,000~5,000위안이다. 노지채소를 재배할 경우에는 4무의 땅이 필요한데, 순수익은 1,000~3,000위안이다(상칭마오·장즈강 2005). 달리 말해서, 시장화를 더욱 진전시킴으로써 1무의 노지채소를 일광온실이나 비닐하우스 채소로 바꾸어 나가면 4배의 노동력을 흡수하고 그 종사인구에 비례하거나 그보다 더 많은 소득을 안겨 줄 것이

다. 당연하겠지만 오늘날 대다수 농민은 자신이 재배한 채소의 자가소
비에 익숙해 있다. 가까운 기간 내에 이러한 발전은 주로 도시 근교에
국한될 가능성이 크다.

채소 소비량과 비교하여 과일 소비량은 좀 적긴 하지만 상승 추
세에 있다. 전국의 일인당 과일 소비량은 연간 34킬로그램, 도시 중·
상층의 일인당 소비량은 70킬로그램이다. 선진국의 과일 소비수준은
100~150킬로그램이다. 중국인에게 아직 과일 주스를 마시는 습관이
없는 것이 과일 소비수준이 낮은 요인의 하나일 것이다. 냉장고의 보
급에 따라 과일과 주스의 소비가 증가할 여지는 매우 크다.

요컨대, 식품 소비 전환은 근년 대규모 비농업 취업과 인구 증가율
하락에 이은 세 번째 역사적 변화이다. 아래에서는 먼저 그것이 촉발
할 수 있는 농업 생산 변화에 대한 추정을 하려 한다.

농업 생산의 예측

1995년에서 2005년까지의 10년간 일인당 수산물과 육류(돼지, 소, 양,
가금) 소비는 매년 약 5퍼센트의 속도로 증가하였다. 일인당 계란 소
비는 증가 속도가 3.4퍼센트, 우유와 유제품은 18퍼센트였다. 만약 수
산물과 육류가 매년 4퍼센트 속도로 증가하고 계란은 3퍼센트의 속
도로 증가하며 유류 제품은 10퍼센트의 속도로 증가한다고 가정하면,
〈그림 5-5〉에 보이듯이 10년 뒤에는 이들 부식품의 일인당 소비량은
증가의 한계, 즉 현재 중·상층의 소비수준에 도달하거나 그에 접근할
것이다.

일인당 생산량과 일인당 소비량이 같은 보조로 증가한다고 가정하

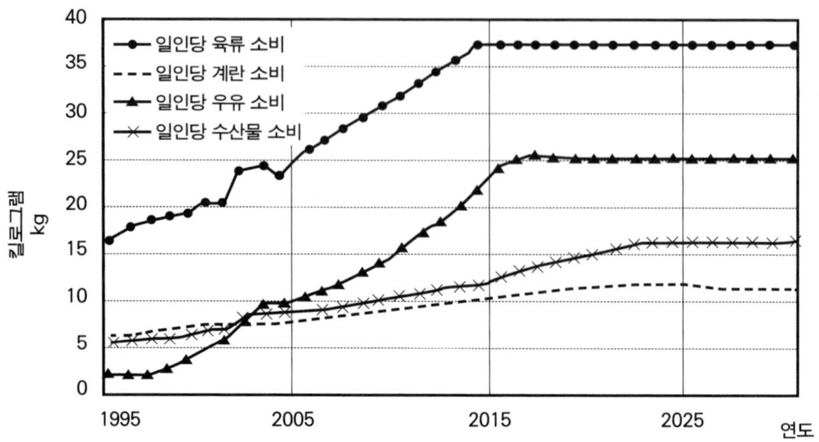

그림 5-5　각종 부식품의 일인당 소비 증가 추세 예측

＊ 자료 출처: 〈그림 5-2〉와 이 장의 부록.

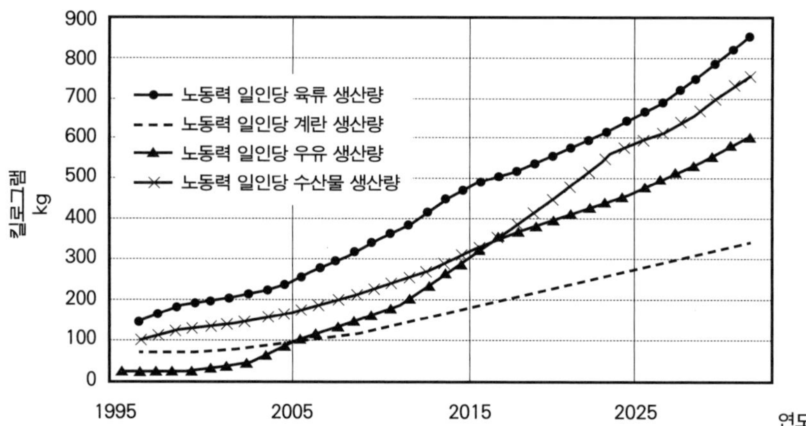

그림 5-6　각종 부식품의 노동력 일인당 생산량 예측

＊ 자료 출처: 이 장의 부록.

면, 노동력 일인당 생산량의 증가 속도는 반드시 일인당 소비의 증가 속도보다 높아야 한다(〈그림 5-6〉). (소비를 선도하는) 총인구의 증가와 농업 노동력의 매년 감소라는 두 가지 요인도 감안해야 하기 때

문이다. 육류를 예로 들어 보자. 인구 증가 속도가 0.55퍼센트이고, 농업 종사 노동력 인수가 매년 2퍼센트(약 600만 명) 체감한다고 가정하면, 노동력 일인당 생산량의 증가 속도는 6.7퍼센트 좌우($\approx 1.04 \times 1.0055/0.98$)가 된다. 일인당 소비량이 최고점에 도달한 뒤에도 노동력 일인당 생산량은 계속 증가할 것이지만 그 속도는 늦춰질 것이다.

이러한 예측에 근거하면 10년 뒤, 즉 2015년 중국의 농업 종사인구 총수는 2.4억 명 좌우, 노동력 일인당 평균 생산량은 육류 500킬로그램(즉 돼지 5마리 또는 같은 양의 소·양이나 가금), 수산물 333킬로그램, 계란 170킬로그램, 우유 330킬로그램이 될 것이다. 노동력 일인당 육류, 수산물, 계란은 모두 2005년 수준의 2배, 우유는 현재 생산량의 3배이다. 2030년에 이르면, 농업 노동력은 1.5억 명으로 감소하고, 노동력 일인당 평균 생산량은 육류 850킬로그램, 수산물 760킬로그램, 계란 340킬로그램, 우유 600킬로그램이 된다. 당연히 이들 숫자는 모두 평균 숫자로, 지역에 따라 적절한 전업화와 분업화가 나타날 수 있으며 농장마다 규모에 따라 일정한 차이가 발생할 것이다. 그러나 적절한 정책의 지원을 받는다면 전통 자본주의 농업처럼 농촌에서 계급의 양극분화가 일어나지는 않을 것이다.

노동 취업과 소득

끝으로 위에서 서술한 변화로 일어날 농업 노동과 소득의 변화를 추산해 보려 한다. 데이터가 부족하므로 단지 정태 분석으로 동태 예측을 할 수 있을 따름이다. 여기에서 채택한 방법은 먼저 매우 보수적인 하한선을 추정하는 것이다. 목적은 미래를 예측하는 것이 아니라 시률

레이션으로 농업 노동인구의 평균 노동일수와 소득의 상승 여지를 밝
히고, 동시에 이를 통해 기술혁신과 자본 투입에 기대어 노동생산성과
무당 생산량을 제고할 필요성을 부각시킬 것이다.

먼저 2003년 농업 생산성을 기점으로 삼고, 그것이 불변하리라 가
정한다. 추산의 근거는 『전국 농산품 비용·수익 자료 휘편[全國農産品成
本收益資料彙編]』(국가발전과개혁위원회가격사 편 2004)이다. 〈표 5-2〉
는 중국 목축업 생산에서 주요 항목의 노동 투입과 순수익 숫자이다.

표 5-2　2003년 중국 목축업의 노동 투입과 순생산액

구분	단위	주산품 생산량 (kg)	단위당 필요 노동일 (일)	노동일당 주산품 생산량 (kg)	노동일당 순생산액 (위안)	주산품 kg당 순생산액 (위안)	주산품 kg당 곡물 소모량 (kg)
농호 양돈	마리	106	12.1	8.8	18.86	2.08	1.692
농호 육우	마리	379	30.6	12.4	38.24	2.92	0.596
농호 육양	마리	37	8.6	4.3	26.29	5.30	0.652
전업호 육계	100마리	212	5.2	40.7	55.98	1.36	1.532
전업호 난계	100마리	1,550	22.6	68.6	47.59	0.59	1.702
전업호 젖소	마리	5,243	60.4	86.8	62.97	0.67	0.382

* 자료 출처: 국가발전과개혁위원회 가격사 편, 『전국 농산품 비용·수익 자료 휘
편[全國農産品成本收益資料彙編]』

이 표에 근거하여 목축업에서 노동력 일인당 노동 투입 일수와 노
동력 일인당 순생산액(소득)을 추산할 수 있다. 〈표 5-2〉에서 보듯이,
젖소 사육과 양계의 보수가 가장 높고 양돈의 보수는 가장 낮다. 우리
는 2003년 총생산량을 써서 육류 생산의 노동 투입과 보수를 가중평
균하였다(이 가중치를 바꾸어도 차이는 크지 않다). 노동 투입 일수는
노동력 일인당 생산량을 노동일당 주요 생산품 생산량으로 나누어 추

산하였다. 소득은 노동일수에 노동일당 순생산액을 곱해서 계산하였다. 이렇게 산출된 숫자는 가계 조사 대상 농민의 당해 연도 목축업 소득 수치와 기본적으로 일치한다.

어업의 노동 투입과 산출은 자료가 불완전하여, 『중국농촌통계연감』(2004)에는 담수 양어 관련 정보만 있다. 2003년 노동일당 주요 생산품의 생산량은 36킬로그램이었고, 킬로그램당 생산품의 순생산액은 약 1.59위안이었다. 담수 양어는 어업 총생산량의 40퍼센트 좌우를 차지한다(국가통계국 2004: 195, 280).

작물재배업의 노동 투입과 순소득은 경지에 근거하여 계산해야 한다. 현재 중국의 경지는 1.3억 헥타르, 즉 19.5억 무이다(1996년 수치로, 근년 들어 불법으로 점용된 경지의 면적은 확인이 필요하다). 2005년 농작물의 총파종면적은 약 23.3억 무이다. 그 가운데 곡물 파종면적이 약 15억 무, 채소 파종면적이 2.7억 무, 과수원 면적이 1.5억 무이고, 나머지는 식물성 기름의 원료 작물, 면화, 차, 담배 등이다(국가통계국 2006: 〈표 13-15〉).

농작물의 보수報酬와 노동생산성은 쌀, 밀, 옥수수, 면화, 식물성 기름 작물을 기준으로 삼고 파종면적으로 가중평균한다. 2002년에서 2004년까지의 3년 평균은 무당 12일의 노동일에 순보수가 약 285위안이었다(국가발전과개혁위원회가격사 편 2004).* 과수원은 사과를

---

* 농작물의 보수에는 노동 투입의 환산가격과 토지의 환산가격이 포함되어 있다. 무당 보수와 노동생산성 계산은 두 단계로 나뉜다. 첫 단계는 2002년·2003년·2004년 각각의 파종면적에 가중치를 주면서 쌀, 밀, 옥수수, 면화, 식용유 작물(땅콩과 유채) 등의 평균 보수와 소요 노동일을 산출한다. 다음 단계는 3년의 연평균 수치를 평균한다. 채소와 과일 외에 (잎담배, 사탕수수 등을 포함하는) 모든 농작물도 이를 기준으로 삼는다.

기준으로 무당 38일의 노동일에 순보수가 1,200위안 좌우였다. 과수의 생장기를 산입하여, 과수원의 보수를 500위안으로 설정한다(국가통계국 2004: 274). 채소의 투입과 산출은 대·중 도시의 데이터만 있다. 무당 현금 수익이 1,800위안 좌우이고, 노동 투입은 약 45일이었다(국가발전과개혁위원회 가격사 편 2004). 농촌과 작은 도시의 채소 수익이 더 낮다는 것을 고려하여, 우리는 1,000위안을 하한선으로 취한다.

곡물, 채소 및 기타 농작물 파종면적이 기본적으로 불변이고(미래의 곡물 총생산량 증가는 주로 무당 생산량의 제고에 의지할 것이다), 과수원 면적이 현재의 1.5억 무 좌우로부터 수요에 맞추어 두 배로 늘어나 2030년 3억 무가 된다고 가정하면, 그에 필요한 노동력 일인당 파종면적과 노동일 투입 수치 및 가능한 노동력 일인당 순소득을 추산할 수 있다. 근년 합법과 불법 점용으로 인해 경지면적은 끊임없이 감소하고 있다. 현재의 파종면적을 유지하거나 증가시키려면 다모작율을 제고시키지 않으면 안 된다. 또는 신기술과 자본 투입에 의지하여 무당 생산량을 제고해야 한다.*

---

* 과수원 면적의 증가와 경지 유실은 다모작율의 제고를 의미하게 된다. 다모작율은 시장 수요, 무당 생산량, 그리고 경지면적에 의해 결정된다. 중국의 다모작율은 1970년대에 비교적 높았는데, 특히 남부가 그러하였다(황쫑즈 1992). 1980년대에는 다모작율이 최저 수준까지 하락하여 1.10 전후가 되었고, 1990년대 중엽에 다시 회복하여 1.15가 되었으며, 그 뒤로 계속 상승하였다(파종면적은 국가통계국 2006: 〈표 13-15〉에 근거하여 계산하였고, 총경지면적은 19.5억 무로 계산하였다). 근년 들어 불법 경지 점용이 심각한데, 정확한 수치는 없다. 현재의 경지면적이 다들 대체로 공인하는 18.5억 무라고 가정한다면, 현재의 다모작율은 1.26이 된다. 2030년에 이르면 비록 경지면적이 더 감소하지 않는다고 하더라도 과수원 면적의 배증으로 다모작율이 1.35 좌우까지 상승하리라는 의미가 된다. 실제 상황이 이 정도까지 이르지는 않을 것이다. 왜냐

<그림 5-7>과 <그림 5-8>은 작물재배 농업과 어업·목축업의 노동
투입량과 순소득에 대한 추산이다. 임업과 목축업의 몇몇 항목을 누락
시켰지만, 이 두 그림에 나타난 중국 농업의 전망은 그래도 낙관적이
다. 노동 취업을 보면 2005년 농업 종사 농민 일인당 평균 169일을 농
업 노동에 투입하였는데, 그 가운데 136일이 작물재배, 33일이 어업·
목축업이었다. 만약 1년의 노동일을 250일로 잡아 계산하면, 이 가운

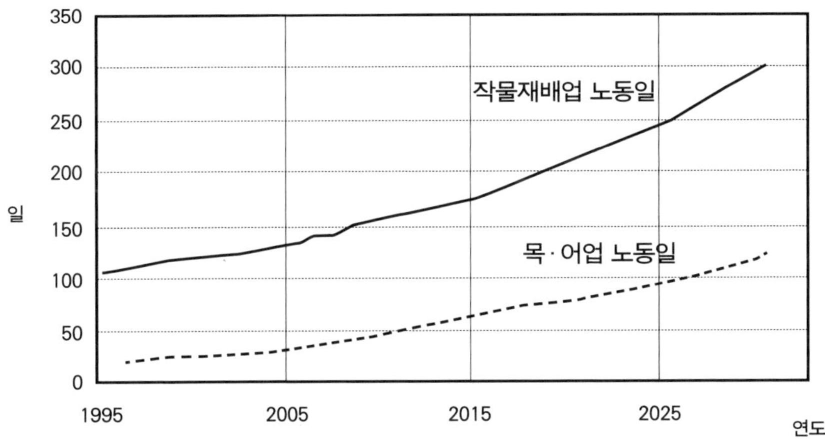

그림 5-7   농·목·어업 노동력 일인당 연간 노동일 예측

* 자료 출처: 이 장의 부록.

하면 무당 생산량이 증가하여 다모작의 압력을 낮출 수 있기 때문이다. 예컨대
신품종이나 바이오매스 사료와 같은 신기술이 사용될 것이다. 또한 자본 투입,
예컨대 태양열 온실과 중·대 비닐하우스의 확산에 따라 채소 재배면적이 감
소하여 무당 노동력 고용량과 소득이 한층 더 늘어날 수 있다. 신기술과 자본
투입은 정부의 행위와 정책에 의존하는 정도가 크므로 추산하기에 적합하지
않다. 이 장에서는 정태적 추산을 통해서 그 수요와 잠재력을 부각시켰다. 요컨
대, 기술과 자본을 기초로 삼는 다모작은 잉여노동력을 기초로 삼는 과밀화식
다모작과 달리 농민의 노동일당 생산성과 소득을 감소시키는 것이 아니라 증
가시키는 것이다.

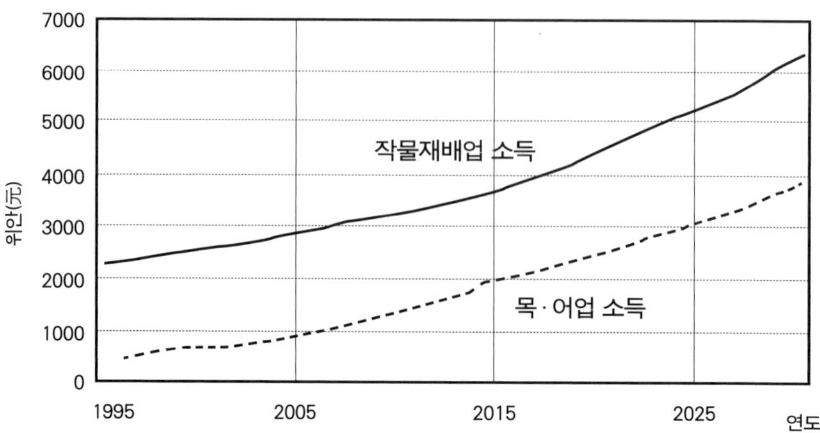

그림 5-8   농·목·어업 노동력 일인당 순소득 예측 (2003년 불변가격)

* 자료 출처: 이 장의 부록.

데 약 3분의 1의 시간은 실업 상태가 된다. 즉 약 1억 명이 잉여노동력인 것이다. 이는 학계의 공통 인식과 일치하는 것이다. 그러나 우리의 예측에 근거하면, 10년 뒤에는 크게 다른 국면이 펼쳐질 것이다. 농업 종사 농민은 일인당 176일을 작물재배에, 그밖에 64일을 어업·목축업에 쓰게 된다. 우리의 추산은 2003년 불변 노동생산성에 기초한 것이지만, 농촌의 은폐실업 문제가 앞으로 크게 완화되리라는 것은 확실하다. 2030년 농민은 일인당 300일을 작물재배에, 120일을 어업·목축업에 종사하게 될 것이다.

당연하겠지만 우리는 농업 종사인구로 하여금 밤낮으로 쉬지 않고 농업 활동에 종사하게 만들려는 것이 아니다. 이들 숫자는 노동생산성의 불변, 기술 조건의 불변, 그리고 규모의 경제 부재를 가정한 것이기 때문이다. 노동력이 과잉인 때에는, 비록 자본과 기술의 작용을 배제하지 않더라도 총생산량의 증가가 주로 노동 투입의 증가에 의지한다. 실로 "과밀화"를 피하기 어려운 것이다. 그렇기 때문에 농업 소득의 증가가 완만하다. 그러나 노동력에 "부족"이 나타날 때에는, 농민은 자연히 신기술을 채택하고 자본 투입을 증가시키며 노동생산성을 제고할 방법을 모색하게 된다. 노동생산성의 제고는 노동력 일인당 소득의 제고를 의미하고 있다. 만약 위와 같은 추정이 정확하다면, 농업 생산성은 10년 뒤에 매우 빠른 상승기에 진입할 것이고, 2030년까지 적어도 약 3분의 2($\approx$420/250-1)의 증가 여지가 있게 된다.

농장 규모로 보아도 문제를 설명할 수 있다. 우리의 추계에 근거하면, 10년 뒤 노동력 일인당 파종면적은 오늘날의 7~8무에서 10무 좌우로 늘어날 것이고, 25년 뒤에는 15~16무에 도달할 것이다. 개혁 초기 식량 위주의 농업 구조 아래 노동력 1명의 적정규모는 강남에서 최소 10무, 화북에서 15무였다. 그러나 오늘날 다각화 경영으로 변화한 농업 구조 아래에서는 당시의 약 절반에 해당하는 경지만 필요할 뿐이다. 여기서 추정한, 25년 뒤의 노동력 일인당 15무는 노동력 1인이 (오늘날의 기술에 의지하여) 직접 경작할 수 있는 규모를 초과한다. 설사 앞으로 25년 안에 농업 노동력 감소의 속도가 매년 600만 명에 미치지 못하고 매년 400만 명에 그쳐 2030년 농업 노동력의 총수가 2억 명, 노동력 일인당 파종면적이 약 12~13무가 된다고 가정하더라도, 농민 일인당 여전히 320일 좌우를 일해야 한다. 그러므로 어찌 되든 간에 10년에서 25년 안에 중국의 노동력 과잉 문제는 뚜렷이 개선될 것이다.

소득의 추계는 노동시간 추계보다 훨씬 더 복잡하다. 왜냐하면 시장 파동과 가격 문제가 개입하기 때문이다. 2005년 노동력 일인당 농·목·어업 소득은 4천 위안에 육박하였다.* 우리의 정태 추계에 근

---

* 이 장의 원고는 본래 『중국사회과학(中國社會科學)』에 게재되었는데, 당시 익

거하면, 2015년에 5~6천 위안까지 증가하여 그 속도는 4퍼센트 좌우가 될 것이다. 2030년에 이르면 1만여 위안까지 증가할 것이다. 이들 숫자는 2003년 불변가격에 근거하여 추정한 것이므로, 반드시 오늘날의 가격 구조로 이해해야 한다.

여기에서의 하한선 추계는 가설적인 것이라는 사실을 강조해야 하겠다. 여기에는 아래 열거하듯이 지나치게 보수적인 가설 조건이 부가되어 있기 때문이다.

첫째, 여기에는 가격 상승과 정책 지원을 포함시키지 않았다. 중국의 세계무역기구WTO: World Trade Organization 가입 이후 협정에 의거하여 농업 보조 정책은 녹색, 황색, 청색 등 세 종류로 나뉘어 있지만, 현재까지 충분히 이용하지 못하고 있다. 그러므로 농업 보조에는 아직 상당히 큰 여지가 있다. 현재 중국 농산품의 수출량은 매우 적고 국제 시장의 국내 가격에 대한 영향력이 크지 않지만, 앞으로도 그 영향을 받지 않지 않기란 매우 어렵다. 총체적으로 보건대, 국내 곡물은 가격이 비교적 높고 경쟁력도 약하므로 앞으로 수입이 증가할 것이다. 노동 집약형 부식 농산품은 가격이 비교적 낮으므로 국가가 적극 지도해서 품질을 제고하여 수출을 증가시켜야 한다.

둘째, 기술 진보를 포함시키지 않았다. 작물재배업 수확 증가 추계

명의 심사자가 훌륭한 문제를 제기하고 조언을 제공해 주었다. 그러나 그는 우리의 수치에 오류가 있으며, 2005년의 노동력 일인당 소득을 2,085위안으로 잡아야 한다고 보았다. 퇴고를 반복한 결과, 우리는 그 심사자가 선의로 제시한 수치가 농촌의 전체 농업 종사인구 5억 명에 근거한 계산이라는 것을 발견하였다. 여기에서 우리가 말하는 농업 종사인구는 3억 명이다. 우리가 농산품 소득에 근거하여 추산한 노동력 일인당 소득은 국가통계국 가계 조사 보고의 일인당 농림어업 순소득(1,470위안)과 대체로 일치한다.

는 기본적으로 노동력의 체감을 계산했을 따름으로, 이 역시 지나치게 엄격한 제한 조건이다. 가령 신품종의 배양과 무당 생산량의 제고, 그리고 바이오매스 사료 등은 사육비용을 상당 정도 낮출 수 있지만, 우리는 이런 것들을 모두 계산에 넣지 않았다.

셋째, 자본 투입에 의한 효율 증가를 포함시키지 않았다. 중국의 현재 경지면적은 감소할지언정 증가할 수는 없다. 오직 자본 투입에 의지하여 노동과 토지의 생산성을 제고해야 한다. 농업 기초 시설에 대한 국가의 투입, 예컨대 남수북조南水北調 프로젝트는 관개면적을 확대할 수 있다. 농가의 개인 투자에는, 예컨대 저소득 사육(가령 양돈)에서 고소득 사육(가령 송아지, 젖소 사육)으로의 전환이나 노지채소에서 온실이나 비닐하우스 채소로의 전환이 있다.

넷째, 품질 제고로 인한 수익을 계산하지 않았다. 우리는 식품의 소비량과 생산량 증가의 잠재력만을 고려하였다. 생활수준의 제고에 따라, 식품 품질에 대한 소비자의 요구도 제고될 것이다. 농산품의 가공, 포장, 냉동, 신선도 유지 등 설비산업은 선진국과 비교할 때 아직 크게 뒤떨어져 있으며 추가적인 발전을 기다리고 있다.

우리가 채택한 정태적 하한선 추산 방법은, 우선 이상의 요소를 고려하지 않더라도 농업 노동력 일인당 노동일수와 소득이 소비와 생산의 전환 및 농업 종사인구의 체감에 수반하여 점차 상승하리라는 것을 증명하려는 것이다. 동시에 미래의 노동과 파종면적에 대한 요구는 신기술과 자본 투입을 통해 노동생산성과 무낭 생산량을 제고시킬 필요성을 두드러지게 한다. 가격의 보조, 자본의 투입, 기술의 진보 및 품질의 제고 등은 모두 농업 종사인구에게 더 높은 소득을 안겨 줄 수 있다.

상술한 가장 보수적인 추계의 상황에서일지라도 농민이 오늘날의 소득과 가격 구조 아래 단지 농업에만 종사하여 1만 위안을 벌 수 있다면 일련의 변화를 이끌어낼 수 있다고 상상할 수 있다. 먼저 농업 종사는 단지 기본적인 생존수요만 해결할 뿐인 오늘날과 같은 절망적 지경에 빠지지 않을 수 있다. 더 이상 기다리지 못하고 농업을 이탈하려던 농민의 상당 부분이 농촌에 남기를 원하게 되어 농업 경영에서 출로를 모색하려고 할 것이다. 오늘날 농촌에서 청·장년이 대거 외지로 떠남으로써 발생한 일련의 사회문제도 완화될 것이다. 이 밖에 농업 소득이 일단 제고되면 "농민공"의 임금도 반드시 그에 상응하여 상승할 것이다(그렇지 않으면 농민공은 외지로 나가 품삯 노동을 하려 들지 않을 것이다). 어떤 사람은 임금이 일단 이처럼 상승하면 중국이 글로벌 자본을 유치하는 데 필요한 "비교우위"를 상실할 수 있다고 생각한다. 우리는 이것이 잘 모르고 하는 말이라고 생각한다. 첫째, 높고 안정적인 대우는 노동자의 노동효율을 제고하고 오늘날의 수많은 불합리한 낭비를 감소시킬 수 있다. 둘째, 설사 임금이 아무리 상승한다고 하더라도 중국의 노동력 가격은 여전히 세계적으로 저렴한 편이다.* 셋째, 경제의 진일보 발전에 수반하여 외래 자금에 대한 의존도도 점차 감소할 것이다. 어찌 되었든 간에 오늘날의 "삼농문제"는 완화될 것이다.

매우 큰 정도로, 지난 20여 년 중국의 고도 경제성장은 농촌의 저렴한 노동력에 의지하여 추동된 것이었다. 오늘날의 농민 실업과 저소득 문제는 현재 경제 고성장의 전제조건이자, 경제 고성장에 기대어 반드시 해결해야 하는 것이기도 하다. 노동 예비군으로서의 실업 농민

---

* "2002년 몇몇 국가와 지역에서 제조업의 상대임금 수준은, 미국을 100으로 잡을 때 멕시코가 11.2, 브라질이 12.0, 한국이 42.9, 타이완이 25.4, 중국의 홍콩 특별행정구가 27.3, 싱가포르가 34.1였다. 같은 해 중국 정규부문의 임금 수준은 겨우 미국의 2.9퍼센트였다. 비정규부문의 임금은 더 낮아서 미국의 1.9퍼센트 전후에 불과하다." 차이팡 2006: 222에서 인용.

이 충분히 취업한 뒤 중국의 경제는 새로운 단계에 진입하여 새로운 도전에 직면할 것이다. 그때가 되면 경제 성장의 동력은 자본 투입, 기술혁신 및 조직과 제도 효율의 상승에 더욱 많이 의존해야 한다. 노동 집약 위주의 첫 번째 발전 단계를 지난 뒤에 중국은 반드시 그 발전전략을 적절히 조정하여 글로벌 경제의 분업구조 속에서 더 높은 단계로 비약할 것을 추구해야 한다.

소결

전체적으로 말하자면, 우리가 얻어낸 결론은 다음과 같다. 중국 농업은 오늘날 바야흐로 3대 역사적 변화의 합류로 조성된 기회를 맞이하고 있다. 지속적으로 상승하는 대규모 비농업 취업, 지속적으로 하강하는 인구의 자연증가, 그리고 지속적으로 변화하고 있는 식품 소비와 농업 구조는 정말 오랜만에 처음으로 농업 종사인구의 뚜렷한 감소를 이끌었으며, 이러한 감소는 마침 노동력 수요가 높은 상대적으로 고가치의 생산품을 향한 농업의 전환과 보조를 같이하였다. 그 결과는 농업 노동인구의 일인당 노동 및 소득의 상승이었다. 황쭝즈 자신은 오랫동안 줄곧 중국 농업이 인구압 아래 "과밀화"와 "내권화"의 곤경에 처해 있음을 강조해 왔다. 오늘날 3대 변화가 합류하는 현실에 직면하여 우리는 이제 현제의 역사적 기회를 뚜렷하게 인식하고 현재의 기회를 적절히 포착해야 한다고 호소한다. 앞으로 10년에서 25년 안에 장기 이래의 농업 노동력 과잉과 저소득 문제를 개선하여 농업 자체가 농업 종사인구에게 충분한 취업 기회와 소강小康의 생활수준을 제공하도록 만들 수 있으며, 이로써 농촌을 안정시키고 "삼농문제"를 해소할 수 있다.

이 장에서는 농업 자체의 경제 잠재력을 부각시켰다. 왜냐하면 그것은 많은 사람들이 홀시하는 문제이기 때문이다. 그러나 경제 외의 정치, 촌장村莊 조직, 문화 등 문제는 다루지 않았다. 우리의 전체적인 생각은 명확하다. 즉, 앞으로 농촌의 출로는 순수한 자본주의 시장경제에 있지 않다. 원래의 계획경제로 되돌아가는 데 있지도 않다. 시장 메커니즘을 활용하고 시장을 통해서 이익을 취하려는 농민의 적극성을 격발하는 것이야말로 전체를 관통하는 전제가 되는 인식이다. 그러나 소농경제의 취약성은 순수 시장경제의 변동성을 견딜 수 없기 때문에 국가는 식량·기름·부식 가격을 안정시켜 도시 소비자의 이익을 보호하는 동시에 반드시 농민의 이익을 고려하면서 조절하고 촉진하는 역할을 발휘해야 한다. 아울러 농민 소득은 여전히 오랫동안 도시보다 뒤떨어져 있으므로 반드시 국가의 투자와 지원에 의존하지 않을 수 없다. 이것은 다른 개발도상국의 통례이기도 하다. 우리는 국가가 다시금 경제와 생산을 직접 통제할 것을 제창하는 것이 결코 아니다. 우리가 구상하는 국가는 주로 서비스 성격, 지원 성격, 설계 성격의 국가이다. 예컨대 농업 기초 건설과 농촌 공공재 투입, 농산품 가격 유지, 농민을 위한 저리 또는 무이자 대출 제공, 농업 과학연구의 추진과 확대 등을 통해 국가는 농민의 자주적 경영 적극성을 격발하고 소농 이익을 보호하는 작용을 해야 한다. "대大시장"의 앞에서 분산되어 있는 소小농가는 마치 과거 계획경제하에 국가가 지배하고 수익을 독차지했던 것처럼 기업이나 상인에게 지배당하고 벌어들인 수익의 대부분을 빼앗기기 십상이다. 우리의 구상은, 국가가 협조하고 제창하는 가운데 농민이 독립 자주의 합작조직과 농회農會, 또는 기타 유형의 농민 이익단체를 자발적으로 조직해서 시장 정보를 소통시키고 생산과 판매를 조직·지도해야 한다는 것이다. 농민은 협상 권력을 보유한 위치로부터 시장을 이용해야지, 단독으로 취약하게 남에게 좌지우지되어서는 안 된다. 이러한 전망 속에서 국가, 농민의 자발적 단체, 기업·상인 등의 상호관계는 권위적 정부 아래의 지배관계나 자본주의의 불평등한 관계가 아니라 평등 교역의 관계이다. 그러나 도·농의 격차를 좁히기 위하여, 그리고 전체 국민경제를 발전시키기 위하여, 정부는 반드시 오늘의 계기를 꽉 붙잡아 농업에 대규모로 투자하고 농업을 대대적으로 지원해야 한다. 이것이 이 장의 주요 건의이다.

부록

수산·육류·계란·우유의 일인당 소비와
노동력 일인당 생산량·노동일·파종면적 예측

* 오른쪽 표에서는 정태적 하한 추계 방법을 채택, 기술과 자본 투입이 불변이라고 가정하였다. 따라서 (식품 소비 전환에 상응하는) 농업 생산의 변화는 주로 노동력 일인당 노동일수와 파종면적의 상승에 체현된다. 현실 세계에서의 변화는 (바이오매스 사료, 품종 개량과 같은) 기술과 (수리 건설, 기계화와 같은) 자본의 투입 및 그에 부수하는 노동생산성의 제고에 동시적으로 체현될 가능성이 더 높다. 그러나 이들 요소는 예측이나 계산이 불가능하다. 우리의 목적은 농업 구조의 전환 및 그 탈(脫)과밀화적 발전 잠재력을 부각시키는 데 있다.

연도	인구(만)	농업 노동력 (만)	전년도 대비 노동력(%)	일인당 육류 소비량	노동력 일인당 육류 생산량	일인당 계란 소비량	노동력 일인당 계란 생산량	일인당 우유 소비량	노동력 일인당 우유 생산량	일인당 수산물 소비량	노동력 일인당 수산물 생산량	일인당 어·목업 노동일	파종 면적(억무)	노동력 일인당 파종 면적	노동력 일인당 작물재배 노동일
1995	121,121	32,335	98.9%	16.2		5.1		1.8	20.8	5.06			22.5	7.0	108
1996	122,389	32,260	99.8%	17.7	142	5.3	60.9	1.8	22.8	5.38	101.9	18	22.9	7.1	111
1997	123,626	32,678	101.3%	17.9	161	6.3	58.1	1.8	20.8	5.52	110.2	20	23.1	7.1	112
1998	124,761	32,626	99.8%	18.3	175	6.3	62.0	1.8	22.8	5.72	119.7	22	23.4	7.2	115
1999	125,786	32,912	100.9%	19.3	181	6.6	64.9	3.4	24.5	6.09	125.3	23	23.5	7.1	116
2000	126,743	32,797	99.7%	20.2	187	7.1	68.4	4.3	28.0	6.75	130.5	24	23.4	7.1	119
2001	127,627	32,451	98.9%	20.0	195	6.9	72.0	5.2	34.6	6.46	135.0	25	23.4	7.2	122
2002	128,453	31,991	98.6%	23.5	206	7.0	77.0	6.9	43.8	7.82	142.7	26	23.2	7.3	125
2003	129,227	31,260	97.7%	24.2	222	7.4	83.4	8.6	59.1	7.96	150.5	28	22.9	7.3	128
2004	129,988	30,596	97.9%	22.6	237	7.0	89.0	9.0	77.4	7.83	160.2	30	23.0	7.5	131
2005	130,756	29,976	98.0%	25.9	258	7.2	96.1	9.3	95.6	8.21	170.4	33	23.3	7.8	136
2006	131,476	29,376	98.0%	27.0	276	7.4	101.5	10.3	107.9	8.54	181.8	35	23.4	8.0	140
2007	132,200	28,776	98.0%	28.1	294	7.6	107.3	11.3	121.8	8.88	194.1	38	23.5	8.2	143
2008	132,928	28,176	97.9%	29.2	314	7.8	113.5	12.4	137.6	9.24	207.3	40	23.5	8.3	147
2009	133,660	27,576	97.9%	30.4	336	8.1	120.1	13.7	155.5	9.60	221.5	43	23.6	8.5	150
2010	134,396	26,976	97.8%	31.6	359	8.3	127.2	15.0	175.8	9.99	236.8	46	23.7	8.7	154
2011	135,137	26,376	97.8%	32.8	384	8.5	134.7	16.5	198.9	10.39	253.2	50	23.7	8.9	158
2012	135,881	25,776	97.7%	34.1	411	8.8	142.8	18.2	225.1	10.80	271.0	53	23.8	9.1	162
2013	136,629	25,176	97.7%	35.5	440	9.1	151.4	20.0	254.9	11.24	290.1	57	23.8	9.4	166
2014	137,382	24,576	97.6%	36.9	471	9.3	160.6	22.0	288.8	11.69	310.8	61	23.9	9.6	170
2015	138,138	23,976	97.6%	37.0	490	9.6	170.5	24.2	327.4	12.15	333.1	64	24.0	9.9	176
2016	138,899	23,376	97.5%	37.0	505	9.9	181.1	25.0	356.5	12.64	357.3	67	24.0	10.2	182
2017	139,664	22,776	97.4%	37.0	521	10.2	192.5	25.0	367.9	13.14	383.5	70	24.1	10.6	189
2018	140,433	22,176	97.4%	37.0	538	10.5	204.8	25.0	380.0	13.67	411.9	73	24.2	10.9	196
2019	141,206	21,576	97.3%	37.0	556	10.8	218.0	25.0	392.7	14.22	442.7	75	24.3	11.3	203
2020	141,984	20,976	97.2%	37.0	575	11.0	230.1	25.0	406.1	14.79	476.2	79	24.3	11.7	210
2021	142,766	20,376	97.1%	37.0	596	11.0	238.2	25.0	420.4	15.38	512.6	82	24.4	12.1	218
2022	143,552	19,776	97.1%	37.0	617	11.0	246.8	25.0	435.5	16.00	551.7	86	24.5	12.5	226
2023	144,343	19,176	97.0%	37.0	640	11.0	255.9	25.0	451.6	16.00	572.1	89	24.6	12.9	234
2024	145,138	18,576	96.9%	37.0	664	11.0	265.7	25.0	468.8	16.00	593.8	92	24.6	13.4	243
2025	145,937	17,976	96.8%	37.0	690	11.0	276.0	25.0	487.1	16.00	617.0	96	24.7	13.8	252
2026	146,741	17,376	96.7%	37.0	718	11.0	287.1	25.0	506.7	16.00	641.8	99	24.8	14.3	261
2027	147,549	16,776	96.5%	37.0	748	11.0	299.0	25.0	527.7	16.00	668.5	104	24.9	14.8	271
2028	148,361	16,176	96.4%	37.0	780	11.0	311.8	25.0	550.3	16.00	697.1	108	25.0	15.3	281
2029	149,178	15,576	96.3%	37.0	814	11.0	325.6	25.0	574.7	16.00	727.9	113	25.0	15.8	291
2030	150,000	14,976	96.1%	37.0	851	11.0	340.6	25.0	601.0	16.00	761.2	118	25.1	16.4	302

 중국의 감춰진 농업혁명

제6장

중국의 감춰진 농업혁명

근 30년래 중국 농업에는 부분적 정체와 동시에 급격한 발전이 있었다. 전자는 쉽사리 보이지만, 후자는 상대적으로 은폐되어 있다. 이 장에서는 발전 부분의 실제와 근원을 고찰하여, 그 "혁명"성 함의를 논증하고, 아울러 그것이 여전히 "감춰진" 원인을 탐구할 것이다. 그런 다음에 더 나아가서 이런 질문을 던질 것이다. 정체와 발전이 병존하는 이원구조 아래에서 정체된 "구舊농업"과 발전하는 "신新농업"의 관계는 어떠한가? 그 각각의, 그리고 전체의 전망은 또한 어떠한가?

"정체"와 "발전"이 공존하는 역설

농업의 단위면적당 생산량에 비추어 본다면, 1985년 이래 20여 년간 중국의 작물재배업, 특히 식량작물 재배는 생산량이 약간 증가하기는 했어도 결코 뚜렷하게 증가한 것은 아니다.* 이것은 우리의 일반적인 인상과 기본적으로 부합한다. 비농업부문(2차 산업과 3차 산업)의 깜짝 놀랄 만한 발전과 비교하면 농업의 상대적인 낙후가 더욱 강하게 느껴진다.

그러나 만약 보통의 시각을 벗어나서 "대*농업"(즉 농·림·목·어업)의 총생산액에 집중해서 고찰한다면 전혀 다른 이미지가 떠오르게 된다. 최근 20여 년 동안 지속적인 발전이 나타났다. 그 폭은 비록 GDP 총량의 "기적"과 같은 성장에는 미치지 못하지만, 그래도 매우 볼 만하며, 농업에 대해서 말하자면 더욱 그렇다. 국가통계국의 "불변가격"으로 계산하면, 농·림·목·어업의 총생산액 지수는 1980년에서 2007년까지 5.1배 상승하여 연평균 증가율이 5퍼센트 이상이었다(〈표 6-1〉;『중국농촌통계연감』 2008: 111[6-22]). 노동력 일인당 생산성으로 생각해 보아도 발전의 폭은 기본적으로 같다. 왜냐하면 (〈그림 5-1〉에서 보듯이) 농업의 노동인구는 1980년에서 1991년에 이르는 동안 지속적으로 증가하였지만, 그 뒤로는 점차 체감하여 2005년에 이르러서는 이미 1980년의 수준으로 돌아가 3억 명에 미치지 못하

---

* 1980년에서 1985년까지 농작물 수매가격의 인상에 자극을 받고 토지승포제도의 상대적으로 높은 노동 효율에 추동되어 일차 발전이 이루어졌다. 그러나 1985년 이후에는 다시 옆걸음질을 치는 추세가 되었다. 식량작물의 무당 생산량은 1990년 524근, 1995년 565근, 2000년 568근, 2006년과 2007년 632근이었다.『중국농촌통계연감』 2008: 148[7 – 23].

였기 때문이다. 총생산액에서 "목축업"과 "어업"의 증가가 특히 현저하여 작물재배업을 크게 웃돌았다. 우리가 일생생활에서 얻은 인상에 의지하더라도 이는 실제와 부합한다. 근년 들어 가축·가금·어류(와 계란·우유) 생산이 현저하게 증가하였다. 동시에 설사 작물재배업이라 할지라도 다들 알고 있듯이 채소와 과일의 식용과 그 품질은 20~30년 전과 큰 차이가 있다. 그러나 현재의 통계 지표에서 이들 변화는 작물재배업 전체의 데이터 속에 은폐되어 있다.

표 6-1　농·목·어업 생산액 지수 (1952년=100, 불변가격으로 계산)

연도	농·목·어업 총생산액	농업 생산액	목축업 생산액	어업 생산액
1980	224.9	203.6	306.4	1,270.7
1985	333.4	291.2	508.2	2,263.0
1990	420.5	356.7	704.4	4,238.2
1995	602.2	439.7	1,237.7	8,915.6
2000	807.8	549.6	1,811.4	14,074.0
2006	1,100.7	704.2	2,649.3	19,496.5
2007	1,143.2	731.7	2,718.2	20,451.8

* 자료 출처: 『중국농촌통계연감』 2008: 111(6-22)

　우리는 이렇게 물어야 한다. 위에서 말한 "정체"와 "발전"이라는 두 폭의 서로 다른 그림을 어떻게 이해할 것인가?

식품 소비와 농업 구조의 전환

이러한 역설 현상의 관건은 중국 식품 소비의 전환 및 그와 짝이 되는 농업 구조 전환에 있다. 나와 펑위성 교수가 (위의 제5장에서) 이미 상

세한 통계와 추산을 제시하였듯이, 중국 식품 소비는 전통적인 8:1:1,
즉 곡물 8할, 육류(·가금·어류) 1할, 채소(·과일) 1할로부터 급속한
전환을 보여 현재는 약 5:2:3의 비율에 도달한 것으로 보인다. 중·저
소득 가구의 소비수준이 만약 진일보 제고된다면, 전환의 종점은 4:3:3
이 될 수도 있다.* (또한 황쭝즈·펑위성 2007; 황쭝즈 2010 참조)

이 전환의 배후에 있는 동력은 주로 국민경제의 대규모 발전, 특히
비농업부문 소득의 제고이다. 당연하게도, 농민이 도시에 들어가 일을
하여 비농업 취업 소득으로 그 농업 소득을 보조한 것도 일정한 작용
을 일으켰다. 그에 수반하여 식품 소비 수요의 전환이 일어나, 특히 육
류·어류와 채소·과일에 대한 수요에 체현되었다. 이러한 시장에서의
소비 수요의 전환으로부터 농업 구조의 전환이 일어나 곡물을 "주식"

---

* 이것은 매우 거칠고 성긴 설명이다. 현존 통계자료에는 채소에 대한 단독 생산
액 데이터가 없다. 육류·가금류·어류와 작물재배업을 대조하기에 알맞은 방
법도 없어 정확한 계산을 할 수 없다. 만약 각 부류 농산품의 파종면적으로 계
산(식용 곡물[총생산의 약 40퍼센트]과 목축 사료용 곡물[약 30퍼센트, 그 나
머지 곡물은 공업용과 가공용으로 소비]을 구별하고, 조략하게 후자로 육류·
가금류·어류를 대신)하면, 현재 그 비율은 이미 4:3:3에 접근하였다. 만약 생산
액으로 계산한다면 비율은 2:5:3이다. 육류 가격이 가장 비싸고, 채소·과일이
그 다음, 곡물이 가장 싸기 때문이다. 만약 식품의 종류를 구분하지 않는 무게
로 간단히 계산하고, 다만 채소·과일이 구매 중량에서 정말 식용으로 쓰는 비
율이 상대적으로 작고(2분의 1?), 육류가 그 다음(4분의 3?), 곡물이 가장 크다
는 점을 고려한다면, 일인당 비율은 약 5:2:3이 된다. 중·상위 소득집단에서는
비율이 거의 3:3:4이다. 만약 열량으로 계산한다면, 식품 소비구조의 전환을 전
혀 반영할 수 없다. 현재의 통계 데이터가 허락하는 범위 안에서 이상적인 계
산 방법은 없다. 그러나 아마도 파종면적 비율이 농업과 식품 구조의 전환을
비교적 잘 반영할 수 있을 것이다.

으로 하는 전통적인 작물재배업으로부터 채소·과일 재배 및 작물재배
와 사육을 결합하는 목축업으로의 대규모 전환을 이끌었다.

이로부터 채소·과일 재배와 가축·가금·어류 사육의 쾌속 증가가
일어나, 근년 들어 약 3배에서 5배로 늘어났다. 전자는 채소 파종면적
이 1985년 0.71억 무에서 2007년 2.60억 무로, 같은 기간 과일 재배
면적이 0.41억 무에서 1.57억 무로 급증한 사실에서 알 수 있다. 두 가
지를 합치면 오늘날 전체 작물 재배면적의 18퍼센트에 달하여, 1978
년 당시 채소·과일이 전체 재배면적의 3퍼센트에 불과했던 것과 비교
한다면 매우 급격한 변화라고 할 수 있다(『중국통계연감』 2008: 458-
460[12-13]). 육류(돼지·소·양고기)의 증가도 마찬가지이다. 그 생
산량은 1980년의 1.2천만 톤에서 2007년의 6.9천만 톤으로 증가하
여 거의 6배나 늘어났다(『중국통계연감』 1983: 178;『중국통계연감』
2008: 469[12-19]).[*]

생산액에서는, 채소·과일의 가격이 일반적으로 식량작물 등보다
두세 배 높기 때문에 채소·과일이 차지하는 비중은 이미 작물재배업
(즉 "대大농업"과 구별되는 "소小농업") 총생산액의 약 40퍼센트에 달
한다.[**] 육류를 보면, 이미 농·림·목·어업(즉 "대농업") 총생산액의 33
퍼센트에 이른다. 어업이 차지하는 9퍼센트를 더하면, 육류·어류가 이
미 농·림·목·어업 총생산액의 42퍼센트를 차지한다(『중국농촌통계
연감』 2008: 99[6-13]). 1978년 당시 목축업과 어업을 합해 봐야 (대)

---

[*] Longworth, Brown, and Waldron 2002는 1980~2000년간 육우 산업의 발전
을 상세하게 연구하였다. 생산은 무려 20배 상승하였고 사육 육우는 1억 두에
이르러, "육우혁명(beef revolution)"이라고 칭해졌다.

[**] 채소 생산액은 계통적인 데이터가 없다. 이것은 파종면적 비율 18퍼센트에 근
거한 추측이다.

농업 총생산액의 18퍼센트였던 것과 비교하면, 이것 역시 매우 급격한 변화이다. 채소·과일("대농업"의 약 20퍼센트)과 육류를 종합해 보면, 이미 "대농업" 총생산액의 62퍼센트에 달한다.* 30년 전인 1978년, 채소·과일+육류·어류가 (대)농업 총생산액에서 차지하는 비율은 겨우 약 6분의 1이었지만, 오늘날에는 거의 6분의 4에 달한다. 이 역시 매우 뚜렷한 전환이다.

앞의 제 5장에서 펑위성 교수와 나는 오늘날 도시 중·고소득층의 식품 소비구조에 근거해서 금후의 종착 지점을 예측하여, 전 인민의 식품 소비 모델이 아마도 오늘날 도시 상위 40퍼센트 계층의 방향을 향해서 변화해 갈 것이라고 생각하였다. 이에 근거하여, 우리는 다음과 같은 계량적 추산을 얻었다. 중국의 육류 생산은 다시 44퍼센트 증가한 이후에야 큰 변화 없이 안정되는 추세를 보일 것이다. 어류와 기타 수산물 소비는 다시 90퍼센트 증가할 것이다. 과일 소비는 앞으로 다시 107퍼센트를 증가한 다음에야 비로소 큰 변동 없는 안정세에 접어들 것이다. 우유 소비는 계속해서 약 159퍼센트, 계란은 55퍼센트 상승할 것이다. 채소의 경우는 양의 측면이 아니라 주로 품종과 품질 측면에서 상승을 계속할 것이다. 그에 수반하여 (사람이 먹는) 곡물 소비는 장차 약 절반으로 감소할 것이다(이 책의 〈표 5-1〉; 또한 황쭝즈·펑위성 2007: 〈표 1〉 참조). 중국 인민의 소득이 계속 늘어난다면 (특히 중·하층 소득 인민), 아마도 10~20년 이내에 전체 과정이 마무리될 것이다.

이러한 변화의 폭은 기실 일반적 의미에서 말하는 "농업혁명"을 이

---

* 50퍼센트 가운데 42퍼센트를 차지한다. 나머지 50퍼센트 가운데 채소가 20퍼센트를 점유하므로, 양자를 합치면 62퍼센트가 된다.

미 초월한 것이다. 예컨대 18세기 영국의 "농업혁명"에서 농업과 식품 소비구조가 기본적으로 불변한 상황에서 농업 생산은 100년간 약 두 배로 늘었고, 생산액 역시 약 두 배로 늘었다. 또한 20세기 후반의 널리 칭송되고 있는 "녹색혁명"(주로 과학적 품종 선택과 화학비료)의 경우, 식량 생산의 연간 증가율은 기껏해야 2퍼센트에서 3퍼센트로, 20여 년에서 30여 년이 흘러야 비로소 생산액을 두 배로 늘릴 수 있었다. 그러나 수많은 나라에서는 1950~1980년간의 중국과 마찬가지로 인구 증가가 생산 증가 효과를 기본적으로 잠식해 버려 농민의 소비 수준을 뚜렷이 제고하지 못하였다. 그러나 최근 중국의 이러한 변화는 1980~2007년의 27년간 생산액을 무려 5.1배나 제고하였다. 그것에는 중국 농업의 근본적인 변화가 반영되어 있으며, 사람들의 식품 소비구조가 극적으로 전환된 데에 매우 선명하게 체현되었다. 이것은 "녹색혁명"이 결코 해 내지 못한 것이었다(Rosset 2009).

감춰진 농업혁명

이 책에서는 이 변화를 "감춰진 농업혁명"이라고 부르겠다. "감춰진" 것이라고 말하는 까닭은 일반적 관찰에서는 식품 소비와 농업 구조의 전환이 드러나지 않기 때문이다. 전통적인 농업혁명은 주로 생산량의 변화에 나타나지만, 여기에서 논의하는 변화는 작물재배업의 생산량에서 드러나지 않는다. 왜냐하면 대부분 작물의 단위면적당 생산량은 정체되거나 변화가 그다지 뚜렷하지 않으며, 통계국에도 채소에 대한 구별과 계통적인 데이터가 없기 때문이다. 동시에, 작물재배업의 데이터는 목축업의 대규모 발전도 반영하지 못한다. 그러므로 단지 일반적 의미의 "농업혁명"이라는 시야에서 보면, 이상의 변화는 연구자에게 간과되기 십상이다.

위에 서술한 변화를 드러낼 수 있는 것은 생산량이 아니라 생산액이다. 그러나 통계국은 생산액 데이터에서 식량과 채소를 굳이 구분하지 않는다. 그 원인의 일부는 채소의 여러 특징 때문이다. 먼저, 저장 가능 기간이 짧고 부패 속도가 빠르다. 또한 상당 부분을 재배 농가에서 자가소비하여 시장에 진입하는 비율이 낮다. 이밖에 채소는 수분이 많기 때문에, 또는 껍질이나 잎을 제거하기 때문에 실제 식용에 쓰는 분량이 생산량에서 차지하는 비율이 낮다. 전체적으로 말해서 정확한 통계를 잡기가 어렵다.* 육류·어류의 경우는 통계국이 사육·양식을 그다지 대칭이 되지 않는 "목업牧業"의 범주에 넣어 버려, 초원지대에서의 방목(서방 연구자에 대해 말하자면 더욱 그렇다)과 중국 대부분 지역에서의 농업은 무관하다는 착각을 일으키기 십상이다. 여러 가지 요인으로 인해, 여기서 논의하는 농업의 전환은 사람들에게 간과되기 쉽게 되었다.

일상 언어의 차원에서 이러한 전환은 "주식"과 "부식"이라는 두 단어, 그리고 그것들이 대표하는 전통 식품 소비구조의 점진적인 소실에 체현되어 있다. 그러나 새로운 대체 개념은 지금껏 형성되지 않았다. 이 구조적 전환은 사람들이 일상생활에서의 변화에 따라 육류, 어류, 계란, 우유, 채소, 과일 등 구체적인 어휘를 과거보다 더 많이 사용하여 전체적으로 원래의 "부식" 범주를 대체하는 작용을 일으켰다는 데에 주로 체현되었을 뿐이다. 그러나 이러한 언어 습관의 변화에서는 이들 구체적인 어휘 사용을 종합하여 하나의 총체적 개괄을 통해 채소·과

---

* 더 상세한 논의는 이 책 제5장 188쪽의 각주를 참조.

일과 육류·가금류·어류 등 비[非]곡물 식품 전체를 표현하지 못하였다. 또한 이로 인해 우리가 여기에서 논의하는 전환을 드러내지도 못하였다. 현재 중국 농업과 농업 관련 어휘 중에는 이러한 기본적 전환에 대한 표현을 발견할 수 없다. 이 때문에 (예컨대 농업 "근대화", "산업화", "전환" 등) 몇몇 공식화된 어휘 외에 더 정확한 개념과 표현은 결여되어 있다.

이밖에, 전통적 의미의 농업혁명은 일반적으로 농업 자체에 그 동력이 있었다. 예컨대 영국의 농업혁명에서 가축의 방목과 사용, 근대 서방의 농업혁명에서 기계와 화학비료 사용, 그리고 20세기 후반 개발도상국가의 "녹색혁명"에서 과학적 품종 선택과 화학비료 사용 등이 그것이다. 그러나 중국에서 "감춰진 농업혁명"의 동력은 주로 농업 외부에서 왔다. 소비 수요의 전환이 이끌어 낸 농업 구조의 전환 및 그에 부수한 생산 가치의 변화에서 왔다. 또한 그 다음에 일어난 농업 자체의 일련의 변화는 전통적인 농업혁명과 매우 다르다. 그래서 더더욱 간과되기 쉽다.

이상의 몇 가지 원인으로 인해, 현대 중국 경제(사)에 대한 개설, 예컨대 국내에서 나온 우징롄[吳敬璉]의 책(우징롄 2005: 제 3장)이나 미국에서 나온 노튼[Barry Naughton]의 책(Naughton 2007: 제 10·11장)은 모두 이 매우 중요한 변화를 완전히 간과하였다. 글로벌 경제사가 매디슨[Angus Maddison]처럼 똑똑한 사람 역시 중국 경제 및 중국 농업에 관해 상당히 사세하게 서술한 자신의 최신 저작에서 이 변화를 완전히 간과하였다(Maddison 2007: 71-76). 중국지망[中國知網: CNKI [China National Knowledge Infrastructure]]을 검색해 보아도 "농업혁명" 또는 "식품 소비 전환" 주제에 관한 연구는 찾아볼 수 없었다. 이것은 여기에서 이들 변화를 "감춰진 농업혁명"이라고 부르는 중요한 이유이기도 한다.

"구농업"과 "신농업"

중국 농업에 대해서 말할 때 이 모든 것은 무엇을 의미하는가? 먼저 세기 교체기(2003년) 식량의 생산은 여전히 주로 구량지^{口糧地} 모델로 진행되었고, 절반 이상은 여전히 생산자 본인이 직접 소비하였다.* (같은 해) 일인당 파종면적이 2.4무, 노동력 일인당 파종면적이 7.3무에 불과한 현실 아래, 식량작물 재배는 기본적으로 과밀화(또는 "불완전취업"이나 "은폐실업") 방식에 의한 생산이었다. 경지는 심각하게 부족하여, 경작자의 노동력으로 경작할 수 있는 "적정규모"에 크게 미달하였다. 그렇기 때문에 "과밀"형의 경작이라고 부른다.** 식량 생산 농가는 무당 평균 11일을 투입하여, 노동력 일인당 파종면적 7.3무로 계산하면 매년 노동력 일인당 약 80일을 투입하였으니(『중국농촌통계연감』 2004: 261[10-3]), 분명히 완전취업과는 거리가 멀다. 만약 다른 취업 기회가 없다면, 분명히 "은폐실업" 또는 "불완전취업" 상태에 처해 있

---

* 『중국농촌통계연감』의 데이터에 근거하면, 2003년 식량작물의 (세 가지 식량작물을 평균한) 무당 생산량 344.2킬로그램 가운데 166.4킬로그램, 즉 48.3퍼센트가 판매되었다. 이 "상품화율"은 2007년에 67.5퍼센트로 상승하였다(『중국농촌통계연감』 2004: 261 〈표 10-3〉; 『중국농촌통계연감』 2008: 247 〈표 10-3〉).

** 내가 말하는 "과밀화"의 원래 의미는 한계생산이 체감하는 상황에서의 노동 투입을 부각시키는 것으로, 오늘날 상당한 비율로 사람을 고용한 기계 경작이 이루어지고 있는 현상과는 서로 부합하지 않는 것 같다. 기실 사람을 고용한 기계 경작 현상은 설명하기 어렵지 않다. 비농업 취업이 대규모로 이루어지고 있는 상황에서 농업 노동력의 "기회비용"이 상대적으로 높아졌고, 이로 인해 과거와 달리 농업의 "고된 정도"에 대한 주관적 의식도 생겨났다. 이러한 까닭에 많은 사람이 차라리 돈을 써서 기계 경작 서비스를 사기를 원하게 되었다.

는 것이다.

새로운 형태의 가축·가금·어류와 채소·과일 생산은 매우 다르다. 그 가운데에는 노동과 자본이 공히 집약되는 적정규모 생산이 갈수록 많아지는 현상이 나타나고 있다. 경지의 무당 노동력 사용이 많다. 달리 말하자면, 노동력 일인당 필요한 토지 면적이 작다.

같은 해 통계국의 데이터에 근거하면, 사과는 무당 38일의 노동이 투입되어 식량작물의 3.5배나 되었다. 노동력 일인당 7.3무로 계산하면 매년 277일을 일하였으니 이미 완전취업과 적정규모 상태에 도달한 셈이다. 비닐하우스에서 채소를 재배하면 노동력 일인당 겨우 1무의 땅이 필요한데, 이는 노지채소 재배의 4분의 1로(상칭마오·장즈강 2005), 적정규모와 완전취업에 도달하기가 더 쉽다. 대규모 양돈의 경우는 두당 4일의 노동이 필요하다. "재배-사육 결합"노동력이 만약 35두의 돼지(5두에 1무)를 기르면 140일이 필요하고, 여기에 식량작물에 필요한 80일을 더한다면, 이 역시 "완전취업"상태에 접근하게된다. 만약 난계, 육계, 젖소, 수산물 등을 기른다면 노동력은 더 많이, 토지는 더 적게 필요하다(『중국농촌통계연감』 2004: 261, 274, 276-277, 278-279, 280, 281).

동시에, 이러한 새로운 형태의 소농장의 노동 소득은 식량작물 재배의 경우보다 훨씬 더 많다.『중국농촌통계연감』의 데이터에 근거하면, 사과(과일 생산 가운데 통계국은 사과에 관해서만 계통적인 데이터가 있다) 새배의 노동일낭 순보수는 식량작물보다 40퍼센트 높다. 대규모 양돈의 순소득은 식량작물 재배보다 50퍼센트 높다. 동시에 농가의 가내 양돈보다 80퍼센트 높다. 육계, 담수어, 젖소의 사육은 식량작물 재배보다 무려 260퍼센트 높다(『중국농촌통계연감』 2004: 261, 274, 276-277, 278-279, 280, 281). 이러한 변화는 내가 말하는 "발전"(즉 노동생산성[노동일당 보수] 상승에 수반한 변화로, "성장" 즉 발전 없는 총생산량의 상승과 구별된다)의 관건적인 조건이다. 오늘날 두 가지 농업 활동은 이미 선명한 대조를 이루고 있다.

오늘날 우리는 심지어 "구舊농업"과 "신新농업"을 어떤 의미에서 이중형[二元型] 경제라고 간주할 수도 있다. 전자는 기본적으로 구식의 작물재배로서, 식량작물을 위주로 하는 농업이며, 과밀화된 농업이다. 후자, 즉 "신농업"은 새로운 형태의 채소·과일 재배와 가축·가금·어류 사육·양식을 위주로 하며, 국내·외 시장을 지향하고 자본과 노동이 공히 집약화되는 형태의 농작을 보여준다. 이는 새로운 시대에 고도로 시장화된 농업이며, 쾌속으로 발전하는 생산 영역이기도 하다. 양자가 형성한 "이중dual" 경제는 도·농의 이중체계가 아니라 농촌 내부의 이중체계이다.

오늘날 보건대, 이러한 변화에서야말로 중국 신시대 농업이 나아가야 할 길의 전조를 발견할 수 있다. 즉 저가치의 과밀한 농업 위주 생산에서 자본과 노동이 공히 집약화된 고가치의 적정규모를 갖춘 채소·과일과 육류·어류 생산으로의 전환이다. 동시에 중국 (대)농업 전체가 직면한 도전을 보여주기도 한다. 파종면적으로 보건대, 식량작물 재배는 여전히 약 3분의 2를 차지하여(『중국통계연감』 2004: 486[13-15]), 대다수가 기본적으로 여전히 "구농업"의 과밀상태에 처해 있다.*

---

* 그러나 농업부(農業部) 농업산업화판공실(農業産業化辦公室)의 통계에 근거하면, 전국적으로 이미 경지면적의 대략 절반과 농가의 36퍼센트가 신시대의 "수직일체화" 범주에 포섭되었다(『중국농업산업화발전보고(中國農業産業化發展報告)』 2008: 6, 2006년 연말 데이터). 농업부의 데이터에는 일정한 "과장"이 존재할 가능성이 높다.

현실과 전망

이러한 감춰진 전환에는 수많은 문제가 수반되어 있다. 그 가운데 하나는, 새로운 시대의 소규모 농장이 어떠한 형식 또는 방법으로 시장과 관계(즉 생산에서 가공, 운송, 판매에 이르는 "수직일체화")를 맺을 것인가? 농업부農業部 농업산업화판공실農業産業化辦公室의 데이터에 근거하면, 오늘날 이미 3분의 1 남짓의 농호가 "수직일체화" 체계에 포섭되어 있다. 그 가운데, (판매량 기준 계산으로) 약 60퍼센트는 "선도기업"이 "이끄는" 것이고, 약 40퍼센트는 "사회화"된 합작조직 또는 정부의 전업도매시장이 이끄는 것이다(『중국농업산업화발전보고』 2008: 6; 311 〈부표附表 5〉). 그러나 미래에는 일체화의 형식이 문제가 된다. 기업주의 이윤을 위주로 하는 자본주의형의 선도기업일까, 아니면 사회화된, 경작자의 이익을 위주로 하는 합작조직 또는 "공공" 도매시장일까? 이 책에서는 다음 장을 통해 이 문제를 집중적으로 논의할 것이다.

또 하나의 문제는, 만약 새로운 시대의 소농장이 적정규모 및 소강小康의 소득수준에 도달할 수 있는 농업을 대표한다면, 구식의 구량지口糧地 식량 생산은 어디에 출로가 있을까? 위에서 서술한 사고에 입각할 때, 우리는 수직일체화의 포괄 범위 확대에 따라 시장에 포섭된 다음에 사육·양식과 채소·과일(심지어는 녹색농업)이 모두 가능한 출로가 되리라고 예상할 수도 있다. (이 책에서 말하는) "3대 역사적 변화"의 합류—인구 증가율의 하락, 쾌속 성장하는 도시화와 비농업 취업 및 식품 소비구조의 전환—에 비추어 볼 때, 이러한 이중체계는 어쩌면 정말로 탈과밀화의 "전환점"에 진입하여, 농업 영역 노동력의 상대적 부족을 야기하고, 더 나아가 농민공의 상대적 부족 및 그 임금 상승의 압력을 초래할 수 있다.

신시대의 농업이 이루어지는 지역에서는, 진일보한 비농업 취업에 수반하여 일부 지역이 이미 노동력이 부족한 지경에 도달하였으며, 중·단기적으로 그런 지역의 비율이 더욱 높아질 수 있다. 이러한 지역은 먼저 상대적으로 낙후된 지역으로부터 농업 노동력을 끌어들여 고용할 것이다. 이런 현상은 오늘날 이미 적지 않은 지역에서 관찰할 수 있다. 주로 도시의 교외지역과 동부 연해의 선진지역이 그러한데, 어떤 의미에서는 역사 속의 농업 품삯 일꾼이 다시금 출현했다고 말할 수도 있다. 이러한 농업의 임시노동자는 중국 사회 유동인구 가운데 최하층의 인민이다. 그들은 여전히 일반인으로부터 홀시를 당하고 있으며 관련 연구도 적어서 기본적으로 여전히 눈에 보이지 않는다. 상대적으로 말해서 비농업 영역의 "농민공"은 비록 정부가 작성하는 통계의 지표에서는 홀시를 당하고 있지만, 관련 연구가 제법 많다(이 책의 제8장 참조; 황쫑즈 2009b도 참조). 오늘날 농업 속의 "구농업"과 "신농업"이라는 이중구조 및 양자 간의 관계를 진일보 이해하기 위해서는 농업 임시노동자 문제가 시급한 연구 과제이다.

이밖에, 벽지와 근대 교통체계에 포함되기 쉽지 않은 지역(특히 변경지대 및 산간지역)은 분명히 앞으로 상당 기간 낙후 상태에 있을 것이다. 한 가지 가능성은, 정말로 일반의 인식처럼 도시화로 인해 더 높은 비율의 농민이 농촌을 떠난 뒤에야 농촌에 잔류하게 된 식량작물 재배 농민이 비로소 경작면적을 확대하여 적정규모 및 소강의 소득수준을 달성할 수 있게 되는 것이다. 그러나 또 다른 가능성은, 퉁즈후이仝志輝·원톄쥔溫鐵軍이 제창하였듯이(퉁즈후이·원톄쥔 2009), 농촌 공동체를 주된 사회 근거로 하고, 집체 재산을 주된 경제 자원으로 하며, 종합성 농업 합작을 주된 조직 방식으로 하여, 반半집체-반半합작의 사회조직에 기대어 상대적으로 빈곤한 소농가를 응집해서 그 경영 규모와 투자 능력을 확대함으로써 그 경제 효과와 수익을 제고하는 것이다. 이러한 모델은 신농업 가운데 수직일체화된 합작조직과 구별해야 한다. 후자는 서로 다른 촌장, 심지어는 서로 다른 지역의 농가도 포함할 수 있기 때문이다.

이 장의 주제 전체로부터 보건대, 정부가 취할 선택이 매우 결정적이다. 만약 새로운 형태의 농업 지역에서 성공적으로 전업專業 합작조직을 지원하여 농업 "수직일체화"의 주요 모델로 삼을 수 있다면, 전적으로 선도기업에 의존할 경우 초래될 자본 소유자와 무산 농업노동자라는 양극단의 사회 분화 진행을 회피할 수 있을 것이다. 낙후지역이나 상대적 빈곤지역에서는, 반牛집체-반牛합작형의 공동체[社區] 종합성 조직을 지원하여 이로써 소농가의 선택 가능한 여지를 넓히는 것을 고려해 볼 수도 있을 것이다.

이상은 중·단기적 관찰이다. 더 장기적인 시각에서 생각한다면, 중국의 일부 농업이 갈 수 있는 길은 네덜란드가 장기간에 걸쳐 이룩한 고도 과학기술, 고가치의 소농장이 될 수도 있다.* 매디슨의 데이터에 근거하면, 1994년 중국 농업의 노동생산성은 미화 646달러로, 미국의 39,421달러와 비교할 때 1.6퍼센트에 불과하다(Maddison 2007: 77, 〈표 3-16〉). 같은 시기 네덜란드 농업의 노동생산성은 미국과 큰 차이가 나지 않고, 중국을 멀찌감치 넘어서 있었다.** 그러나 그러한 성공의

----

* 그렇기는 하지만 근년 들어 국제시장화가 날이 갈수록 더 고도화되면서 상대적으로 소형인 가족농장(서방의 농업에서는, 여기에서의 "작다"는 말이 10~15헥타르 규모를 가리킨다)이 점점 대규모 농업기업에 의해 대체되는 추세가 나타나고 있다.

** 시진핑(習近平)의 연구(리웨이민[歷爲民]의 연구를 인용)에 근거하면, 1991

열쇠는 미국식의 대규모와 기계화에 있는 것이 아니라, 고도 과학기술에 의한 가공과 고가치 생산품의 국제시장 점유에 있었다. 현재 중국의 농업 가공은 여전히 낙후되어 있다. 가공을 거친 농산품의 생산액은 원료 농산품의 40퍼센트에 상당할 뿐이다. 그러나 선진국에서는 이 비율이 300~400퍼센트에 달하는 것이 일반적이다. 이 방면의 발전 공간은 여전히 매우 크다. 문제를 보여줄 수 있는 또 한 가지 지수는 식음료 가운데 가공품이 차지하는 비율이다. 중국은 겨우 25퍼센트이지만, 선진국에서는 일반적으로 90퍼센트에 이른다(『중국농업산업화발전보고』 2008: 23). 이 또한 중국 농업이 이 방면으로 발전할 수 있는 공간을 보여준다.

간단히 말하자면, 중국 농업이 개혁 이래 겪어온 변화는 한 바탕의 감춰진 혁명이었다고 부를 만하다. 오늘날 돌아보건대, 그 주된 동력은 기실 농업 외부에서 온 것이지, 전통적인 농업 근대화에서의 과학적 품종 선택과 화학비료가 아니었으며, 기계화는 더욱 더 아니었다. 국민경제 발전, 특히 비농업부문의 발전과 소득 상승에 수반하여 일어난 인민 식품 수요의 전환, 특히 가축·가금·어류와 채소·과일 소비의 대규모 상승, 그리고 이로부터 일어난 농업 구조의 기본적인 전환이 동력이었다. 그것은 기실 소비 변화가 추동한 농업혁명이다. 바로 이러한 까닭에 그것은 전통적인 모델에서처럼 생산량의 변화가 아니라 생산액의 변화에 더욱 많이 체현되었다. 이 때문에 사람들에게 간과되기 십상이기도 하였다.

30년의 변화를 거친 뒤, 이 전환은 오늘날 이미 중·후기에 처해 있다. 그 전환은 앞으로 10~20년 안에 끝날 것이며, 농업 구조의 진일보

년 네덜란드의 농업 노동생산성은 44,339달러(1977~1981년 구매력[PPP])에 상당하였고, 미국의 경우는 51,561달러였다(시진핑 2001: 92 〈표 6-14〉).

전환과 농업 생산액의 진일보 제고를 촉진할 것이다. 바로 이와 같은 역사적 변화 추세, 그리고 그것과 인구 증가율 하락 및 도시화와 비농업 취업화라는 또 다른 양대 추세가 합류하게 됨으로써 중국 농업 대부분의 전환을 촉진할 것이다. 수백 년 이래의 저소득, 과밀 및 노동생산성 정체 상태의 농업으로부터 적정규모의, 탈과밀화 농업으로의 전환을 촉진할 것이다.

이 전환 과정에서, 하나의 가능성은 중국 사회의 전면적인 자본주의화 및 신농업과 농업 관련 산업의 자본 모리형车利型 "선도기업"으로의 완전한 경사가 될 수 있다. 또 다른 가능성은 정부의 선택 아래 글로벌 시장경제의 현실하에 일정한 경쟁력을 갖춘 합작조직이라는 또 다른 길을 찾아내는 것이다. 만약에 전자라면 농촌의 공동체는 진일보 원자화될 것이다. 농촌의 공동체에서는 자본 점유자와 농업 무산자로의 양극분화가 더욱 진전될 것이다. 만약에 후자라면, 오늘날 중국 정부의 언설에서 내세우는 구호, 즉 일종의 "소강小康", "화해和諧"의 사회, 일종의 "사회주의 시장경제" 또는 "중국 특색의 사회주의" 경제를 정말로 이룩할 수 있다.

제7장

중국의 신시대 소농장과 그 수직일체화
: 선도기업인가, 아니면 합작조직인가?

이 장에서는 근래 30년간의 식품 소비 전환 및 그에 상응한 새로운 농업의 흥기에서 출발하여, 그것이 여전히 소규모의 가족농장이긴 해도 자본과 노동이 공히 집약화되는 농업임을 논증하고자 한다. 이러한 신시대의 소규모 농장은 일정한 경제적 우월성을 갖추고 있다. 대농장보다 중국의 실제에 훨씬 더 적합하다는 것은 말할 나위 없다.

그러나 이러한 농업은 비록 경작에서의 "수평일체화"(즉 대농장) 및 그 규모의 경제 효과를 필요로 하지는 않지만 "수직일체화"를 통해 생산·가공·판매를 통합할 필요가 있다. 현재까지 정부는 주로 선도기업을 지원하여 이러한 일체화를 추진하고 있다. 이러한 선도기업이 의존하고 있는 재배단위는 여전히 주로 소규모 가족농장이기는 하지만,

그것들은 의심할 나위 없이 "자본주의"형 기업이다. 근년 들어 선도기업은 정부의 아낌없는 대규모 지원을 받았다. 비록 그렇기는 하지만, 같은 기간에 우리는 상당한 정도의 "종류가 다른" 합작조직이 자발적으로 발전하는 현상을 목도하고 있다. 이것은 뜻밖의 현상이다. 게다가 정부가 조직한 전업시장도 수직일체화를 "선도"하는 데 비교적 큰 작용을 하였다. 자본주의식 선도기업과 상대적으로 "사회화"된 합작조직 및 공공 전업시장이라는 두 가지 큰 추세 앞에서 중국 농업은 갈림길에 직면한 상태이다. 내가 보건대, "사회주의 신농촌을 건설하자"와 같은 구호가 도대체 어느 정도의 실질적인 내함을 갖출 수 있을지는 아직 미지수이다.

지금까지 신시대의 소농업 및 수직일체화 속의 서로 다른 길을 집중적으로 연구한 학술 저작은 그리 많지 않았다. 이 장에서는 종래의 관련 연구를 서술 과정에서 언급할 것이다.

소비 수요와 농업 구조의 변화

제 5장에서 자세히 논증하였듯이, 중국 인민의 식품 소비는 최근 30년간 매우 큰 변화를 겪었다. 1980~2005년간 일인당 육류 소비가 두 배로 증가하였고, 이 변화는 서로 다른 정도로 여러 계층에 걸쳐 일어나 도시 엘리트로부터 농촌 인민에 이르렀다. 평위성彭玉生 교수와 나는 현재 도시의 중·상위 40퍼센트 계층의 소비형을 변화의 대략적인 종착점으로 간주하여 육류 소비가 앞으로 수평선을 형성하기 전까지 추가로 44퍼센트 늘어날 것이라고 추산하였다. 어류와 기타 수산물의 소비는 같은 기간 두 배로 늘었고, 마찬가지 방법에 근거하여 우

리는 앞으로 90퍼센트 추가 증가할 것이라고 추산한다. 과일 소비는 1990~2005년간 두 배로 늘어났고, 앞으로도 107퍼센트 추가 상승한 다음에야 비로소 수평선을 향할 것이다. 우유와 계란 소비는 약 세 배에서 네 배 증가하였으며 앞으로도 계속 늘어날 것이다(우유 159퍼센트, 계란 55퍼센트). 채소의 경우는 양적인 상승에 더하여 최근 몇 년에는 품종과 품질 측면에서 질적 제고가 뚜렷하다. 그에 수반하여 곡물 소비가 감소해서 1980~2005년간 약 3분의 1이 줄었고, 앞으로도 약 절반 정도로 감소를 계속할 것이다.

우리가 만약 매우 단순화된 표현을 쓰자면, 구중국의 8:1:1 식품 소비구조, 즉 8할 곡물, 1할 육류, 1할 채소(그리고 이로부터 형성된 "주식"과 "부식"을 나누는 개념)는 이미 빠른 속도로 4:3:3, 즉 4할 곡물, 3할 육류·가금류·어류(와 계란·우유), 3할 채소·과일로 바뀌고 있는 중이다.* 새로운 소비형 아래에서, "주식"과 "부식"의 구분은 이미 그다지 큰 의미가 없게 되었다. 이러한 전환 과정은 이미 중·후기에 진입하여, 만약 인민의 소득이 계속 상승한다면(우리는 과거 30년의 상승률보다는 낮을 것이라고 추정한다), 2015년에서 2025년 사이에 전체 과정이 마무리될 것이다. 이렇게 해서 중국의 식품 소비형은 일반 선진국에 더욱 접근하게 될 것이다.

이러한 식품 소비 및 시장 수요의 전환은 농업 생산 영역에서 뚜렷한 변화를 촉발하였다. 생산의 전환은 동시에 소비의 전환을 가능하게 만든 중요한 원인이 되기도 하였다. 최대의 변화는 가축·가금·어류의 사육·양식 및 채소·과일의 재배(원예업)가 모두 약 4~5배 증가하였다는 것이다. 육류(돼지·소·양고기) 생산량은 1980년의 1.2천만 톤

---

* 자세한 논의는 앞서 제6장, 특히 209쪽의 각주를 참조.

에서 2005년의 6.2천만 톤으로 늘어났다(『중국통계연감』 1983: 178; 『중국통계연감』 2007: 462). 과일의 재배면적은 1985년 0.41억 무에서 2005년 1.50억 무로 증가하였고, 채소는 같은 기간 0.71억 무에서 2.66억 무로 늘어났다(『중국통계연감』 1987: 169; 『중국통계연감』 2007: 461). 식량작물 파종면적은 1980년 17.6억 무에서 2005년 15.6억 무로 감소하였고, 그 가운데 사람들의 식용이 아니라 사료로 사용되는 양이 갈수록 많아졌다(『중국통계연감』 1983: 154; 『중국통계연감』 2007: 461). 이것은 소비 전환의 밑바탕에 있는 농업 구조의 변화이다.

신시대 소농업의 경제 논리

상술한 변화는 매우 급격하였지만 소규모 가족농장이 주된 생산단위라는 실제는 계속해서 변하지 않았다. 그 원인의 일부는 당연히 승포책임제承包責任制 아래 촌마다 사람 수대로 토지 사용권을 분배하는 제도 때문이다. 이미 많은 학자들이 지적했듯이, 농촌에 사회보장제도가 결핍된 현실 아래 승포지는 동시에 농촌 인민을 위하여 일정한 사회보장을 제공해 주기도 한다. 신고전파의 관점에 치우친 경제학자들이 토지 사유화와 자유거래를 거듭 제창하였지만(예컨대 우징롄 2005: 특히 제3장; 또한 우성롄 2002; 당궈잉 2007; Feder, Lau, Lin and Luo 1992 참조), 지금까지 중국의 지도자들은 여전히 토지승포제도를 굳건히 유지하고 있다. 이리하여 사용권은 농촌의 가가호호에 속하고 소유권은 촌장 집체集體에 속하지만, 국가는 토지를 징발하는 특권을 보유한다. 말할 나위 없이, 이것은 소규모 농장이 주도 지위를 차지하는 중요한 원인 가운데 하나이다.

　그러나 우리는 한 걸음 더 나아가 그 경제 활력의 근원을 관찰해야
한다(서방의 표준에서 보자면, 이들은 비합리적인 극히 소규모의 농장
으로, 노동력 일인당 파종면적은 겨우 1.167에이커, 호당 평균 2.5에이
커[즉 1헥타르]에도 미치지 못한다—황쭝즈 2006a[2007]: 472-473).
그러나 영국은 18세기 농업혁명 당시 농장의 크기가 평균 125에이커
였고, 미국은 오늘날(2007년) 평균 447에이커(즉 2,694헥타르)이다
(“The Average American Farm” 2009). 중국에서는 적잖은 수의 경
제학자들이 진정으로 근대화된 중국 농촌은 도시화가 더 고도로 진행
되어 농촌의 인민이 더 많이 도시로 이주한 다음에야 비로소 실현이
가능하다고 생각한다. 왜냐하면 그래야만 비로소 (가족형이든 기업형
이든 간에) 규모의 경제 효과를 갖춘 농장에 도달할 수 있기 때문이
다. 그들은 그래야만 비로소 농업 노동의 생산성과 소득을 제고할 수
있다고 생각한다. 그렇게 되기 전까지 농촌 인민은 농업 노동의 저가치
를 벗어나지 못할 따름이다. 달리 말하자면, 중국 농업의 장래는 미국 및
대부분의 서방 국가와 마찬가지로 고도로 기계화된 대농장이어야 한다.

　여기서 핵심 개념이 되는 규모의 경제 효과는 기실 “우”파의 애덤
스미스 전통(예컨대, 바늘의 대규모 생산에 관한 그의 분석—Smith
1976[1775~1776], v.1: 8-9)에서 유래할 뿐만 아니라 “좌”파의 고전
적 마르크스 정치경제학 전통에서 유래한 것이기도 하다. 기실 그것은
중국 농업 집체화에서 핵심적인 신념으로, 합작사合作社를 인민공사人
民公社로 확대하는 운동에서 특히 뚜렷하였다. 당시에는 클수록 더 좋
다는 것이 교조가 되어 있었다. 노동력을 절약하는 기계화와 짝을 이
루어 공장식의 농업 조직이 일종의 기본적인 신념으로 되었다. 규모의
효과가 근대화 생산의 기본 특징으로 간주되었다. 농업과 중국에 대하

여 이해가 깊었던 힌튼$^{William\ Hinton}$조차도 이러한 관점을 받아들였다(Hinton 1983).

그러나 이러한 관점은 기실 중국 농업의 역사에 대한 기본적인 오해에서 비롯된 것이었다. 토지에 대한 인구의 압력이 날이 갈수록 가중되는 가운데, 거의 6세기 동안 중국 농업의 가장 기본적인 특징은 바로 소규모 가족농장이 갈수록 더 많은 노동력을 흡수하였다는 점에 있다. 당시의 기술 조건 아래에서도 토지 단위면적당 노동 투입 증가(특히 겨울밀의 재배와 같은 다모작율의 제고)에 비례하여 생산을 증가시켰다. 추가적인 자본 투입이 수반되는 경우(예컨대 콩깻묵 비료의 사용) 한계생산의 체감을 회피하는 것도 제한적이나마 가능하였다(극히 예외적인 사례에서는 심지어 투입을 뛰어넘는 발전을 이룩하였다). 그러나 인구압의 현실은 조만간 차야노프가 지적한 가족농장의 기본 특징이 드러나도록 만들기 마련이었다. 가족농장은 생산단위이자 소비단위였으며, 이미 그 양이 결정되어 있는 노동력을 보유한 단위였다. 가족농장은 고도의 인구압 아래에서 생존(소비) 수요에 밀려 어쩔 수 없이 그 노동 투입을 다시금 늘리게 된다. 설사 그 한계생산이 노동의 시장가격 수준보다 훨씬 낮아지더라도 노동 투입을 늘린다. 고용 노동에 의지하는 자본주의 기업과 달리, 가족농장은 수요에 맞추어 기존 노동력을 조정함으로써 노동과 토지의 최적 배분에 도달하는 것이 불가능하기 때문이다(그러나 자본주의 기업이라면 노동의 한계생산이 한계 투입의 시장가격보다 낮아질 때 노동 투입을 정지하게 된다). 한계생산이 여전히 가족의 생존에 도움이 되기만 하면, 가족농장은 계속해서 더 많은 노동을 투입한다. 이 논리에 따르면, 노동 투입은 그 한계생산이 영^{零}에 접근할 때까지 계속된다(Chayanov 1986[1925]; 황쭝즈 1986[2004]; 황쭝즈 1992[2006]; Lipton 1968).*

바로 이러한 까닭에 가족농장은 역사상 고용 노동력에 의지하고 이윤을 위하여 생산하는 "경영형 농장"보다 경쟁력이 더 뛰어났고 화북과 창장 삼각주 등 지역에서 경영형 농장을 압도할 수 있었다. 1930년대의 화북 평원에서 경영형 농장은 노동생산성만 보면 노동력 일인당 생산이 가족농장보다 높았음에도 불구하고 경지면적의 10퍼센트도 차지하지 못하였다. 여기에서 작동한 논리는 가족농장이 경영형 농장보다 더 낮은 노동보수 부담을 지고 있었기 때문에 더 높은 지대 부담, 달리 말해서 더 높은 지가 부담을 견딜 수 있었다는 것이다. 동시에 가족농장은 단기 임시노동에 기대어 자신의 생계를 보조할 수도 있었다(단기 임시노동은 기실 토지개혁에서 "빈농" 범주에 대한 관건적인 정의였다). 이러한 까닭에 그것은 경영형 농장보다 더 완강한 생명력을 갖추었다(황쭝즈 1986[2004]: 78-81, 204-208). 경영형 농장에 대한 가족농장의 우월한 경쟁력은 창장 삼각주에서 더욱 뚜렷하였다. 여기에서는 고도로 상품화된 면화와 실크 경제 덕분에 화북보다 더 높은 정도로 (내가 말하는) "생산의 가족화^{familization of production}"가 가능하였다. 아동, 노인, 여성 등이 대량의 방적과 제사 노동을 떠맡았는데, 그 보수는 식량작물 재배의 3분의 1에서 2분의 1에 불과하였다(황쭝즈 1992[2006]: 84-86; 황쭝즈 2002[2007]: 239). 그 결과 가족농장은 경영형 농장보다 더 높은 지대나 지가를 견딜 수 있었다. 역사상 이미 명·청 교체기에, 『심씨농서沈氏農書』에 자세히 나타났듯이, 노동력을 고용하는 경영형 농장의 순소득은 가족농장에 미치지 못하여, 대략 소작을

---

* 또한 슐츠(Theodore W. Schultz)가 견지하고 있는 "전통 농업"에는 과잉노동력이 존재할 수 없다는 잘못된 인식에 관한 이 책 제3장의 논의 참조.

주는 지주의 순소득에 상당하는 정도에 도달했을 따름이다. 이 때문에 경영형 농장은 날이 갈수록 쇠락하여, 20세기에 들어서기 전에 이미 자취가 끊어졌다(『심씨농서』 1936[1640경]; 황쫑즈 1992[2006]: 64-66).

이러한 역사 배경이야말로 1960년대 농업 근대화의 선결 조건이었다. 당시의 자본 집약화(주로 기계화)가 일으킨 주요 작용은 기실 노동력의 절약이 아니라 노동 집약화의 가일층 촉진이었다. 트랙터가 일으킨 작용은 다모작지수의 추가적인 제고를 촉진하여 같은 경지에서의 이모작, 삼모작 비율을 확대시키는 것이었다. 창장 삼각주에서 1960년대 후반의 기계화는 1년 삼모작의 보급을 가져 왔다. 올벼를 수확한 다음에 늦벼를 심고, 그 다음에는 겨울 밀을 심었다. 트랙터의 운용은 8월 10일 이전의 열흘 안에 (올벼를 다그쳐 거두고, 늦벼를 다그쳐 모내기하는) "두 가지의 다그치기^[雙搶]"를 완료하고, 11월 10일 이전에 "삼추^{三秋}"(가을걷이^[秋收]·가을갈이^[秋耕]·가을 파종^[秋播])를 완수하며, 그리고 5월 25일 이전에 겨울 밀 수확과 올벼의 모내기를 마치는 일이 가능하도록 만들었다. 그 전까지 해당 경지에서는 주로 일모작 벼와 겨울 밀을 심었다. 그 뒤로는 거의 전부가 겨울 밀에 앞서 벼의 이모작 재배를 하는 것으로 바뀌었다. 당시의 구호는 "일모작 벼를 없애자!"였다. 달리 말해서 농업은 과거와 마찬가지로 "과밀화" 상태에 있었다(즉 노동 집약화 아래 한계생산이 체감하여, 그 노동과 비료 투입과 비교하여 말하자면 일모작을 더할 때마다 추가로 얻는 소득은 원래의 일모작보다 더 적었다) (황쫑즈 1992[2006]: 225).

21세기에 들어서 3대 역사적 변화가 합류하는 가운데 장기간의 과밀화는 비로소 반대 방향으로 돌아설 가능성을 보이게 되었다. 제 5장에서 서술하였듯이, 첫째는 인구 증가율이다. 1970년대부터 적극적으로 실시하기 시작한 산아제한 정책은 1990년대에 이르러 마침내 노동력의 자연증가율 하락으로 체현되었다. 둘째는 1980년대에 시작한 쾌속의 도시화로, 그 속도는 매년 약 1퍼센트였다. 또한 놀랄 만한 규모의 농민공이 비농업부문에 취업하였다(21세기로 접어든 뒤 2억 명에 가까워졌다). 첫 번째와 두 번째 추세의 합류는 농업 종사인구가 1990년대 초 3.4억 명으로 최고치에 도달한 뒤 감소하기 시작하여 2000년 이후 매년 2퍼센트(약 6백만 명)의 속도로 감소, 2005년에 이르러선 3억 명 이하로 줄어들었다는 것을 의미한다. 셋째는 위에서 서술한 식품 소비의 전환이다. 그 기원을 달리하는 세 가지 거대한 추세의 합류 덕분에 중국 농업은 앞으로 수십 년 안에 탈과밀화를 실현할 수도 있다.

그러나 탈과밀화의 길은 미국식의 기계화와 규모의 경제가 아니라, 자본과 노동이 공히 집약화되는 소규모 원예업과 사육·양식업이다. 한 가지 사례가 채소의 "온실" 재배이다. 채소의 "온실" 재배에서 투입이 가장 높은 한쪽 극단에는 거의 항구적인 항온 시설 건축이 있다. 그러나 오늘날 중국에서 이러한 설비는 아직 드물며, 단지 한랭기후 지역에서, 그것도 한겨울에나 정말로 필요할 뿐이다. 따라서 보편적으로 사용되고 있는 것은 상대적으로 값이 싼 비닐하우스로, 이는 대형, 중형, 소형으로 나뉜다. 이러한 "하우스 밭"에서는 일반적으로 노지채소의 4배에 달하는 노동 투입이 필요하지만—노동력 일인당 1무가 필요한데, 노지는 4무이다—, 그 수확은 노지에 상당하거나 그보다 높은 비율을 달성할 수 있다.

또 다른 사례로 재배-사육 결합의 소규모 농장을 들 수 있다. 구형의 방식은 집집마다 한두 마리의 돼지만을 키우고, 집안의 먹다 남은 밥이나 국 및 일부 곡물을 써서 기르는 것이었다. 그러나 새로운 형태의 사육 방식 중에는 이른바 "바이오매스^{biomass} 사료"라고 부르는 방법이 있다. 주로 (과거에는 가정의 중요한 연료였으나 오늘날에는 석탄에 자리를 내준) 작물의 줄기를 활용, 분해제(생물복합효소)를 써서 발효시켜 사료를 만든다. 곡물 사료와 비교하면, 1무의 토지에서 재배한 옥수수로 겨우 1마리의 돼지를 키울 수 있지만, 1무의 토지에서 얻은 바이오매스로는 5마리를 키울 수 있다. 낡은 방법에서는 사람과 가축이 식량을 두고 서로 다투는 상태였지만, 새로운 방법에서는 그렇지가 않다. 당연하게도, 새로운 방법은 (분해제 등을 사용하여) 자본이 집약화되었을 뿐만 아니라 (더 많은 돼지를 사육하므로) 노동도 집약화된 것이다.

(인구 대비) 토지가 심각하게 부족한 상황에서 자본-노동의 집약화로 토지생산성을 가능한 한 제고하는 것이 일정한 경제적 합리성을 갖추고 있음은 말할 나위 없다. 이것이 바로 동아시아 국가—예컨대 일본, 한국, 타이완—, 그리고 최근 수십 년 중국 내지의 모델이다. 그것은 "서방"의 모델과 기본적으로 다르다. 예컨대 18세기 영국의 농업혁명에서는 가축을 써서 노동력을 절약한 것이 중요한 작용을 하였다. 또한 예컨대 미국의 농업혁명에서는 근대적 기계와 화학비료를 써서 노동력을 절약하였다.

원예업의 경우는, 식량작물 재배와 비교해서 말하자면, 전근대 시기에도 이미 자본과 노동이 공히 집약화된 생산이었다. 그것은 1400~1650년 네덜란드의 초기 경제발전에서 결정적인 작용을 하였다(Maddison 2001: 20, 78-79). 집체화 시기의 중국에서도, 당시 채소는 주로 자류지自留地[집체경제 시기 개인에게 경영을 맡긴 텃밭: 역자]에서 재배하였는데, 식량작물보다 대략 두세 배의 노동 투입을 필요로 하였고, 판매 부분에서 얻는 보수도 식량작물의 두세 배에 상당하였다*

---

* 우리는 절대로 미국의 학자처럼 이를 근거로 사유제(자류지[自留地]) 농업의 우월성을 논증할 수 없다.

(황쭹즈 1992[2006]: 50, 204-205, 275). 자류지 제도는 상당히 합리적으로 비료와 노동력 수요를 만족시켰고, 소량이긴 하지만 빈번한 집약적 노동 투입에 편리하였다(이것이 바로 "원예"의 함의이기도 하다). "대약진" 시기에는 채소 재배(와 양돈)를 공장과도 같은 대규모 조직으로 통일하려는 시도가 있었지만, 그 결과는 철저한 실패였다. 오늘날의 비닐하우스 재배는 어떤 의미에서 보면 과거의 자류지 제도가 새로운 시대에 연속되고 확장된 것이다.

우리가 소규모 생산의 경제 효과라고 부를 수 있는 것이 그에 수반되었다. 노동 집약의 채소 생산에는 소량이긴 하지만 빈번하고 다양한 수작업 노동이 요구되어, 애덤 스미스 형의 분업 및 규모의 경제 효과에 포섭되기가 쉽지 않다. 유기농업, 즉 "녹색" 농업 역시 기계가 아닌 (화학비료는 더욱 아닌) 주로 수작업에 의존하는 생산이다. 원예와도 같은 수작업 노동은 그 전형으로, 규모의 경제 효과를 볼 수 있는 대형 생산이 아니다.

끝으로, 재배-사육 결합의 "바이오매스 사료"가 보여주는 것은 한 가지 이상의 생산품을 생산하는 "범위의 경제 효과"이지 "규모의 경제 효과"가 아니다. 이러한 경제 효과의 농업은 매우 긴 역사가 있다. 예컨대 농가의 먹다 남은 국과 밥을 써서 돼지를 기르고, 다시 돼지의 분뇨를 논밭에 비료로 주는 옛날 방식이 그렇다. 또한 예컨대 옛날 방식의 벼-뽕 재배는 뽕나무를 심어 우전圩田[저지대에 둑을 쌓아 조성한 농지: 역자]의 논둑을 더 튼튼하게 만들었다. 또한 예컨대 주장珠江 델타의 "상기어당桑基魚塘"[둑 위에 뽕나무를 심고 저지대 농지에 양어장을 조성한 것을 가리킨다: 역자]에서는 뽕잎으로 누에를 기르고, 누에의 분뇨로 물고기를 기르며, 물고기의 분뇨와 양어장 바닥의 진흙을 뽕나무에 비료로 주었다. 마찬가지 논리를 영국의 농업혁명에서도 발견할 수 있다. 새로 인클로저가 이루어진 토지에서 (종전에는 공유지를 이용하던) 방목과 경작의 긴밀한 결합이 가능해졌다. 전형적인 노포크 윤작 모델—밀-순무-보리-클로버—의 순무와 클로버로 가축을 키우고 지력을 회복 또는 제고하였으며, 가축의 힘을 빌려 인력을 절약하면서 토지를 경작하였다. 이상의 사례는 모두 단일 생산단위에서 두 가지 이상의 상보적인 생산품을 결합하여 범위의 경제 효과를 달성한 것으로, 규모의 경제 효과와는 그 논리가 전혀 다르다.

수직일체화: 층위마다 다른 최적규모

그러나 자본-노동의 집약화, 소규모 생산, 그리고 범위의 경제만으로는 신시대 중국 소농장의 생명력을 충분히 설명할 수 없다. 도시와 원거리의 국내·외 시장을 위하여 생산하는 농업에는 또 다른 종류의 경제 효과, 즉 "수직일체화"의 효과가 필요하다. 서방 선진국의 경우 이러한 효과는 "기업the firm" 조직에서 유래하는 경우가 많다. 여기서 코스Ronald H. Coase의 관련 이론이 일정한 설명력을 갖추고 있다. 그의 분석에 근거하면, 기업의 존재 이유는 "거래비용"—시장에서 갖가지 생산과 판매 계약을 체결할 때 필요한 비용—을 절약하기 위해서이다. 정보, 교섭, 집행 등을 막론하고 모두 일정한 비용이 요구된다. 식품을 생산하는 기업이라면 저장, 운송, 가공, 판매 등 각각을 위하여 갖가지 계약을 체결한다. 농업 기업이 존재하는 이유는 이들 서로 다른 부분을 단일 기업에 통합시킴으로써 거래비용을 절약하는 것이다. 그 규모는 기업을 진일보 확대하는 경우와 각기 시장에서 교역하는 경우의 한

계비용의 차이에 의해 결정된다(Coase 1990: 특히 제 1장 참조).*

서방의 경제사에서는 이처럼 생산에서 가공, 가공에서 판매에 이르는 "수직일체화"가 일반적으로 동일 기업의 "수평일체화"—대규모 농장의 조직—에 수반하여 진행되었고, 이를 통해서 애덤 스미스 형의 규모의 경제 효과를 달성하였다. 그러나 중국에서는 이 모든 것이 달랐다. 우리가 이미 살펴보았듯이, 주된 생산단위는 여전히 소농장이다. 그것은 일부 중국 특유의 토지승포제도 때문이고, 일부 그 자신을 위하여 가축·가금·어류와 채소·과일을 생산하는 경제의 우월성 때문이다.** 그러나 이와 같은 소농장이 만약 단독으로 시장에서 운송, 저장, 가공, 판매를 위하여 각기 계약을 체결해야만 한다면, 그 거래비용은 말할 나위 없이 매우 높게 될 것이다. 달리 말하자면, 그것은 자본주의 기업이 제공하는 것과 유사한 "수직일체화"를 통해서 "대시장"과 관련을 맺어야 한다.

이 문제에서 현재 중국의 농업 관리 인원과 학자들이 채택하고 있는 개념은 생산-가공-판매와 상업[貿]-공업[工]-농업[農]의 "일체화"이고, 주로 쓰는 어휘는 두 가지이다. 하나는 우리가 위에서 사용한 "수직일체화"이고 다른 하나는 "산업화"이다. 현재 일체화·산업화를 촉진하기 위하여 채택하는 주요 방법은, 먼저 이른바 선도기업이고, 그 다음은 전업합작사와 정부가 조직한 전업도매시장이다. 아래에서 우리

---

* 나는 코스의 기업 이론이 그의 "사회비용" 이론, 즉 일반적으로 말하는 "코스의 정리(定理)"보다 훨씬 더 중요하다고 생각한다. 중국의 경제학자들은 그들이 생각하는 요점, 즉 반드시 사유재산권을 확립해야만 거래비용의 최소화를 촉진할 수 있다는 점을 강조하는 경우가 많다. "코스의 정리(科斯定理)", www.baidu.com 참조. 여기서의 이해가 그들과 매우 다르다는 것은 말할 나위 없다.

** 더 상세한 논증은 이 책의 제 4장 참조.

는 하나씩 하나씩 논의해 볼 것이다.

자본주의 기업과 달리, 중국에서 채택한 개념은 "서로 다른 층위에서의 서로 다른 최적규모'differential optimums' of different levels"로 표현할 수 있다. 이것은 일부 사람들이 떠올리는 "서로 다른 최적규모 differential optimums"와는 의미가 다르다. 그것이 가리키는 바는 동일한 생산 층위에서 서로 다른 생산품의 서로 다른 최적규모가 아니라, 수직일체화 속의 서로 다른 층위에서의 서로 다른 최적규모이다.* 경작의 층위에서 최적규모는 소규모 가족농장이다. 그것은 "수평일체화", 즉 그것들을 대규모 농장으로 바꾸어 규모의 경제 효과를 달성하는 것을 필요로 하지 않는다. 그러나 가공의 층위에서는 식품 가공(과 방적, 제사 등)의 수많은 절차에서 공장식의 조직과 일반적 의미의 규모의 경제 효과를 활용할 수 있다. 중국의 식품 산업은 이 측면에서 여전히 낙후되어 있다. 끝으로, 아마도 가장 중요한 것일 터인데, 판매 자체도 규모의 경제 효과를 일정 정도 필요로 한다. 중국과 외국 소비자의 요구는 날로 높아져 가고 있다. 사람들에게 널리 알려지고 규모를 갖춘 브랜드는 개별 소생산자가 갖출 수 없는 규모의 효과를 누린다. 이러한 필요에서 중국의 지방정부가 채택하고 있는 방법은 온갖 수단을 동원하여 그 지방의 브랜드를 창조하는 것이다. 어떤 기업의 브랜드보다도 더 열심히 추진한다. 우리가 아래에서 보게 되듯이, 그들은 1촌·1진, 심지어는 1현의 브랜드를 창조하려고 노력하는 중이다. 지금까지 살펴본 바와 같은 서로 다른 층위에서의 서로 다른 규모와 조직 방식의 결합이야말로 오늘날 중국 농업 "수직일체화"의 특색이다.

---

* 서로 다른 최적규모(differential optimums)는 차야노프(A. V. Chayanov)의 이론 개념이다. 이에 관한 최신 논의는 Shanin 2009 참조.

가용 데이터

"수직일체화" 개념은 1990년대부터 사람들에게 채택되기 시작했다. 그 뒤로 "수직일체화"와 "산업화"라는 두 어휘는 점차 중국 농업 근대화의 현상과 미래에 대한 정부 측의 표현이 되었다. 이 때문에 이데올로기화된 문제에 일정 정도 관련되어, 사람들로 하여금 이상의 구상과 정책 의도 등을 현실과 동일시하게 만들었다. 농업부農業部는 하나의 기구를 건립하여 이 개념을 지지하였다. 그 정식 명칭은 "농업산업화판공실農業産業化辦公室"로, 각 성에 모두 지부를 설치하였다. 최근 몇 년 동안 산업화판공실은 수직일체화와 유관한 계통적인 통계자료를 수집하였고, 2008년 4월에는 첫 번째의 긴 보고서를 발표하였다(『중국농업산업화발전보고』 2008, 이하『보고』로 약칭)

『보고』속의 데이터는 그다지 정확하지 않으며, 어떤 것은 의심스럽다. 먼저, 수직일체화에 대한 개념에 명확한 설명이 없다. 현재『보고』는 수직일체화로 "끌어들인[帶動]" 모든 농장을 포함시켰는데, 그것이 사용한 통계 범주에는 "선도기업", "전업합작조직" 및 기타 "중개조직", 전업시장 및 ("농촌 중개상"을 포함하는) "기타" 조직이 "끌어들인" 농장이 포함되었다. 어떤 농장이 여기에 포함되지 않았는지에 대해서는 설명이 없다. 예컨대, 구식의 중개인 개인이나 조합을 통해서 생산품을 판매하는 농가는 전혀 포함되지 않았고, 자신이 장터에 가서 생산품을 판매하는 농장도 포함되지 않았다. 생산품을 정부 조직에 판매하는 전업도매시장에서의 농가의 경우는, 설사 그 후의 생산품을 구식 소상인이나 노점상이 판매하더라도 여전히 수직일체화된 농가로 간주된 것 같다.

여기에서 우리는 "3차 산업" 또는 "서비스업"에 대한 통계국의 통계에 나타나는 현상과 유사한 것을 발견할 수 있다. 근대화주의 이데올로기의 추동 아래, 적지 않은 사람들이 3차 산업을 가장 선진적인 산업으로 간주하고(Fourastié 1949; 또한 이 책의 제 8·9장의 논의 참조), 중국을 실제보다 더 고도로 근대화된 것으로 표현하기를 바란다. 어쩌면 이러한 바람에서 나온 것인지 몰라도, 최근에 통계국은 "정보 전송", "문화 체육과 오락업", "과학 연구", "금융과 보험업", "임대와 비즈니스 서비스업", "컴퓨터 서비스와 소프트웨어업" 등처럼 매우 근대화된 것처럼 들리는 통계지표를 채택하였다. 혹 의식적이든 무의식이든 간에 사람들로 하여금 서비스업에서 인구가 가장 많은 소상인, 노점상, 보모, 종업원, 길거리 환경미화원, 공동체[社區] 경비원 등의 농민공을 홀시하도록 한다. 그 결과 비정규경제의 방대한 규모, 지나친 저임금, 마땅히 제공해야 할 보장의 결여 등 중국의 실제에 대하여 오도성의 서술을 하였다(『중국통계연감』 2007: 131, 135-137; 또한 이 책의 제 8장; 황쭝즈 2009b: 63-64 참조). "수직일체화"의 데이터에도 마찬가지 문제가 있을 수 있다.

여러 유형의 수직일체화 조직

그렇기는 하지만, 『보고』에 있는 데이터는 분명 일정 정도의 실질과 진실을 담고 있으며, 우리는 이를 진지하게 다루어야 한다. (비록 과장된 데이터일지 몰라도) 산업화판공실의 데이터에 근거하면, 2005년 전국 경지의 대략 절반(약 10억 무)과 농가의 3분의 1(0.87억 명)

이 수직일체화되었다. 일부는 선도기업이, 일부는 전업합작조직(이나 기타 유형의 중개조직)과 전업도매시장이 끌어들인 것이다(『보고』: 309). 아래에서 우리는 이들 조직을 하나씩 검토해 보겠다.

자본주의형 선도기업*

선도기업이 이끄는 생산-가공-판매의 일체화는 광둥廣東 성의 한 사례를 써서 설명할 수 있다. 원스溫氏 식품그룹 유한회사는 1986년에 창립되었다. 이 회사는 컴퓨터 시스템을 활용하여 사육에 참여하는 농가 각각에 대한 아카이브를 구축, 규정 날짜와 지정 장소에 따라 농가에 병아리(한 마리에 5위안), 사료, 약물, 그리고 기술 매뉴얼을 제공하였다. 그 뒤로도 회사는 기술 지도와 서비스를 제공하였다. 시장 출하 날짜가 되면, 회사가 육계를 일괄 수매하여 농가와 결산을 하였고, 육계에 대해서는 가공과 판매를 진행하였다. 2005년 회사의 총매출액은 65억 위안에 달하여, "국가급" 선도기업으로 인정되었다.

상업[貿]-공업[工]-농업[農]의 일체화는 허난河南 성 난양南陽 시의 한 가지 사례로 설명할 수 있다. 난양 시에는 카펫을 취급하는 35개의 선도기업이 있는데, 34만 무의 땅에서 뽕나무를 재배하는 농가, 17개의 제사 회사, 10여 만 명의 카펫을 짜는 농민 노동자를 통합하였다고 알려져 있다. 판매액은 1997년에 이미 20억 위안 이상에 도달하였다(리칭뱌오 1997).

의심할 나위 없이, 중앙정부와 지방정부는 이러한 선도기업을 매우

---

* 이 책에서 자본주의형 선도기업이란 분산된 가족농장을 (재배 단계가 아니라) 가공과 판매 단계에서 일체화시킨 기업을 가리킨다. 자본가 혹은 투자자가 소유한 기업으로, 생산자가 조직하고 합작한 모든 합작사와는 구별된다.

적극적으로 지원하여, 그들을 수직일체화 방식에서 첫 번째의 선택으로 삼았다. 2000~2005년간 중앙정부는 총 119억 위안을 투입하여 국가급 선도기업을 지원하였다(『보고』: 30). 지방정부는 남이 걸으면 나도 걷고 남이 뛰면 나도 뛰는 식으로 중앙정부를 따랐다. 그 가운데 산둥山東 성이 두드러지는 사례이다. 2002년부터 매년 5천만 위안을 투입하여 선도기업을 지원하였다. 2002년과 2003년에는 기업의 자금 운용을 직접 지원하는 데 썼고, 2005년에는 이자를 부담하는 대출로 전환하였다. 여기에 더하여 성省 내의 시·현 정부가 매년 총 1억 위안을 투입하였다(『보고』: 219). 장쑤 성, 저장 성, 상하이 시 등 기타 성·시의 투자도 비슷했다(『보고』: 장쑤 성은 2006년에 투자를 8천만 위안까지 늘렸다—『보고』: 188). 각 성·시 산업화판공실의 보고에는 이상과 비슷한 선도기업 지원에 관한 구체적인 정보가 많다. 이와 선명한 대조를 이루는 것은, 상하이 시와 광시廣西 장족壯族 자치구를 제외하면 보고 가운데 합작조직 지원에 관한 어떠한 구체적인 정보도 없다는 점이다.* 후난湖南 성의 경우처럼 상대적으로 빈곤한 성의 경우는 선도기업을 위하여 동등한 규모의 투자에 나설 능력이 없다. 그 보고 가운데 두드러지는 것은 세금 감면 혜택인데, 그 규모는 1천만 위안에 달했다고 한다(『보고』: 236).

이 모든 것은 선도기업 지원을 주요 방법으로 하는 농업의 수직일체화가 이미 지방정부에서 가장 중시하는 "초상인자招商引資" 임무에 포함되어 양화된 GDP 성장률에 근거해서 지방간부의 "행정실적政績"을 평가하는 데 관건적인 부분이 되었다는 것을 보여준다(국가 지

---

* 상하이 시는 2005년에 2,100만 위안을 투자하여 전업합작사를 지원하였다고 밝혔다(『報告』: 179).

도자 시진핑習近平은 2001년 칭화대학淸華大學에 제출한 박사논문 「중국 농촌 시장화 연구中國農村市場化硏究」에서 선도기업에 대하여 일정한 유보 입장을 나타내고 합작조직 지원을 제창하였다[시진핑 2001: 특히 37, 125, 127-129, 144-145].* 그럼에도 불구하고 21세기의 국가 정책은 오늘날까지도 여전히 선도기업 쪽으로 완전히 편향되어 있다**). 중앙과 지방정부는 모두 GDP 성장이 반드시 준수해야 할 "확고한 도리"이며, 사회적 평등이나 환경보호처럼 대충 처리할 수 없다는 것을 안다. 몇몇 학자들이 지적하였듯이, 환경보호를 위하여 교부한 "퇴경

---

* 추이즈위안(崔之元) 교수가 시진핑의 논문에 대해 알려주고 나를 위해 그 논문을 찾아준 데 감사한다.

** 그러나 2010년 "중앙 1호 문건" 제 20조는 다음과 같다. "20. 농업 생산의 경영 조직화 정도를 높이는 데 힘쓴다. 가족경영이 선진 과학기술과 생산수단을 채용하는 방향으로 전환하도록 추동하고, 통일 경영이 농가의 연합과 합작을 발전시켜 다원화·다차원·다형식 경영 서비스 체계를 형성하는 방향으로 전환하도록 추동한다. 농촌 집체 경제조직의 실력을 키워 농민을 위해 다양한 유효 서비스를 제공한다. 농업의 전업합작사 발전에 크게 힘쓰고 모범합작사 건설을 위한 행동을 심도 있게 추진하며 서비스 능력이 강하고 민주 관리가 좋은 합작사에 대하여 보조를 제공한다. 각 급 정부가 지원하는 대출담보 회사는 농민의 전업합작사를 서비스 범위에 포함시키고, 조건을 갖춘 합작사가 농촌자금 호조사(互助社)를 일으키는 것을 지지해야 한다. 농민 전업합작사가 직접 농산품 가공 기업을 운영하는 것을 지원한다. 농업 농촌의 각종 사회화 서비스 조직을 적극 발전시켜, 농민을 위하여 빠르고도 효과 높은, 품질이 높으면서도 가격은 저렴한 각종 전업 서비스를 제공한다. 선도기업의 영향 파급 능력을 제고하고 농업 산업화 전항(專項) 자금을 증가시키며, 표준화 생산 기지 건설을 지원하고 농업 산업화 모범구(模範區)를 건립한다. '1촌 1품'의 강촌부민(强村富民) 프로젝트와 전업 모범촌진(模範村鎭) 건설을 추진한다." 이는 아마 국가정책 전환의 전주곡이 될 것이다.

환림退耕還林"[경지를 삼림으로 환원하는 것: 역자] 자금과 같은 중앙정부의 지출은 사회간접자본 건설에 전용될 수도 있다. 왜냐하면 지방정부는 그 자금으로 초상인자招商引資를 해야 하기 때문이다(왕한성·왕이거 2008; 저우쉐광 2010; 이 책의 제 10장; Huang 2009a 참조).

자발적 합작조직

그러나 정부가 자본주의형 선도기업을 대거 지원함에도 불구하고 또 다른 유형의 합작조직이 같은 시기에 발전을 시작하여, 자발적으로 수직일체화 과정에서 일정한 비중을 차지하였다. 구체적인 사례를 보면, 합작사는 주로 다음 유형의 활동에 종사하고 있다. 필요 물자의 합작 구매. 이는 염가 구매를 위한 것이기도 하지만 표준과 생산품을 통일하기 위한 것이기도 하다. 어떤 합작사는 스스로 가공을 조직하고, 어떤 합작사는 아예 가공회사에 들어가기도 한다. 어떤 합작사는 기술 자문과 지도를 제공한다. 어떤 합작사는 회원을 위해 신용 담보를 제공한다. 어떤 합작사는 판매를 조직한다. 어떤 합작사는 이른바 "대大" 호를 조직한다. 어떤 합작사는 기업가형의 경영자를 초빙한다. 그 기본적인 재배단위는 소규모 농장이지, 수평일체화된 대규모 농장이 아니다.

다른 한 가지 조직 방식은 생산-가공-판매 전체의 각 마디에 위치하는 단위들을 합작사에 받아들이는 것이다. 쓰촨 성 러산樂山 시 우퉁차오五通橋 구의 양세협회는 5개의 생산과 판매 합작사, 1개의 사료회사, 1개의 종계장과 1개의 수의약 판매기업을 받아들였다. 광둥의 원저우溫州 그룹[위에 언급한 '원스'를 지칭: 역자]과 마찬가지로, 이 합작사는 회원을 위하여 종계, 사료, 약품(백신)을 제공하고, 정보 서비스도 제공하며, 회원을 위하여 양계 관련 생산품의 판매도 제공한다. 광둥

표 7-1 수직일체화 조직의 유형과 수량

연도	2000		2002		2004		2005	
	수량	%	수량	%	수량	%	수량	%
수직일체화 조직 총수	66,688	100	94,432	100	113,953	100	135,725	100
선도기업 중심형	27,276	41	41,905	44	49,709	44	61,268	45
중개조직 중심형 (전업합작사)	22,146 (9,552)	33 (14)	32,076 (20,245)	34 (21)	41,430 (30,546)	36 (27)	62,914 (48,473)	46 (36)
전업시장 중심형	7,674	12	9,163	10	10,565	9	11,543	9
기타	9,592	14	11,288	12	12,249	11	-	-

* 자료 출처: 『중국농업산업화발전보고』 2008: 309

의 사례와 다른 점은 합작사가 기업이 아닌 회원의 소유라는 것이다. 합작사의 회원은 (판매 후 상황에 맞춘 "2차 이익 환원"을 포함하는) 이익 분배와 신용 대출 담보를 조직하고, 어느 정도의 위험 보호를 제공하여 시장가격이 지나치게 하락했을 때 회원을 위하여 손실 보전을 꾀한다. 이러한 조직 방식 아래 해당 합작사는 이미 5백 명 가까운 소농가 회원을 확보하여 난계 132만 마리를 사육할 정도로 확대되었다(『보고』: 13).

산둥 성 신양信陽 현의 루베이魯北 육우 생산·판매 합작사가 또 다른 사례이다. 2004년 육우 가공과 유통 기업 8개의 지지로 창립되었다. 성립 당시에 회원은 231명, 등록 자본금은 30만 위안이었다. 합작사는 주로 농가와 도살업자 및 사육업자와 운송업자를 협력시키고, 각종의 구매·판매 협의서를 발행하며, 회원 간의 거래를 위하여 감정과 등기를 진행한다. 이밖에 전문적인 기술인력과 기구를 확보하여 기술

인력이 각 사육 전업 마을이나 가호를 찾아가 지도와 훈련을 진행한다. 합작사는 사료와 약품 등을 공동으로 구매함으로써 회원의 비용을 절감해 준다. 동시에 생산품에 대하여 가격과 표준을 통일하고 연합해서 판매함으로써 시장을 넓힌다. 2006년 합작사는 회원이 530명으로 확대되었고, 총판매액이 248.8만 위안에 이르렀다(『보고』: 103-104).

또 하나의 사례는 광둥 성 웨베이粤北 산구山區에 위치한 러창樂昌 시의 주펑九峰 진 농산품 유통 합작사이다. 이 합작사는 55개의 비교적 "큰" 재배호와 48개의 비교적 "큰" 유통호를 결합시켰다. 그것은 3,900무의 채소·과일 밭을 포함하여 재배호마다 평균 72무를 경작하고(중국에서는 "대大"호라고 부르지만 고작 평균 12에이커이므로 미국의 평균 449에이커인 가족농장 규모에는 크게 미치지 못한다), 연평균 소득은 호당 20만 위안이다(『보고』: 244).

농업산업화판공실이 제공하는 데이터에 근거하면, 선도기업은 2005년 전체 13.6만 개에 달하는 수직일체화 조직의 45퍼센트를 차지하였다. 이는 결코 기이한 일이 아니다. 왜냐하면 2000년부터 정부가 이들 조직을 대폭 지원했기 때문이다. 설사 그렇다고 하더라도 선도기업의 비율은 2000년 41퍼센트에서 2005년 45퍼센트로 증가하는 데 그쳤다. 우리가 뜻밖이라고 여기는 것은 자발적인 합작조직이다. 그들은 정부로부터 실질적인 지원을 받지 못하였지만, 2000년 전체의 14퍼센트에서 2005년 36퍼센트로 늘어났다―〈표 7-1〉 참조.

산업화판공실에서 제공하는 또 다른 데이터로 보자면, 합작조직이 채택한 계약 방식도 일정한 생명력을 갖추고 있다. 선도기업이 농가와 연결할 때 채택하는 방식은 일반적으로 주문서가 위주이다. 그러나 합작사는 지분에 따른 배당 계약 또는 이윤 반환 계약을 채택하는 경우가 많다. 후자에서는 농가가 합작사와 기본적으로 보조를 같이하면서 함께 발전하였다(『보고』: 309 〈표 2〉).

이러한 현상은 이해하기 쉽다. 주문서 계약 방식에서는 "보호가保護價" 규정을 갖춘 주문서라고 할지라도 가공과 판매로 인한 이윤은 농가가 아닌 기업에 귀속된다. 그러나 지분에 따른 배당 계약이나 이윤 반환 계약에서는 경작자가 가공과 판매로 인한 이윤의 일부를 획득할 수 있다. 이러한 이익은 경작자가 합작사로 기울게 되는 중요한 원인이다.*

그러나 선도기업은 규모와 이윤이 일반적으로 합작사보다 크다. 정부의 대폭적인 지원 아래 선도기업이 이끄는 농장이 합작사보다 훨씬 더 많으리라고 예상할 수 있다. 현존 데이터로는 농가의 수량에 따라 이 두 가지 조직을 구분할 수 없다. 그러나 그들 각각의 판매량을 통해서 대략적인 추계는 할 수 있다. 〈표 7-2〉에서 보듯이, 2005년 선도기업의 판매량은 1,845억 위안에 달하여, 통계에 잡힌 수직일체화 농업의 총판매량(3,062억 위안)의 60퍼센트를 차지하였다. 이는 (그 대부분은 합작조직인) "중개조직"의 273억 위안보다 훨씬 더 크다. 달리 말하자면, 합작조직은 비록 산업화된 조직 수량의 3분의 1을 차지하였지만, 그것이 이끄는 농가는 기껏해야 전체의 9퍼센트에 불과한 것이다.

그러나 설사 9퍼센트에 미치지 못한다고 하더라도, 나는 여전히 의외라고 생각한다. 2002~2005년간, 즉 정부가 선도기업을 대폭 지원한 기간에, 합작조직의 총판매량은 약 두 배로 증가하여, 그 증가폭은 선도기업보다 컸다. 우리는 이렇게 물어야 한다. 만약 정부가 합작조직

---

* 우리는 이렇게 이해할 수도 있다. 분산된 소규모 농가에 대하여 말하자면, 공장의 작업 현장처럼 조직해 낼 수 없다. 합작조직은 노동조합에 가장 가까운, 자신의 집단 이익을 지킬 수 있는 조직이다.

표 7-2　농업 산업화 여러 조직의 판매 수입 (억 위안)

연도	2002		2004		2005	
	수입※	%	수입	%	수입	%
총수입	1,640	100	2,503	100	3,062	100
선도기업	946	58	1,426	57	1,845	60
중개조직※	134	8	211	8	273	9
전업시장	560	34	866	35	944	31

※ 합작조직의 분별 데이터는 없다.

＊ 자료 출처:『중국농업산업화발전보고』2008: 311

을 선도기업와 동등하게 지원하였다면, 그 발전의 폭은 어떠했을까? 우리는 이 장의 마지막 부분에서 이 문제에 대한 논의로 돌아가기로 한다.

정부 조직의 전업시장: 형태 미정의 수직일체화

수직일체화의 세 번째 주요 조직 형식은 정부가 조직한 전업도매시장이다. 그들은 선도기업과 "사회화"된 합작조직의 사이에 낀 조직 방식으로 간주할 수 있다. 중국의 지방정부는 기실 이러한 시장을 창설하고 조직하는 데 줄곧 적극적이었다. 산둥 성을 예로 들자면, 산둥 성에는 영업액이 500만 위안을 초과하는 전업시장이 750개나 있다고 한다(『보고』: 215). 관건적인 작용을 하는 것은 시·현 정부이다. 저명한 서우광壽光 시를 예로 들면, 그 채소 시장은 전국적으로 유명하다. 서우광 시 정부가 총 4천만 위안을 투자하여 조직한 6개 전업시장에는 채소, 과일, 가축·가금 시장이 포함되어 있다(친시야오 2000). 채소 시장은 1984년에 세워졌다. 처음에 정부는 10무의 토지를 제공하였는데, 당시에 이는 규모를 제법 갖춘 구식 장터에 불과했고, 시 정부의 공상관리국工商管理局에서 관리를 맡았다. 그러나 그 이후 20년간 모두 아홉 차례 확장되었고, 2003년 선전深圳 농산품 유한공사와 파트너십을 체결하였다. 오늘날 이 채소 시장은 600무 규모의 공간을 확보하였고, 300여 종의 채소를 판매하는데, 특히 부추 시장은 전국에서 제일 크다고 한다. 알려진 바에 따르면, 서우광의 채소 시장은 84만 무의 소규모 채소 농장, 30만 개의 비닐하우스를 통합하여, 시 전체 (채소) 농장의 80퍼센트를 이끌고 있다(『보고』: 14). 이렇게 수직일체화된 시스템은 200여 대의 채소 운송 차량을 보유하였고, 베이징에서 거래되는 채소의 5분의 1을 공급한다(친시야오 2000).

전업시장 외에, 지방정부는 지방 브랜드의 발전을 매우 의식적으로 추진하기도 한다. 예컨대 (일본의 선례를 모방한) "1촌 1품"과 "1진 1품"이 그것인데, 기실 이 방면에서 기업 브랜드 추진보다도 더 열심이다. 서우광 시는 587개의 전업 촌·진을 보유하고 있다고 한다. 그 가운데에는 "중국 부추의 첫째가는 향", "중국 당근의 첫째가는 진", "콩짜개 생산 전업촌" 등이 있다(『보고』: 14). 이러한 지방 브랜드는 전업시장과 마찬가지로 지방정부의 수직일체화 정책에서 핵심이 되는 부분이다. 장시江西 성은 이 방면에서 특히 적극적이어서 2,000개의 전업 촌을 보유하고 있다고 한다(『보고』: 14, 19).

이러한 제도는 당연히 일반인이 생각하는 자본주의 경제와 매우 다르다. 정부가 조직한 전업시장은 가격 설정에서도 약세의 소농가를 상대하는 대형 식품회사보다는 더 공정하리라고 기대할 수 있다. 그러나 동시에, 그들은 경작에서 판매에 이르는 전체 산업 연쇄 속의 한 마디에 불과하다. 그 나머지 부분은 기업이 통합할 수도 있고, 합작조직이나 소상인 등이 이어줄 수도 있다. 이러한 의미에서 말하자면, 전업시장의 수직일체화의 발전 방향은 아직 미지수이다.

시장의 조직과 비교하자면, 식품 가공의 측면에서 중국의 지방정부는 분명 발전이 여전히 부족하다. 산업화판공실의 데이터에 근거하면,

전국 식품 가공의 생산액은 현재 원래 농업 생산액의 40퍼센트에 불과하여 선진국에 크게 미치지 못한다. 선진국에서는 원래 생산액의 서너 배를 넘어서고 있다. 가공식품이 소비에서 차지하는 비중도 문제를 설명할 수 있는 지표가 된다. 중국에서는 현재 겨우 25퍼센트를 차지하여, 선진국의 90퍼센트보다 훨씬 더 작다(『보고』: 23). 분명히 지방정부는 지금까지도 식품 가공 산업과 서비스에 대규모로 투자하지 않고 있다. 서우광 시는 예외적이어서, 시 생산품의 국내·외 시장 진입을 위하여 8천만 위안을 투자하였다고 한다. 가공 영역은 아마도 발전의 여지가 크기도 하고, 아직 형태를 잡지 못한 공간이기도 할 것이다.

재산권 제도가 일으키는 작용

또 다른 종류의 합작조직과 (정부가 조직한) 전업시장을 고려하지 않더라도, 현재의 토지승포제도가 수직일체화의 형태에 대하여 상당히 큰 영향을 끼치고 있다고 확언할 수 있다. 위에서 이미 논의하였듯이, 중국의 수직일체화는 수평일체화를 동반하지 않는다는 특징이 있다. 그것은 현재의 재산권 제도가 일으킨 가장 뚜렷한 작용이라고 말할 수 있다.

이밖에, 장첸Zhang Qian: 張謙과 도널드슨Johan A. Donaldson의 연구(Zhang and Donaldson 2008)가* 지적하였듯이, 현재의 재산권 제도는 승포지 사용권을 보유한 농민에게 기업과 협상을 벌일 수 있는 조

---

* 주로 외자기업, 예컨대 켄터키 프라이드 치킨, 네슬레, 일본계 고추냉이 회사, 타이완계 화훼 회사에 관한 것이다.

건을 부여하고 있다. 농가 또는 촌장 집체는 그들의 승포권을 기업에서 임금을 수령하는 것과 맞바꿀 수 있고, 일반적으로 이를 빌려 자신의 경제 상황을 일정 정도 개선하였다. 어떤 농가는 고향에 자신의 승포지를 보유한 채 외지로 나가 회사에서 일을 하는데, 그들은 일정한 토지재산·사회보장을 여전히 보유하고 있다. 우리는 이러한 농가와 자신의 승포지를 완전히 버리고 외지로 나가 품삯 노동을 하는(해당 지역에서의 거류증은 있지만 해당 지역의 승포지는 얻을 수 없는) "무산" 노동자를 구별해야 한다.

그들의 경험적 자료에 근거하여, 장첸과 도널드슨은 농촌의 토지를 사유화해서는 안 된다고 강력히 주장한다. 왜냐하면 그렇게 하면 토지의 겸병과 농민의 대거 토지 이탈이 초래될 뿐이기 때문이다. 토지승포제도는 농민에게 기업과 협상을 벌일 수 있는 중요한 자원을 부여하여 농민의 이익을 일정 정도 보호해 준다. 그들은 유산("반半무산화된")의 농민 노동자가 완전 무산화된 농민 노동자보다 경제 지위가 더 우월하다고 생각한다. 나는 그들의 분석에 기본적으로 찬동한다. 중국은 인도의 전철을 밟아 무산 노동자가 높은 비중을 차지하는 사회형태로 빠져서는 안 된다.

동시에 나는 재산권이라는 요소가 수많은 경제 요소 가운데 하나에 불과하다고 생각한다. 우리는 신자유주의자들이 드 소토^{Hernando De Soto}의 주장(De Soto 2000)에 근거하여 제창하는, 서방과 자본주의의 발전은 완전히 그 재산권 제도 아래 토지를 고효율의 "자본"으로 전환할 수 있었기 때문이며 개발도상국은 이렇게 하지 못했기 때문에 서방보다 낙후되었다는 주장을 맹신해서는 안 된다. 중국의 새 「물권법」은 승포지권承包地權의 유통을 승인하여, 경작을 원하지 않는 농민이 토지 자원을 낭비하거나 더 많은 토지를 경작하기 원하는 농민이

토지를 얻지 못하는 문제를 일정 정도 해결하였다. 농촌에서 융자를
얻기 어렵다는 문제와 관련해서는, 드 소토가 제창하는 것처럼 토지
의 완전 사유화가 반드시 필요한 것은 아니다. 농촌의 신용대출은 일
반 금융계에서처럼 반드시 담보물(주로 토지)이 필요한 것은 아니다.
국가 은행 또는 촌·진 정부, 혹은 양자가 연대하여 수직일체화된 농민
의 합작조직에 대출 편의를 제공할 수 있다. 농민의 승포지권을 담보
로 받아들일 수도 있고, 그 합작 자본과 경영 경험 또는 잠재력을 주요
대출 조건으로 삼을 수도 있다. 반드시 토지를 담보물로 할 필요는 없
다. 개별 농가에 대해서는, 국가 은행, 촌·진 정부 및 합작조직이 승포
지권을 담보물로 받아들일 수 있다. 합작조직은 담보물 요구를 면제해
주고 그것이 장악하고 있는 개별 농가의 신용에 대한 정보에 근거하여
소액 대출을 실시할 수 있다. 즉 유누스^{Muhammad Yunus}가 발기한 그라
민^{Grameen} 은행의 "마이크로 금융^{microfinance}"처럼 할 수 있는 것이다.

농업 수직일체화는 장차 어디로 가야 하는가?

끝으로 우리는 최근의 동향으로 보건대 중국 농업 수직일체화의 미래
가 어디로 향할 것인지를 물어야 한다. 소규모의 가족농장이 앞으로도
꽤나 긴 시간에 걸쳐 계속되어, 대형 기업이 식품 산업에 진입한 뒤에
도 여전히 그러할 것이라는 것은 분명하다. 이는 중국 특유의 제도 환
경 때문이기도 하고, 가축·가금·어류의 사육·양식과 채소·과일의 재
배 방면에서 소규모 농업의 갖가지 경제 우월성 때문이기도 하다.
　아직 확정할 수 없는 문제는 합작조직이 도대체 농업 대기업의 바
깥에서 강대한 생명력을 갖춘, 또 다른 종류의 선택이 될 수 있느냐 없

느냐이다. 과거 중국 정부의 실천은 그 언설 여하를 막론하고(예컨대 2005년의 "사회주의 신新농촌을 건설하자"는 등의 구호 및 2006년 10월 31일 반포된 「중화인민공화국농업전업합작사법中華人民共和國農業專業合作社法」*), 선도기업을 대폭 지원하는 것이었다. 그러나 그렇게 했음에도 합작조직은 근년 이래 여전히 일정한 생명력을 보여주었다. 이로부터 보건대, "사회주의"의 표방이 어쩌면 사회화로의 발전 방향으로 이끄는 동력이 되었을 수도 있다.**

경작자의 시각에서 보건대, 합작조직의 우월성은 매우 뚜렷하다. 그것은 주로 경작자가 가공과 판매에서 나오는 이윤의 일부분을 획득할 수 있도록 해 주어, 이윤이 죄다 선도기업이나 중개상인의 손으로 흘러드는 것을 단지 지켜보기만 하도록 만들지 않기 때문이다. 이것은 합작조직이 자발적으로 흥기한 주된 원인이다.

그 약점은 선도기업에 대한 것과 같은 정부의 지원을 전혀 얻지 못하였다는 것이다. 다들 알고 있듯이, 중국의 이러한 제도 환경에서는 정부의 지원이 없으면 한걸음도 나아가기 어려워 완전히 배제되는 것과 거의 다름이 없다. 이것은 치명적인 문제이다. 최근 이 측면에서 국가의 정책에는 새로운 동향이 보인다. 특히 눈길을 끄는 것은 2009년 2월 5일 중국은행업감독관리위원회와 농업부가 함께 발표한 「농민 전업합작사 금융 서비스 업무 수행에 관한 의견[關于做好農民專業合作社金融服務工作的意見]」("중국은행업감독관리위원회中國銀行業監督管理委員會 발

---

* 이 법률의 제 18조 제 1항은 "국가는 재정 지원, 세제 혜택, 금융·과학기술·인재 지원, 그리고 산업정책에 의한 유도 등의 조치를 통해 농민 전업합작사의 발전을 촉진한다."고 규정하였다. 그러나 『중국농업산업화발전보고』가 제공하는 정보에 근거할 때 적극적인 집행이 없었다는 것은 분명하다.

** 앞에서 인용한 시진핑의 논문 참조(241쪽의 첫 번째 각주).

송"2009년 제 13호 문건)에 비교적 구체적인 지시가 포함되어 있다는 점이다. 앞에서 인용(이 장의 241쪽의 두 번째 각주)한 2010년 중앙 1호 문건의 제 20조도 합작사에 대한 대출 문제를 언급하였다. 이들은 농민 전업합작사에 대한 융자에서 새로운 국면이 열리고 있음을 알리는 전조가 될 수 있다.

이밖의 문제는, 이러한 합작조직이 정말로 가공과 판매 방면에서 선도기업과 자웅을 겨룰 수 있느냐 없느냐이다. 우리는 이렇게 물어야 한다. 합작 지분 등 제도는 경영자의 적극성과 창의성에 영향을 줄 수 있을까?

이 측면에서는 아래의 사례가 일정한 계발성이 있을 것 같다. 저장성 린하이臨海 시 퉁린桐林 진의 과수 합작사는 감귤과 서양 난초로 유명하다. 그 가운데 40퍼센트는 수출하고 그 나머지는 대부분 화북 지역에 판매한다. 합작사의 핵심 인물은 왕순하이王順海라는 사람이다. 들리는 바에 따르면, 그는 전문지식이 풍부하고 관시[關係] 네트워크도 광범위하다. 그는 성 정협政協의 위원이며 시 정부에도 동창이 적지 않다고 한다. 달리 말하자면, 왕순하이는 중국의 제도 환경에서 기업가가 될 조건을 갖추고 있는 사람이다. 그러나 그는 줄곧 합작사의 건설에 매진하였다. 이 합작사는 창설 당시 회원이 40명이었는데, 모두가 비교적 "큰" 농호(100무 이상)로, 지분 참여를 통해 합작사에 들어왔다. 왕순하이 본인은 합작사로부터 매월 2천 위안의 보수를 받았는데, 더욱 중요한 것은 합작사가 그에게 전체 이윤의 5퍼센트에 달하는 이익 배당을 지급하였다는 점이다. 이는 나머지 회원보다 훨씬 높은 것이다. 왕순하이는 최근 대학생 조수를 채용했는데, 그 연봉이 무려 5만 위안이나 된다고 자랑스럽게 이야기한다. 현재 이 합작사는 회원이 438명으로 창설 시기의 열 배가 될 정도로 발전하였다(왕순하이 인터

뷰[訪談] 2007; 왕순하이 2007). 이와 같은 합작사는, 합작지분 소유
제와 자본주의 기업 경영 관리 방식의 결합으로 간주할 수 있다.

최적의 결합 방식은 오직 실천을 통해서만 발견할 수 있다. 그러나
우리는 합작 소유의 틀 아래 관리자에게 적절한 보수와 이익 분배 인
센티브 및 일정한 창업 정책 결정 권한을 부여하는 것도 하나의 실행
가능한 방안임을 상상할 수 있다. 그렇게 하면 합작 소유의 분배상 장
점과 기업형 조직의 경영 운영상 장점을 두루 갖출 수 있다. 이러한 조
직은 아마도 합작사 기업cooperative firm이라고 부를 수 있을 것이다.

가공과 판매의 층위에 대하여 말하자면, 우리는 이렇게 상상할 수
있을 것 같다. 그것은 먼저 회원·노동자 소유의 조직이다. 관리 제도
에서는 모종 형식의 승포제를 채택하여, 공장이나 작업장, 사무실, 심
지어 개인에게 청부할 수도 있을 것이다. 그 인센티브 제도와 안정성
은 아마도 임금을 지급하는 기업보다 훨씬 더 훌륭할 수 있다.

산업화판공실의 데이터에 근거하면, 2005년 전국에는 수직일체화
작용을 발휘하는 합작사가 총 48,473개 있었고, 그 총판매액은 일체화
조직 전체의 9퍼센트(에 약간 못 미치는 수준)에 이르렀다. 널리 알려
져 있듯이, 중국의 제도 환경에서 정부의 지원은 정말 결정적이다. 예
컨대, 왕순하이 본인이 말했듯이 합작사는 융자가 곤란하다. 그들은
일반적으로 국가 은행으로부터 대출을 받을 수 없다. 단지 비공식적인
대차貸借를 통한 융자만이 가능하다(왕순하이 2007). 이렇게 보면, 정
부의 실질적인 지원이 없는 상황에서 합작사가 전체 판매액의 9퍼센
트에 도달한 것은 괜찮은 실적이라고 해야 한다. 게다가 합작사 이외
에 일체화의 형태가 아직 확정되지 않은 전업시장이 있어, 그들이 총
판매액의 30퍼센트를 차지하는 농장들을 이끌고 있다. 우리는 이렇게
물어야 한다. 회원에 대하여 비교적 유리한 사회화 조직 방식에 여전

히 발전의 공간이 있는가?

만약 1980년대 집체 간부가 이끈 놀라울 정도의 향촌공업 발전(특히 이른바 "장쑤 남부 모델")을 되돌아본다면, 우리는 정부의 적극적인 지원을 얻을 경우 합작조직도 진정 강력한 수직일체화 조직 방식이 될 수 있음을 상상할 수 있다. 회원들에 대하여 말하자면, 그들은 선도기업보다 더 많은 이익을 얻을 수 있다. 우리는 또한 "사회주의 신新농촌을 건설하자"와 "중국 특색의 사회주의" 등 구호가 정말 실질적인 함의를 갖고 있다면, 반드시 이러한 방향으로 나아갈 수 있다는 점을 지적할 수 있을 것이다.

소결

합작조직이라는 또 다른 유형의 수직일체화를 어떻게 바라보든지 간에, 그리고 그 장점과 단점 및 발전 잠재력을 어떻게 보든지 간에, 우리는 중국 농업의 현실과 장래가 주로 자본-노동 집약형의 소규모 농장에 있지, 노동력을 절약하는 기계화된 대규모 농장에 있지 않다는 것을 승인해야 한다. 중국의 수직일체화는 서방의 경험처럼 수평일체화를 수반할 수 없다. 그것은 앞으로 소규모의 채소·과일의 재배와 가축·가금·어류의 사육·양식에 주로 의지할 것이다. 중국 농업은 앞으로 일반 도시공업처럼 "자본가와 노동자" 위주의 산업이 아니라 "소자산계급" 위주의 산업이 될 것이라고 말할 수 있다. 심지어 중국 신시대 농업은 장차 주로 "소농"·"농장"의 천하가 될 것이라고 말할 수 있다 (자세한 내용은 이 책의 제9장 참조; 또한 황쭝즈 2008b 참조).

이상이 비교적 확정할 수 있는 결론이다. 아직 확정할 수 없는 것은

"사회화"된 합작조직이 도대체 중국의 신新시대 농업에서 중요한 작용을 일으킬 수 있는가 없는가이다. 그것은 지금까지 진정으로 자신의 잠재력을 측정할 기회를 얻지 못하였다. 그 미래는 분명 정부의 선택에 의해 결정될 것이다. 진정으로 그것에 선도기업과 시장에서 자웅을 겨룰 기회를 줄 것인가?

농업 방면의 선택은 기실 정치·경제 체제 전반과 관련되어 있다. 오늘날 중국은 "자본주의" 시장경제의 성분과 계획경제형 사회주의의 성분을 동시에 포함하고 있다. 양자 간에는 매우 첨예한 모순, 특히 GDP 성장과 사회위기 간의 모순이 나타난다. 이러한 현실에 직면하여, 당장의 급무는 양자 가운데 하나만을 선택하는 것이 아니라 양자를 초월하는 제3의 길을 찾는 것이다. 애매모호한 타협이 아니라, 양자의 필연적 공존을 확실히 인정하는 현실에서의 초월적인 결합이다. 시장 경쟁과 동력뿐만 아니라 사회의 평등과 안정도 그 선결 조건이 된다. 현재 농촌의 인간관계, 공동체, 도덕과 문화의 전면적인 악화에 직면하여, 합작조직은 농촌 사회를 다시금 통합하는 가능성을 품고 있지 않을까?

제2편 현대 중국의 사회형태

제8장

중국의 홀시되는 비정규경제
: 현실과 이론

중국 농촌의 잉여노동력에서 유래한 도시의 "비정규경제" 취업인구 (일자리가 보장되지 않았고 복지 혜택도 결핍되어 있으며 국가 노동법 규의 보호를 받지 못하는 노동자)는 1.68억 명으로, 오늘날 총 2.83억 명에 달하는 도시 취업인구에서 정규 취업인구보다 대략 50퍼센트 많 다. 이 장에서는 먼저 현재의 경험적 증거를 검토하고 총괄한 다음, 오 늘날 중국의 국가통계기구가 아직도 비정규경제 취업인구 통계를 제 대로 직시하지 않고 있다는 사실을 지적할 것이다. 그 원인의 일부는 현재의 주류 경제(와 사회) 이론—주로 1960년대 미국에서 성행한 "이 중경제" 이론, "삼대부문 이론"과 "올리브형" 사회구조 이론—의 오도誤 導에서 찾을 수 있다. 이들 이론은 1950년대와 1960년대 미국을 풍미한 "근대화" 모델의 구성 요소였다. 이 장에서는 이 모델의 핵심 논점을 간략히 서술하고, 나아가 1970년대와 1980년대 발전경제학 "혁명"에서 관련 학자들이 그에 대해 가한 비판 및 이후 신고전파 경제학이 미국 신新보수주의의 지도하에 진행한 "반反혁명" 반론을 회고할 것이다. 논쟁 쌍방의 이데올로기화된 편파성을 지적하는 데 중점을 둘 것이지만, 동시에 각각의 통찰력을 드러내어 쌍방의 정확한 견해를 적절히 결합시킬 것을 제안할 것이다. 이를 통해 탈脫이데올로기화된 이론 관점을 수립하여 오늘날 비정규경제의 현실을 이해하는 데 도움이 되고자 한다.

이 장에서는 도시의 비정규경제 인구에 농촌의 취업인구를 합하면, 실제적으로 오늘날 전국 총취업인구의 80퍼센트를 차지하며, 앞으로 상당히 오랫동안 계속 대다수를 차지할 것임을 논증할 것이다. 이것은 중국 현대 사회형태의 기본 특징으로, 일반 선진국과 매우 다르며 (서방에서 유래한) 일반적인 고전 이론과도 매우 다르다고 말할 수 있다. 이것이야말로 우리가 반드시 직시해야 할 기본적인 사실이다.

중국의 비정규경제

국제노동기구ILO와 세계은행World Bank 등의 수많은 연구에서 지적하였듯이, 규모도 방대할뿐더러 부단히 확장하고 있는 "비정규경제"는 전 세계 개발도상국가에서 보편적인 현상이다. 국제노동기구의 권위 있는 데이터에 근거하면, 비정규경제는 "아시아"에서* 이미 비농업 취

---

* 국제노동기구의 통계는 인도, 인도네시아, 필리핀, 태국, 그리고 시리아를 포함하나, 중국은 포함하지 않았다.

업인구의 65퍼센트까지 확대되었다(북아프리카는 48퍼센트, 라틴아메리카는 51퍼센트, 사하라 이남 아프리카는 78퍼센트)(ILO 2002). 이미 많은 연구가 개발도상국가의 이러한 현상을 거듭 지적한 바 있다. 그 중에는 세계은행의 "사회보호부문Social Protection Unit"에서 내놓은 여러 편의 논문이 포함되어 있다(예컨대 Blunch, Canagarajah and Raju 2001; Canagarajah and Sethurman 2001; Das 2003).

국제노동기구는 그 분석 범위에 (데이터 결핍이 일부 요인이 되어) 중국을 충분히 포함시키지는 않았지만, 중국 자체의 제한적인 정부 데이터에 근거하면 1978년에는 전국적으로 겨우 1.5만 명의 취업인구가 정규부문의 바깥에 있었다. 그러나 2006년에 이르러 1.682억 명으로 폭발적으로 증가하였다. 이 숫자는 도시 취업인구 총수 2.831억 명의 59.4퍼센트에 달한다(『중국통계연감』 2007: 128-129 〈표 5-2〉; 후안강·자오리 2006도 참조). 다른 개발도상국가와 마찬가지로 이 비율은 여전히 확대 중이다.

국제노동기구는 1919년 국제연맹League of Nations 아래에 창설되었고, 사회평등을 제창한 공로로 1969년 노벨 평화상을 받았다. 국제노동기구는 "비정규경제"와 그 취업인구에 대하여 합리적이고 실용적인 정의를 채택하였다.* 즉, 취업 보장, 복지, 법률 보호 등이 없는 노동자

---

* 이는 국제노동기구가 그 조직에서 실천을 비교적 강조하기 때문이다. 그 관리기관과 매년 열리는 국제노동회의는 정부, 기업주, 그리고 노동자 각각의 대표로 조직된다(The Nobel Peace Prize 1969, Presentation Speech 참조). 여기에서 인용하는 2002년 보고는 널리 알려진 연구팀이 작성한 것인데, 하버드대학(Harvard University)의 마사 천(Martha Chen)과 유엔 통계부의 바넥(Joann Vanek)이 연구팀을 이끌었다.

가 그것이다.* 중국에서 이 정의에 가장 잘 들어맞는 예는 당연히 "토지도 떠나고 고향도 떠나" 도시에서 취업한 1.2억 명의 농민공이다. 그들은 도시 주민이 원하지 않는 가장 어렵고, 가장 더러우며, 보수도 가장 낮은 일을 떠맡는 경우가 많다.**

그들 가운데에는 보수도 낮고 복지 혜택도 없는 임시노동자 신분으로 정규부문에 취업한 경우가 있다.*** 어떤 사람들은 이른바 "사영기업"이나 "개체호個體戶", 혹은 국가 공상工商 관리 부문에 아예 등록조차 되지 않은 직장을 포함하는 정규부문의 바깥에 취업하였다. 1970년대와 1980년대에 국제노동기구는 당시 정규부문과 명확히 구분될 수 있

-----

* 2008년 1월 1일 새로운 『중화인민공화국노동계약법[中華人民共和國勞動合同法]』(www.laodong66.com 참조)이 실시되기 시작했지만 이러한 국면을 바꾸지는 못하였다. 국가의 노동법은 정규경제 속의 노동자에게 초점을 맞추었지, 임시노동자, 계약노동자, 가내노동자 등 비정규 (농민공) 인력까지 포괄하지는 않는다. 법률 이론에서 후자는 "고용 관계"에 속하지 "노동 관계"에 속하지 않으며, 노동조합 조직도 없다(류치 2009). 예를 들어 말하자면, 일반 단과대학이나 종합대학의 물품 지원 인력은 대부분 이러한 노동자로 구성되어 있다. 개인 가정의 보모는 더 말할 필요가 없을 것이다(리간 2008).

** 이것은 「중국농민공문제연구총보고(中國農民工問題硏究總報告)」(2006)의 권위 있는 숫자이다(아래에서 다시 논의).

*** 이 장에서 사용하는 개념에 근거하면, 정규부문의 비정규 인원에는 정규 기업의 프로젝트를 수주한 비정규 사영기업·개체호와 정식으로 등록하지 않은 인원까지 포함해야 한다. 정규부문 단위에서 정식으로 보고한 장부상 임시노동자에 국한되지 않는 것이다. 만약 단순히 정규부문 단위에서 보고한 장부상 취업인구에서 출발하여 정규 인력을 빼게 되면, 겨우 수백 만 명이라는 숫자를 얻을 뿐이다. 이는 절대 다수의 농민공을 전혀 고려하지 않는 것이다. 예컨대 제조업·건축업의 취업인구와 직원 수를 참조(『중국통계연감』 2007: 135 〈표 5-6〉; 142 〈표 5-9〉).

다고 인정된, 그 바깥에 처한 "비정규부문informal sector"에 주의력을 집
중시킨 바 있다. 그러나 그 뒤로는 정규부문에 고용된 비정규 임시노
동자가 많다는 사실을 반영하여 "비정규경제informal economy"라는 더
광범위한 개념을 사용하여 정규부문에서 일하는 비정규 인력을 그 안
에 포함시켰다(ILO 2002).

중국의 비정규경제에 관한 통계 데이터는 여전히 간략하여, 인도,
멕시코, 남아프리카 등 국가와 차이가 있다. 후자는 이미 수년 전에 국
제노동기구와 협력하여 비정규경제에 대하여 계통적인 통계 작업을
진행하였다.* 현재 가장 좋은 계산 방법은, (2000년 인구센서스 수치에
근거하여 도시에서 6개월 이상 일을 한 임시거주 인구까지 포함시킨)
국가통계국의 도시 취업인구 총수를 기준 숫자로 삼고, 여기에서 매
년 정규 단위에서 보고하는 인원의 수를 빼서 도시 비정규경제 취업인
구의 수를 얻는 것이다.** 이렇게 해서 우리는 2006년의 도시 취업인구

<hr>

* 단 중국은 이미 노동사회보장부[勞動和社會保障部]를 통해 국제노동기구와 합
  작하기 시작했다. 2002년에는 연례총회에 참여하여 관련 보고서를 발표하였다
  (Ministry of Labor and Social Security, n. d.).

** 2000년에 국가통계국은 그 해 인구센서스에 근거하여 취업인구 통계 데이터
  에 대하여 조정을 진행, 비정규경제 취업인구를 포함시켰다. 과거의 데이터는
  등록 단위에서 제출한 연말 보고로 만들었기 때문에 비정규 인력을 포함시키
  지 않았다(『중국통계연감』 2007: 〈표 5-1〉 각주 117). 그러나 새로운 데이터
  는 농민공에 대하여 중복 계산의 가능성이 있다. 즉 그들을 도시의 취업인구
  에 포함시키고, 또 농촌의 비농업 취업인구에도 포함시킬 수 있는 것이다. 원
  칙상 외지에 6개월 이상 나가 있는 인력은 다시 산입하면 안 되지만, 사실상
  그들이 "소득을 주로 집으로 가져가고 경제적으로 본가와 일체를 이루고 있
  다면" 여전히 "농촌인구"에 산입된다(『중국통계연감』 2007: 496). 배니스터
  (Judith Banister)는 이 두 가지 통계 작성 과정의 차이와 "도시"와 "농촌" 두

2.831억 명에서 정규 단위의 직원 1.149억 명을 빼서(국가통계국이 채택한 등록 유형 구분, 즉 국유 단위, 집체 단위, 지분합작 단위, 연합경영 단위, 유한책임회사, 주식회사, 홍콩·마카오·타이완인 투자 단위, 외국인 투자 단위에 따름—『중국통계연감』 2007: 138 〈표 5-7〉), 도시 비정규 취업인구 1.682억 명을 얻었다. 〈표 8-1〉에서 보듯이, 여기에는 등록된 "사영기업"과 개체호 및 아직 등록되지 않은 인원이 포함된다.

표 8-1　　2006년 전국 도시의 등록 유형별 취업인구

등록 유형		인원수(억 명)	%
정규 노동자수		1.149	40.6
비정규 취업인구	사영기업	0.395	14.0
	개체호	0.301	10.6
	통계 미비	0.986	34.8
	계	1.682	59.4
취업인구 합계		2.831	100.0

* 자료 출처:『중국통계연감』 2007: 128-129 〈표 5-2〉;『중국노동통계연감』 2007: 13 〈표 1-8〉

당연하게도 도시의 비정규 취업인구 1.682억 명 가운데에는 농민공이 1.20억 명으로 그 대부분을 차지한다. 농민공에 관한 가장 좋은 자료는 2006년의 「중국농민공문제조사총보고中國農民工問題調査總報告」(이하 「총보고」로 약칭)이다. 이것은 원자바오溫家寶 총리의 지시를 받아 국무원 연구실이 나서서 유관 부문과 연구 인원을 소집하여 31개

범주의 일관성 없는 사용에 대하여 논의하였으며, 농촌의 유동인구 데이터에서 비롯된 문제점을 부각시켰다(Banister 2005). 당시 배니스터로서는 나중에 나온 비교적 계통적인 「중국농민공문제연구총보고」 2006(아래의 논의 참조)을 참고할 수 없었다.

성(시·구), 7,000개 촌장村莊의 농가 6.8만 호를 대상으로 진행한 표본 설문조사를 기초로 만들어진 연구 보고이다.* 이 보고에 근거하면, 1.20억 명의 농민공 가운데 30.3퍼센트(0.364억 명)가 제조업 부문에서, 22.9퍼센트(0.275억 명)가 건설업에서 일하고 있다. 이밖에 약 0.56억 명이 "3차 산업"에 취업하였는데, 그 가운데 10.4퍼센트(0.125억 명)는 "사회 서비스"에 종사하여, 예컨대 보모, 공동체 경비원, 이발소 종업원, 화물배달 인력, 환경 미화원, 쓰레기 운반원 등으로 일하고 있다. 6.7퍼센트(0.08억 명)는 숙박·요식업의 종업원이고, 4.6퍼센트(0.05억 명)는 도매업과 소매업에 종사하여, 예컨대 소상점, 상품 진열 인력, 행상 등으로 일하고 있다.

　이러한 농민공은 정규 도시 호구戶口 신분이 없는 이등시민이다. 그들은 보수도 적고 복지 혜택도 없는 일에 종사한다. 「총보고」에 근거하면, 2004년 그들의 평균 임금은 겨우 매월 780위안이었고, 매일 평균 11시간을 일하였다. 달리 말하자면, 그들의 노동시간은 정규 직공보다 거의 50퍼센트 길지만 그들이 얻는 보수는 후자의 60퍼센트에 불과하다. 그들 가운데 겨우 12.5퍼센트만이 노동 계약을 맺었고, 10퍼센트만이 의료보험을, 15퍼센트만이 퇴직 복지를 갖고 있다.** 대다

---

* 「총보고」의 "도시[城鎭]" 범주에 대한 정의는 국가통계국의 취업인구 통계와 일치한다. 즉, 현 정부 소재지 및 그 이상의 도시에 국한되며 그 아래의 작은 도회지[鎭]는 산입하지 않았다. 그러나 인구센서스에서는 보는 삭은 노회시[鎭]를 포함시킨다. 두 가지 통계는 이 때문에 차이가 발생한다(『중국통계연감』 2007: 123, 180).

** 근래 몇 년 동안 국가는 의료보험, 공장보험, 그리고 양로보험 등의 적용범위를 대규모로 확대하였지만(왕사오광 2008), 절대 다수의 농민공은 여전히 소외 상태에 있다.

수는 소규모의 비정규 기업에서 일하거나 아니면 자영 개체호가 되었는데, 이들은 모두 일반적으로 국가 노동법규와 노동조합의 보호를 받을 수 없다. 도시 주민 신분을 갖지 못하였기 때문에 그들은 더 높은 의료비와 자녀 교육비를 부담할 수밖에 없다. 전국적으로 매년 70만 명에 달하는 노동 재해 피해자 가운데 농민공이 최대 다수를 차지한다는 것은 말할 나위 없다. 이러한 기본 사실은 좀 더 작은 규모로 진행된 수많은 연구에서도 발견할 수 있다.*

이상의 사실은 국제 조사에서 더욱 잘 실증되었다. 그 조사는 국외 학자와 중국사회과학원이 공동으로 조직한 (1988년, 1995년, 2002년의 세 차례 조사 중) 제 3차 "중국 가구 소득 조사[中國家戶收入調査: Chinese Household Income Project]"이다. 이 조사는 국가통계국의 표본조사를 기초로 삼았는데, 수정을 거친 범주에 근거하여 표본을 추출해서

---

* 예컨대, 2000년 베이징 시 펑타이(豐台) 구의 관련 조사는, 조사 대상 도시 주민의 평균 임금이 1,780위안/월이지만 농민공은 겨우 949위안이라는 것을 보여준다. 그 가운데 3분의 1의 농민공은 매일 노동시간이 12시간을 초과하고, 6분의 1은 14시간을 초과하였다(리창·탕챵 2002). 허페이(合肥) 시에 관한 또 다른 연구는, 836건의 유효 설문 자료에 기초하여 80퍼센트가 매월 임금 800위안 이하이고, 86퍼센트가 매일 10시간에서 14시간 일하고 있다는 것을 발견하였다(팡윈메이·루위샹 2008) 또한 2007년 우한(武漢)·광저우(廣州)·선전(深圳)·둥관(東莞) 등 도시에 관한 연구는, 765건의 유효 설문 자료에 근거하여, 농민공의 임금이 2004년 이후 현저하게 증가(49.5퍼센트의 월급이 1,000위안 이상에 도달)하였지만 매주 평균 65시간을 일하고 있다는 것을 알아냈다. 만약 시간당으로 계산하면, 그들의 임금은 2005년 전국 정규 직공 평균의 63퍼센트 수준에 도달했을 뿐이다(젠신화·황쿤 2007). 당연하지만, 「총보고」는 지금까지도 여전히 가장 전면적인 조사이다.

진행되었다.* 2002년의 조사는 120개 현의 9,200개 농가 및 70개 도시의 도시 호구戶口를 가진 6,835호를 대상으로 했으며, 동시에 농촌 이민rural migrants에 대해서 이차 표본조사를 진행하였다. 이 조사는 농민공의 노동보수가 도시 주민 평균보다 50퍼센트 낮다는 것을 발견하였다.** 이 수치는 노동시간, 의료보험, 교육비 등의 측면에서 양자 간 격차를 아직 고려하지 않은 것이다(Gustafsson, Li and Sicular 2008: 12, 29; Khan and Riskin 2008: 76).

〈표 8-2〉에서 보듯이, 1.2억 명의 농민공 외에 비정규경제에 취업한 도시 주민이 약 0.5억 명 있다. 그 가운데 다수는 퇴직 노동자가 비정규경제에 다시 취업한 것인데, 대부분 서비스업("3차 산업")에 종사하고 있다. 우리에게 전면적이고 신뢰할 만한 자료는 없다. 그러나 1997년 17개 성, 55개 도시에서 이루어진 비교적 계통적인 설문조사에 근거하면, 대부분의 퇴직 노동자는 "중년"의 인력(30~50세가 64퍼센트를 차지)으로, 학력 수준이 비교적 낮다(그 가운데 초등학교와 중학교 졸업이 56퍼센트를 차지하며, 대학이나 전문대학 진학 경험자는 겨우 5.7퍼센트이다). 절대 다수가 교통·운수, 도매·소매, 음식업과 "사회 서비스업" 등 부문의 비정규 취업인구로, 소형의 이른바 "사영기업"에서 일하거나 자영 개체호로 전환하였다. 이들 대부분은 농민공보다 약간 높은 계층이다. 매우 적은 수의 퇴직 인원(4.7퍼센트)만이 국

---

* 예긴대 자가 소유 주택에서 거주하는 사람의 임내 가지 등을 계산에 너하였나. 그러나 여전히 도시 주민이 의료와 교육에서 누리는 "숨은 보조금"의 가치는 계산에 넣지 않았다(Gustafsson, Li and Sicular 2008: 15-17). 노동시간의 차이도 고려하지 않았다는 점을 밝혀 둔다.

** 이는 취업인구를 기준으로 계산한 것이다. 일인당 기준으로 계산한다면 35퍼센트 낮게 된다.

가의 각종 재취업 프로젝트가 그들에게 "큰 도움"이 되었다고 생각한 다("도시 기업 퇴직 직공 재취업 상황 조사[城鎭企業下崗職工再就業狀況調 査]" 과제조課題組 1997; 또한 Ministry of Labor and Social Security n. d. 참조).

표 8-2 **등록 유형과 호구별 도 · 농 취업인구**

등록 유형			인원수(억 명)	%
도시	정규		1.149	15.0
	비정규	농민공	1.200	15.7
		도시 주민	0.482	6.3
		계	1.682	22.0
	소계		2.831	37.1
농촌	농업		2.863	37.5
	향진기업		1.468	19.2
	사영기업		0.263	3.4
	개체		0.215	2.8
	소계		4.809	62.9
도 · 농 합계			7.640	100.0

* 자료 출처: 『중국통계연감』 2007: 128-129 〈표 5-2〉; 「중국농민공문제연구총 보고」 2006도 참조

등록 유형에 따라 구분하자면, 1.682억 명의 비정규 취업인구 가운 데 0.696억 명이 국가의 공상工商 행정관리 부문에 등록하였는데, 이 중에서 0.395억 명은 이른바 "사영기업"에 취업하였고, 0.301억 명은 "개체호"이다. 앞서 서술하였듯이, 아예 등록도 되지 않은 인력이 무려 0.986억 명에 달한다(〈표 8-1〉 참조).

이른바 "사영기업"이란, 국가의 정의에 따르자면, "자연인이 투자 하거나 자연인이 지배적 지분을 차지하는" 단위이다. 그러므로 여기에

는 "법인" 신분의 "유한책임회사"나 "지분합작 단위", "홍콩·마카오·타이완인 투자 단위" 및 "외국인 투자 단위" 등의 단위가 포함되지 않는다(『중국통계연감』 2007: 138 〈표 5-7〉). 따라서 미국의 언어(와 일부 미국의 연구)에서의 경우처럼 "사영기업private enterprise"을 모든 비非국유기업으로 이해해서는 절대로 안 된다. 사실, 이들 "자연인" 소유 사영기업의 취업인구는 전국 취업인구 총수의 14퍼센트를 차지하는 데 그쳐, 중국 "자본주의"의 전부 또는 그 최대 부분과 동일시되어서는 절대로 안 된다(『중국통계연감』 2007: 128 〈표 5-2〉).

사영기업에는 소형 기업이 많다. 2006년 전국에는 총 0.05억(500만) 개의 등록 사영기업이 있었다. "도시"에서 등록한 사영기업에 총 0.395억 명의 인력이 고용되었다("농촌"에서 등록한 것은 총 0.263억 명의 인력을 고용).* 기업마다 평균 13명의 종업원을 고용하였다(『중국통계연감』 2007: 150 〈표 5-13〉). 2005년 이들 기업에 대한 여섯 번째(1993년 이래 2~3년마다 한 차례)의 상당히 계통적인 표본(1천 개 기업마다 하나씩) 설문조사에 근거하면, 그 가운데 겨우 1.13퍼센트만이 종업원 100명 이상의 규모를 갖춘 기업이었다.** 절대 다수는 종업원이 평균 13명인 소형 기업으로, 제조업 부문(38.2퍼센트), 소매와 요식 부문(24퍼센트) 및 "사회 서비스"(11.1퍼센트)와 건설업(9.1퍼센트) 부문을 포괄하였다. 이러한 비정규 인력의 절대 다수에게는 복지, 일자리 보장, 또는 국가 노동법규의 보호가 없다("중국사영기업연구

---

* 여기서 "도시"란 다시금 현 정부 소재지 및 그 이상을, "농촌"은 그 아래의 작은 도회지[鎭]까지를 포괄한다. 265쪽의 첫 번째 각주 참조.

** 2003년 연말 전국에는 이런 기업이 344만 개 있었다. 당연하지만, 미국의 언어 환경에서 상상하는 종류에 부합하는 중·대 규모 자본주의 기업도 매우 적다.

[中國私營企業研究]" 과제조[課題組] 2005).

당연하겠지만 사영기업 "취업인구"에는 소형 "자본가"로 간주될 수 있는 500만 명의 기업 소유자 및 높은 보수를 받는 고급 기술인력도 일부 포함되어 있다. 그러나 그 절대 다수는 의심할 나위 없이 보통의 종업원으로, 그 대우가 정규경제 종업원에 뒤떨어지는 취업인구이다.

"도시"에서 등록한 0.301억 명의 자영 개체호 취업인구에 "농촌"에서 등록한 0.215억 명의 개체호 취업인력을 더한 취업인구가 총 0.26억 개의 개체 단위에서 일을 하므로, 호당 평균 인원은 약 2.0명인 셈이다. 대다수는 등록 인원 자신과 한두 명의 친척·친구이다(『중국통계연감』 2007: 151 〈표 5-14〉). 이들 "자영" 인원에는 소상점, 작은 노점, 구형과 신형의 수공업자 및 그 견습생, 소식품상, 각종 수리 점포 등이 포함된다. 이러한 취업인구 대부분에게 복지와 일자리 보장이 없다는 것은 당연하다.

끝으로 그 수가 거의 1억 명에 이르는 미등록 상태의 비정규 취업인구가 있다. 기능과 일자리의 안정성 측면에서 그들은 한층 아래에 처해 있다. 많은 경우가 임시적인 인력으로, 보모, 자가생산 종사 인원(가령 재봉이나 의류 세탁 종사자), 운송 인력, 견습생, 행상 등이다. 전체적으로 말하자면, 이상의 세 가지 주요 비정규경제 유형(사영기업, 개체호, 미등록 인원)이 함께 하나의 취업 경관을 구성하고 있다. 그들은 보수가 낮고, 안정성도 낮으며, 복지 혜택은 없거나 적다. 국가 노동법규의 보호도 없다. 달리 말해서 우리가 말하는 비정규경제에 다름 아니다.

여기서 국가통계국과 이 장의 앞에서 채택한 "도시"의 범주가 협의의 "도시" 범주로, 단지 현 정부 소재지 이상의 도시만을 포함하며, 그 아래의 작은 도회지는 "농촌" 범주에 든다는 것을 밝힐 필요가 있다.

"농촌" 범주 안에도 "토지는 떠났어도 고향은 떠나지 않고" 본지에서 비농업에 취업한 노동자가 0.80억 명 있다. 이들은 일반적으로 "농민공"의 범주에도 포함되며, 이로부터 총 2.0억 명에 달하는 농민공 숫자가 나온다. 이들 "농촌"의 농민공에는 향진공업(2차 산업)의 노동자와 여러 종류의 서비스업(3차 산업), 예컨대 운수업(트럭, 소형 트랙터, 삼륜차, 자전거, 가축, 인력 등을 포함), 소매업(소상점, 노점, 행상 등), 사회 서비스(신·구형 수공업자, 이발사, 수리공 등)가 포함된다. 그들 역시 우리의 "비정규경제" 정의에 부합하는 것은 당연하다.

이밖에 거의 1억 명에 이르는 농촌의 비농업 취업인구가 있다. 〈표 8-2〉에서 보듯이, 그 중에는 위의 (현 정부 소재지 아래 작은 도회지의 "향진기업"에서 일하는) 0.8억 명 외에도 "농촌"의 "향진기업" 취업인구 0.668억 명 및 농촌 사영기업 인력 0.263억 명과 농촌 개체 취업인력 0.215억 명이 포함된다.

마지막으로 2.86억 명의 농업 취업인구가 있다(광의의 농업, 즉 농·림·목·어업을 가리킨다. 또한 『중국통계연감』에서도 주기^{注記}하였듯이 상업을 겸업하는 사람도 배제하지 않았다―『중국통계연감』 2007: 463 〈표 13-4〉).* 이들 농민을 우리가 정의한 비정규경제 안에 포함시킬 수 있음은 물론이다. 왜냐하면 그들은 정규의 복지 혜택과 노동법규의 보호를 갖고 있지 않기 때문이다. 그러나 그들 가운데 다수는 승포지^{承包地} 사용권을 갖고 있다. 따라서 일정한 일자리 보장을 갖고 있어 멕시코나 인도 같은 수많은 개발도상국가의 농민과는 다르

---

* 이 숫자는 "3대(大) 산업 분야별 취업인구" 가운데 "1차 산업"의 3.256억 명보다 작다. 후자가 농업을 겸업하는 일부 인원과 비농업 인원을 계산에 넣었기 때문이다.

다고 할 수 있다. 이는 당연히 마오쩌둥 시대 계획경제의 유산으로 일정한 사회보장 기능을 갖고 있다. 그러나 사람들은 일반적으로 토지로부터 낮은 보수를 획득할 수 있을 뿐이다(이는 말할 나위 없이 외지로 나가 품삯 노동을 하는 중요한 배경이다). 그들은 오래된 범주, 예컨대 "농민", "농업 취업인구", "1차 산업" 등의 범주를 써서 개괄할 수도 있다. 엄격히 말하자면, 비정규경제는 주로 도시 경제와 비농업 취업에 관련된 것이다. 만약 농업 및 농촌의 비농업 취업인구를 비정규경제에 산입하지 않는다면, 사실상 삼원三元의 분석 틀─농촌, (도시의) 비정규, 정규─을 사용하는 셈이 된다.

그러나 우리는 "농촌"의 취업인구를 비정규경제에 포함시킬 수도 있다. 그렇다면, 당연히 농업과 비농업 취업의 구분이 모호하게 된다. 그러나 차별성이 뚜렷한 일등과 이등 경제가 존재하는 중국의 실제를 더욱 잘 드러낸다는 장점이 있다. "일등"이란 도시의 정규경제에 속하는 1.149억 명을 가리킨다. 그들은 복지 혜택이 있고 국가 노동법규의 보호를 받고 있는 정식의 노동자로, 총취업인구의 15퍼센트이다. "이등"이란 그밖의 사람들로, 도시의 비정규 인원 및 농촌의 농업과 비농업 취업인구이다. 이들은 총취업인구의 85퍼센트를 차지한다.*

이상에서 서술한 비정규경제의 형상은 역사의 시각으로 이해할 수도 있다. 그것의 조성 유래 및 구성 요소는 주로 네 가지이다. 첫째는 1980년대 향촌공업화와 향진기업의 흥기이다. 둘째는 1980년대 후반 시작된 농민공의 대규모 도시 진입 취업이다. 셋째는 1990년대 중엽

---

* 우리가 만약 "농촌" 도회지(즉 현 정부 소재지 아래의 작은 도회지)의 "향진기업"에서 일하는 0.8억 명까지 광의의 도시 "농민공"과 도시 "비정규경제"에 포함시킨다면, 그 총수는 농민공 2억 명과 퇴직노동자 0.5억 명, 합계 2.5억 명이 되는데, 이는 도시 정규 직공의 2.2배에 달한다.

이후 국유와 집체 기업 직원의 대규모 퇴직 및 비정규경제에서의 재취업이다. 넷째는 1990년대에 시작된 비정규 사영기업과 개체호의 급속한 흥기이다. 1980년대 이래 비정규경제의 급속한 확대는 주로 이러한 변화들에 기인한 것이었다.

우리는 역사의 성격이 그다지 뚜렷하지 않은 또 다른 시각으로도 이 현상을 이해할 수 있다. 즉 마르크스(시장경제의 비판자로 간주할 수 있다)와 베버(시장경제의 찬동자로 간주할 수 있다)가 공통으로 사용한 "소자산계급"(원래는 주로 수공업자와 소상인을 가리킨다)이라는 계급 범주를 빌려서 분석할 수 있다. 그들은 1949년 이전의 중국에 광범위하게 존재하였다. 그 뒤로, 혹은 조직이 되거나, 혹은 새로 나뉘기도 하여, 거의 완전히 사라졌다. 그러나 개혁기에 이르러 다시 대규모로 등장하였다. 그들은 오늘날 도시와 농촌의 (등록·미등록) "상·공 개체호"의 주요 조성 부분으로 운수업, 소매업, 서비스업을 포괄한다. 그 가운데에는 구형舊型이 있을 뿐만 아니라 신형新型과 반半신형도 있는데, 그들은 "신新소자산계급"이라고 부를 수 있는, 즉 이른바 "화이트칼라" 직원과 더불어 흥기하였다. 후자는 주로 신형의 정규 서비스 부문에 보인다. 구형과 반半구형의 소자산계급은 특히 홀시되기 쉽다. 왜냐하면 마르크스주의에서건 신고전파 경제학에서건 간에 습관상 실물 생산품만을 중시하고 비非실물 생산품을 고려하는 경우는 보통 적기 때문이다. 신·구 소자산계급이라는 범주는 우리로 하여금 향촌공업과 도시공업의 확대 외에 신·구 서비스업의 흥기에도 주목하게 만든다. 그들이 흥기한 원인의 일부는 도시 노동자의 새로운 수요(염가의 물품과 서비스)에서, 또 일부는 농촌과 도시 경제를 연결하는 수요(자세한 내용은 다음의 제 9장 참조; 황쭝즈 2008b도 참조)에서 비롯한 것이다.

이상 서술한 경험 형상이 만약 기본적으로 정확한 것이라면, 우리
가 제기할 문제는 이렇다. 어떤 이론 틀을 써서 그것을 이해해야 하는
가? 어떻게 그것을 서술하고 구성할 것인가?

"이중경제" 이론과 미국 모델

1960년대 미국의 주류 발전경제학, 그리고 오늘날 중국 국내의 주류
발전경제학은 루이스^{W. Arthur Lewis}의 "이중경제" 이론이다.* 루이스는
개발도상국가(특히 아시아 국가)의 인구과잉이라는 사실에 착안하였
다. "무한한 인구 공급"은 루이스 이중경제론의 출발점으로, 이를 빌려
전통 농업부문과 근대 자본주의 공업부문을 구분하였다. 전자의 "임
금"은 입에 풀칠하는 수준을 맴돌지만, 후자는 자본 투입, 노동생산성
제고, 이윤 확대, 신용 증가, 더 많은 자본 투입, 더 많은 생산, 더 높은
이윤 및 더 많은 노동력 수요에 상응하여 발전한다. 이러한 발전에 수
반하여 근대부문은 갈수록 더 많은 농촌 과잉노동력을 흡수하고, 마침
내 더 이상의 과잉이 존재하지 않는 "전환점"(나중에 사람들은 "루이
스 전환점"이라고 불렀다)에 도달한다. 그 뒤에야 비로소 신고전파 경
제학에서 묘사하는 노동력(과 기타 생산요소의) 희소상태에 진입, 임
금이 그에 따라 빠르게 상승할 수 있다. 그러므로 경제발전은 기본적
으로 과잉노동력을 감소시켜 근대 노동시장에 통합해 가는 과정이다

---

* 나는 1958년 프린스턴대학(Princeton University)의 학부생으로서 루이스의
  수업을 수강한 적이 있는데(루이스는 몇 년 뒤에야 프린스턴대학 교수로 정식
  초빙되었다), 지금도 그 기억이 생생하다.

(Lewis 1954; Lewis 1955도 참조).[*]

루이스의 분석은 일반적인 고전경제학의 분석과 일정한 차이가 있다. 예컨대 1979년 그와 함께 노벨 경제학상을 받은 슐츠^{Theodore W. Schultz}는, 전통 농업경제에서도 노동력은 일종의 희소자원이며, 시장 메커니즘을 통해 최적의 분배에 도달할 수 있다고 주장하다. 그러므로 잉여노동력은 존재할 수 없다. 슐츠는 잉여노동력을 "한계생산성이 영霁에 가까운" 노동력으로 이해한다.[**] 또 다른 차이로, 슐츠는 (정확하게) 농업을 발전 잠재력이 있는 부문으로 보았다. 그는 루이스처럼 농업을 간단히 입에 풀칠하는 수준에 정체해 있는 부문으로 치부하지 않았다(Schultz 1964; 황쫑즈 2008a도 참조). 그러나 시장경제의 작동 및 그것이 추동하는 자본주의 발전에 대한 두 사람의 신뢰는 완전히 일치한다.

루이스의 분석 이론은 나중에 페이징한John C. H. Fei: 費景漢과 래니스Gustav Ranis에 의해 수학화("공식화")되어 한층 공고해지면서 더 많은 추진력을 얻었다. 페이징한과 래니스는 개발도상국가의 "과잉"노동력redundant labor을 특별히 부각시켰다. 그것은 너무 많아 비용에 대

---

[*] 많은 사람들은 루이스의 1955년 저서를 그의 "고전" 저작이라고 한다. 그러나 사실 그의 1954년 논문 「노동력 무한 공급하의 경제발전」이야말로 진정으로 영향력이 가장 큰 저작이다(Lewis 1954, 1955; 또한 Tignor 2006: 273 이하 참조).

[**] 그러나 노동력 과잉에 대한 루이스의 관점은 의심할 나위 없이 정확하다. 그는 "한계생산성이 영(霁)"인 노동력과 등치시키지 않는다. 문제는 루이스가 "내권형" 농업의 (한계생산성은 체감하나 영[霁]에는 이르지 않는) 작동 논리를 명료하게 파악하지 못하였다는 점이다(상세한 논의는 이 책의 제3장 참조; 또한 황쫑즈 2008a 참조).

한 대가를 치를 필요가 없는 노동력이기 때문에 근대 공업부문을 발전시킬 때 중요한 작용을 일으킬 수 있다. 이 논점은 말할 나위 없이 최근 30년 중국에 대하여 특별한 의미가 있다(Fei and Ranis 1964; Lin, Cai and Li 2003[1996]도 참조). 루이스의 모델은 나중에 토다로 Michael P. Todaro에 의해 확장되었다. 토다로는 "도시 전통부문traditional urban sector"이라는 개념을 더하여, 도시의 높은 실업률에도 불구하고 도시로 이주해 들어오는 수많은 이민의 동기는 실제의 고소득이 아니라 고소득에 대한 기대라고 생각하였다. 그러므로 그들의 행위는 여전히 "합리적"이다. 비록 당장이 아니라 먼 훗날의 소득이긴 하지만, 소득에 대한 합리적인 확률 계산에서 비롯된 것이다. 그 사이에 그들은 "도시 전통부문"에서 일을 하면서, 당분간 근대부문보다 낮은 대우를 받아들인다(Todaro 1969; Todaro 1989: 278-281도 참조).

중국 노동력의 상대적 과잉 및 1958년 이래 국가에 의해 강화된 도·농 이원 호구戶口 제도에 비추어 볼 때, 사람들이 이중경제를 중국의 실제에 특히 적합한 것이라고 여긴 것은 놀랄 일이 아니다. 나는 여기에서의 논의를 단지 차이팡蔡昉 선생이 최근 발표한 꽤나 긴 (『중국사회과학』의 주제 논문) 논문을 예로 들어 진행하기로 하겠다(차이팡 2007).*

---

* 차이팡(蔡昉)·린이푸(林毅夫)·리저우(李周)가 몇 년 전에 함께 쓴『중국의 기적[中國奇跡]』은 비교적 단순화된 논점을 제시하여, "전통" 계획경제가 노동력이 풍부한 중국의 "비교우위"를 적절히 이용하지 못한 것이 관건적인 요소라고 하였다(기실 페이징한과 래니스는 일찌감치 이 점을 더 정확하게 짚어냈다)(Lin, Cai and Li 2003[1996]). 장수광(張曙光)은 서평에서, 이 책이 너무 단일하게 발전전략을 강조하였고 제도경제학 이론을 충분히 고려하지 않았으며 극단적으로 계획경제를 완전 부정하였다(1950년대의 국가가 주권을 확립한 공

이 논문에서 차이팡은 루이스의 모델에 대하여 두 가지를 보충할 것을 제안하였지만, 그 핵심 관점은 기본적으로 수용하였다. 먼저, 그는 "인구 보너스" 개념을 덧붙였다. 즉 인구가 고출생률-저사망률에서 저출생률-저사망률로 전환하는 가운데 일정 시간 동안 생산에 종사하지 않는 소비인구(아동과 노인)의 생산인구에 대한 비율이 하락하여 루이스가 고려한 적이 없는 특수하게 유리有利한 조건을 형성한다. 다음으로, 중국의 이원 호구戶口 제도는 과거 이중경제의 현실을 반영하였으나 앞으로는 반드시 개혁하여 통합된 근대 노동시장을 향한 중국의 전환을 촉진해야 한다. 그러나 이 두 가지는 루이스의 기본 논점에 아무런 영향도 끼치지 못한다. 차이팡 본인도 그럴 의도가 없다. 실제로 차이팡은 루이스의 모델을 완전히 접수하여, 중국은 기실 이중경제로부터 통합된 노동력 시장을 향한 루이스의 "전환점"에 진입했다고 강조한다.

우징롄吳敬璉 선생은 차이팡의 관점에 거의 전적으로 동의한다. 다른 "주류" 경제학자들과 마찬가지로, 중국의 "삼농문제"는 오직 도시화를 통해서 근대 공업부문이 농촌의 과잉노동력을 흡수해야만 해결할 수 있다고 특별히 강조한다. 루이스나 차이팡과 마찬가지로, 그는 농촌경제를 기본적으로 정체한 부문으로 간주하고, 발전은 오직 도시의 근대부문에서 유래한다고 생각한다(우징롄 n. d.; Wu 2005: 제 3장). 이밖에 우징롄은 중국이 중·소형 사영기업에 의지해야 하며 과거 계획경제 시대에 생가했던 것과 같은 종류이 대규모 생산 단위에서 벗어나야 한다고 강조한다(우징롄 2002).*

헌에 대해서조차 고려하지 않았다)고 지적하였다.

* 구체적인 문제에 관한 우징롄 선생의 논의는 서로 다른 이론의 시각을 동시에

상술한 분석의 연장선상에서 차이팡은 또한 쿠즈네츠^{Simon Kuznets}의 이론을 인용하였다. 쿠즈네츠는 유명한 1955년 미국 경제학회 기조 강연에서 초기 경제발전 과정에서 사회불평등이 심화될 수 있으며, 발전의 미세파동이 외연에까지 미친 뒤에야 비로소 진일보한 평등을 이룩할 수 있음을 논증하였다(Kuznets 1955). (하지만) 차이팡은 쿠즈네츠의 경험 증거가 미국, 영국, 그리고 독일에서 나온 것임을 언급하지 않았다. 또한 당시 쿠즈네츠 본인도 그의 모델은 "5퍼센트의 데이터, 95퍼센트의 추측"이라고 지적하였다(차이팡 2007: 5, 10-11; Kuznets 1955: 4, 26).

이상에서 다룬 1950년대와 1960년대 미국의 주류 발전경제학 관점은 이른바 "삼대부문 이론^{three sector theory}"도 끌어다가 근대화 모델의 또 다른 이론적 지주로 삼았다. 이 이론은 초기의 뉴질랜드 경제학자 피셔(Allan G. B. Fisher 1935[1966]: 특히 32-34 참조)와 오스트레일리아 경제학자 클라크(Colin Clark 1940: 337-373)가 시작한 것이다. 두 사람은 먼저 선진국에서 "3차 산업"(서비스 부문) 흥기의 중요한 의미를 강조한다. 그들은 소득의 제고와 기본 물품 수요의 만족에 따라, 사람들의 여가시간이 늘어나 개인 서비스(예컨대 레저 분야) 수요가 지속적으로 확대된다고 생각하였다. 이러한 사고를 가장 간결하고도 명료하게 전개한 것이 프랑스 경제학자 푸라스티에^{Jean Fourastié}의 이론이다. 그는 경제발전이 농업 위주에서 공업 위주로, 다시 서비스업 위주로의 단선적인 진화 과정이라고 생각했다. "전

채용하여 경험과 긴밀하게 연결시킨 것이 많다. 최근의 한 가지 사례를 들면, 그와 장젠징(張劍荊)의 인터뷰가 있다(우징롄 2008b; Wu 2005도 참조). 그러나 그가 이중경제론에 기본적으로 동의한다는 것은 의심할 나위 없다.

통 문명"(예컨대 중세 유럽과 나중의 개발도상국가) 시기에는 "1차 산업"(곧 농업)이 취업인구의 70퍼센트(공업 20퍼센트, 서비스업 10퍼센트)를 차지하고, "전환 시기"에는 농업이 차지하는 비율이 20퍼센트까지 하락하고 공업은 50퍼센트, 서비스업은 30퍼센트로 상승하며, 마지막으로 "제3의 문명" 시기에는 농업이 10퍼센트로 추가 하락하고 공업이 20퍼센트를 차지하며 서비스업은 취업인구의 70퍼센트를 차지하기에 이른다(Fourastié 1949).

많은 중국 학자들, 예컨대 중산대학中山大學의 리장판李江帆 선생과 그의 중국3차산업연구센터[中國第三産業研究中心] 등도 이 "삼대부문 이론" 및 그 관점을 받아들였다. 리장판은 푸라스티에의 개념 틀을 거의 전적으로 받아들여, "3차 산업"이야말로 중국의 현재와 미래 발전의 관건이라고 강력히 주장한다(리장판 1994; 리장판 2005). 중국 국내의 주류 경제학에서는 상당히 보편적으로 이 관점을 인용한다(예컨대 우징롄 2005 참조).

이상의 주장은 경제학에 국한되지 않고 사회학 영역도 포함한다. 그것은 "현대사회"를 "올리브형" 사회구조와 동일시하는 개념에 집중적으로 체현되어 있다. 그 이론의 기원은 미국의 사회학자 밀즈C. Wright Mills가 1951년에 쓴 고전적 저작 『화이트칼라: 미국의 중산계급』이다(Mills 1956). 그 핵심 관점은 매우 간단하다. 당시 미국 사회는 정말 극적으로 "신新중산계급"이 최대 다수를 차지하는 사회로 변하고 있었다. 거기서 특히 두드러진 것은 20세기 전반 대규모로 확대된 "화이트칼라" 계층이었다. 이 관점으로 중국을 연구한 수많은 저작 가운데 루쉐이陸學藝 선생이 이끈 『당대중국사회계층연구보고當代中國社會階層研究報告』(2002)가 특히 두드러진다. 루쉐이는 중국 사회가 이미 이러한 궤도에 올랐으며, 전통적인 "피라미드형"의 불평등한 사회 구조로부터 현대의 "올리브형" 구조를 향해 빠른 속도로 전환 중이라고 생각한다. 중산계급은 매년 (사회 취업인구 비율에서) 1퍼센트의 속도로 확장 중에 있다. 2020년에 이르면, 38퍼센트에서 40퍼센트의 비율에 이를 것이라고 루쉐이는 예측한다(말할 나위 없이, 이러한 수억 명의 중산계급 소비자를 상정하였기에 다국적 기업들은 중국에서 대규모 투자를 서두르고 있다). 그 결론은 매우 명확하다. 경제발전에 수반하여 중국은 필연적으로 미국화되는 길을 따라 전진하고 있는 중이다(루쉐이 2002; 루쉐이 2003; 루쉐이 2007; 또한 황쭝즈 2008b의 논의 참조). 이것은 우징렌과 차이팡의 기본 관점이기도 하다(우징렌 2008a; 차이팡 2007).

현재 중국의 "주류" 경제학과 사회학의 관점은 기본적으로 미국화 또는 "미국 모델"이라고 말할 수 있다. 그것은 갈수록 높은 비율의 인구가 전통부문에서 근대부문으로, 농촌에서 도시로, 빈곤계층에서 중간계층으로 진입하여, 필연적으로 미국 모델을 향한 전환을 겪을 것이라고 예측한다. 이것은 바로 1960년대 미국 학계에서 주류의 지위를 점하던 관점이며, 당시에 이른바 "근대화 이론$^{modernization\ theory}$"의 핵심을 이루던 것이기도 하다. 서방 경험의 추상화로부터 출발하여 개발도상국에까지 확장한 것으로, 그것은 일정한 수정, 예컨대 농촌 노동력 과잉 및 단기 지체, 또는 루이스의 "이중경제"와 토다로의 "도시 전통부문"과 같은 것을 받아들였지만, 그 핵심 개념, 즉 시장이 추동하는 자본주의 발전이 필연적으로 결국 미국과 같은 전면적인 "근대화"를 가져온다는 것은 줄곧 바뀌지 않았다.

그러나 미국에서 이 근대화 모델은 신고전파 경제학 이론의 기본 전제와 함께 1960년대 이후 광범위한 비판의 표적이 되었고, 미국 학계에서는 근대화 모델을 거의 전적으로 부정하기에 이르렀다. 심지어 그것을 지적 수준이 낮은 관점으로 보기까지 하였다(아래에서 다시 논의). 그러나 그러한 발전경제학의 "혁명"은 1980년대와 1990년대의 "반反혁명"에 자리를 빼앗겼다. 신고전파 경제학이 미국 "신보수주의 Neo-Conservatism"의 흥기에 기대어 경제학계에서 패권적인 지위를 획득, 경제학 전체와 거의 동일시되는 정도가 되었다. 그 뒤로는 이라크에서 미국의 실패, 미국의 국제적 위신 하락, 그리고 2008년 금융위기 등에 따라 분명 쇠락하고 있다.* 이는 우리가 서술할 시간 순서를 건너뛴 관찰이므로, 아래에서는 1970년대와 1980년대로 돌아가서 근대화 이론에 대한 비판을 먼저 살펴보기로 하겠다.

"비정규경제"

이중경제 모델과 근대화론에 대한 최초의 비판은 이론가가 아니라 응용경제학자와 경제인류학자의 경험 연구에서 시작되었다. 사실 대다수의 개발도상국("제3세계")이 1960년대와 1970년대에 경험한 도시화의 규모는 근대 공업부문에서 흡수한 신규 취업인구를 훌쩍 초과한 것이었다. 농촌에서 도시로 유입한 인구는 기실 대부분이 근대부문이 아니라 전통부문과 근대부문의 중간지대로 진입하였다. 우리는 앞에서 토다로가 일찍이 이른바 "토다로 모델"을 써서 이러한 사실을 개괄해 보려 했음을 보았다. 그러나 나중에 제3세계 국가에서 현지대사를

---

* 나는 1966년부터 2004년까지 캘리포니아주립대학(University of California)에서 38년간 교편을 잡았다. 이러한 변화는 내가 직접 보고 경험한 것이라고 말할 수 있다.

실시한 연구자들이 제시한 "비정규경제" 개념이야말로 도시에서의 이러한 저질 일자리 취업을 더욱 정확하고 적절하게 개괄한 것이었다.

먼저 국제노동기구가 1972년에 내놓은 케냐에 대한 보고가 있다(ILO 2002). 그것은 48명의 연구자를 동원한 대규모 연구로, 영국의 저명한 발전경제학자 싱어^{Hans Singer}와 졸리^{Richard Jolly}가 주관한 것이었다(두 사람 모두 영국 서섹스대학^{Sussex University} 발전경제연구소에 자리를 잡았으며, 나중에 1994년과 2001년에 각각 영국 여왕 엘리자베스 2세로부터 작위를 받았다). 당시 케냐의 근대 기업은 외국인 투자를 낀 자본 집약적 기업이 많았기 때문에 (그 경제는 매년 6퍼센트의 속도로 성장하고 있었지만) 그 고용 인원은 매우 제한적이었다. 도시에서 취업한 인구는 기실 대부분 근대 정규부문에 취업한 노동자가 아니라, 비정규부문에 취업한 (조사자가 이름을 붙이기를) "근로 빈곤층^{working poor}"이었다. 여기에는 소규모의, 국가의 관리를 받지 않는, 심지어 국가 법규에 의해 억압을 받는 기업, 행상, 목수, 수리공, 요리사 등이 포함되며, 이들은 국가의 관리와 지원을 받는 대기업과 구별된다. 이밖에 매우 많은 비정규 인력이 "전통"이 아니라 "근대" 경제 활동에 종사하였다. 예컨대 기계 수리, 근대형 건축, 소매, 가구 제조, 택시 운전 등이 그것이다. 이러한 사실은 모두 "이중경제" 모델이 가정한 전통과 근대 두 부문의 대립과 이것에서 저것으로의 단순한 전환과는 부합하지 않는다. 이 때문에 보고서의 저자들은 당시 영향력이 매우 컸던 이중경제 모델을 채택하지 않고, 정규와 비정규라는 서로 구별되는 틀로 바꾸어 썼다. 그들은 정부가 비정규부문을 억압해서는 안 되며 기본적으로 그것의 발전과 취업에 대한 공헌에 기초하여 적극적인 지원에 나서야 한다고 강조하였다.

그 뒤로 경제인류학자 하트(Keith Hart: 나중에 캠브리지대학

Cambridge University의 아프리카 연구센터를 맡았다)의 가나에 대한 연구가 나왔다. 국제노동기구의 보고와 마찬가지로, 하트는 "비정규부문"이라는 범주를 사용하였고, 그 가운데 자영업자를 특히 부각시켜 남에게 고용되어 임금을 받는 사람과 구별해야 함을 강조하였다. 그가 수집한 데이터는 국제노동기구의 보고와 마찬가지로 이 부문의 방대한 규모와 저보수低報酬 상황을 드러냈다(Hart 1973).

그 뒤로 유사한 연구가 많이 나왔지만, 여기에서 특별히 언급할 필요가 있는 것은 네덜란드 경제인류학자 브레만Jan C. Breman의 인도에 관한 연구이다(Breman 1980). 이후의 사회경제사 연구는, 유럽에서조차 도시 노동자의 증가가 염가 물품과 서비스에 대한 수요를 형성하기도 했으며, 이는 "소자산계급"이 제공하는 경우가 많았고, "소자산계급"에는 "자영"의 "개체호"가 다수를 차지했다는 사실을 실증하였다. 그밖에, 전통경제와 근대경제의 연접은 도시에서 소상인, 수공업자, 서비스 인원, 운수 인원 등의 흥기를 추동하였다(자세한 내용은 이 책의 제9장; Crossick and Haupt 1995; Mayer 1975; 황쭝즈 2008b 참조).

국제노동기구는 전체 과정에서 중요한 작용을 하였다. 한편으로 전 지구적 범위에서 기본 데이터를 수집했으며, 다른 한편으로 비정규 노동을 위하여 "존엄한decent" 대우를 쟁취할 것을 선명하게 제창하였다. 위에서 이미 보았듯이, 제3세계 방면의 경험 정보와 데이터 축적이 정말 튼튼했다. 심지어 세계은행과 같은 기구도 "사회보호부문Social Protection Unit"("인간개발네트워크Human Development Network"에 소속)와 "사회발전분과Social Development Department"를 건립하고 수많은 연구 보고서를 작성하였다. 그들의 목적은, 그 조직 명칭에 드러나듯이, 바로 "사회보장", "인간 개발", 그리고 "사회발전"이었다. 이밖에 유누스Muhammad Yunus가 2006년 노벨 평화상을 수상한 것도 결코 우연이 아

니다. 그의 그라민^{Grameen} 은행은 줄곧 비정규경제 중에서도 가장 밑
바닥에 있고 가장 힘이 약한 사람들—방글라데시 농촌의 비농업 직종
종사 여성—을 위해 매우 중요한 금융 서비스를 제공해 왔다.

현재 중국에서는 비정규경제에 대한 관심이 여전히 부족하다. 무
게 있는 연구는 이제 막 나오기 시작한 정도이다. 그 가운데 후안강^胡
^{鞍鋼}과 자오리^{趙黎}의 연구(후안강·자오리 2006)는 특별히 언급할 가치
가 있다. 비록 간략한 연구이기는 하지만, 기본적인 가용 데이터를 정
확하게 정리해 냈기 때문이다. 이밖에 위에서 이미 보았듯이, 중국이
1998년에 설치한 노동사회보장부^[勞動和社會保障部]는 2002년에 국제노
동기구 회의를 주최하였고, 취업인구의 기술과 교육 수준을 제고하고
퇴직 노동자의 재취업을 돕는 일련의 프로그램을 적극적으로 시작하
였다. 그러나 문제의 규모에 비하자면 아직은 불충분하기 이를 데 없
다. 동시에 노동사회보장부(의 재정계획국) 주관 통계 프로젝트에도
정규경제와 비정규경제라는 개념은 없다(아래의 논의 참조).

이데올로기화된 이론 논쟁

국제노동기구가 내놓은 "비정규부문" 및 나중의 "비정규경제" 범주는
사실 중요한 이론적 함의가 있으며 개발도상국가는 근대 사회형태가
선진국과 다르다는 것을, 달리 말하자면 (서방의 일반) 이론의 시각에
서 보았을 때 나타나는 역설적 특성을 지적하였다. 그러나 이론적 논
쟁 속에서 가장 눈길을 빼앗는 위치는 금세 마르크스주의와 신고전파
경제학 간의 논쟁이 점령해 버렸다. "이중경제"에 도전장을 내민 이론
가 중에서 영향력이 컸던 것은 프랑크^{André Gunder Frank}였다. 그는 근

대화 이론을 거꾸로 뒤집고자 시도하여, 제국주의가 후진국가에 발전을 가져오지 않았을 뿐만 아니라, 그리고 도·농 간의 격차를 축소하지 않았을 뿐만 아니라, 오히려 "중심 도시"와 농촌 "위성지구" 간의 관계로 체현되는 "한 나라 안의 식민구조"를 만들었다고 주장하였다. 농촌의 경제는 절대로 "이중경제" 이론에서 구상한 것처럼 도시와 격절된 것이 아니라, 라틴아메리카가 미국에 종속하는 위성지구가 된 것과 마찬가지로 도시의 "종속^{dependency}" 지구가 되었다는 것이다. 제국주의는 근대화를 핑계로 댔지만, 그들이 초래한 결과는 실제로 종속성과 저발전이었다. 프랑크에 대하여 말하자면, 핵심적인 경제 논리는 마르크스주의의 "잉여가치" 착취, 즉 노동자가 창조한 가치와 그들에게 지급된 임금 간의 차이를 착취한 "잉여"이다. "종속성"이란 결국 농촌에서 도시, 그리고 위성국가에서 선진국으로의 잉여가치 착취와 유출을 말한다(Frank 1973).

신고전파 경제학 및 그로부터 파생된 이중경제 이론에 대한 프랑크의 비판이 약간은 이데올로기화된 것으로, 심지어 비난적인 것으로 보인다고 하다면, 월러스틴^{Immanuel Wallerstein}의 "세계체제이론"은 좀 더 객관적인 것일 수 있다. 프랑크와 달리, 월러스틴에게 제국주의란 어떤 국가나 어떤 사람의 악독한 의도에서 나온 것이 아니라 16~18세기 세계체제의 형성에서 기원한 것이다. 이 "세계 자본주의 체제^{world capitalist system}"는 결국 3개 지대, 즉 "중심" 지대("core"), "주변" 지대("periphery"), 그리고 "반半주변" 지대("semi-periphery")로 분화되었다. 잉여가치는 주변 지대로부터 중심 지대를 향해 흘러든다(반半주변 지대는 잉여를 취득하기도 하고 빼앗기기도 하는데, 전체 체제 안에서 양극분화를 제거하는 기능을 하여 체제 전체를 유지하는 데 협조한다). 월러스틴은 이러한 잉여의 이동이 결코 제3세계 노동자가 갈수록 빈곤해진다는 의미는 아니라고 지적한다. 사실 그들의 경제 상황은 나아지는 경우가 많다. 그러나 전 지구적 시야에서 보자면, 중심 지대와 주변 지대 간의 차이는 축소되는 것이 아니라 오히려 지속적으로 확대되고 있다(Wallerstein 1979).

마르크스주의경제학에서 유래한 프랑크와 월러스틴의 이론은 1970년대와 1980년대 발전경제학계의 "혁명"을 이끌었다. 그러나 그 뒤에는 신고전파 경제학의 (여기서 또 다시 토다로의 용어를 쓰자면) "반反혁명"에게 자리를 빼앗겼다. 학계의 이러한 반혁명은 당연히 구舊소련과 동유럽 공산당 정권의 와해 및 레이건(과 그 치하의 "레이거노믹스Reaganomics"), 아버지 부시와 아들 부시 대통령 재임 시기 시장근본주의의 득의양양한 패권에 힘입은 것이다. 혁명과 반혁명 간의 관건적인 차이는 염가의 외국 노동력 사용에 대한 이해이다. 전자는 착취로 생각하지만, 후자는 경제의 최적화를 이끄는 시장 메커니즘의 작용이라고 여긴다.

신新제도경제학은 신고전파 경제학의 "반혁명"에 수반되어 흥기하였고, 신고전파 경제학을 지탱하는 중요한 작용을 하였다. 그 주요 이론가에는 하이예크Friedrich A. Hayek와 코스Ronald H. Coase(두 사람 모두 시카고대학University of Chicago 교수) 및 노스Douglass North 등이 포함된다. 하이예크는 신고전파 경제학에 대한 강력한 비판으로부터 시작하여, 신고전파 경제학이 전제로 삼는 완전한 합리성, 지식, 정보 등은 모두 진실 세계의 개인 간에 존재할 수 없다고 지적하였다(Hayek 1948: 제 1·2·4장). 그러나 이 책의 앞으로 남은 몇 장에서 볼 수 있듯이, 하이예크의 최종 목적은 기실 신고전파 경제학에 대한 비판이 아니라 사회주의 계획경제에 대한 공격에 있었다. 그는 후자야말로 진정으로 "과학주의"의 가설을 극단으로까지 밀고 나갔다고 생각한다.

그의 결론은 불완전한 개인이 가격 메커니즘을 통해서 자유롭게 선택하는 것이야말로 이상 상태에 가장 가까운 경제 제도라는 것이다. 노동력의 합리적인 분배는 당연히 그 가운데의 한 측면이다(Hayek 1948: 제 6장; 또한 왕후이 2004: 하권 제 2부 1438-1492의 정치한 논의 참조). 말할 나위 없이, 이러한 시각에서는 (비정규경제의) 염가 노동력 사용을 착취의 개념으로 이해하는 것을 완전히 배제한다.

코스의 경우를 보면, 그 역시 신고전파 경제학을 비판하는 태도로 입론하였다. 그는 신고전파 경제학의 가설에서처럼 개인 기업가와 가격 메커니즘에 의존하는 것만으로 최적의 자원 분배를 달성할 수 없다고 생각한다. 그는 특히 경제 활동에 관련되는 "거래비용" 문제를 부각시켜, "기업the firm"과 재산권 법률의 발달이 바로 이 비용을 극소화하기 위한 것이었다고 생각한다(Coase 1988). 노스의 경우는 신고전파 경제학이 "국가"와 "제도"를 홀시했다고 비판한다. 그에 대해서 말하자면, "제도"가 가리키는 바는 최종적으로 기실 뚜렷하고 배타적인 재산권 법률에 불과하다. 경제사에 대한 그의 이론적 회고를 보면, 서방 국가에서와 같은 사유 재산권 법률이 있어야만 비로소 진정한 경제발전을 이끌 수 있다(North 1981). 코스와 노스는 둘 다 노동자 착취라는 개념을 배제한다.

그들 세 사람—하이에크, 코스, 노스—은 모두 국가가 시장에 간섭하고 복지를 제공하는 것에 조금의 주저함도 없이 반대한다. 그들은 비록 신고전파 경제학을 비판하고 있는 것처럼 보이지만, 모두가 시장 메커니즘에 대한 신념을 지키고 있다. 오직 자유 시장에서 개인이 효율의 최대화를, 회사가 이윤의 최대화를 추구해야만 비로소 자원의 최적 분배를 달성하고 최대 다수에게 최대의 이익을 안길 수 있다고 생각한다. 그들이 신고전파 경제학에 대하여 바꾼 것이라고는 배타적인 재산권이 있어야만 "거래비용"을 낮출 수 있고, 이로부터 경제 효율을 제고할 수 있다는 개념을 추가한 것에 불과하다. 끝으로 그들은 시장의 작동에 대한 국가의 간섭은 적으면 적을수록 좋다는 신고전파 경제학의 핵심적인 신념을 한층 더 강화한 데 지나지 않는다.

신제도경제학을 추수하는 많은 학자들에 대하여 말하자면, 이러한 이론은 단순한 신고전파 경제학에 비해 설득력이 더 높다. 왜냐하면 그것은 정치(와 법률) 제도까지 고려한 것으로 보이기 때문이다. 중국의 많은 경제학자들에 대하여 말하자면, 가공할 관료제도와 경직된 계획경제에 대한 깊은 반감의 발로로 신제도경제학은 처음부터 특수한 흡인력을 갖추었다. 시장경제의 혁신력을 강조하기 때문에, 사유 재산권을 제창하기 때문에, 그리고 국가 역할의 최소화를 주장하기 때문에, 중국의 많은 "주류" 경제학자들은 그것이 중국을 개혁하는 최고의 묘약으로 여긴다. 중국에서 그 영향력은 기타의 어떠한 경제학 유파보다도 클 것이다(예컨대 Wu 2005: 18-20 참조). 어떤 학자들은 물론 "제도"를 광의의 정치 "체제"와 국가 정책으로 이해하여 원래의 좁은 의미의 재산권 함의에 국한시키지 않는다(예컨대 판강 2008; 판강·천위 2005; 판강·후융타이 2005 참조). 어떤 학자는 다분히 의식적으로 그 이론을 이용하여 꽤나 민감한 정치개혁 문제를 논의하기도 한다.

그러나 이제 되돌아보건대, 원래 미국에서 벌어졌던 마르크스주의와 신고전파 경제학(과 제도경제학) 간의 논쟁은 기실 상당 부분 학술 연구보다는 정치와 이데올로기에 더 많이 관련된 것이었다. 쌍방 모두 냉전 시기의 이데올로기 투쟁에 말려들 수밖에 없었기 때문이다. 이 때문에 고전파경제학에 대한 하이예크의 비판—실제와 부합하지 않는 완전한 합리성과 지식, 균형 분석에 대한 지나친 집착, 이론 구상의 실제 대체, 수학 기술에 대한 지나친 의존—은 원래 설득력이 매우 컸지만, 결국에는 그의 계획경제에 대한 이데올로기화된 비판에 완전히 가려져 버렸다. 결국에 가서 그는 비판의 화력을 계획경제 쪽으로 집중시켰던 것이다. 우리는 케인스주의에서와 같은 간섭에 불과할지라도 국가의 간섭에 대한 공격이야말로 그가 가장 큰 관심을 두었던 목표였다는 것을 알 수 있다. 동시에, 제3세계의 염가 노동력에 대한 착취(와 원료에 대한 착취)를 지적한 프랑크·월러스틴의 자본주의와 제국주의에 대한 합리적 비판은, 결국 고의적이든 아니든 간에, 모두 시장경제를 완전히 거절하고 집권集權을 채택하는 계획경제의 논점과 동일한 것으로 치부되었다.

계획경제의 수많은 약점은 일찌감치 과거 공산주의 국가들의 시장화로의 전향에 의해 충분히 실증되었다. 의심할 여지없이, 계획경제는 방대하고도 경직된 관료체제를 낳았다. 구조적인 "연성예산제약soft budget constraints"이나 "부족의 경제shortage economy" 등과 같은 문제는 다시 말할 것도 없다(Kornai 1980). 노동가치설에 기초한 마르크스주의의 핵심 개념인 "잉여가치"의 경우는 가치에 대한 자본과 기술 및 시장 수급의 작용을 충분히 고려할 수 없었던 것으로 보인다. 실제로 마르크스주의경제학과 계획경제에 대한 부정은 오늘날 극단에까지 이른 것 같다. 어떤 논자는 심지어 계획경제가 중공업 발전, 유효한 의료와 교육 서비스, 노동자에 대한 공평한 대우 등 방면에서 이룬 성취마저 완전히 부정한다.

오늘날 신보수주의의 패권이 쇠락하고 사람들에게 1930년대 경제 "대공황"을 연상시킨 금융위기 이후 경제가 쇠퇴하는 현실에 직면하여, 아마도 우리는 더욱 뚜렷하게 신고전파 경제학의 맹점과 결함을 볼 수 있을 것이다. 오래 전 하이예크가 제기한 학술적 비판 부분은 정말 정곡을 찌른 것이었다. 이밖에 통제 없는 이윤 추구와 시장 메커니즘은 분명히 수많은 일탈행위를 촉발하였다. 재산권이 분명하든 않든 간에 마찬가지였다.* 신고전파 경제학에서 이상시하는 합리적 행위로는 분명 시장 자본주의가 역사상 여러 차례 드러낸 탐욕과 착취, 두려움과 공황(예컨대 19~20세기의 제국주의, 1930년대의 경제 대공황, 그리고 2008년의 금융위기)을 해석할 수 없다. 제도경제학은 신고전파 경제학에 재산권이라는 논점을 덧붙였다. 그러나 제도경제학은, 적어도 그 주류 이론의 전통에서는 역시 교조적으로 국가가 시장에 간섭하고 복지를 제공하는 것에 완전히 반대한다는 점에서 다를 바가 없다.

되돌아보건대, 마르크스주의와 신고전파 경제학 간 논쟁에서는 쌍방 모두가 이데올로기화의 편파성에 빠졌다. 냉전의 분위기 속에서 양자의 진정한 통찰은 각자의 이데올로기적 입장에 가려져 버렸다. 신고전파 경제학과 제도경제학은 시장경제와 사유 재산권이 기업의 창조력과 경쟁력을 촉발하며, 이 측면에서 계획경제보다 크게 우월하다고 지적하였다. 이는 의심할 나위 없이 정확한 것이었다. 마르크스주의경제학에서는 자본주의의 이윤 추구를 방임하면 일탈행위, 불평등, 노동자에 대한 학대를 초래하며 과거의 제국주의가 그러했고, 오늘날 글로

---

* 예컨대, 미국의 증권거래위원회(Securities and Exchange Commission) 위원장 콕스(Christopher Cox)는 위원회의 감독 계획에 "처음부터 기본적인 문제가 있었다."고 공개적으로 인정하였다. 왜냐하면 위원회는 "투자은행이 원한다면 감독 대상에서 벗어나는" 것을 허용했기 때문이다(*New York Times*, 2008년 9월 26일). 또한 연방준비제도이사회(FRB)의 전임 의장 그린스펀(Alan Greenspan)은 십여 년간 "의회 또는 월 스트리트에서의 파생금융상품에 관한 조사는 어떤 것이든 맹렬하게 반대하였다"(*New York Times*, 2008년 10월 9일). 10월 23일 의회 청문회 석상에서 그린스펀은 확실히 자신이 과거에 시장의 자율능력을 지나치게 신뢰하였다고 인정하였다(*New York Times*, 2008년 10월 24일).

벌 자본도 그렇다고 지적하였다. 이 또한 의심할 나위 없이 정확한 것이다.

경험 현실에 대한 오도

중국의 주류 경제학은 아무런 주저도 없이 신고전파 경제학과 미국 모델을 받아들였다. 이는 관련 데이터의 서술에도 영향을 끼쳤을 뿐만 아니라 어떤 데이터를 수집하고 어떤 데이터를 수집할지 말지도 결정하였다. 비정규경제에서 노동자에 대한 불평등 대우는 존재하지 않는 것으로 치부된 것과 다름이 없었다. 예컨대『중국노동통계연감』에서 "도시 소재 단위 취업인구 평균 노동보수"와 "전국 평균 노동자 임금" 수치는 각각 20,856위안과 21,001위안이다. 이는 정규와 비정규 인력의 보수가 매우 접근해 있다는 잘못된 인상을 풍긴다(『중국노동통계연감』2007: 52 〈표 1-28〉; 82-83 〈표 1-43〉). 실제로 이들 데이터는 주로 정규 노동자, 다시 말해서 도시 취업인구 2.83억 명 가운데 겨우 1.15억 명에 관한 것일 뿐이다. 소재 단위에서 정식으로 보고한 소수(모두 합해서 겨우 수백만 명)의 임시노동자만 고려했을 뿐, 정규 기업 프로젝트의 하청을 맡은 비정규 (등록) 사영기업 혹은 개체호의 인력은 전혀 포함시키지 않았다. 미등록의 농민공과 도시 비정규 인원은 말할 나위 없다(『중국노동통계연감』2007: 2 〈표 1-1〉; 24 〈표 1-14〉;『중국통계연감』2007: 135 〈표 5-6〉; 142 〈표 5-9〉). 우리가 이미 보았듯이 2004년 농민공의 평균 노동보수는 겨우 매월 780위안, 즉 매년 9,360위안으로,『중국노동통계연감』에서 말하는 16,159위안의 "전국" "평균 보수"에는 크게 미치지 못한다.

　『중국노동통계연감』에 실린 매주 노동시간 데이터도 마찬가지이

다. 나열된 데이터에 근거하면, 각 연령과 교육 수준의 매주 노동시간
은 모두 평균 40시간에서 50시간 사이에 끼어 있다(『중국노동통계연
감』 2007: 119 〈표 1-68〉). 이것이 「총보고」에서 산출한 매일 평균 11
시간, 매주 6~7일이라는 사실을 은폐하고 있다는 것은 당연하다. 후자
는 중국의 일반 국민도 잘 아는 사실이거니와, 수많은 소규모 연구소
에서 산출한 결과이기도 하다(앞의 266쪽의 각주에서 언급한, 베이징,
허페이, 우한 등 도시에 관한 연구 참조).

 "3차 산업"에 관한 통계 데이터 역시 우리를 오도할 수 있는 성격
의 것이다. 개념상 국가통계국은 이 지표를 "1차와 2차 산업 이외의 기
타 직업"으로 정의하였다. 그 하위 구분은 다음과 같다. 교통·운수·창
고·우편, 정보 전송, 컴퓨터 서비스와 소프트웨어, 도매와 소매, 숙박
과 요식, 금융, 부동산, 임대와 비즈니스 서비스, 과학 연구, 기술 서비
스와 지질 조사, 수리 환경과 공공시설 관리, 주민 서비스와 기타 서비
스, 교육, 위생·사회보장·사회복지, 문화·체육·오락(원래의 교육·
문화·예술과 라디오·영화·텔레비전은 현재 교육으로 분류), 공공 관
리조직과 사회조직(원래의 국가기관·정당기관·사회단체)(『중국통
계연감』 2007: 135-137 〈표 5-6〉; 131 〈표 5-4〉). 이들은 거의 전부
가 상당히 "근대"적인 범주로 들린다. 예컨대 정보기업(IT), 부동산, 금
융, 대학과 연구 기관, 텔레비전과 영화, 그리고 당·정 국가 공무 인
원 등은 거의 전부가 "화이트칼라" "신新중산계급"의 이미지에 부합한
다. 따라서 리장판 등의 경제학자들이 아무런 주저 없이 "3차 산업" 전
체를 가장 선진적인 산업으로 인정한 것도 이상한 일은 아니다(리장판
1994; 리장판 2005).*

---

* 국가통계국은 1985년부터 4개 층위(등급)의 구분법을 채용하기 시작했다. 유
  통 부문의 운수·상업·요식업 등을 첫 번째 층위로, 금융·보험·부동산·주민

이들 통계 데이터는 게다가 정규경제에 국한되어 있다. 그 가운데 약 0.60억 명이 서비스 부문에 속한다(약 0.50억 명은 2차 산업, 주로 제조업과 건축업에 속한다). 그러나 이는 서비스업에서 일하는 농민공 0.56억 명과 대다수가 서비스 부문에서 일하는 0.50억 명의 비정규 취업 도시 주민을 완전히 간과한 것이다. 이렇게 비정규의 보모, 환경 미화원, 쓰레기 운반 인원, 배달 인원, 요식과 숙박 서비스 인원, 행상 등을 정보 기술 인원, 고급 연구 인원, 공무원 등과 한데 섞어 취급하다 보니, "3차 산업" 전체를 "화이트칼라"나 곧 화이트칼라로 바뀔 인원으로 상상하기 십상이다.

그 결과 노동사회보장부는 비정규경제에 대한 홀시를 통해서 고의든 아니든 간에 사실을 왜곡해 버렸다. 명의상 국제노동기구와 파트너가 되는 기관이 이러한 오도 행위를 저질렀다는 것은 정말 아이러니이다. 오늘날 국가는 이 방대하고도 계속 확장되고 있는 비정규경제 관련 데이터를 더욱 계통적으로 수집해야 마땅하다. 그래야만 비로소 중국 사회·경제의 실제가 통계 자료 속에 체현되도록 할 수 있다.

계통적인 통계 자료의 결핍은 시장근본주의와 근대화주의의 도그마에서 유래한 이론과 결합하여 이론상의 희망으로 실제를 대체해 버리는 중요한 원인이 되었다. 바로 이로 인해 사회학계의 지도적 인사들은 상당히 자세하고도 확실한 농민공 연구의 성과를 장악하고 있음에도 불구하고 여전히 중국 사회가 이미 "현대"적인 "올리브형" 구조에 진입하였다는 입장을 견지한다. 또한 화이트칼라 신新중산계급이 2020년에는 전 인구의 38~40퍼센트에 도달할 것이라고 예측한다. 이

___

서비스 등을 두 번째 층위로, 교육·문화·방송·텔레비전·과학연구 등을 세 번째 층위로, 국가와 정당 기관을 네 번째 층위로 삼았다. 2003년에 위에서 논의한 새로운 구분법으로 바꾸었다(리장판 2005: 14).

러한 예측은 비정규경제가 이미 보잘것없는 숫자로부터 폭발적으로 증가하여 도시 취업인구의 60퍼센트 가까이를 차지하기에 이르렀다는 사실을 완전히 간과하는 것이다. 그 확장 속도는 그들이 시뮬레이션으로 추정한 "중산계급"의 빠른 확장 속도보다 훨씬 더 빠르다. 전국의 비농업 취업 범위 안에서, 그것은 오늘날 이미 정규경제 인원의 2.2배에 달한다.

여기서 루이스 전환점 문제를 간단히 생각해볼 수 있다. 중국 정규부문 취업인구는 30년의 개혁을 거친 뒤임에도 2천만 명(0.20억 명) 증가한 데 불과하다. 즉 1978년의 0.95억 명에서 2006년의 1.15억 명으로 늘어났을 뿐이다.* 루이스의 전환점에 도달하려면, 즉 모든 잉여노동력을 근대부문에 들이려면 아직도 1.68억 명의 비정규경제 취업인구 및 1.50억 명의 농촌 잉여노동력을 흡수해야 한다(「총보고」의 추산에 근거). 달리 말하자면, 정규부문 취업인구를 최근 30년 증가폭의 16배만큼이나 늘려야 하는 것이다. 이는 정말 말처럼 쉬운 일이 아니다. 그뿐만 아니라, 비정규의 향진기업에 취업한 0.80억 명, 농촌에서 비농업에 취업한 1억 명 이상, 저보수의 농업에 취업한 1.50억 명 등이 또 있다. 전체 취업인구를 단기간 내에 하나의 통합된 단일 근대 정규경제 부문에 완전히 진입시킬 수 있다는 주장을 견지한다면, 그것은 실로 일종의 신화를 만들고자 하는 것이다.

오늘날 중국의 사회구조는 분명 올리브형과 거리가 매우 멀다. 기실 플라스크형과 더 비슷하다. 가장 위에는 국가의 상·중층 관료, 자

---

* 말할 나위 없이, 이들 데이터는 대량의 퇴직 인력을 반영한 것이다. 그러나 설사 새로 취업한 총 0.80억 명만 산입한다고 하더라도, 그것은 흡수되어야 할 전체 인력의 4분의 1에 불과하다. 하지만 이것은 30년의 "기적"적인 성장을 거쳐서 겨우 이룩한 것이다.

본가 및 고급 기술인력이 있는데, 근년 들어 그 인수가 확실히 증가하였으므로 이미 단순한 "피라미드"형은 아니라고 말할 수 있다. 그러나 그 하층 부분에는 1.68억 명의 도시 비정규경제 인원, 3억 명의 농업 인원, 0.8억 명의 "농촌"(현 정부 소재지 아래 작은 도회지) 비농업 취업인구, 그리고 1억 명에 이르는 농촌의 기타 비농업 취업인구 등 모두 합해서 전국 취업인구의 85퍼센트가 포함되어 있다. 중국이 직면하고 있는 난제는, 어쩌면 이러한 구조가 장기적인 사회 모형이 될 수도 있다는 것이다. 즉 그 가운데 소수를 점하는 고소득 근대부문이, 장기간에 걸쳐 대다수를 점하는 저소득 비정규경제와 농업부문의 머리 위를 짓누르게 될 수 있는 것이다.

중국의 인구는 물론 근년의 경제발전에서 유용한 자원이었지만 무거운 부담이기도 하다. 그 규모는 너무나 크고, 미국과는 너무나 다르다. 중·단기적으로 농업 취업인구의 비율이 미국의 경우처럼 총취업인구의 1.6퍼센트(2004년)까지 축소될 가망은 전혀 없다. 방대한 인구가 초래한 대량의 농업 종사인구와 잉여노동력은 앞으로도 오랜 기간 동안 중국의 기본 국정國情이 될 것으로 보인다.

어떤 독자는 어쩌면 이른바 "동아시아" 모델과 "네 마리 작은 용" 모델은 어떠냐고 물을지도 모르겠다. 일본, 타이완, 한국 등은 인구의 밀집성(과 문화)에서 중국 대륙과 기본적으로 비슷하지 않은가? 그러나 그들은 이미 성공적으로 선진국이자 올리브형 사회로 바뀌지 않았는가? 여기서 다시금 지적해 할 점은 문제의 규모가 완전히 디르다는 것이다. 특수한 역사적 원인으로 인해, 오늘날 일본의 농업 종사인구는 취업인구 전체의 겨우 4.5퍼센트를 차지한다. 중국과 일본의 차이는 중국과 미국의 차이와 기본적으로 같다. 타이완의 6.6퍼센트 또는 한국의 8.1퍼센트도 중국 대륙과는 거리가 매우 멀다(싱가포르나

홍콩과 같은 도시국가는 더 말할 나위 없다) (『중국통계연감』 2007: 1002, 1020). 인구 부담의 규모와 경제의 대소로 보건대, 타이완과 한국은 기실 상하이 시 및 그 근교와 더 비슷하지, 실로 중국 전체와는 함께 논할 수 없다. 타이완·한국과 상하이 시를 비교하는 것이 진정으로 적절한 비교이지만, 그들과 전 중국을 비교하는 것은 적절하지 못한 것이다. 말할 나위 없이, 노동력의 공급량은 비정규경제 규모와 비율 및 그 장기성을 결정하는 관건적인 요소이다. 이러한 각도에서 말하자면, 국제노동기구가 연구한 인도와 인도네시아가 중국에 대해서는 미국과 "네 마리 작은 용" 모델보다는 더욱 관련성이 있다. 당연하겠지만, 중국은 미래에 어쩌면 노동력 과잉 문제를 해결할 수 있을지도 모른다. 그러나 지금 이 순간 우리에게 필요한 것은 진실 문제에 직면하는 것이지, 그것이 존재하지 않는다거나 반드시 매우 빨리 사라질 것이라고 상상하는 것이 아니다.

이 모든 것은 절대로 비정규경제를 폄하하려는 의도가 아니다. 의심할 나위 없이 그것은 취업 기회가 없었던 수많은 사람들에게 기회를 제공하였다. 그것은 농민에게 비농업 취업을 통한 소득원을 부여함으로써 농민의 총소득을 제고해 주었다. 동시에 2억 명의 농민공 및 0.5억 명의 도시 비정규 인원이 국민경제 전체의 발전에 매우 중대한 공헌을 하였다는 것도 말할 나위 없다. 이밖에 우리는 가장 고도로 발전한 도시에서 비정규 취업의 보수가 이미 일정 정도 상승하였다는 것도 알 수 있다. 우리에게는 이상의 어떠한 논점도 부정할 이유가 없다. 기실 국제노동기구, 세계은행의 "사회보호부분" 및 후안강·자오리 등의 연구 모두가 이미 비정규경제의 이러한 적극적 측면을 강조한 바 있다.

그러나 이것이 비정규경제 취업인구가 여전히 불공평한 대우를 받고 있다는 사실을 바꾸지는 않는다. 그들 대다수는 표준 미달의, 또는 비인도적인 노동조건 아래 정규경제에서보다 현격히 낮은 보수(게다가 복지 혜택 결핍)를 얻기 위하여 일을 한다. 바로 이러한 까닭에 국제노동기구와 세계은행의 "사회보호부문"은 모두 비정규 인력 노동조건의 제고를 주요 목표로 삼고 있는 것이다. 그들이 제창하는 것은 간단한 요구이다. 즉 존엄성 있는 취업조건이 그것이다. 이것은 사회평등에서 나온 것일 뿐만 아니라 지속가능한 발전을 고려한 데에서 나온 목표이다. 심각한 사회불평등과 이렇게 많은 노동자에 대한 불공정한 대우는 비인도적일 뿐만 아니라 비경제적이기도 하다. 비정규 취업의 대우를 제고하는 것은 노동자에게 이익을 줄 뿐만 아니라 그 생산성도 제고할 수 있으며, 아울러 국내 소비수요를 확대함으로써 국민경제의 발전을 추동할 수 있다.

이상의 두 가지 생각은 기실 서로 배척하는 것이 절대로 아니다. 저 보수와 불평등한 대우는 국가에 사회평등 조치를 취할 것을 요구하며, 기업의 창의적 잠재 능력은 국가에 그 발전을 지원해 줄 것을 요구한다. 국가 노동조합 조직을 통해서 농민공의 기본 권리를 보호하여 그들로 하여금 가장 열악한 착취(가령 광업에서의 비인도적 대우 및 각 업종에서의 임금 체불)를 받지 않도록 하는 것을 하나의 예로 들 수 있다.* 도·농을 격리시키는 호구戶口 제도의 철폐도 또 하나의 예로 들 수 있다. 국가 노동법규의 보호를 제공하는 것도 그렇다. 금융과 신용 대출 조건을 제공하여 비정규 기업의 발전을 자극하는 것도 그렇다. 의약·교육 등 공공복지를 제공하는 것도 그렇다. 이 모든 것은 국가의 관제나 통제를 요구하지 않는다. 국가의 직접 경영이나 명령은 더욱

---

* 전국총공회(全國總工會)는 2008년 6월 말까지 농민공 회원이 6,500만 명 증가했다고 주장하였다(전국총공회 2008).

요구하지 않는다. 제도적 장애물을 제거하고 일탈행위를 억제하며 복지와 서비스를 제공할 것을 요구한다. 달리 말하자면, 극히 심각한 정도의 통제·흡취형 국가로부터 봉사형 국가로의 전환을 요구하는 것이다. 우리는 이런 생각을 농촌과 농업으로 연장할 수도 있다(자세한 내용은 이 책의 제5장 참조; 황쭝즈·펑위성 2007도 참조).

이데올로기화된 신고전파 경제학과 실제에 더 부합하는 비정규경제론 간의 차이는 다음과 같다. 전자의 최종 관심은 모종의 이론 논리이지만, 후자의 경우는 경제발전의 실제에 관심을 두면서 사회평등을 아울러 돌본다. 학술 자체만이 아니라 그 응용도 중시한다. 전자는 이론 모델로 실제를 대체하지만, 후자는 현실 문제를 직시하면서 그에 대한 행동에 나설 것을 요구한다. 전자는 우리로 하여금 비정규경제를 홀시, 심지어 배척하게 만들지만, 후자는 그에 대한 평등한 대우와 적절한 지원을 요구한다.

이데올로기를 벗어던지며

신고전파 경제학의 미국 모델은 가장 기본적인 교조가 시장근본주의이다. 즉, 시장에 대한 국가의 감독과 간섭은 적으면 적을수록 더 좋다는 것이다. 자유로운 시장의 메커니즘 자체는 최적화와 최고 효율을 이끌어내고 경제발전을 추진할 수 있다. 최대 다수의 사람들에게 최대의 이익을 가져다줄 수 있다(신보수주의에 대해 말하자면, 자유주의 민주제도를 이끌어낼 수도 있다). "이중경제론"에서는 이 모든 것을 의심하지 않았다. 다만 개발도상국가는 전통부문의 노동력 과잉으로 인해 조금 뒤쳐져 있다는 내용을 덧붙였을 따름이다. 발전은 농업에서 공업을 거쳐 서비스업에 이르는 순서로 나아간다는 "삼대부문" 이론과 사회구조는 장차 피라미드형에서 올리브형으로 진보한다는 이론은 단지 동일한 모델을 한 걸음 더 천명한 것에 지나지 않는다.

신新제도경제학, 적어도 그 주류 이론에서 이 모델의 국가 제도에 대한 기본적 입장을 다시금 확인할 수 있다. 국가는 법률을 통해서 뚜렷하고도 고효율적인 사유 재산권을 확립하여 시장경제를 위한 "제도" 환경을 조성해야 한다. 그 외에는 시장의 작동에 간섭해서는 안 된다. 특히 사회평등에 개입해서는 안 된다. 그 기본 신념은 여전히 신고전파와 다름이 없다. 즉, 시장 메커니즘을 통해서 개인의 이익 최대화와 회사의 이윤 최대화를 이성적으로 추구해야 한다. 이는 가장 훌륭한 경제 모델이며 대다수의 사람들에게 이익을 안길 수 있다.

그러나 비정규경제의 현실은 이러한 논리에 부합되지 않는다. 대다수의 개발도상국가에서, 특히 중국과 인도와 같은 국가에서 노동력은 의심의 여지없이 (상대적으로) 과잉상태에 있다.* 그러한 상황에서 시장과 이윤 최대화의 논리는 분명 기업으로 하여금 가능한 한 임금을 시장 메커니즘이 허락하는 최저 수준으로 억제하게 만들고, 아울러 노동시간을 노동자가 감내할 수 있는 한도에서 최대한 늘리게 만든다. 노동력 과잉—「총보고」의 추산에 근거하면 중국 농촌에는 여전히 1.5억 명의 과잉노동력이 있다—과 국가 법규의 제약이 없는 상황에서 과연 어떤 방직회사나 요식업소가 더 높은 임금을 지불하거나 더 적은 노동시간을 받아들이겠는가? 이것이야말로 비정규경제의 취업인구가

---

* 이 점에서는 루이스가 의심할 나위 없이 정확하다. 그러나 이는 결코 "노동력의 한계생산성이 영(零)"이라는 것과 결코 같지 않다. 우리가 여기에서 말하는 것은 상대적 과잉이지 절대적 과잉이 아니다.

정규경제의 인원보다 평균 1.5배의 시간을 일하면서도 정규경제 인원의 60퍼센트에 해당하는 임금밖에 받지 못하는 이유이다. 게다가 이는 복지 혜택에서 양자의 차이를 고려하지도 않은 것이다. 잉여노동력이 방대한 중국에 대하여 말하자면, 이러한 상황이 장기간 지속될 가능성이 높다는 것이 문제이다.

오늘날 우리는 이론 쌍방의 진정한 통찰과 그 이데올로기화된 편견을 구별해야 할 것 같다. 신고전파 경제학과 제도경제학에서는 시장과 사유 재산권이 기업의 혁신 동력과 경쟁을 격발할 것이라고 생각한다. 그것은 의심의 여지없이 정확한 것이다. 그러나 시장이 모든 사회·경제 문제의 만병통치약이라는 신보수주의의 굳건한 믿음은 확실히 잘못된 것이다. 시장주의의 극단화 추세는 사실상 이미 세계 경제를 대공황 이래 가장 심각한 위기로 몰아 넣었다. 중국의 비정규경제에서 비인도적인 노동조건은 같은 추세로부터 유래한 것이기도 하다. 유누스가 지적하였듯이, 신고전파 경제학은 기업가를 오직 이윤의 최대화만 추구하는 것으로 그리며, 사실도 그러할 뿐만 아니라 마땅히 그러해야 한다고 본다. 왜냐하면 그러해야만 비로소 시장 메커니즘과 결합하여 경제가 최고 효율을 향해 나아갈 수 있기 때문이라는 것이다. 그러나 기실 이는 탐욕행위를 고무하는 것으로, 일종의 자기실현적 예언과 거의 다름이 없다(Yunus 2006).

동시에 자본주의의 이윤 추구가 엄중한 불평등과 착취를 조성할 수 있다는 마르크스의 지적도 역시 의심할 나위 없이 정확한 것이었다. 그러나 공산주의 국가는 과거에 시장경제를 완전히 거부하고 전적으로 계획에만 의존하여 거대한 관료제도와 경직된 경제를 조성하였다. 이것이 인정해야만 하는 사실이라는 것도 더 말할 나위 없다.

역사적 실제로서의 미국 경제는 기실 그 어떠한 단일 이데올로기의 산물도 아니다. 단순히 완전한 방임에서 나온 것도 아닐뿐더러 국가의 간섭에서 나온 것도 아니다. 경제 대공황 이후 시장주의는 국가의 복지 조치와 제도에 자리를 내주었다. 현재의 금융위기 역시 국가의 대규모 간섭을 초래하였다. 실제로 미국 경제는 주로 자유시장 이념과 국가가 간섭하는 사회평등 이념 쌍방이 장기간에 걸쳐 밀었다 당겼다 하면서 서로를 움직이고 서로에게 영향을 끼침으로써 만들어진 것이다. 역사의 실제와 실천으로서 그것은 단순히 이것 아니면 저것인 적이 없었다. 바로 이러한 까닭에, 오늘날 미국 경제는 금융위기로 인해 대규모의 경제적 재앙에 빠져드는 사태를 그래도 피할 수 있었는지 모른다. 우리는 신고전파 경제학과 마르크스주의경제학이 모두 탈脫이데올로기화를 필요로 한다는 것을 인정해야 할 것이다. 그래야만 비로소 쌍방이 담고 있는 정확한 견해를 드러낼 수 있다.

　중국의 비정규경제는 양자의 차이를 아주 잘 보여준다. 자유시장주의자는 비정규경제의 취업 기회 제공 기능과 그것이 보여준 혁신력과 기업의 잠재 능력을 찬양한다. 이는 의심할 여지없이 정확한 것이다. 그들은 국가가 비정규 기업을 억압하거나 지나치게 통제해서는 안 된다고 생각한다. 이 역시 정확한 것이다. 그러나 그들 가운데 이데올로기화한 논자는 국가가 그 어떠한 사회평등 조치를 취하는 것에도 반대하며 시장 메커니즘이야말로 최대 다수의 최대 이익에 도달하는 최선의 길이라고 생각한다. 이는 확실히 잘못된 것이다. 마르크스주의자에 대하여 말하자면, 그들은 농민공에 대하 불평등하고 비인도적 대우를 지적한다. 이는 분명 정확한 것이다. 그들 가운데 적잖은 사람들이 공공서비스와 사회복지 제공은 국가의 의무라고 생각한다. 이 또한 정확한 것이다. 그러나 그들 가운데 고도로 이데올로기화한 논자는 비정규 경제를 엄격히 통제하거나 단속할 것을, 심지어는 관료 경영이나 통제

경제command economy로 회귀할 것을 요구한다. 이는 의심할 바 없이 잘못된 것이다. 국가기구는 계획경제 아래의 극단적으로 무거운 부담이 되는 흡취·통제형 국가로부터 봉사형의 국가로 전환할 필요가 있다. 동시에 일정한 정도 안에서 "발전형 정부"가 되어 경제발전에 적절히 개입할 수도 있을 것이다.

우리가 만약 이데올로기를 벗어던질 수 있다면 해답은 상당히 단순해질 수 있다. 즉 시장의 동력과 혁신에서 오는, 그리고 국가의 (시장의 일탈행위에 대한) 감독·지원과 평등을 적절히 결합하는 것이다. 후자는 민영의 사회평등 조직을 거부한다는 의미가 아니다. 단지 국가와 민영 부문의 협력으로 공공서비스와 사회복지의 제공을 보증해야 한다는 의미일 뿐이다. 유누스는 인류의 숭고한 이타 정신이라는 일면에 희망을 걸면서 자신의 이익이 아니라 타인을 위하는, 이른바 "사회적 기업"을 제창한다(Yunus 2006). 그러나 우리는 다른 논리의 도움을 빌릴 수도 있을 것이다. 즉, 사유 시장경제가 격발한 혁신 동력을 성공적으로 이용하고자 한다면, 국가가 시장을 적절히 감독하고, 공공서비스를 제공하며, 사회평등을 보증할 필요가 있다.

비정규경제를 위하여 사회평등 조치를 취한다는 것은, 당연히 평등을 위하여 경제발전을 희생시킨다는 의미가 아니다. 많은 학자들이 이미 지적했듯이, 사회평등은 사회·정치적 안정성의 관건적인 요소이다. 따라서 지속가능한 발전의 관건적인 요소이기도 하다. 국가의 사회평등을 위한 간섭과 시장의 혁신 동력을 적절하게 결합하는 것은 국제노동기구와 유누스가 노벨 평화상을 받은 진정한 의의, 즉 전 세계의 노동자를 위하여 "존엄성 있는" 노동조건을 쟁취하는 것으로 이해할 수 있다. 이것은 아마도 "사회주의 시장경제"에 마땅히 있어야 할 내용이기도 할 것이다.

제9장

중국의 소자산계급과 중간계층
: 역설적 사회형태

중국의 사회형태는 단순히 "중산계급"이 최대 다수를 차지하는 "미국 모델"을 차용하여 이해해서는 안 된다. "무산계급"이 최대 다수를 차지하는 고전적인 마르크스주의 모델과 동일시해서도 안 된다. 중국의 사회 실제와 양대 모델의 결정적인 차이는 중국의 소자산계급에 있다. 농민과 상공업 자영업자를 포함하는 "구舊"소자산계급은 오늘날에도 여전히 중국 사회 취업인구의 절반 이상을 차지한다. "신新"소사산계급, 즉 "화이트칼라"/"중산계급"은 확실히 "구"소자산계급보다 경제 소득이 크게 높다. 그러나 그들이 중국 사회에서 차지하는 비중은 작다.

현재 중국의 사회구조에서는 저소득의 소자산계급과 저소득의 노동자계급이 분명 절대 다수를 차지하고 있다. 다시 말하자면, 경제 소득에서 보자면 중국의 사회구조는 분명 여전히 피라미드형이지 올리브형은 아니다. 또한 앞으로도 상당히 긴 시간 동안 이와 같을 것이므로 절대로 미국 모델에 뒤섞어 버려서는 안 된다.

그러나 만약 정치적 의미에서 보자면 중국 사회는 확실히 꽤나 방대한 "중간계층"을 보유하고 있다. 마르크스와 베버가 공히 지적했듯이, 자본주의와 사회주의의 분기에 직면할 때 신·구 소자산자는 모두 "중간계층"이다. 현재 중국에서 신·구 소자산계급을 합하면 전국 취업인구의 70퍼센트를 차지한다. 70퍼센트를 차지하는 정치적 의미의 "중간계층"을 고작 15퍼센트를 차지하는 경제적 의미의 "중산계급"과 한데 섞어서는 결코 안 된다. 양자를 동일시한다면, 그것은 구舊소자산계급이 대규모로 존재하는 현실을 말살하는 것과 같으며, 중국의 실제와는 완전히 부합하지 않는 미국 모델 또는 "중산계급"의 신화를 지어내는 것과 같다. "신"·"구" 소자산계급이라는 범주를 사용한다면, 경제 소득과 사회 지위에서 양자의 차이를 드러낼 수 있을 뿐만 아니라 정치적 의미에서 양자의 공통점도 나타낼 수 있다. 소자산계급이 대다수를 차지하는 사회 현실이야말로 현재 중국의 경제 다원성과 정치 불확정성을 반영한다. 이러한 불확정성은 약점으로 간주할 수도 있지만 혁신의 기회로 볼 수도 있다.

양대 모델

사회형태와 관련된 이론 전통은 많지만, 영향력이 큰 것은 역시 마르크스주의 전통과 미국의 "중산계급" 모델일 것이다. 전자는 비록 지난 세기 말 소련과 동유럽 사회주의 국가의 해체에 따라 많은 사람의 심중에서 일찌감치 포기되었을지라도, 사실 "자본주의", "자산계급", "노동계급" 등 어휘의 광범위한 사용에서 그 심층적인 영향을 여전히 찾을 수 있다. 널리 알려져 있듯이, 자본주의 사회에 대한 마르크스의 분석은 생산수단을 점유하는 자산계급과 자산이 없는 노동계급 간의 생산관계를 주축으로 한다. 그가 보기에, 이러한 생산관계(잉여가치의 착취)와 생산력(기술·노동력·원료)의 상호작용은 자본주의 경제발전을 추진할 뿐만 아니라 자본주의가 무산계급 혁명에 의해 소멸되는 최종 운명을 잉태한다. 마르크스는 자본주의 초기 단계에는 자본가와 노동계급이라는 대립하는 양대 계급 외에도 중간 지위에 처하는 "소자산계급"(주로 농민, 수공업자, 소상인)이 존재하고 있으며, 자본주의 경제의 발전에 따라 중간에 처한 소자산계급은 사회의 양극분화로 인해 소멸하고 절대 다수의 소자산계급이 무산자로 몰락할 것이라고 생각하였다.

마르크스의 계급 분석에 대하여, 미국의 경험과 그로부터 도출된 분석을 여기에서는 "미국 모델"이라고 부를 수 있을 것 같다. 그것의 관건적인 개념은 "중산계급middle class[es]"이다. 이 모델에 따르면, 방대한 근대 중산계급의 흥기가 원래의 자본-노동 양극분화를 대체하여, 먼저 자본과 노동 간의 모순을 완화하여 자본주의 사회를 안정시켰고, 이어서는 사회의 최대 다수를 차지하는 계층을 형성하여 현대 사회형태의 주된 특징을 이루었다. 이러한 관점을 제시한 고전적인 저작은 밀즈C. Wright Mills가 1951년에 출판한 『화이트칼라: 미국의 중산계급』이었다. 이 책에서는 먼저 밀즈가 말하는 "구舊중산계급"(그 함의는 마르크스 분석에서의 "소자산계급"에 접근한다)이 대공황 이후 20년간 급속히 감소하였음을 서술하였다. 첫째, 미국 "가족농장"의 취업인구가 19세기 초 전국 취업인구의 약 4분의 3을 차지하였고 19세기 말에도 여전히 2분의 1을 차지하였으나, 1950년에 이르러서는 이미 8분의 1로 축소되었다(2005년에는 더욱 축소되어 1.6퍼센트가 되었다: 『중국통계연감』 2008: 1018). 이런 변화의 주된 원인은 대규모 농업 회사의 흥기, 기계화와 농업 노동생산성의 제고로 인한 농업 종사인구의 감소, 경제 대공황 아래 농산품 가격의 지속적 하락, 시장 독점 세력에 의한 농업 생산도구 가격의 상승 등이었다(Mills 1956: 15-20). 둘째, 도시의 소생산자는 대규모 제조업체에 밀려났고, 소상인은 갈수록 통합되어 가는 전국 시장의 슈퍼마켓, 백화점, 그리고 자신의 브랜드를 직접 판매하는 대규모 제조업체 등에 (지배를 받거나) 밀려났다. 이렇게 해서 살아남은 소자산자는 겨우 소수의 소상인과 서비스업 종사자뿐이었다(Mills 1956: 20-28) (최근 수십 년에는 10~15퍼센트 전후로 감소하였다—Wright 1997: 제 4장). 이 "구舊중산계급"을 대신한 것이 바로 "화이트칼라"라고 불리는 "신新중산계급"이었다. 밀즈의 경우, "신新중산계급"은 비교적 넓은 범주로, 기업의 경영인, 고급 기술인력, 정부 기관과 기업의 사무인력, 상점의 보통 판매인력 등을 포함한다. 1940년에 이르면 이미 이러한 "신新중산계급"이 전체 취업인구에서 차지하는 비중(25퍼센트)이 "구舊중산계급"(20퍼센트)을 넘어섰다. 밀즈는 그들이 구舊소자산계급을 완전히 대신할 것이라고 생각하였다(Mills 1956: 63 및 그 뒤의 여러 페이지). 20세기 말에 이르면, 이와 같은 "화이트칼라"가 주류를 이루는 "중산계급"이 이미 미국 사회의 최대 계층이 되었으며, 이들은 주로 이른바 "3차 산업"에 집중되어 전체 취업인구의 약 4분의 3을 차지하였다.*

---

* 밀즈의 개념에서 (농민이 주가 되는) "구(舊)중산계급"은 대체로 이른바 "1차 산업" 상당하며, "노동자계급"은 대체로 "2차 산업"에 상당한다. 그러나 "신(新)

이상의 양대 모델 외에도 기타 학술 전통이 존재하는 것은 당연하다. 그 가운데 특히 중요한 것이 베버^{Max Weber}의 다원적이고 역사적인 계급 분석 방법이다. 베버는 일종의 동태적인 "계급상황^{class situation}" 분석을 강조하였다. 여기서 "상황"이 가리키는 것은 주로 시장 기회 속에서의 위치이다. 모든 계급은 그들과 시장이 부여한 기회 간의 관계를 통해서 체현된다. 예컨대 시장에서의 활동과 선택을 통해서 어떤 자산계급 구성원은 "지대 수취자^{rentiers}"가 될 수도 있고 기업가가 될 수도 있다. 마찬가지로 어떤 노동자의 계급 위치도 그가 판매하는 노동력과 기술이 시장에서 획득할 수 있는 기회에 의해 결정된다. 계급의식은 마르크스 개념에서의 "즉자적 계급"과 "대자적 계급"의 구분 속에서 체현될 뿐만 아니라, 다종다양한 이익집단과 정치행위 속에서도 드러날 수 있다. 시장의 작동과정에서 관건적인 작용을 일으키는 것은 생산관계와 그 기초 위에 형성되는 의식에 국한되지 않는다. 생활방식^{style of life}과 사회적 명성^{social esteem} 등의 요소를 포괄하는 사람의 신분 지위^{status} 역시 그러하다. 동시에 정치 참여와 활동도 계급과 신분이라는 양대 차원에 의해 결정된다(Weber 1978: v.2, 926 및 그 뒤의 몇 페이지).

소자산계급에 대해 말하자면, 베버는 그것이 자산계급과 달리 시장을 독점하거나 통제할 수 없다고 생각하였다. 또한 노동계급과 달리 그들이 시장에서 판매하는 것은 자신의 "자본"과 노동으로 생산 또

중산계급"은 대체로 "3차 산업"에 상당한다. 20세기 말에 이르러 이미 상업과 서비스업 위주의 "3차 산업"이 전체 취업인구에서 가장 큰 비율(74.5퍼센트)을 차지하여, 노동자계급(22.9퍼센트)의 약 3.3배, 농업 인구(2.6퍼센트)의 28.7배에 달하였다. 그들은 미국(과 기타 대부분의 서방 선진국) 사회에서 최대의 계층을 이루었다(『중국통계연감』 2005: 906).

는 경영하는 소상품이지 자신의 노동력은 아니라고 보았다. 그들의 최종 운명에 대하여, 베버는 비록 명언하지 않았으나, 자본주의의 발전에 따라 기본적으로 사라진다고, 적어도 "구舊"소자산계급은 그렇게 되리라고 생각했음에 틀림없다(Weber 1978: v.1, 302-307). 베버의 이러한 개념은 오늘날 사회학계에 심대한 영향을 끼쳤고, 동시에 사람들이 소자산계급을 홀시하는 경향을 더욱 강화시켰다.

전체적으로 말해서, 이상의 3대* 전통 가운데 본디 비교적 단순하다고 할 수 있는 양대 전통의 영향이 아무래도 더 클 것 같다. 학술분석이라고 할지라도 그 가운데 어떤 경향의 영향을 많든 적든 받지 않을 수 없었다. 중국 국내에서 개혁 이후에 흥기한 사회과학, 특히 사회학 영역에서는 마르크스주의의 영향이 비교적 이데올로기화된 저작에 종종 보이지만, 새로운 형태의 사회학 연구에서도 발견할 수 있다(예컨대 추리펑 2006; 서방의 연구 중에서는 Wright 1997이 대표적이다). 그러나 현재 국내 사회학 영역에서 주류의 지위를 차지하는 것은 역시 미국 모델일 것이다. 그 가운데 중요한 경향은 개혁 이래 중국의 사회 변천을 미국의 역사 추세와 동일시하는 것이다. 루쉐이 등은 대량의 인력을 동원하여 비교적 권위를 인정받는 『당대중국사회계층연구보고當代中國社會階層硏究報告』를 썼다. 여기에서 그들은 "현대화된 사회계층 구조"를 미국식의 "올리브형" 구조와 동일시하여 "전통"적인 "피라미드" 구조와 구별하였는데, 이는 마르크스주의의 양대 계급 대립 모델과 완전히 상반된다(루쉐이 2002: 23 및 그 뒤의 몇 페이지). 루쉐이의 추산에 따르면, 중국의 "중산계층/중산계급"은 1999년에 이미 총취업인구의 15퍼센트를 차지하였고, 2002년에 이르러서는 18퍼센트까지 늘어났다. 루쉐이는 이렇게 매년 1퍼센트씩의 속도로 증가하여 2020년에 이르면 이 계층이 총인구의 38퍼센트~40퍼센트 전후를 차지하게 될 것이라는 예측을 내놓았다(루쉐이 2003: 9). 2007년에 루쉐이는 이러한 관점을 재차 강조하여, "중간계층/중산계급"이 이미 전 사회의 22퍼센트~23퍼센트에 도달했다고 보았다(루쉐이 2007: 12). 이러한 관점에서 중국 사회 변천의 전체적인 추세가 미국 모델과 기본적으로 일치한다는 것은 말하지 않아도 알 수 있다.

역설: 둘 다 옳기도 하고 틀리기도 하다

실제로 현재 중국의 사회형태는 위에서 서술한 양대 전통에서 강조하는 특징을 동시에 갖추고 있다. 또한 매우 다른 특징도 동시에 갖추고 있다. 달리 말하자면, 두 가지는 모두 옳기도 하지만, 모두 틀리기도 하다. 더욱 중요한 것은, 위에서 서술한 어떤 전통에서 보든지 간에 모두가 분명히 매우 역설적이라는 점이다.

먼저 두 가지가 모두 옳다는 측면을 설명해야 할 것 같다. 현재 중국 경제는 이미 매우 큰 정도로 글로벌 자본의 질서에 포섭되어 있다. 다국적 기업이 대규모로 중국에 진입하여 대규모로 투자하였고 중국의 경제발전을 대규모로 촉진하였다. 20세기 말, 중국은 이미 세계 최대의 공장이 되었으며, 국영기업·사영기업·외자기업이 고용한 산업 노동자가 무려 1.6억 명에 달하였다(『중국통계연감』 2005: 118; 루쉐이 2002: 20-21). 국가통계국의 수치에 근거하면, 세기 전환기(1999년) "외국 투자 기업"과 국내 사유 "주식회사"가 공업 총생산액의 5분의 1을 차지하였다. 그 나머지는 주로 "국유"와 "국유 지분 우위" 기업이 생산한 것이었다(그밖에 "집체 기업"이 총생산액의 약 6분의 1을 차지하였다)(『중국통계연감』 2004: 514-515). 이처럼 자본과 노동이 결합하는 실제 생산에서, 마르크스주의에서 전통적 의미의 "자본주의" "생산양식"이 중국 국내에 이미 대규모로 존재하고 있다는 점에는 의심할 나위가 없다(그러나 베버는 마르크스의 고전적인 "노동가치설 labor theory of value"과 잉여가치설은 시장경제 아래의 생산과 소비의 실제를 이해하기에 부족하다고 지적하였다. 왜냐하면 그 가치는 노동 투입으로부터 산출될 뿐만 아니라 자본 투입과 시장 수요에 의해서도 결정되기 때문이다)(Weber 1978: v.2, 871-873).

동시에 자본주의 생산관계가 존재한다는 현실 외에 중국 사회에는 일정 비율의, 그리고 날로 확대되는 "화이트칼라" 중산계급도 형성되었다. 위에서 이미 언급했듯이, 루쉐이 등의 추계에 근거하면, 20세기 말 이러한 화이트칼라 계층은 이미 전 사회 취업인구의 15퍼센트에 도달했으며, 앞으로 미국 모델에서처럼 계속 확대될 것이다(국가통계국이 2005년 1월에 공포한 데이터는 "중산계급"을 연간 소득 6만 위안에서 50만 위안까지의 가구로 정의하였다는 사실을 밝혀둘 필요가 있다[http://www.stnn.cc:82/china/200712/t20071227_702070.html]). 이에 따르면 당시 중국의 "중산계급"은 총인구의 5.04퍼센트에 불과하여 루쉐이의 결론 및 예측과 거리가 멀다. 그러나 어떤 정의나 확실한 수치이든지 간에 화이트칼라가 날로 확대되고 있다는 것은 이론의 여지가 없는 사실이다. 이 장에서는 루쉐이 등의 15퍼센트를 오늘날 중국 "중산계급"의 규모로 잠정 채택하기로 한다).

그렇다면, 우리는 왜 중국 사회가 그래도 역설적이라고 말하고자 하는가? 왜 간단히 미국 사회에 대한 밀즈의 분석을 받아들이지 않는가? 왜 간단히 중국의 사회형태가 장차 미국의 경우처럼 날로 확대되는 "신新""중산계급" 위주로 될 것이라는 판단을 승인하지 않는가?

첫째, 중국에서는 농민 계급/계층의 수량과 비중이 여전히 매우 방대하며, 또한 상당한 기간 동안 여전히 이와 같을 것이기 때문이다. 1999년 농업 종사인구는 여전히 (총취업인구 7.14억 명 가운데) 3.3억 명을 차지하여 산업 노동자의 두 배에 달하였다. 만약 당시 1.4억 명에 달하였던 농촌의 비농업 종사인구까지 계산에 넣어 "농촌 취업인구"로 계산한다면, 그 총수는 약 4.7억 명으로 전 사회 취업인구의 66퍼센트 에 달한다*(『중국통계연감』 2004: 471). 앞에서 이미 지적했듯이, 미국 의 농업 종사인구는 50여 년 전인 1950년에 이미 전 사회 취업인구의 8분의 1로 축소되었으며, 2000년에는 더욱 감소하여 2.6퍼센트가 되 었다(『중국통계연감』 2005: 906). 이는 오늘날 중국의 실제와 나란히 논할 수 없는 수준이다. 독일의 경우는 일찌감치 100년 전(1914년)에 농업 종사인구가 전체 취업인구의 10퍼센트 이하로 축소되었다(당시 산업 노동자는 1,300만 명으로 이미 농업 인구 200만 명의 6.5배 수 준에 도달하였다). 2000년에는 미국과 마찬가지로 2.7퍼센트까지 감 소하여, 마찬가지로 중국과는 큰 차이가 있다(『중국통계연감』 2005: 960; Mayer 1975: 419).

당연한 말이지만, 중국의 소농 인구와 그 지구성持久性은 유구한 역 사가 있으며, 이야말로 중국의 기본 국정國情의 하나이다. 사실 중국의 사회구조는 결코 마르크스가 예상한 것처럼 무산계급이 절대 다수를 차지하는 사회로 바뀌지 않았으며, 밀즈가 예상한 것처럼 화이트칼라

---

* "농민공" 중에는 당연히 "토지는 떠났으나 고향은 떠나지 않은" 향진기업 노동 자와 "토지도 떠나고 고향도 떠난" 산업 노동자와 서비스 인력이 포함된다. 그 러나 그들은 일반 노동자와 다르다. 왜냐하면 절대 다수가 여전히 농촌 호구 (戶口)에 속하며, 대다수가 여전히 농민 가족의 구성원이기 때문이다. 이밖에 일반 개념에서의 노동자와 서비스 인력 외에 "농민공"은 기실 대량의 상·공 개체호도 포함한다. 이 점은 아래에서 다시 논의할 것이다.

가 최대 다수를 차지하는 사회로 바뀌지도 않았다. 20세기에 이른 오늘날까지도 그것은 여전히 소농계급이 대다수를 차지하는 사회이다. 이것은 중국 사회형태의 가장 뚜렷한 역설적 현실이다. 이 한 가지만 해도 중국의 사회형태 및 그 추세를 간단히 서방의 선진국과 동일시할 수 없다는 사실을 우리에게 경고해 준다.

그밖에, 중국의 농민(이나 농업 소자산)계급은 그 자체로 일정한 역설적 특징을 지니고 있다. 오늘날 (국가가 설정한) "승포제" 아래 중국의 농민계급은 일정하면서도 불완전한 토지 재산권을 보유하고 있다(사용권만 있다). 이러한 의미에서 그것은 "무산"도 아니거니와 "중산"도 아니다. 동시에 엄중한 노동력 과잉 때문에 승포지를 경작하는 농업 종사인구는 일반적으로 그 노동력으로 경작할 수 있는 면적의 약 절반에 불과한 토지를 점용^{占用}하고 있어, 반^半"은폐실업" 상태에 처해 있다고 말할 수 있다. 그들의 소득수준은 일반적으로 완전취업 상태의 노동 인민보다 낮고, 아마도 소득이 매우 적은 "농민공"보다도 더 낮을 것이다(이 책의 제 8장; 황쭝즈 2006a[2007]도 참조). 이러한 의미에서 그들은 절대로 미국식의 농업 "중산계급"으로 간주할 수 없다. 이밖에 중국 근대의 농촌으로부터 도시를 포위했던 공산 혁명 전통 및 마오쩌둥 시대의 집체 농업 전통도 중요한 요소라고 해야 할 것이다. 만약 한 발 더 나아가 그들 가운데 약 30퍼센트가 (현 정부 소재지 아래) 작은 도회지와 농촌의 "향진기업"에서 일하고 있다는 사실까지 고려한다면(〈표 8-2〉 참조), 그들의 잠재적인 "무산계급성" 또는 사회주의 경향은 미국 모델의 예측보다 훨씬 더 강할 것이다. 사실 현재 중국 농민은 역설적이게도 "자본주의" 경제 아래에서 장기간 존재하였을 뿐만 아니라, 역설적이게도 일정한 무산계급성을 띠고 있다.

둘째, 중국의 "노동자계급"도 최근 100년 서방 선진국의 경우와 매우 다르다. 세기 전환기 중국의 2차 산업 종사인구는 총 1.6억 명이었지만, 그들을 간단히 이미 도시화된 "노동자계급"으로 간주할 수는 없다. 그들 가운데 약 3분의 1(22.6퍼센트 가운데 7.8퍼센트)은 "농민공"으로서(루쉐이 2002: 44), 농가의 구성원이다. 그들은 도시에서 비교적 단기의 "임시노동자"이며 농촌의 집에 가족, 주택, 승포지를 보유하고 있다. 일반적으로 설날에는 집으로 돌아간다. 어떤 사람은 농번기에 집에 돌아와 수확 등을 돕는다. 또한 상당수의 사람들은 중년에 이른 뒤에 농촌으로 돌아와 살면서 노부모를 봉양한다. 사실 오늘날 중국의 산업 노동자 가운데 3분의 1은 마르크스주의 이론에서 말하는 단순한 노동자계급이 아니라 "반공반경半工半耕" 가족의 "반半무산화"된 농민이다(이 책의 제 4·8장; 황쭝즈 2006a[2007]도 참조). 그것은 글로벌 자본과 중국 농촌의 과잉노동력이 결합하여 형성된 특수 상황이다. 이 또한 서방 선진국의 근대 역사나 양대 모델과의 큰 차이이다.

바로 이러한 까닭에 오늘날 중국의 이른바 "화이트칼라" "중산계급"("신新" "소자산계급"이라고도 부를 수 있다)은 기실 소자산계급 전체에서 차지하는 비중이 비교적 작다. 20세기 말 중국의 "3차 산업" 종사인구 1.92억 명 가운데 39퍼센트(0.75억 명)는 농촌 출신의 "농민공"이었다(『중국통계연감』 2005: 118, 446). "상·공 개체호" 중 많은 사람은 구식의 수공업자와 소상인이며(아래에서 논의), "상업 서비스 인력" 가운데에도 "농민공"이 약 3분 1의 비중(12퍼센트 중에서 3.7퍼센트)을 차지한다(루쉐이 2002: 44). 그들의 소득수준과 소비수준은 기실 노동자계급과 농민계급에 더 가까워 "화이트칼라 계층"이 아니다. 여기에 농촌의 농민을 더하면, 중국의 "구舊" "소자산계급"은 그 인수가 새로운 "화이트칼라" "중산계급"의 네 배에 가깝다. 이와 대조적으로 독일의 구舊소자산계급은 이미 1914년에 신(新)화이트칼라 계급(400만 명)에 대략 상당하는 수준으로 감소하였다* (Mayer 1975: 419; 아래 〈표 9-1〉도 참조). 사실 인구과잉이라는 기본 국정國情 아래에서 중국의 신新화이트칼라 중산계급이 차지하는 비중은 앞으로 상당한 기간 동안 구舊소자산계급보다 여전히 작을 것이다―이것은 어쩔 수 없는 현실이다.

끝으로 중국의 "자산계급" 또한 서방 선진국과 다르다. 개혁 시기 중국의 "자본주의" 발전은 전형적인 서방의 자본주의 발전(특히 영국·미국 모델)과 큰 차이가 있다. 후자는 주로 사영 기업가들이 추동한 것이지만, 중국은 지방정부의 "초상인자招商引資"와 사영기업이 결합하여 추동한 경우가 많고, 그 가운데 정부와 관료가 절대적인 작용을 하였다(자세한 내용은 다음의 제 10장 참조). 바로 이러한 까닭에, 어떤 사람은 개혁 이후 중국의 경제발전 모델을 "국가자본주의"라고 불러서 서방의 전형적인 모델과 구별한다** (예컨대 Szelenyi 2008 참조). 이것 역시 중국 사회형태 역설의 또 다른 일면으로, 향후 중국의 진로에 대하여 중요한 의미가 있다고 할 것이다.

매우 분명하게도, 중국 사회에 여러 역설이 출현한 까닭은 여러 종류의 경제 시스템이 동시에 병존하기 때문이다. 그 가운데에는 "전근대"적인 소농경제와 신·구 소小상공업자가 있는가 하면, 초기공업화와

---

* 수공업 장인이 150만 명, 소상인이 70만 명, 농업 종사자가 200만 명이었다.

** 그렇기는 해도, 셀레니(Ivan Szelenyi)는 최신 저서(Szelenyi 2008)에서 중국(과 러시아 및 동유럽)이 이미 날이 갈수록 점점 더 전통적 의미의 자본주의와 그에 포함되는 자산계급 쪽으로 경도되어, 과거 셀레니 자신이 강조한 바 있는 "사회주의 이후 전환"의 초기에 나타나는 몇몇 특징, 즉 "아래에서 위로의" 중국 경험, "자본가 없는 자본주의의 형성"이라는 동유럽 모델과 "자본주의 없는 자본가"의 러시아 모델로부터 멀어지고 있다고 하였다.

후기공업화의 산업이 있고 "탈공업화" 정보통신 시대의 고도 과학기술 정보통신 산업도 있다. 바로 이러한 혼합경제 체제 아래에 "구舊 소자산계급"이 대규모로 존재하고 있는 것이다.

신 · 구 소자산계급

여기에서는 이 장에서 사용하는 "소자산계급"의 함의에 대해서 추가로 설명하고자 한다. 먼저 그것은 마르크스가 생산관계의 시각에서 강조한 일면을 가리킨다. 즉 소자산계급—농민과 도시의 상·공 개체호를 포괄—은 자신의 노동력으로 자신이 소유하는 생산수단(토지·도구·자본)을 사용하는 계급이므로(이 때문에 그들은 스스로를 고용한 "자영업자self-employed" 또는 중국의 이른바 "개체호"라고 부를 수도 있다), 자본가와도 다르고 무산계급과도 다르다. 동시에 베버가 시장 관계의 시각에서 강조한 "계급 상황"을 가리키기도 한다. 그들은 자신의 (일부) 생산품을 판매하는 농가와 수공업자, 또는 소상품을 판매하는 소상인이므로, 희소한 자본을 차지하여 독점적인 판매 권력을 보유하는 자본가와도 다르고, 시장에서 자신의 노동력을 판매하는 노동자계급과도 다르다. 바로 이러한 까닭에, 마르크스와 베버는 모두 소자산계급과 같은 개별 생산·경영 단위를 자산계급과 무산계급 바깥의 제3의 계급으로 취급하였다.

최신의 서구 사회사 연구에서 지적하듯이, 서방 자체의 실제 역사도 소자산계급이 장차 소멸할 것이라는 마르크스의 예측과 완전히 부합하지는 않는다. 일부 소자산계급이 부산화하는 동시에, 도시화 자체가 도시 소자산계급의 확대를 추동하였는데, 그 원인의 일부는 도시의 노동자계급이 수공업자와 소상인에게 시장을 제공해 주었다는 점에 있다. 동시에 공업화 자체가 (소생산을 대체하는 외에도 동시에) 새로운 기술을 사용한 소생산과 대규모 제조기업을 위해 복무하는 소상업의 발전을 일정 정도 촉진하였다. 이 때문에 적어도 19세기 자본주의 아래의 서구에서는 도시 소자산계급이 절대로 간단히 소멸된 것이 아니라 동시에 성장하는 중이기도 하였다(Crossick and Haupt 1995: 41-52).* 소자산계급의 대규모 감소는 20세기에 이르러서야 비로소 나타났다. 중국의 경우, 개혁 이후 (1949년 이전과 비슷한) 구식 수공업자와 소상인을 포괄하는 (인민공사화 이후 거의 완전히 사라졌던) 도시 상·공 개체호의 대규모 부흥은 바로 위에서 서술한 메커니즘에서 나온 것이다. 사실 오늘날의 중국에는 농업에 종사하는 농촌 취업인구 외에도 대량의 도시 및 농촌의 구舊소자산계급이 존재하고 있다.**

---

* 베크호퍼(F. Bechholfer)와 엘리엇(B. Elliott)은 후기자본주의(late capitalism)에서의 "소형 비즈니스(small businesses)"를 특별히 부각시켜, "소형 비즈니스"가 탈공업화 시대에 여전히 일정한 생명력을 유지한다는 것을 증명하였다(Bechholfer and Elliott 1985). 이는 의심의 여지없이 정확하다. 그러나 그들은 100명 이하를 고용하는 "비즈니스"를 죄다 "소형"에 산입하였고, 또한 "소형 비즈니스"를 간단히 "소자산계급(petite bourgeoisie)"과 등치시켰다. 기본적으로 농민과 구형 "소자산계급"을 고려하지 않았고, "화이트칼라" 계층도 고려하지 않았다. "소자산계급"이라는 범주의 사용이 지나치게 좁았고, 역사의 차원도 결여되어 있다. 라이트(Erik Olin Wright)의 경우는 미국의 자영업자(self-employed)가 1970년대 전체 취업인구의 10분의 1 미만까지 감소하였지만 그 뒤로 소폭 반등하여 1990년대 8분의 1에 도달했을 것으로 보이지만, 미국 문화에서는 일종의 이념으로서 개체 경영이 줄곧 실제 비율을 넘어서는 중요도를 점한다고 지적하였다(Wright 1997: 제4장).

** 비농업의 소자산계급 취업인구를 정확하게 추산하기란 쉽지 않다. 현존 통

마르크스와 베버가 공히 지적하였듯이, 농촌과 도시의 (농업과 비농업) 소자산계급은 정치적 의미에서 진정한 "중간계층"이다. 그들은 완전히 자본가 편도 아니고, 완전히 무산자 편도 아니다. 한편으로 그들 가운데 어떤 사람은 자산계급으로 상승할 수도 있고 자본가의 생활방식, 심지어는 정치사상까지 모방할 수도 있다. 그러나 다른 한편으로 그들은 무산자와 떼려야 뗄 수 없는 관계를 맺고 있다. 특히 현재의 중국에서 앞에서 이미 언급했듯이 "농민공"은 노동자계급과 불가분의 관계에 있어서 일종의 반半무산계급이다. 순수하게 농업에 종사하는 사람일지라도 토지가 부족할뿐더러 농민에게 토지에 대한 완전한 소유권이 없는 중국에서는 일정 정도의 무산성을 띠게 된다. 동시에 소득과 소비행위로 보면, 농민은 "화이트칼라" 계층과 거리가 매우 멀다. 도시의 구舊소자산계급의 경우는, 소득으로 보든 거주지역으로 보든지 간에 대다수가 사회 하층에 속하며 자산계급이나 화이트칼라 계층과

계자료에 근거할 때 가장 간결한 방법은 소자산계급을 비농업에 종사하고 있는 "개체호"(즉 기본적으로 Wright 1997에서 채택한 "자영업자"—self employed—라는 범주)와 등치시키는 것이다. 이렇게 하는 경우 국가 통계의 규격에 이미 진입한 개체호에는 먼저 상공 부문에 등록한 0.274억의 개체호가 포함된다. 2007년 개체호의 도시 취업인구 0.331억 명과 농촌 0.219억 명을 합하면 0.550억 명이므로, 호당 평균 취업인구는 2명이 된다(『중국통계연감』 2008: 134). 이밖에 1억 명에 달하는 도시의 미등록 인구 가운데 일정 비율을 더해야 하는데, 여기에서 우리는 일단 3분의 1이라는 비율, 즉 0.33억 명의 취업인구를 채택하기로 한다. 현존 통계 규격에 들지 못한 농촌의 비농업 개체 취업인구는 추산하기 쉽지 않다. 농업을 겸업하는 인력이 상당 비율 있을 터인데, 겸업 인력으로 별도 계산할 수도 있고 농업 종사 인력에 포함시키지 않을 수도 있다. 이렇게 하면, 현재 전국적으로 구형(舊型)과 반(半)구형 및 소수의 신형 비농업 개체 취업인구는 0.88억 명에서 1억 명 전후의 범위에 들게 된다.

일정한 거리가 있다. 동시에 자본가에 대하여 도시의 수공업자와 소상인은 회피할 수 없는 위협을 느낀다. 이것은 밀즈가 설명하였듯이 당시 미국의 소자산계급이 슈퍼마켓, 백화점, 자신의 브랜드를 직접 판매하는 제조기업으로부터 위협을 느낀 것과 아무런 차이가 없다.

여기에서 먼저 설명해 두어야 할 것은, 상술한 전통적인 "구舊"소자산계급"과 밀즈가 지칭한 "화이트칼라" "중산계급", 즉 "신新"소자산계급" 간의 구별이다.* 밀즈가 지적하였듯이, 신·구 계층 간에는 매우 뚜렷한 차이가 있다. 구舊소자산계급의 특징은 자신의 토지 또는 "자본"·"재산"에 자신의 노동력을 사용하여 상품을 생산하며, 가족·토지·점포·도구 등에 대한 깊고 두터운 감정으로 충만한 자영업자로서 그 독립성과 자주성이 비교적 강하다는 것이다.** 그러나 신新화이트칼라 계층의 경우는 대개가 상대적으로 말해서 일종의 의존성 계층이다. 회사, 슈퍼마켓, 백화점, 그리고 (밀즈가 그다지 고려하지 않은) 정부 기관에서 월급을 받는 사무인력은 생산품을 생산하지도 않고 구舊소자산계급처럼 독립성이나 가족에 대한 긴밀한 관심도 없다. 이것은 생산관계와 (시장에서) 계급상황에서의 중요한 차이이다. 또한 양자는 소득수준과 소비수준에서도 일정한 거리가 있다.

그러나 신·구 소자산계급 사이에는 일정한 공통점도 존재한다. 먼저 양자는 긴밀히 관련되어 있다. 개중에는 비록 소수이기는 해도 구

---

* 메이어(Arno Mayer)의 경우는 추가로 하층 중산계급(lower middle class)이라는 범주를 써서 구(舊)소자산계급을 묘사하였다(Mayer 1975).

** 베버의 분석에 의하면, 도시 소자산계급의 생활은 농민보다 더 안정적이어서 예측가능성이 높다. 이 때문에 미신을 좀처럼 받아들이지 않으며, "이성"의 윤리와 종교, 그리고 근면 등과 같은 가치로 기우는 경우가 더 많다(Weber 1978: v.1, 481-484).

舊자산계급 구성원이 신新소자산계급으로 이동하는 경우가 일정 비율 존재한다. 일반적으로 말해서, 자녀 교육은 수많은 소자산계급 구성원이 가장 큰 관심을 두는 일이다. 고등교육이야말로 그들의 자녀에게 신新"화이트칼라 계층"으로 진입하는 기회를 제공한다(Crossick and Haupt 1995: 83-86)(당연하겠지만, 대다수의 농민은 도시화 과정에서 "중산계급"이 아니라 도시 소자산계급 혹은 무산계급으로 바뀐다). 동시에 일정 학력 또는 기술 "재산"을 보유한 전문인력(예컨대 대학의 교수와 고급 기술인력)은 일정한 의미에서 "개체" 생산자로 간주할 수도 있다. 그 독립성과 자주성에서 구舊"소자산자"(특히 수공업자)와 일정한 공통점이 있기 때문이다.

가장 중요한 것은 자본가계급·노동자계급과 비교할 때 "구"·"신" 소자산계급이 정치적 관점에서 공히 "중간계층"이라는 점이다. 그들은 완전히 자본가 편도 아니고 완전히 노동자계급 편도 아니다. 중국의 개혁에서 그들의 경험으로부터 말하자면, 구·신 소자산계급의 대부분은 자본가(와 일부 국가 지도 간부)처럼 특수한 (심지어 폭발적인) 이익을 얻지도 못하였고, 노동자계급(특히 실직 노동자)처럼 중대한 손실을 입지도 않았다. 시장경제에 직면하여 그들은 얻은 것(근로를 통한 소득수준과 소비수준 제고)도 있지만 잃은 것(의료보험 상실, 교육과 주거의 부담 가중)도 있다. 고급의 화이트칼라라고 할지라도 대부분은 자본가와 가치관에서 일정한 차이가 있다. 그들은 자신의 전문지식과 재능에 의지하여 높은 임금을 획득한 경우가 훨씬 더 많다. 자본과 권력에 기대어 이익을 얻은 것이 아니기 때문에 자본가에 대하여 일정한 정도로 유보적이다. 자본주의가 극도로 번성하고 있는 오늘날, 글로벌 자본이 글로벌 경제를 쥐락펴락하고 있는 오늘날, 신新자본주의와 구舊사회주의에 대한 신·구 소자산계급의 공통적인 정치 "중간성"은 대단히 관건적인 요소라고 해야 할 것이다.

그러므로 여기에서는 기본적으로 3계급 분석법을 채택한다. 소자산계급을 신·구의 두 계층으로 구분하여 그들 간의 중요한 차이를 확인하면서도 그들 간의 중요한 공통점을 강조하고자 한다. 기실 이러한 삼각 분석은 기본적으로 마르크스, 베버, 밀즈 및 수많은 서구 사회사학자들이 공통적으로 채택하는 분석이다. 비록 소자산계급의 역사적 경로에 대한 그들의 평가는 서로 다르지만 말이다(베버는 자산계급과 노동자계급 외에 소자산계급과 "지식인과 전문가"를 구별하였지만, 그의 분석은 기실 여기에서 말하는 "구"와 "신" 소자산계급의 구분과 기본적으로 일치한다) (Weber 1978: v.1, 302–307).

"소자산계급"이 대다수인 사회형태

우리는 20세기 말 중국 사회계층에 관한 루쉐이 등의 연구성과를 이 세 가지 계급 사회형태를 써서 새롭게 구분하여 이해할 수 있다. 먼저 루쉐이 등이 구분한 세 가지 최고 계층—"국가와 사회의 관리자"(2.1퍼센트), "경영 인원"(1.5퍼센트), (8명 이상을 고용하는) "사영 기업인"(0.6퍼센트) 등 합계 취업인구의 4.2퍼센트를 차지—은 그 상당 부분을 합쳐서 "(국가)자본주의 경제"* 속에서 생산수단을 점유하거나 통제하는 "자산계급"으로 볼 수 있는데, 그 수는 합계 약 3천만 명이다 (여기서 "사영 기업인"은 평균 11.4명의 노동자를 고용하며 그 "실유자

---

* 여기에서 "자본주의"(혹은 자본주의 생산양식)는 마르크스의 이해에 따라 주로 자본 소유자, 통제자 및 그들이 고용하는 노동자를 포함한다.

본"이 평균 15만 위안이므로 그 중 대다수는 분명 사람들이 떠올리는 신형 "자본가"와 일정한 거리가 있다는 점을 지적해 두어야 하겠다) (루쉐이 2002: 216, 217; 장환리 2002: 92). (여덟 번째 계층인) "산업 노동자"는 22.6퍼센트를 차지하여 합계 약 1.6억 명이다. 이 두 가지가 20세기 말 중국 사회에서 "(국가)자본주의 경제" 부분을 구성하는데, 그 합계는 취업인구 2억 명에 미치지 못하여 (1999년) 7.14억 명에 이르렀던 취업인구 총수의 약 27퍼센트를 차지한다.

이밖에는 거의 전부가 소자산계급이다. 그 중에서 "신新소자산계급", 즉 루쉐이 등이 말하는 화이트칼라 "중산계급"에는 다음의 몇 가지 주요 부분이 포함된다. 첫째는 "전문 기술인력"(루쉐이가 말하는 "화이트칼라 계층"의 최상층)으로, 5.1퍼센트를 차지하는 약 0.36억 명이었다. 둘째는 "당·정 기관과 기업·사업 단위의 중·하층 사무인력"으로 4.8퍼센트를 차지하는 약 0.34억 명이었다. 이 위에 만약 "상·공 개체호" 가운데 소수의 새로운 형태와 고소득의 인원을 산입한다면, 그 가운데 일부 사람들도 추가로 합산해야 할 것이다. 0.86억 명의 "상업 서비스 인력"(12퍼센트) 가운데에는 마찬가지로 소수의 고소득 인원이 있다. 루쉐이 등의 추산에 따르면, "중산계급" 전체가 취업인구의 15퍼센트를 차지한다.

구舊소자산계급의 경우를 보면, 농업 종사인구 외에 구식의 "상·공 개체호" 및 "상업 서비스 인원" 중 저소득 집단이 포함된다. 루쉐이 등이 추산한 0.3억 명(4.2퍼센드)의 "상·공 개체호"는 그들이 직접 시적했듯이 국가 공상工商 부문에 등록된 숫자에 근거한 것인데, 분명히 실제보다는 낮다(루쉐이 2003: 19). 만약 국가통계국의 "개체" "취업인구"에 근거하여 계산한다면, 그 숫자는 그보다 배 이상 많게 된다(0.24억 명의 도시 개체 취업인구, 0.38억 명의 농촌 개체 취업인구 등 합계

0.62억 명). 이밖에도 아직 계산에 넣지 않은 농촌의 "기타 비농업" 취업인구가 일정 숫자 있다(총 0.48억 명으로, 그 중에서 0.38억 명은 통계국의 "개체" "취업인구"가 되어야 한다) (『중국통계연감』 2004: 123, 471). 그 다음은 0.86억 명의 "상업 서비스 인원"인데, 그 가운데 루쉐이 등이 추산한 0.26억 명(3.7퍼센트)은 농민공이다.* 끝으로 루쉐이 등이 추산한 3.14억 명(44퍼센트)의 농업 종사 농민이다. 〈표 9-1〉에서 보듯이, 구舊소자산계급의 합계는 약 55퍼센트이다. 신·구 소자산계급을 한데 합치면 70퍼센트에 달한다. 만약 1.6억 명의 산업 노동자 가운데 약 0.56억 명(7.8퍼센트)의 구형 또는 반半구형 농민공까지 합산하면, (신·구) 소자산계급 전체는 전국 취업인구의 78퍼센트에 달할 것이다. 그야 어떻든 간에, 현재 중국은 매우 큰 정도로 소자산계급 위주의 사회인 것이다. "소자산계급"을 "구舊"의 함의로 한정시킨다고 할지라도, 즉 스스로를 고용하는 농민과 상·공 개체호로 한정시킨다고 할지라도, 그 비율은 여전히 전체 취업인구의 절반을 넘어서서 55퍼센트를 차지한다.

그러므로 우리는 결코 중국의 소자산계급과 "중간계층"을 화이트칼라 "중산계층"과 동일시할 수 없다. 대부분의 소자산계급은 소득수준과 소비수준에서 볼 때, 기실 주로 사회 하층과 중·하층에 속하며, 하나의 단일한 "중산계급"으로 상상해서는 절대로 안 된다. 실제로 저소득의 구舊소자산계급에 저소득의 노동자계급을 합하면, 여전히 전

---

* 1999년 농촌의 취업인구 4.7억 명 가운데 합계 1.4억 명이 비농업에 종사하고 있었다. 루쉐이 등이 말하는 "산업 노동자" 0.56억 명, "상업 서비스 인원" 0.26억 명을 제외하면 주로 "기타 비농업 직종"의 농촌 "취업인구"일 것이다. 그 중에서는 등록과 미등록의 "상·공 개체호" 또는 "개체 취업인구"가 그 대부분을 차지할 것이다(『중국통계연감』 2004: 471).

구분	미국(1940년)	독일(1914년)	중국(1999년)
구(舊)소자산계급	20%	20%	55%
신(新)소자산계급	25%	19%	15%
노동자계급	55%	61%	23%

* 자료 출처: Mills 1956: 63; Mayer 1975: 419; 루쉐이 2002: 44

체 취업인구의 절대 다수를 차지하여, 그 합계가 무려 78퍼센트에 달한다. 달리 말하자면, 경제 소득의 각도에서 볼 때 오늘날 중국 사회의 전체적 구조는 분명 여전히 피라미드형이지 올리브형은 아닌 것이다 (근래 나온 류신劉欣의 도시 연구에는 비교적 정확한 자료와 계산 결과가 있는데, 그에 따르면 설사 농촌을 고려하지 않고 도시에만 주목한다고 할지라도 그 계층구조는 분명히 피라미드형이다) (류신 2007). 앞으로 농업에서 비농업으로 전환할 인력의 절대 다수가 중산계급이 아니라 주로 저소득 노동자나 도시의 상·공 개체호로 바뀔 것이라는 점을 고려한다면, 이러한 국면은 분명히 앞으로도 상당히 장기간 지속될 것이다. 만약 한 발 더 나아가 농촌에서 두 명 이상의 자녀를 기르는 비율이 도시보다 훨씬 더 높다는 사실까지 고려한다면, 더욱 더 그러할 것이다. 그러나 만약 정치적 의미에서 고려한다면, "중간계층"에 포함되는 신·구 자산계급이 차지하는 비율은 "중산계급"보다 훨씬 높아서 전체 취업인구의 70퍼센트에 달한다. 루쉐이 등은 겨우 15퍼센트를 차지하는 경제 소득의 의미에서의 "중산계급"을 70퍼센트 이상을 차지하는 정치적 의미에서의 "중간계층"과 뒤섞어 버림으로써 중국의 사회형태에 대한 심각한 오해를 초래하였다. 양자를 동일시하는 것은 구舊소자산계급이 대규모로 존재하는 현실을 말살하는 것과 다름이 없으며, 중국의 실제와 부합하지 않는 "미국 모델" 또는 "중산계급"

의 "신화"를 만들어 내는 것과 다름이 없다.

"소자산계급"이라는 범주가 "중산계급"이라는 범주보다 우월한 까닭은, 그것이 오늘날 중국의 실제 및 그 역사 배경을 더욱 잘 나타낼 수 있기 때문이다. "신"과 "구" 소자산계급은 경제 소득의 의미에서 그들의 차이를 나타낼 수 있을 뿐만 아니라 정치적 의미에서 그들의 공통점도 나타낼 수 있다. 동시에 계급 상황과 지위에서 양자의 차이를 나타낼 수 있을 뿐만 아니라 생산관계에서 그들의 공통점(즉 자산계급·무산계급과의 차이) 및 역사상의 변천과 연관성까지 나타낼 수 있다. 이것이야말로 필자가 여기에서 "소자산계급"이라는 범주를 채택한 주된 이유이다.

미래 중국이 지향할 사회 기초:
자본주의? 사회주의? 둘 다 아니라면?

자산계급의 시각에서 말하자면, 그들이 요구하는 진로는 두 말할 나위 없이 자본주의와 미국 모델이다. 그들은 자신들의 유한한 인수 비율에다가 자신들 편이 되어 줄 "신新소자산계급" 중의 구성원을 더하여 사회의 다수를 형성할 것을 희망하고, 미래의 발전 추세가 미국 모델처럼 "중산계급"이 최대 다수를 차지하는 사회형태가 되리라고 기대한다. 노동자계급의 시각에서 말하자면, 그들은 시장경제 아래에서 큰 손실을 입었다. 루쉐이 등이 지적했듯이, 그들의 불만과 과거의 계획경제 제도 아래에서 자신들이 누렸던 "지도계급"의 지위와 "노동 인민이 조직에서 주인 역할을 해야 한다[當家作主]"는 가치관에 대한 향수는 완전히 이해할 만한 것이다(루쉐이 2002: 20-21). 그러나 설사 그렇

다고 할지라도 그들 가운데 매우 많은 사람들은 오늘날의 이미 시장화
된 생활에 익숙해져서 반드시 과거와 같은 순수 계획경제로의 회귀를
요구하지는 않는다. 그들은 아마 복지와 사회평등에 대한 요구가 더욱
많이 반영되기를 바랄 것이다. 그러나 의심할 나위 없이, 전체적으로
말해서 그들은 "자본주의" 경제에 대하여 일정한 정도로 유보적이며
대다수는 사회주의에 경도되어 있다.

　이렇게 본다면, 소자산계급이야말로 진정 정치 시각에서 양자 사이
에 끼어 있는 "중간계층"이다. 한편으로 "소자산"자로서 그들은 확실히
마르크스가 인정한 것처럼 자본주의로 기운다. 그러나 동시에 앞에서
이미 지적했듯이 구舊소자산계급과 산업 노동자는 떼려야 뗄 수 없는
관계에 있으며 구舊소자산계급 출신의 "농민공"은 더욱 더 그러할 것
이다. 도시의 구舊소개체小個體 생산자도 마찬가지이다. 신新소자산계
급에 대하여 보자면, 우리는 아마도 의향의 측면에서 그들이 자본주의
로 기울 가능성이 높다고 말할 수 있다. 그러나 동시에 봉급 생활자 계
층으로서, 만약 경제 쇠퇴 또는 통화 팽창에 직면하게 되면, 그들이 반
드시 꿋꿋하게 자본주의를 옹호하리라는 보장은 없으며, 순수 시장경
제에 반대하는 집단과 세력을 대표할 가능성이 높다.* 그들 가운데 고
급의 화이트칼라일지라도 가치관의 측면에서 전문지식과 재능에 기대
어 보수를 획득한다는 입장에 서서 자산의 점유와 통제에 기대어 과

---

* 말할 나위 없이, 밀즈는 일찍이 독일 역사상 소자산계급이 나치의 국가사회
　주의 경향을 나타냈다고 지적한 바 있다(Mills 1951: 53-54). 그러나 크로식
　(Geoffrey Crossick)과 하우프트(Heinz-Gerhard Haupt)가 지적했듯이, 서
　구 소자산계급의 역사에서 독일의 경우는 기실 특수한 사례에 속한다. 프랑스
　의 경우 소자산계급의 정치 성향은 처음부터 비교적 급진적이고 "왼쪽"으로 기
　울었다(Crossick and Haupt 1995: 224-233).

도한 이익을 챙기는 것에 대하여 일정한 유보적 태도를 취할 가능성이 크다.

이와 같은 불확정성이 깔린 사회 기초 앞에서라면 당연히 국가 지도자들의 선택이 매우 관건적이 된다. 바로 정부가 경제발전 과정에서 관건적인 작용을 하였기 때문에, 그 선택의 작용은 분명 더욱 중요한 영향을 끼친다. 자본주의 시장경제이든, 아니면 사회주의와 공산주의이든 간에, 양자의 가치관은 모두 방대한 소자산계급의 서로 다른 "신"·"구" 계층 속에서 사회 기초를 찾을 수 있다. 이러한 각도에서 말하자면 중국의 진로는 정말 미지수이다.

우리가 가장 기대할 가치가 있는 것은 아마도 모종의 종합일 것이다. 예컨대, 신·구 소자산계급이 공동으로 희망하는 일정 정도의 개인 독립성과 자주성을 만족시키지만, 또한 구舊소자산계급과 노동자계급이 마찬가지로 간절히 희망하는 사회평등과 복지를 부여하며, 아울러 글로벌 자본과 다국적 기업 앞에서 그들을 위하여 일정한 보호와 도움을 제공해야 한다. 그러나 이 모든 것은 일정 정도 사회주의 성격을 지닌 국가만이 제공할 수 있다(추이즈위안Cui Zhiyuan: 崔之元은 "소자산계급 사회주의", 즉 "자유사회주의" 또는 "소강(小康) 사회주의"를 제창하였는데, 우리는 아마도 이러한 종합을 통해서 그 함의의 일부를 이해할 수 있을 것이다. 간양甘陽은 "세 가지 전통[三統]"—유가 전통, 마오쩌둥 시대 전통, 그리고 개혁 시대 전통—이 공존하는 현실 속에서 컨센서스를 추구하자고 제창하였는데, 우리는 아마도 마찬가지의 이해를 할 수 있을 것이다) (Cui n. d.; Cui 2005; Cui 2003; 간양 2007).

끝으로 우리가 만약 민족주의와 중국 문화 전통의 각도에서 생각한다면, 구舊소자산계급은 일정 정도로 중국 문화 전통의 사회 기초라고 말할 수 있다. 위에서 이미 지적했듯이, 구舊소자산계급의 생산과 시장 생활은 대부분 가족을 위주로 하며(당연히 이 기본 특징은 이미 외지로 가서 품삯 노동을 하는 것으로부터 심각한 충격을 받았다), 전통 유가 윤리 관념은 바로 이러한 사회 토양에서 생겨난 것이다. 오늘날 글로벌 자본과 시장이 비록 중국에 미증유의 격렬한 사회 변화를 추동하였을지라도 구舊개체 소생산자의 "계급 상황"은 이러한 측면에서 일정 정도 여전히 대규모로 존재한다. 국내·외 대기업과 대大상업의 위협 및 글로벌 자본주의 시장경제 가치 관념의 충격에 직면하여, 그들 가운데에서 매우 자연스럽게 강렬한 민족 감정, 그리고 중국의 전통에 대한 일체감이 격발되었다. 중국 현대화의 진로에 대한 이러한 경향의 영향 또한 아직 미지수이다. 이와 같은 불확정성은 약점이 될 수도 있지만 기회가 될 수도 있다. 착종되고 복잡한 길목은 사람이 길을 잃게 할 수도 있지만, 새로운 방향을 선택하는 계기가 될 수도 있다.

제10장

좌 · 우의 분기를 뛰어넘어
: 실천 역사로부터의 개혁 모색

이 장에서 탐구하고 토론할 문제는 농업 개혁을 어떻게 실행할 것인가 이다. 농업 외에도 정치·경제 체제나 정책 선택과 관계가 깊다. 과거 에 관련될 뿐만 아니라 현재와 미래에도 많이 관련된다. 그러므로 논 의에 경험보다는 추측이 더 많아질 수밖에 없다. 이 장에서는 특별히 개혁기 국가체제에서 지방정부가 일으킨 작용에 집중할 것이다. 앞서 의 각 장과 달리, 이 장에서 의존하고 있는 것은 주로 현재의 학술연 구로, 그들에 근거하여 판단을 내리고 개혁을 실행하는 방안을 탐색할 것이다.

중국의 개혁에 대한 의견 가운데, 한쪽에서는 30년 동안의 개혁이 초래한 사회 모순을 강조하고, 다른 한쪽에서는 그것이 가져온 경제발전, 심지어 "기적"을 강조한다. 두 가지 의견은 일정한 역사 배경에서 나온 것이다. 마오쩌둥 시대에 패권적 지위를 차지했던 이데올로기는 마르크스주의와 마오쩌둥 사상이었지만, 개혁 시대에는 신자유주의와 근대화주의(발전주의)로 재빠르게 바뀌었다. 이 책에서는 위와 같은 분기를 뛰어넘어 양자 간의 컨센서스를 탐색하며 이데올로기에 의한 구성과 역사의 실제를 구별하는 것을 시도해서, 하나의 기본적인 연구 진로를 부각시킬 것이다. 즉, 실천(역사)의 시야로 이데올로기화된 논증을 대체할 것이다.* 이 장에서는 정치·경제 체제 문제에 집중할 것이다. 동시에 다음과 같은 문제에 대한 해답을 모색할 것이다. 실천 역사의 연구는 전망성이 결핍되어 순수 회고성에 빠지기 쉬우니 실제 상황에 대한 단순한 묘사와 해석으로 변질되지는 않을까? 심지어 변호가 될 수도 있지 않을까?

이 장에서는 실천의 각도에서 볼 때, 분권적이고도 혁신과 경쟁을 허용하는 제도 아래, 그리고 동시에 중앙집권적 간부 평가 및 권한 위임 제도와 GDP 증가를 주요 목표로 하는 제도 아래, 개혁기 경제발전에 핵심적인 동력이 되었던 것은 역시 개혁기의 지방정부였다는 점을 논증할 것이다. 그리고 그들이 "초상인자招商引資"에 성공한 "비결"이 주로 농촌의 과잉 염가 노동력, 노동법규와 복지 및 환경보호를 무시함으로써 그 가격을 억누를 수 있었던 노동력이었다는 점을 논증할 것

---

* "실천"에 대한 나의 이해에는 서로 관련되면서도 서로 다른 세 가지의 함의가 포함되어 있다. 첫째는 "이론"의 상대 개념으로서의 실천으로, 행동을 주로 가리킨다. 둘째는 "언명"의 상대 개념으로서의 실천으로, 실제 운용을 주로 가리킨다. 셋째는 "제도"의 상대 개념으로서의 실천으로, 그 운용 과정을 주로 가리킨다. 그리고 "실천 역사"는 역사 속에서 실천과 그것이 마주하는 세 방면 간의 상호영향을 추가로 포함한다. 더 상세한 논의는 황쫑즈 2009 참조.

이다. 이 체계는 개혁기 경제발전의 근원이거니와 사회위기와 환경위기의 근원이기도 하다.

이상의 분석이 제창하는 것은 공공서비스와 복지를 개선하면 사회 불평등을 완화할 뿐만 아니라 그에 기대어 국내 시장을 확대할 수 있다는 것이다. 그러나 현재의 간부 인센티브 제도를 진정으로 바꾸지 않는다면, 중앙에서 만들어낸 흡취·통제형 정부로부터 봉사형 정부로의 전환이라는 이상은 빈말이 될 수밖에 없다.

개혁기 국가체제: 경제발전 기적의 능동 주체와 동력

우선 내가 보기에, 실천 역사의 각도에서 30년간의 개혁 경험을 회고할 때 관건이 되는 요점은 좌·우 쌍방이 강조하는 사회위기와 경제 기적이란 기실 동일한 근원, 즉 개혁기에 형성된 특수한 국가체제에서 비롯된 것이라는 점이다. 나는 일찍이 짧은 글을 써서 이러한 관점을 제시한 바 있다(황쭝즈 2009c). 여기에서는 이러한 논점을 다시 한 번 서술하여 위에서 언급한 회고와 전망 문제의 토론에 들어가는 출발점으로 삼아도 무방할 것 같다.

이데올로기에서 벗어나서 개혁기의 실천을 직시할 때, 국가체제는 분명 개혁기 경제발전에서 관건적인 작용을 하였다. 자본주의 이론으로 구성한 바에 근거하자면, 자본주의 시장경제의 주된 동력은 사영 기업가들의 창업이다. 중국의 구舊계획경제 체제 아래에서 개인의 창업은 기본적으로 완전히 말살되었다. 잠재적인 기업가들의 시각에서 말하자면, 그러한 제도 환경 아래에서는 창업의 "비용"이 너무 높아서 실로 극복할 수 없는 것이었다. 당黨-국國 집권 제도는 단기간에 대규모의 자원을 동원할 수 있으며, 일반 자본주의 경제에서라면 도달할 수 없는 창업 "효율"을 이룩할 수 있다. 특히 중앙에서 직접 창설한 전략적 대기업이 그렇다. 그러나 그것이 자본주의형의 지속가능한 창업 동력을 발동할 수는 없다. 그러한 경제 체제의 현실 아래에서는 기본적으로 오직 국가만이 창업의 가능성이 있다. 잠재적인 기업가들의 창업을 격발하려면, 구체제를 해체하여 시장 메커니즘으로 완전히 전향하는 것도 하나의 가능한 선택지이다. 구소련과 동구권에서 "쇼크 요법"이라는 방법을 써서 새로운 제도 환경을 창조하여 자본주의 모델과 동력의 전반적 이식을 시도한 것은 바로 이러한 논리와 동기에서 나온 것이었다. 그러나 그들의 경험이 이미 증명했듯이, 자본주의 시장경제는 일련의 부대적인 제도가 필요하므로 단숨에 성취할 수 있는 것이 아니다. 소련과 동구권의 쇼크 요법은 단기간에 경제 쇠퇴를 야기했을 따름이다. 중국은 구소련·동구권의 방법을 채택한 것이 아니라, 계획과 시장이라는 "두 가지 궤도[雙軌]"의 진로와 "돌일지라도 더듬어 가면서 강을 건너는[摸着石頭過河]" 방식을 써서 시장화를 점진적으로 추진하였다. 그 결과 구체제의 기초 위에서 중앙과 지방 간 분권(1980년대의 "부뚜막을 나누어 밥을 먹기[分灶吃飯]"와 "재정책임제[財政包干]"에 상당히 구체적으로 체현되었다. 1994년의 "분세제[分税制]"[중앙과 지방의 재정적 역할, 수입의 원천, 지출의 용도 등을 나눈 개혁: 역자]는 분권의 현실 위에 중앙의 세수와 기능을 확대한 것이었다)을 통해서 지방정부를 능동적인 주체로 삼아 시장의 자극을 결합하여 개혁기 경제의 주요 동력을 형성하였다. 바로 구체제를 빌려 썼기 때문에, 먼저 기층의 구[舊]생산대대·인민공사의 기초 위에서 1980년대 폭발적으로 일어난 "향진기업"을 일으킬 수 있었던 것이다. 상급의 정부 기관과 달리, 집체 단위로서의 생산대대와 인민공사는 자원의 관리권을 보유했을 뿐만 아니라 그 소유권도 보유하였다. 그러므로 중앙의 호소 아래 더욱 활발하게 창업을 할 수 있었다. 그 이후 투자 규모의 확대에 수반하여 경제발전의 주요 담당자가 현·시·성급 정부로 상승하였고, 그들을 "초상인자招商引資"의 능동 주체로 삼고 "경제특구" 등의 조치를 배합하여 대규모로 국내·외 자본을 끌어들였으며, 이를 빌려 진일보한 쾌속의 경제발전을 추동하였다.

이제 돌아보건대, 개혁 시기 중국의 경제발전을 추동한 주요 동력은 단순히 계획경제하의 "국가"도 아니고, 또한 단순히 시장경제하의 기업도 아니라, 양자의 결합, 즉 내가 여기서 말하는 "개혁기 국가체제"였다고 단언할 수 있다. 당黨-국國의 기존 체제를 유지하는 객관 환경 아래에서는, 기실 오직 정부 자체만이 체제의 특성에서 비롯된 장애를 쾌속으로 극복하여 저비용 고효율의 창업을 실현할 수 있다. 체제 바깥에서 창업이 가능한 자는 여전히 겹겹의 관문에 직면해야 한다. 동시에, 바로 개혁기에 형성된 체제가 기존 제도 아래 정부의 방대한 통제 권력이라는 약점을 시장화 경제발전의 장점으로 바꾸었다. 기존 체제 특유의 국가 권위 때문에 개혁기의 지방정부는 기존 체제가 장악한 자원, 즉 "인적자본"(특히 유능한 집체와 국가 간부)과 토지(이 덕분에 비로소 대규모의 "토지 징발" 현상이 있을 수 있다), 그리고 자본·노동력·원자재 등을 고효율로 동원하여 쓸 수 있었다. 동시에 국가가 "권위"적인 정부였기에 비로소 기성 노동법규의 바깥에서, 반드시 노동법규를 준수할 필요도 없으며 또한 반드시 복지를 제공할 필요도 없는 염가의 노동력—2.5억 명의 "비정규경제" 속의 "농민공"과 "실직 노동자"—을 사용할 수 있었다(이 책의 제 8장; 황쭝즈 2009b 참조). 권위적으로 노동비용을 억누르고, 심지어는 기본적인 안전조치까지 생략한 채로 매일 법정 노동시간인 8시간을 50퍼센트에서 100퍼센트나 초과하여 복지비용도 들지 않고 노동조합 조직도 불허하는 노동력을 사용하였던 것은, 전적으로 이러한 "개혁기 국가체제"하에서 실행되었던 것이다. 이로부터 글로벌 자본을 추구하는 경쟁하에 극히 염가의 노동력을 제공하고, 몇몇 신고전파 경제학자들이 말하는 "비교우위"(Lin , Cai and Zhou 2003[1996])를 이용하여, 단기간에 중국을 전 세계에서 외국자본이 가장 많이 투자되는 개발도상국가로 만들었다.

"우파" 시장주의의 해석과 달리, 개혁기 30년의 경제발전은 단순히 시장화의 동력에서 유래한 것이 절대로 아니다. 바로 기존 체제의 분권화와 새로운 시장화와의 결합을 거침으로써, 전국 각지 지방정부의 적극성을 촉발하고 그들 간의 경쟁을 추동하며, 또한 GDP 증가를 평가 대상 주요 "행정실적[政績]"으로 삼는 제도를 건립하고 형성하였던 것이다. 중국 경제와 일반적인 자본주의의 차이는 주로 지방정부가 그 경제발전의 과정에서 수행한 특수한 역할에 있는 것이다.

이러한 경험 현실에 직면하여, 서방의 어떤 경제학자들은 미국에서 유래한 "연방주의federalism" 범주를 채택하여, 이를 빌려 중국의 개혁에서 지방정부가 일으킨 관건적인 작용을 부각시킨다. 그들은 먼저 많은 지면을 할애하여 미국의 독자를 위해 "연방주의"를 중국과 서방에 적용할 때의 차이를 설명한다. 중국의 경우 권리, 헌법, 민주 등에 대한 미국 연방주의의 관심을 수반하지 않는다. 또한 완전한 공동시장common market도 아니다. 그러므로 이는 "중국식 연방주의Chinese federalism"이다. 이러한 해석을 거친 다음에야 비로소 "중국식 연방주의" 개념의 실질적인 내용, 즉 통일 국가 안에서 지방정부의 경제 분권 및 경쟁의 현실을 설명할 수 있다. 이처럼 크게 우회하여 중국 개혁의 특색을 설명하는 것은 몹시 애를 쓴 것이라고 말할 수 있다. 또한 경제학 담론에서 서방이 절대적인 패권을 차지하고 있다는 사실을 보여주기도 한다(Motinola, Qian and Weingast 1995; Qian and Weingast 1997). 그러나 중앙과 성·시로 텔레비전 채널을 구분하는 데 익숙한 중국의 독자에 대하여 말하자면, 미국식의 "연방주의" 개념은 기실 미국 정치·경제의 실제에 대한 오해를 야기할 수 있을 따름이다(예컨대 연방정부 및 캘리포니아주, 뉴욕, 워싱턴 등 주·시에서 텔레비전 채널을 주관하게 하는 것은 완전히 상상할 수도 없는 일이라고 할 수 있다. 동시에 중앙의 조직부에서 각 주의 주지사를 임명하는 것도 마찬가지로 상상할 수 없는 일이다). 또한 중국의 정치·경제 현실을 더욱 파악하기 어렵게 만든다. 우리는 거꾸로 이렇게 상상할 수도 있을 것이다. 서방의 학자들이 만약에 반드시 크게 우회하여 중국 고대의 "봉건" 범주를 채택하여 서양 중세의 퓨덜리즘^{feudalism}을 설명해야 한다면, 그것은 어떠한 언어 환경과 효과를 의미하게 될까? 기실 우리는 더욱 직접적이고, 더욱 설득력 있게 개혁기의 분권 체제를 "대약진"과 "문화대혁명" 시기의 지방 분권 전통과 연접시켜서 충분히 설명해 낼 수 있다(예컨대 Shirk 1993). 당연하게도, 개혁은 그 위에 새로운 시장화가 부가된 것이다. 그야 어떻든지 간에, 지방정부가 일으킨 관건적인 작용은 오늘날 이미 중국 개혁에 대한 서방 경제학의 컨센서스가 되었다.[*]

사회(와 환경)위기의 동일 근원

경제 기적의 근원은 곧 오늘날 사회위기(와 환경위기)의 근원이기도 하다. 양자는 기실 동일한 현상의 두 측면이다. "초상인자^{招商引資}"와

---

* 첸잉이(錢穎一) 등의 저작 외에, 예컨대 David Li 1998 참조.

"토지 징발" 등 개혁기 경제발전이 채택한 방법 아래에서는 모종의 관료+기업가의 "관상 유착"이라는 새로운 "이익집단"이 형성될 수밖에 없다. 동시에, "비정규"로 염가의 노동력을 사용하는 "비교우위" 아래에서는 첨예한 빈부 불평등과 사회 모순이 형성될 수밖에 없다. 여기에 원래부터 존재하던 도·농 간의 차별을 더하면, 곧 오늘날 "사회위기"의 주요 내용이 된다. 세계은행의 지니계수 지표에 근거하면, 개혁 30년이 흐른 오늘날 중국은 세계에서 가장 평등한 국가 중 하나에서 가장 불평등한 국가의 하나로 탈바꿈하였다.[*]

"좌파"의 비판과 달리, 현재의 사회위기는 단순히 시장화 또는 자본주의로부터 유래한 것이 결코 아니다. 오늘날의 사회 불공정·불평등은 결코 단순히 자본 측의 노동 측에 대한 착취가 아니며, 단순히 외국 자본의 중국 염가 노동력에 대한 착취도 아니다. 그것은 중국 국가(제국주의 시대의 중국과는 전혀 다른 국가)의 강력한 추동을 수반한 것이다. 국가 노동법규를 준수하지 않고 농민공의 자발적인 노동조합을 불허하는 등의 정책은 곧 국가의 선택이지 자본 또는 외국의 일방적인 행위가 아니다. 또한 당연한 말이지만, 그것들을 단순히 중국 근·현대 역사에서 제국주의 침략 아래 형성된 "매판買辦" 메커니즘과 동일시해서도 안 된다. 오늘날의 국가는 주권이 고도로 발달한, 자신의 경제발전을 추구하는 국가이다. 하물며 이 국가는 확실히 이 개혁 체제를 통해서 온 세상이 깜짝 놀랄 GDP 성장을 이루었으며, 많은 사람의 소득 수준과 생활 수준을 제고하였다. 비록 동시에 농민공에 대한 불평등한

대우 및 도·농 간의 현격한 차이를 초래하기는 하였지만 말이다. 환경오염 또한 단순히 서방 자본주의를 도입한 결과, 환경에 대한 공업의 파괴를 서방 선진국에서 중국으로 이전시킨 것이 아니다. 이것은 당연히 사태의 중요한 일면이다. 중국은 확실히 "전 세계의 공장"이 되어 대규모의 에너지 소모 및 환경오염을 받아들였다. 그러나 동시에 우리는 중국의 국가체제가 그 가운데 일으킨 작용과 책임을 간과할 수 없다. 우리는 글로벌화라는 객관적 역사 배경을 직시하면서도 국가 선택의 작용과 책임도 직시해야 한다. 분권과 시장화에 기대어 격발한 지방정부의 경제발전에 대한 적극성 및 그 GDP를 둘러싼 행정실적 평가 제도가 지방의 관료로 하여금 초상인자招商引資를 최우선의 목표로 삼도록 재촉했다. 이리하여 서로 경쟁적으로 자본을 끌어들였다. 한편으로는 염가의 토지·노동력·원자재·재정 혜택 등의 조건을 제공하였으며, 다른 한편으로는 본지本地의 경쟁력을 높이기 위하여 희소자원을 우선적인 사회간접자본 건설(도로, 철도, 에너지 공급 등 방면)에 배치하는 데 치중하여, 환경보호는 부차적인 고려사항이 될 수밖에 없어 그에 필요한 자원을 획득할 수가 없었다.* 그 결과 환경보호 부문은 소리만 요란하고 실질적인 조치는 없는 부문으로 변하여 환경오염을 크게 악화시키고 말았다(장위린 2010; 영문판 Zhang Yulin 2009; 또한 Economy 2004 참조).

달리 말하자면, 지방의 개혁기 국가체제가 "기적" 같은 경제발전을 추동함과 동시에 환경을 심각하게 파괴한 것이다. 양자는 동일한 사물의 두 측면인 것이다. GDP 발전에 지나치게 치중하고 환경보호를 상

---

* 최근 이 방면의 연구가 꽤나 많아졌다. 예컨대 장헝룽·천셴 2006; 푸융·장옌 2007 참조.

대적으로 홀시하는 것은 기실 "초상인자招商引資" 전략의 중요한 구성 요소이다. 그것은 글로벌 자본 투자자의 투자 수익률을 높이는 중요한 구조적 구성 요소이며, 외국 투자를 끌어들이는 비결의 하나였다. 그 이치는 염가 노동력과 마찬가지였다.

동시에 외자와 지방정부가 이러한 메커니즘을 지키려고 하는 이익집단을 형성한 것은 불가피한 일이었다. 수많은 민중 항쟁운동에 대한 조사 보고가 보여주듯이, 각지의 환경보호 항쟁운동은 거의가 불가피하게도 제일 먼저 정부-자본 측이 연합한 억압과 공격에 부딪히게 된다. 단순히 각지 환경보호 부문과 법원을 통해서는 그것들의 공정한 처리를 얻어내기가 매우 어렵다. 왜냐하면 그들 부문은 경비와 인사에서 모두 지방정부의 관할 아래 있기 때문이다. 오직 조직 동원, 네트워크 연결, 미디어 노출 등을 통해서 일정한 세력을 형성한 뒤에야 비로소 해당 지방에서 관官-상商이 결탁한 첫 번째 층위의 "(은폐를 위한) 뚜껑 덮기"식 반응을 돌파하여 모순을 "공정하게 처리하는" 두 번째 층위의 반응 단계에 진입할 수 있다. 그렇게 해야 항의자는 비로소 타협을 통해서 부분적인 만족을 얻어낼 수 있다.[*]

그러므로 좌·우 쌍방이 문제를 자본 대 노동, 서방 대 중국, 자본주의 대 사회주의, 시장주의 대 계획경제 등, 이것 아니면 저것이라는 식의 절대 대립으로 묘사하는 것은 모두 단편적이다. 사실 개혁 및 그 과정 속에서 형성된 체제는 단순한 자본주의도 아니고 단순한 계획경제 체제도 아니다. 그것은 양자가 결합한 이후의 산물이다. 그것은 발전주의식의 지방정부를 주체와 동력으로 삼았다. 그것은 시장화되고 기

---

[*] 환경보호 운동에 관한 조사보고는 상당히 많다. 예컨대 장위린 2007; 황자량 2008; 스파융 2005 참조.

업화된 지방정부이며, 일종의 지방·국가+기업의 결합체, 외자+중국
정부의 결합체이다. 그것은 단순히 이것 아니면 저것이라는 식의 이원
二元대립적인 이데올로기만으로 이해할 수 없다.

개혁기 국가체제의 실제 운용에 보이는 몇몇 특징

이 "개혁기 국가체제"는 실천 속에서 이미 상당히 특수한 체계를 형성
하여 자신만의 특색을 갖추고 있다. 앞에서 이미 실제 작동 속에서 지
방정부의 경제적 역할을 부각시켰다. 동시에 우리는 국가체제의 또 다
른 측면, 즉 집권적 중앙정부의 역할도 홀시할 수 없다.

장스궁强世功이 근래의 논문에서 지적하였듯이(장스궁 2009), 중국
의 헌정에 대한 이해는 절대로 그 성문 헌법에 국한시켜서는 안 된다.
서방의 전통 속에서도, 두 가지의 서로 다른 전통이 있다. 성문 헌법
위주의 미국 전통과 불문 헌법 위주의 영국 전통이 그것이다. 중국의
성문 헌법은 기실 근대 서방 담론이 패권을 휘두르는 현실에 상응하여
작성된 텍스트이다. 만약 수많은 기존의 헌법 연구에서처럼 단순히 미
국 정부 조직 모델을 써서 이해하여 중국과 미국의 국가 성문 헌법을
동일시하거나, 단순히 미국 모델에 근거하여 중국 헌정 각 방면의 부
족함을 강조한다면 중국 국가체제의 성질을 완전히 오해하게 될 것이
다. 먼저, 중국 국가체제는 공산당이 영도하는 혁명운동의 현실 및 그
것이 포함하는 "불문 헌법"을 떠나서는 이해할 수 없다. 장스궁의 논문
이 지적했듯이, 각급 인민대표대회의 조직은 물론 분권적인 체계이고
각급 정부의 관료 체제 내에서의 관계는 수직적 집권 상태이지만, 공
산당의 경우는 양자 모두와 다르다. 그것은 우선 고도의 집권적 조직

이다. 그것은 공산당의 간부 임명과 기율 검사 제도에 충분히 체현되어 있다. 그러나 공산당은 동시에 일정한 분권 전통이 있다. 그 기원은 마오쩌둥의 "10대大 관계"에서 나온 "두 개의 적극성" 원칙이다. 즉 통일 집권을 요구하지만, 동시에 사회주의 건설에서 지방의 적극성 발동을 요구하기도 한다. 이것은 마오쩌둥이 소련의 집중적 관료 제도에 가한 비판의 요점이다. 그가 보기에, 중국혁명의 "군중노선"이야말로 공산당 당장黨章 속의 "민주 집중" 원칙의 정신을 진정으로 체현한다. 그 작동 속에서 지방의 적극성 발휘를 충분히 요구하며, 상급에 대하여 광범위하게 하급과 함께 "의논해서 일을 처리"할 것을 요구한다. 덩샤오핑이 "권력을 나누고 이익을 양보"하여 개혁을 추동한 것은 바로 그와 같은 전통에서 유래한 것이다. 이것은 중앙과 지방정부의 관계 문제에 대한 훌륭한 생각의 지침이 되며, 우리가 왜 단순히 미국의 "연방주의"를 끌어다가 중국의 개혁 체제를 이해해서는 안 되는지도 설명해 준다.

랜드리Pierre F. Landry의 신작은 모순 결합체 개념—분권적 권위주의 체제decentralized authoritarianism를 써서 중국의 개혁기 국가체제를 묘사하였다. 그는 재정의 각도에서 볼 때 중국이 세계에서 분권의 정도가 가장 높은 국가—2002년 지방정부의 지출이 정부 총지출에서 거의 70퍼센트를 차지—라는 점을 지적하였다(Landry 2008: 3-5). 이것은 역설적인 사실이다. 왜냐하면 일반적으로 권위주의 국가의 재정은 민주 국가보다 더 집중적이기 때문이다. 권위주의 국가의 지방정부 지출은 1972~2000년간 평균 전체 재정 지출의 약 6분의 1에 지나지 않았지만, 민주 국가에서는 4분의 1에 가까웠다. 그러나 개혁 기간 중국의 지방정부 지출은 양자보다 비중이 훨씬 커서, 1958~2002년간 평균 절반 이상(55퍼센트)이나 된다(Landry 2008: 6). 일반적인 이론의 예측에서 보자면, 이와 같은 분권은 중앙정부의 권력과 기능을 심각하게 약화시켜서 분열, 심지어는 붕괴를 야기할 수도 있다. 그러나 중국은 그와 달리 간부의 갱신, 간부의 교육수준과 기술수준 제고, 그리고 "지구地區를 시市로 바꾸고" "시市가 현縣을 관할하는" 등의 제도 개혁을 포괄하는 대규모의 개혁 속에서도 여전히 고도의 통일적 체제를 유지하였다.

랜드리는 중국공산당의 간부 임명 제도가 주된 요인이라고 생각한다. 중국공산당은 각급 조직 부분을 통해서 간부의 선발과 승진을 유효하게 통제하였다. 바로 이러한 간부 임명 제도가 개혁에서 고도의 효과를 발휘한 정치·경제 체계를 다졌다. 이 때문에 랜드리는 한 쌍의 서로 모순되는 형용사인 분권과 권위를 채택, 양자의 모순 결합을 써서 중국의 개혁기 국가체제를 형용하였다(Landry 2008: 제 2·4장). 그것인 분권적인 체제이면서도 여전히 중앙집권적인 체제이다. 그것은 양자가 미묘하게 결합한 체제이며, 정부와 공산당이 미묘하게 결합한 체제이기도 하다. 하나라도 빠트리면 이해할 수가 없다. 이와 같은 이해는 장스궁이 분석한 중앙과 지방 관계가 실제 작동하는 가운데의 성문과 불문 헌법의 구조와 부합한다. 그것은 중국 국가체제의 실제 작동에 대한 비교적 적절한 묘사이자 분석이기도 하다.

이밖에 내가 보기에 중국 중앙정부의 개혁 속에서 또 하나의 중요한 특징은 그 언명과 실천 간의 배리背離이다.* 한편에서는 쾌속의 경제발전을 촉진하기 위하여 기꺼이 국가 노동법규를 내던지고 농민공

---

* 언명과 실천의 구분은 나의 저서 『청 대의 법률·사회와 문화[清代的法律、社會與文化]: 민법의 언명과 실천[民法的表達與實踐]』에서 중심적인 논점이었다(황쭝즈 2006[2001]).

등 극히 염가의 노동력을 이용하여 글로벌 자본을 끌어들였다. 다른 한편에서는 사회평등, 화해사회[和諧社會], 심지어는 사회주의 이념을 내걸기도 하였다. 한편에서는 기꺼이 환경오염을 돌아보지 않고 외자를 끌어들여 공업발전을 추동하였지만, 다른 한편에서는 수많은 환경보호기구를 설립하고 적잖은 환경보호 법규를 제정하였다. 발전주의를 제창하고 GDP 성장을 본위로 하는 지방관료 평가 제도를 마련하였지만, 동시에 사회평등, 환경보호 등의 이상도 제창하였다.

이와 같은 배리[背離]가 지방정부의 작동 가운데 보편적으로 보이는 "위에 정책이 있다면 아래에는 대책이 있다[上有政策, 下有對策]"는 현상의 중요한 원천이 되었다. 바로 중앙의 모순된 언행이 각급 지방정부의 유사한 행동을 야기하였다. 한편으로 비교적 "연성[軟性]"의 지표와 관련될 때, 지방의 상·하급 정부는 일종의 "공모" 현상을 보여주었다. 암묵적으로 모두가 그 측면에 대한 중앙의 요구를 겉치레로 만족시켰다. 다른 한편으로는 일치해서 상당히 집중적으로 다들 알고 있는, 진정으로 관건이 되는 GDP를 증가시킨다는 발전주의의 "경성[硬性] 정책"을 추구하였다. 바로 이러한 논리에 따라, 현·향/진·촌급 정권 기구가 서로 결탁하여 상대적으로 연성인 지표(예컨대 "경지의 삼림 환원[退耕還林]")의 중앙 지원금을 전용하여 더욱 "경성"이고 더욱 중요한 지표의 수요(예컨대 사회간접자본 건설에 투입하여 초상인자[招商引資]와 GDP 증가)를 만족시킬 수 있었다.

지우쉐광[周學光]은 조직 이론을 써서 지방정부 상·하층 간의 "공모 현상"을 해석, 그것이 제도화된 조직 환경, 중앙 정책과 지방 실제 간의 거리, 중앙집권적 제도 아래 현·진·촌 등 서로 다른 층위의 지방정부가 공동의 이익에 의해 촉발되어 중앙을 상대하는 행위 등에서 비롯되었다는 것을 밝혔다(저우쉐광 2009). 그의 분석은 말할 나위 없이 일정한 설득력이 있으며, 서방의 기존 조직 이론과도 대화를 잘 하여 그 시야에 국한되지 않으면서도 동시에 중국의 경험을 서방 학자가 이해할 수 있는 개념을 써서 해석하였다. 그러나 우리는 중앙정부의 언명과 실천 간 모순성으로부터 저우쉐광이 관심을 둔 "공모 현상"을 이해할 수도 있다. 지방정부의 관료는 모두 경제발전이 "경성 정책"이고 공산당이 집행하는 간부 평가 제도의 관건적인 표준이지만 환경보호·위생·화해^{和諧} 등은 상대적으로 연성인 정책이라는 것을 알고 있다. 바로 그러한 까닭에 여러 층위의 지방정부가 겉으로는 중앙의 연성 요구를 만족시키면서 일종의 "공모 현상"을 나타낼 수 있었던 것이다. 자원이 희소하고 부족한 현실 아래에서 지방정부는 경중을 헤아려 경성^{硬性}의 정책을 우선적으로 챙기는 "이성"적인 선택을 취할 수 있었다. 이러한 각도에서 생각하면, 지방정부와 중앙은 마찬가지로 "경성" 정책과 "연성" 정책을 구분한 것이며, 기실 이 또한 일종의 "공모 현상"인 것이다.

근래 왕한성^{王漢生}과 왕이거^{王一鴿}의 연구(왕한성·왕이거 2009)는 특정 제도 환경이 촉진하는 "실천 논리"의 각도에서 지방정부의 행위를 해석하였다. 개혁 기간에 설립한 "목표 책임 관리제" 아래에서 각급 행정과 업무 기구는 "책임서^{責任書}"를 통해서 중앙이 설정한 목표를 한 급씩 한 급씩 전달하여 관철시켜 나아갔다. 설정한 목표에는 물론 사회평등, 공공서비스, 그리고 환경보호 등이 포함되었지만, 제도화된 계량화 관리 메커니즘 아래에서 진정으로 경성^{硬性}인 임무는 역시 계량화하기 쉬운 "초상인자"와 GDP 증가라는 목표였다. 이로 인해 기존 제도와 관리 메커니즘 아래에서는 자연스럽게 경제발전이 "중요한 것 중에서도 중요한" 것이라는 실천 논리가 형성되었다. 이것은 현재 국가체제의 실제 작동에 대한 적절한 묘사이자 분석이다.

  중국의 감춰진 농업혁명

이 논리의 또 다른 측면은, 경제발전이라는 경성의 정책을 위하여 우선 안정을 요구하고 "말썽"을 회피하며, 가능한 한 모순을 "공정하게 처리"해야 한다는 것이다. 이로 인해 지방에서는 민중의 항의사건에 대한 억압과 기만, 또는 어쩔 수 없는 타협이 일어났다. 위에서 이미 환경보호 측면의 사례를 들었다. 2008년 쓰촨 성의 원촨汶川 대지진에서 수많은 학교가 부실공사로 인해 쉽사리 무너진 데 대한 민중의 항의로 인해 몇몇 조치가 취해진 것은 널리 알려진 사례이다.

이밖에 개혁기 국가체제는 정부 부처의 모리화牟利化라는 특징을 더욱 잘 드러낸다. 정부 각 부처의 이익 추구와 이러한 추구로 인해 나타난 부처 간의 모순은 기존 체제와 새로운 시장경제 결합의 또 다른 일면이기도 하다. 이혼법의 집행에 관한 나 자신의 연구에서 들었던 한 사례로 말하자면, 남방 "R현"의 민정 부문은 뜻밖에도 근 십 수 년 이래 부부 쌍방이 동의하는 이혼의 처리와 등록을 계속 거절하고 있다. 그 원인은 매우 제한된 수수료(8위안의 등록 수속비)를 얻기 위해서 등록 과정에서 그때그때 출현할 수 있는 당사자 간의 모순에 귀찮게 말려드는 것을 무릅쓰고 싶지 않기 때문이다. 이에 간단한 이혼 등록조차 전부 현지 법원에 내맡겼고, 이로 인해 부처 간의 모순과 상부에의 문제 해결 요청이 야기되었다(황쭝즈·우뤄즈 2008). 이는 비록 한 가지 소소한 사례에 불과하지만 부처 이기주의 현상을 보여주기에 족하다. 그것은 시장화된 신新체제가 지방정부에 수익 창출을 요구하는 기시환경 아래 형성된 것이다. 그리고 우리는 한 발 더 나아가 관료의 부패 역시 정부 부처 및 그 관료의 모리화 현상의 한 측면으로 간주할 수 있다. 예컨대, 근래의 연구가 보여주듯이, "사회주의 신新농촌"을 발전시키기 위한 중앙의 지출 각 항목은 한 층 한 층의 지방정부 부문 또는 개인이 착복·점용하는 탓에 진정으로 기층基層에 교부되는 것은 지출 총액의 절반 또는 심지어 그보다 적은 경우가 많다. 향진 시장 건설 보조 자금도 이와 같고, 위생원衛生院 건설 보조 자금이나 학교의 위험 건물 개조를 위한 국채 기금 등도 이와 같다. 이는 반半공개적인 보편 현상이다.* 현 단계 개혁기 지방정부 체제 아래에서 사람들은 보편적으로 관료와 접촉하면서 선물 증여와 그 개인 혹은 부처의 이익이 없으면 어떤 일도 이룰 수 없다고 생각한다.

이와 같은 현상은 아직 계통적인 연구와 정리를 필요로 하지만, 우리는 초보적으로 다음과 같은 개념을 제시할 수 있을 것 같다. 개혁 과정에서 형성된 특수한 국가체제는 일종의 과도적인 체제일 수도 있고, 장기간의 굳은 체제일 수도 있다. 긍정적인 측면에서 말하자면, 그것은 세계를 깜짝 놀라게 한 경제발전의 "기적"을 추진하였다. 부정적인 측면에서 말하자면, 그것은 사회와 환경의 위기를 야기하였으며 많은 측면에서 구체제의 제도적 저질低質은 물론 신新모리화의 제도적 저질을 갖추고 있다. 기존의 관료화 경향—번거로운 절차, 형식주의, 비대와 저효율, 관료 간의 상호비호—에서 과거 인민을 위해 봉사한다는 이데올로기 및 그에 의한 억제 작용을 빼 버리고, 거기에 부처와 관료의 모리牟利 의식을 더하였으니, 그 폐단은 아마 과거의 관료주의보다도 더 심할 것이다. 만약 진일보의 개혁을 실행하지 않는다면, 새로운 경직된 체제로 굳건하게 변해 버릴 수 있다. 그렇게 된다면, 더욱 심각한 사회불평등과 더욱 오염된 환경을 초래하여 더 많은, 그리고 더 대규모의 민중 항의를 촉발할 수 있을 따름이다.

---

* 예컨대 제빙·런성덕·장쥔뱌오 2008 참조.

진일보 개혁?

당장 시급한 일은 어떻게 해야 이러한 현존 국가체제를 진일보 개혁할 수 있는가이다. 이상의 분석은 우리가 만약 단순히 이데올로기화된 이론에서 출발할 것 같으면 계속해서 "민주주의" 대 "권위주의", 헌정 대 집권, 또는 사회주의 대 자본주의라는 이원二元대립의, 이것 아니면 저것이라는 논쟁에 빠지게 됨으로써 중국의 실제로부터 유리되어 이데올로기의 분기 속에서 뒹굴게 될 따름이라는 것을 보여준다. 작동 중인 실제에서 유리되면 진정한 문제를 뽑아낼 수 없으며, 구체적이고 실행 가능한 개혁 실시 방안은 더더욱 제시할 수 없게 된다. 이러한 논쟁은 당위의 이상에 갇혀서 결국에는 이야기를 하면 할수록 경직되고, 결국에는 서로 이해가 불가능한 독백으로 변질되고 말 뿐이다. 오늘날 경제학계의 상황이 바로 그러하다. 실천의 역사에 대한 회고는 비록 당위를 홀시할 수는 있을지라도 실제 근거와 적절성을 갖춘 개혁의 사고思考로 완전히 바뀔 수가 있다.

오늘날 정부는 이미 흡취·통제형 정부로부터 봉사형 정부로 탈바꿈해야 한다는 이념을 내놓았다. 이는 매우 관건적인 이념이다. 그것은 정부가 (다시금) 공공재의 주요 책임을 떠맡아 광대한 농촌 인민 및 도시의 비정규 취업 농민공과 실직 노동자를 위하여 공공서비스와 사회보장을 제공한다는 것을 의미하고 있다. 그것은 또한 국가체제의 근본적인 전환 가능성을 의미하고 있다.

어떤 시장주의자들은 원칙과 이론으로부터 이와 같은 정부 역할에 반대하여, 그것은 더 방대한 정부와 계획경제 시기와 같은 관료화를 초래할 따름이라고 생각한다. 동시에 그들은 사영기업이 서비스—교육, 의료, 위생, 복지—를 제공하는 편이 경제 효율이 더 높을 수 있다고 생각한다. 이것은 기실 완전히 시장근본주의의 일종으로, 서방 (특히 미국)의 신新보수주의 이데올로기에서 유래한 것이며, 서방 어떤 국가의 실천·실제와도 부합하지 않는다. 기실 서방의 선진국은 모두 시장주의와 복지국가가 결합한 산물이다. 하이예크Friedrich A. Hayek 와 같은 신고전파 경제학 이론가조차도 공공재는 일반 소비재와 달라서 반드시 공공의 국가가 제공해야지 자기 이윤의 최대화를 추구하는 민간회사에 전적으로 의존할 수는 없다는 것을 승인하였다(Hayek 1980[1948]: 제 6장). 마오쩌둥 시대의 중국에도 지나치게 이데올로기화된 사례가 가득하지만, 오늘날 미국의 신新보수주의 이데올로기에 지나치게 의존하는 착오를 범해서도 절대로 안 된다.

현재 세계 경제의 대공황 위기는 기실 다시 한 번 시장근본주의와 신고전파 경제학의 취약성을 입증해 주었다. 사실 중국은 개혁 동안 수출 주도 경제 성장에 힘입었기 때문에 2008년의 금융위기로 인해 이미 심각한 좌절을 맛보았다. 수단으로서, 과거의 발전을 지나친 비판의 표적으로 삼아서는 안 된다. 그것은 중국 경제에 대규모의 외국 자본 투자와 기술 이전을 선사하였으며, 2억여 명의 중국 농민에게 농업 이외의 공업이나 품삯 소득을 안겨주었다. 그러나 오늘날 더욱 관건적인 것은 광대한 중국 인민의 소비수준을 높이고, 중국의 국내 시장을 확대하며, 이를 빌려 더욱 지속가능한 경제발전을 추동하는 것이다.

여기서 필요한 관건적인 개념이 사회 개혁을 이용하여 경제발전을 추진한다는 것이다. 저소득자는 소비가 가처분 소득에서 차지하는 비중이 가장 높은 집단이다. 그들의 소득을 늘리는 것은 (중국의 제한된) "중산계급"의 소득을 늘리는 것보다 훨씬 더 빠르게, 훨씬 더 많게 소비를 확대하는 효과를 낳는다. 경제 불황과 해외 수요의 위축에 직면하여, 이것은 경제의 진일보 발전을 자극하는 관건적 요소가 된다. 그것은 미국의 오바마 행정부가 경제 대공황에 대하여 제창한 주된 처방 가운데 하나이기도 하다. 바꾸어 말하자면, 현재의 심각한 분배 불평등과 사회위기를 완화하면 "내수"를 확대하고 경제발전을 촉진할 수 있다.

복지에 대해서 말하자면, 그 논리 또한 마찬가지이다. 정부가 무상교육과 협력의료를 제공·조직하면, 즉각적으로 중·하위 저소득 집단의 소비에 영향을 끼칠 수 있다. 그들은 교육(과 의료 및 실업)의 위험에 특별히 민감하다. 이 때문에 저축을 더욱 중시하여, 그로써 스스로를 위해 보장을 제공한다. 만약 국가가 이러한 사회보장을 떠맡는다면, 일단 민간에 이 측면의 안전감을 조성하여 곧바로 소비를 자극하고 국내 시장을 확대할 수 있다. 중국 정부는 최근 수 년 기실 이러한 논리를 수용하기 시작하여, 일련의 이러한 조치를 잇달아 내놓았다. 여기에는 농업세의 취소, 9년 의무교육의 확립, 농촌의 60세 이상 노인에 대한 생활 보조, 대다수 민중을 포괄하는 협력의료 제도 도입 등이 포함된다. 기타 방면의 복지와 위생 및 환경보호 등은 아직 진일보의 추진을 기다리고 있다.

이와 동시에 내가 「집권적인 간략한 통치^[集權的簡約治理]」라는 논문(황쭝즈 2007a)에서 부각시킨 중국 역대의 통치 실천 전통—고도의 집중적인 황제권 아래 공동체 출신의 반半정규 관원에 의지하는 간략한 통치—을 거울로 삼아 정부의 권위 기능과 공동체의 참여·감독을 결합하는 것을 적절히 고려하고, 거기에 시장의 경쟁과 인센티브 메커니즘을 가미할 수도 있을 것이다(말할 나위 없이, 오늘날의 객관 상황과 정부가 기층까지 침투한 정도는 과거를 멀찌감치 뛰어넘는다). 공공재의 제공에서 기존 체제의 권위라는 특징을 이용하여 새로운 형태의 공공서비스를 이끌고, 사영기업을 적절히 끌어들여 혁신을 격발하며, (지방 간의 경쟁을 포함하는) 경쟁을 활용하여 효율을 제고하고, 공·사 합영의 반半기업성 서비스를 부분적으로 채택할 것을 고려하며, 정부가 지도하고 발동하고 지방 공동체가 감독에 협력하며 사영기업이 참여한다. 과거의 계획경제와 시장경제의, 이것 아니면 저것이라는 단순한 이원대립은 사람들로 하여금 시장경제가 반드시 완전한 사유재산권 제도 위에서만 건립될 수 있다고 생각하게 만들었다. 여기에서는 소유제와 시장 메커니즘을 명확히 구별해야 한다. 시장 메커니즘은 결코 공유제도를 배제하는 것이 아니기 때문이다.

협력의료 방면에서는, 왕사오광王紹光의 연구(왕사오광 2008)에 근거하자면, 다년간의 모색을 거쳐 국가가 투자·지도하고, 지방과 집체가 협력하며, 인민이 비용을 지불하는 형태로 일이 추동될 것을 보인다. 이처럼 다원적인 참여에 의한 공공재 제공과 통제형 정부 사이에는 차이가 있다. 후자는 위에서 아래로의 일방적인 메커니즘으로, 권력은 위에 있고 인민에게는 선택의 여지가 없다. 하지만 다원적인 사회 서비스는 그와 달리 지방 간 경쟁이 있을 수 있고 공동체는 참여와 더불어 감독하는 권리를 보유하며 인민은 구매 여부를 선택할 권리를 지닌다. 이 때문에 통제형 정부와 달리, 필연적으로 관료주의화의 늪에 빠지게 되는 일은 일어나지 않는다. 그것은 모리형牟利型의 정부와도 달라서, 개혁 이래 30년간 두드러지게 나타난 오직 금전을 위하여 서비스를 제공하는 폐단에 빠지게 되는 일이 없다. 계획경제 시대 극단적인 무소불위의 통제형 정부는 한편으로 포기되어야 하지만, 그 유효한 공공서비스는 한편으로 적절히 계승하여, 그로써 일종의 "제3의 길"을 만들어야 한다(예컨대 양퇀 2006 참조). 공공서비스 확대는 심지어 국가체제를 개선하는 기회로 간주할 수도 있다.

이상의 논의에 근거할 때 중앙정부의 정책 선택은 분명히 매우 관건적이다. 지난 30년의 실천 경험에 비추어 보건대, 가장 중요한 대목은 지방관료 평가 제도일 것이다. 만약 양질의 복지, 사회평등, 환경보호를 진정으로 "경성"인 정책으로 바꿀 수 있다면, 그리고 멀고도 긴 시야를 갖춘 평가 제도를 채택하여 여전히 경제발전을 주된 표준으로 하는 현재의 행정실적 메커니즘을 대체할 수 있다면, 시장의 발전을 추동할 수 있을 뿐만 아니라 국가체제 자체의 변신도 촉진할 수 있을 것이다. 말할 나위 없이, 목표는 낡은 통제형 국가체제로부터 진정 인민을 위해 봉사하는 체제로 변신하는 것이다.

　실천 역사의 각도에서 생각하건대, 현재의 중국은 인민공화국 수립 이래 30년의 사회주의 역사 배경에서 유래하였을 뿐만 아니라 개혁 이래 30년의 신新자유주의 역사 배경에서 유래한 것이기도 하다. 그러므로 앞으로 중국이 추구해야 할 것은 양자의 결합과 초월이어야 하지, 이것 아니면 저것이라는 식의 역사 실제에도 부합하지도 않는 이원대립의 선택이 아니다. 추이즈위안崔之元은 매우 도전적으로 "자유사회주의" 구상을 내놓았다. 그 가운데 관건적인 건의는 아직껏 존재하고 있는 대량의 국유자산을 시장 환경 현실에 포함시켜, 순수하게 반反시장적인 계획경제의 시야에 국한되지도 않거니와 순수하게 사유화된 자본주의의 시야에도 국한되지 않도록 생각해야 한다는 것이다. 그가 강조하는 것은 계획경제로부터 유래한 국유자산을 시장경제 속에서 증식增殖시킴으로써 공공서비스와 사회보장 비용을 지불하고, 심지어 소득의 재분배를 이루어, 이로부터 "사회주의 시장경제"를 구현하자는 것이다(Cui 2005; 판강·가오밍화 2005도 참조). 이것은 일정한 역사 연원과 이론의 깊이를 갖춘 "별종別種"의 구상이다. 그것은 장스궁 논문의 관점과 서로 통하는 구석이 있다. 왜냐하면 우리는 장스궁의 논문을 중국 성문 헌법의 자유민주주의 관점만이 아니라 중국의 불문 헌법(또는 "근본법")인 중국공산당 사회주의 당장黨章의 관점도 받아들여서, 이로부터 현재의 이것 아니면 저것이라는 식의 협소한 관점을 초월하고, 또 이로부터 실천 역사에 부합하는 헌법 개혁을 이해하고 모색하자고 제창한 것이라고 독해할 수 있기 때문이다.

추이즈위안의 "자유사회주의"와 장스궁의 "성문과 불문 헌법"에 대하여, 나는 그것들에 내포된 이상이 애매하게 이것도 괜찮고 저것도 괜찮다는 종류나 마치 흙탕물과도 같은 종류의 모호한 타협이 아니라고 이해한다는 점을 밝혀 두고자 한다. 나는 양자 모두가 필요하며 한쪽이라도 없어서는 안 된다는 것을 승인하는 전제 위에서의 초월적인 종합이라고 이해한다. "수익"과 증식을 강구하는 국유자산과 그것을 활용하여 공공서비스와 사회보장을 제공하고 심지어는 소득 재분배까지 하자는 구상이야말로 이러한 초월과 종합을 체현한 것이다. 자유민주주의 성문 헌법과 사회주의 공산당 당장黨章의 병존과 결합도 이와 마찬가지이다. 구체적으로 어떻게 종합하고 실천 속에서 조정을 기할 것이냐에 대해서는 아직 실용성의 시험을 기다려야 하며, 그런 시험에 근거하여 이후 점차적으로 그 가운데의 이론적 논리를 다듬어가야 할 것이다.

신新중국 성립 이래 60년간 처음부터 일관되게 존재한 양질良質의 체제상 특징은 이러한 방향으로의 진일보 개혁을 추진하는 데 도움이 될 수 있다. 하일만Sebastian Heilmann이 지적했듯이(Heilmann 2008a; Heilmann 2008b; Heilmann 2009), 일반적인 민주제도 국가와 달리 중국 정부의 정책 결정 과정은 통상 지방의 한 지점에서 먼저 "테스트"를 한 다음에 중앙에서 정책을 결정하여 "점에서 면으로 확대하는" 방식으로 추진·확산하는 것이었다. 민주제도하의 국가라면 반드시 어떤 정책을 채택하기 전에 어떤 결과가 나올지 예측하고 나서야 비로소 그 정책을 채택해야 한다. 그러나 중국의 집중과 분급分級을 특징으로 하는 정권에서라면 테스트 성격의 시험도 가능하다. 어떤 지점이나 어떤 등급에서의 실제 결과를 확인한 다음에 비로소 어떤 정책을 채택·확대할 수 있는 것이다. 왕사오광은 한발 더 나아가 개혁 이래 30년간 농촌 의료 정책에 대한 모색과 변화 속에서 중국 정부가 테스트 중인 진로를 발견할 수 있다고 지적한 외에, 창의적인 "학습" 능력 및 실천 속에서 점차 실제 수요에 적응하는 능력을 흡수하는 기층의 모습을 보여주었다(왕사오광 2009).* 이러한 실용성의 정책 결정 방법과 진로는 진일보한 국가체제 개혁에 융통성 있게 사용할 수 있다. 근래 많이 보도되고 논의되고 있는 "충칭重慶 경험"—시장화된 공유자산의 증식 가치를 공공건설에 투자하고 민간 자본의 참여를 이끌어 다시 증식 가치를 추가로 얻어 재차 건설에 투자하는—은 이러한 시도를 어느 정도 체현한 것이다(추이즈위안 2008a; 추이즈위안 2008b). 근래의 개혁에 대하여 말하자면, 통제형 정부에서 봉사형 정부로의 전환은 이미 충분하게 밝혀진, 전도가 유망한 이론이자 도덕 가치이다. 단지 그것이 경제발전을 촉진한다는 인식과 그것을 실천에 옮길 결심이 부족할 따름이다. 장기적인 개혁에 대해서 말하자면, 실천에 기초한 현재의 테스트—정책 결정 방법을 조정하여 시장경제와 사회 서비스를 결합하고 자유주의와 사회주의 이념을 아울러 고려하는 길—는 완전히 채택 가능하다. 실천 역사의 시야에서 얻어낸 몇몇 실용적 개혁에 대한 시험적인 사고는 이상과 같다.

---

* Wang 2009. 그렇기는 하지만, 하일만이 지적한 대로, 아래에서 위로의 메커니즘을 지나치게 높이 평가할 수는 없다. 왜냐하면 정책을 선택하는 최종적인 권력은 중앙에 집중되어 있기 때문이다(Heilmann 2009).

위에서 살펴본 국가체제의 진일보 개혁에 관한 구상은, 두 말 할 나위 없이 농업 개혁과 발전의 관건이기도 하다. 국가체제의 장래는 흡취·통제형 정부이자 심각한 부패와 저효율을 수반한 것일 수도 있다. 진정 인민을 위해 편의를 제공하는 봉사형 정부일 수도 있다. 국민경제의 장래는 마찬가지로 분배가 심각하게 불균등하고 도·농이 심각하게 불평등한 경제체제일 수 있다. 진정 전 국민이 적어도 소강을 누리는 체제일 수도 있다. 현재의 감춰진 농업혁명이 가져다 준 기회를 어떻게 다룰 것인가는 분명 두 가지 장래에 대한 선택에서 매우 관건적이다―그것은 8억 명에 달하는 농민의 미래에 관한 것이고, 또한 국가와 인민 전체의 미래에 관한 것이기도 하다.

제11장

결론
: 실천에서 출발하는 경제사와 경제학을 향하여

이 책에서 인구 요인을 거듭해서 강조한 것은 인구가 역사를 결정하는 단일 요인이라고 주장하기 위한 것이 결코 아니다. 중국의 이러한 기본 국정國情에 직면하여 자본, 기술, 시장, 사회구조, 국가 등 기타 경제 요인에 대한 이해는 반드시 기본 국정國情과의 상호작용을 보아야만 한다는 것을 강조하려는 것이다. 근년 학계는 시장 요인 한 가지만을 부각시키는 경향이 있다. 과거 계급관계 한 가지만을 극단적으로 부각시켰던 것과 거의 다름이 없는 지경이다. 이 책은 시장의 작동이든 사회구조이든 간에, 국가 제도이든 자본과 기술이든 간에, 모두 사람은 많고 토지는 적은 기본 국정國情을 결합하여 이해해야 한다는 것을 논증하였다.

인과관계의 층위에서 이 책이 채택한 관점은 역사상 수많은 중대 변화, 예컨대 영국의 농업혁명과 그 뒤의 공업혁명 및 현재 중국의 감춰진 농업혁명 등은 단순한 단일 기인起因이 아니라 반半독립적이고 서로 상이한 몇 가지 역사 추세의 합류에서 비롯된 경우가 많다는 것이다. 자연과학을 모방하려는 사회과학은 좀 단순한 단일 요인 해석에 기우는 경우가 많다. 예컨대 슐츠Theodore W. Schultz의 경우는 수익성 있는 신新기술만 갖추면 전통 농업이 시장 메커니즘의 작동 아래 근대화를 향한 전환에 진입할 수 있다고 한다. 루이스W. Arthur Lewis의 경우는 일단 근대 경제발전에 진입하기만 하면 필연적으로 정합적인 노동력 시장의 실현이 도출된다고 한다. 필자가 여기에서 논증한 것은 그런 식으로 단순한 이론이 주도하는 경제사가 아니라 역사의 실제에 더 부합하는, 실천에서 출발하는 경제사이다. 그 속에는 다양한 요인의 상호작용과 일정 정도의 역사적 우연성이 가득하다.

중국 농업 경제사의 총결

이 책에서는 먼저 역사상 중국의 심각한 인구압과 중국 농업 상품화의 상호작용이 농업의 내권형 또는 과밀화형 상품화를 야기하였다는 것을 상세하게 논증하였다. 즉, 고도로 집약화된 노동 투입을 통해 토지의 산출을 제고하였던 것이다. 그 대가는 노동일당 산출 내지 보수의 체감과 장기간에 걸친 정체였다. 식량작물로부터 면화로의 전환이 십여 배의 노동 투입을 몇 배의 수익과 맞바꾼 것, 식량작물로부터 잠상으로의 전환이 9배의 노동 투입을 3~4배의 수익과 맞바꾼 것이 바로 전형적인 사례였다.

그 뒤로 1950~1980년은 인구 요인과 근대 요소(특히 화학비료, 과학적 품종 선택, 기계화) 투입 간의 상호작용 시기였다. 근대 요소는 토지 단위면적당 산출을 상당 정도로 제고하였다. 그러나 같은 시기 그에 수반하여 토지 단위면적당 노동 투입의 대규모 증가가 일어났다. 그 결과 노동생산성의 발전은 매우 제한적이 되었다. 노동력 일인당 연간 산출은 조금 증가하였지만, 노동일당 생산성은 정체하였다. 이것은 서방 선진국과 매우 다른 경험이고, 먼저 발전한 동아시아 국가—일본, 타이완, 한국—와도 매우 다르다.

중국은 기실 인도의 경험과 더 가깝다. 두 나라의 토지 대비 인구 비율이 기본적으로 비슷하기 때문이다. 1960년대와 1970년대의 이른바 "녹색혁명" 경험도 기본적으로 일치한다. 간단히 말해서, 화학비료와 과학적 품종 선택 투입이 일으킨 작용은 기본적으로 대규모의 추가적인 내권화와 이로 인한 노동력 일인당 산출의 체감에 의해 잠식되고 말았다. 농업 외의 경제가 노동력을 충분히 흡수하여 이 국면을 바꿀 정도로 발전하지도 못하였다. 그 결과는 노동생산성의 기본적인 정체였다. 이것은 타이완이나 한국과는 매우 다른 경험이었다. 오늘날에 이르러, 비록 일정한 농업발전을 거쳤지만, 그리고 역사적인 계기에 직면하였지만, 중국과 인도의 농업은 여전히 대규모의 불완전취업, 은폐실업, 그리고 노동력 과잉을 안고 있다.

다음은 인구압과 사회 경제 구조 간의 상호작용이다. 노동력 과잉의 한 가지 결과는 도시(현 정부 소재지 이상의 도시를 지칭) 비농업 부문에서 대규모 "비정규경제"의 형성이다. "비정규경제"는 오늘날 중국에서 이미 1.68억 명에 달하여 정규경제 부문보다 1.5배 많다. 이는 이등시민으로 이루어진 이등 경제 부문이다. 노동시간은 평균적으로 일등 "정규경제" 부문의 1.5배이지만, 소득은 그 60퍼센트에 불과하고 복지 혜택도 없다. 이러한 이등 부문은 기본적으로 국가의 노동법규와 사회보장 제도 바깥에 처해 있다. 만약 농촌 부분을 더하여 현 정부 소재지 등급 아래의 작은 도회지와 농촌의 비농업 종사 인원까지 포함한다면, "비정규경제"의 취업인구는 현재 중국의 85퍼센트를 차지할 것이다. 인도의 상황도 우리와 기본적으로 일치한다. 이것은 노동력 과잉과 대규모 (외래) 자본·기술 투입의 상호작용으로 야기된 결과이다.

이상과 같은 총결은 중국의 기본 국정國情에 기초한 것이고, 상식적인 인식에서 나온 것이기도 하다. 만약 이것이 기본적으로 정확하다면, 우리는 이런 질문을 던져야 한다. 이렇게 명백한 현실을, 오늘날의 이른바 "주류" 경제학·경제사학 학계는 왜 직시하지 않는가? 그들은 왜 전혀 다른 관점을 제출하면서 노동력이 과잉한 중국의 기본 국정國情을 무시하는가?

경제학 이론과 연구

이 책에서는 슐츠 이론의 옳고 그름을 자세히 논증하였다. 슐츠의 출발점은 신고전파 경제학의 기본 전제였다. 즉, 시장 환경에서 사람들은 "이성적"인 "경제인"의 선택을 함으로써 생산요소의 사용이 가장 합리적인 균형과 가장 효율적인 배분을 향하도록 할 것이다. 이러한 전제 아래, 슐츠는 먼저 "전통 농업"에 대한 자신의 평가를 내놓았다. 그것도 고효율의 경제였지만, 그것의 문제는 생산을 이미 고수준의 균형까지 확대하였으나 근대 기술 투입이 결여되어 있었다는 것이다. 일단 이러한 기술을 갖추고 이로부터 더 높은 소득을 얻기만 한다면, 이성적인 농민은 생산을 근대형으로 전환시켜 나갈 것이다.

슐츠는 기타 생산요소와 마찬가지로 전통 경제 내의 노동력 또한 희소자원이라고 굳게 믿었다. 전통 농업에 노동력 과잉 문제가 존재하지 않았음을 논증하기 위하여, 그는 "영가치零價値"의 노동력이라는 허수아비를 설정하고, 그에 대한 비판을 통해서 자신의 이론 구상을 "실증"하였다. 슐츠의 이론은 20세기 이른바 "녹색혁명"의 경전經典, 심지어는 그 이데올로기가 되었다고 말할 수 있다.

이 책에서는 이것이 기본적으로 순전히 이론적인 추론일 뿐, 엄밀한 경험적 근거를 갖추지 못한 것이며 이론의 전제에서 출발한 논증이라는 것을 이미 자세하게 증명하였다. 그 기본 논리는, 만약 전통 농업의 농민을 포함하여 모든 사람이 이성적인 경제인이라면 영보수零報酬를 얻기 위하여 일을 하는 경우란 절대 있을 수 없다는 것이다. 이 이론의 웅변은 단지 "영가치零價値" 노동 개념을 겨냥하고 있을 뿐, 실제와 좀 더 부합하는 노동력의 상대적 과잉 문제는 논의하지 않았다. 그런 상황에서 노동보수의 체감 문제는 더 말할 나위 없다. 1979년 스웨덴 한림원의 노벨 경제학상 선정위원회가 슐츠 외에 인구 문제에서 슐츠와 완전히 적대적인 입장에 있던 루이스도 뽑아 두 사람이 공동으로 노벨상을 수상하게 한 것은 아마도 슐츠의 이론(1960년대에 우파의 경제학이자, 시카고 학파의 지류로 널리 간주되었다)에 대한 유보적 입장 때문이었던 것 같다.

루이스의 출세작은 1954년의 논문 「노동력 무한 공급하의 경제발전」과 1955년의 자세한 저서 『경제발전 이론』이었다. 슐츠처럼 순수한 이론가가 아니라 일정한 실천 경험을 갖춘 경제학자로서, 루이스는 많은 개발도상국의 인구과잉 현실을 매우 뚜렷하게 인식하였고, 이에 근거하여 이중경제 이론을 만들어 전통 경제의 "노동력 무한 공급"이라는 현실과 그런 상황에서의 낮은 노동보수를 직시하고자 하였다. 이러한 점에서 그는 의심할 나위 없이 슐츠보다는 중국/인도의 실제에 더 가까이 접근하였다(이로 인해 국내의 적잖은 경제학자들로부터 숭앙의 대상이 되기도 하였다).

그러나 신고전파 경제학 이론이 경제학 영역에서 향유한 패권은 너무나 강력했다. 루이스처럼 경험 실제를 관찰한 경제학자일지라도 결국에는 자신의 분석을 그 이론 틀 속에 완전히 매몰시키지 않을 수 없었다. 그 다음 단계에서 그는 노동력이 과잉한 전통 경제 부문이 발전과정에서 필연적으로 "전환점"(나중에 "루이스 전환점"이라고 불린다)에 진입하여, 점차로 근대 경제 부문에 포섭되고, 결국에는 신고전파 경제학에서 구상한 이론 전제 상태, 즉 시장경제의 작동 아래 단일 노동시장으로 통합됨으로써 이 요소의 가장 효율적인 배분을 달성하게 될 것이라는 입장을 견지하였다. 루이스가 이와 같이 추론한 까닭은, 아마도 그렇게 해야만 비로소 "주류" 신고전파 경제학의 인정을 받을 수 있었기 때문일 것이다. 그러나 루이스 본인이 이러한 학문 배경에서 나오기도 하였고 이러한 학문 훈련을 거쳤기 때문일 가능성이 더 클 수도 있다.

그야 어쨌든지 간에, 루이스는 나중에 중국(과 인도에서) 드러난 역사의 실제, 즉 노동력의 상대적 과잉이라는 실제 상황 아래 근대경제와 농촌경제라는 두 부문 외에 극히 방대한 규모의 저소득 "비정규경제" 부문이 따로 형성되리라고는 전혀 상상하지 못하였다. 경제발전에 수반하여 이 신흥 부문은 점차 근대 정규부문에 흡수된 것이 아니었다. 오히려 그 반대로 그것은 농촌의 대규모 과잉노동력의 지지에 기대어 근래 수십 년간 날로 확장되어 근대 정규경제 부문보다 훨씬 더 많은 취업인구를 흡수하였다.

우리는 여기서 이렇게 물어야 한다. 슐츠처럼 노벨 경제학상을 받은 학자가 어떻게 중국·인도의 노동력 과잉이라는 실제를 전혀 직시하지 않았던 것일까? 루이스처럼 노벨 경제학상을 받은 학자가 어떻게 노동력 과잉의 현실을 관찰한 다음에도 인도·중국의 발전 상황에 대하여 이처럼 실제와 다른 예측을 내놓았던 것일까?

나로서는 신고전파 경제학 자체의 사유 습관에서 비롯된 것이라고 이해할 수 밖에 없다. 신고전파의 습관에서는, 이론적인 전제와 신념에서 출발하여 모든 지식을 형식(연역) 논리에 기대어 그 속으로 끼워 넣을 것을 요구한다. 신고전파는 시장경제의 작동에 대한 자기 학문의 전제/이념이 과학적이며 보편적인 진리라고 굳게 믿는다. 그러나 그 신념의 역사 배경을 전혀 생각하지 못하였고, 그것이 기실 서방 근대주의의 구성물이라는 것을 전혀 이해하지 못하였다. 법학에서의 권리론과 마찬가지로, 그것은 기실 일종의 이념이며, 결국 서방 근대주의 사상에서 나온 것이지, 무슨 과학의 객관적이고도 보편적인 진리는 결코 아닌 것이다(황쫑즈 2009). 그것은 서방 중심적이자 근대지상주의적이다. 수많은 경제학자들이 그러한 신념에 이끌려 평생의 연구 역량을 단 하나의 문제에 쏟아부었다. 즉 신념에서 출발하여 일체의 경험을 관찰하고, 어떻게 하면 현실을 이념에 더 가깝도록 바꿀 것인가를 사고의 중심 문제로 삼았던 것이다. 그들은 신념을 현실의 필연적인 종착지로 간주하였으며, 심지어는 단순히 신념을 실제와 동일시하였다. 하이예크도 신고전파 경제학의 이러한 경향에 대하여 내부인의 각도에서 치밀한 비판을 제기한 적이 있다(Hayek 1948). 슐즈가 바로 이념을 현실과 동일시한 전형적인 사례이며, 루이스의 경우는 이념을 현실의 필연적인 종착지로 간주한 사례이다. 최근의 금융위기에 대한 반성 속에, 미국 연방준비제도이사회[FRB]의 전 의장 그린스펀[Alan Greenspan]은 2008년 10월 23일 미국 의회 청문회에서 과거 자신이 분명 시장의 자율 능력을 지나치게 믿었다는 것을, 달리 말해서 이상의 구성물을 현실과 동일시하였다는 것을 인정하였다(*New York Times*, 2008년 10월 24일). 이들 최고의 경제학자들은 모두, 만약 시장경제가 실제로 결코 완전한 것이 아니라면, 또는 반드시 경제 현실의 종착점인 것은 아니라면, 역사상의 경험적 사실에 또 다른 함의와 지향이 있을 수 있는지 없는지를 생각해 보지 않았다. 내가 보기에, 신고전파 경제학의 이러한 생각은 기실 근대 이전 서방 문화의 신神과 천국天國에 대한 신념과 유사하다. 근대에 들어서서, 사람들의 사상 속에서 신의 자리는 과학과 이성에 의해 대체되었다. 그러나 그에 대한 사람들의 종교적 신앙이라는 본질은 옛날과 다름이 없다. 우리가 만약 가톨릭이나 기독교의 시야 바깥에 서 있다면 이렇게 물을 수도 있다. 만약 신과 천국이 없다면, 혹은 또 다른 종류의 신과 하늘나라만 있을 뿐이라면, 인간 세상의 경험 사실은 또 어떻게 이해해야 할 것인가?

신조라는 요소 외에 또 과학의 변천이라는 역사 요소가 있다. 우리가 만약 서방의 원原공업화와 초기공업화 시기의 정치경제학, 예컨대 애덤 스미스보다 시기가 약간 뒤지는 맬서스Thomas Malthus: 1766~1834와 리카도David Ricardo: 1772~1823를 되돌아본다면, 그들은 기실 인구를 자기 학문 연구의 중심에 두었다는 점에서 다름이 없었다. 그들은 인구 요소에 대하여 비교적 명확한 인식이 있었다. 왜냐하면 농업 사회에서 인구와 토지는 분명 관건적인 경제 요소였기 때문이다. 그 뒤 자본주의 공업화 시기에 이르러서야 경제학은 비로소 점차 그 주의력을 나중에 등장한 자본(예컨대 마르크스1818~1883)과 기술(예컨대 슘페터Joseph Schumpeter: 1883~1950) 요소로 옮겨갔다. 다시 그 뒤로 20세기 후반 글로벌화라는 거대한 추세 아래에서야 비로소 신고전파 경제학에서처럼 시장과 무역의 동력을 특별히 부각시키게 되었다.

경제학 이론의 배경과 변천을 고려하면, 우리는 중국과 인도처럼 상대적으로 뒤쳐진 개발도상국을 더 역사적으로 상대할 수 있게 된다. 그 농업 경제에 직면하여 우리는 그 인구/토지 압력을 홀시하고 자본·기술 혹은 시장·교역만 전적으로 신뢰해서는 절대로 안 된다. 그렇게 하면 슐츠와 루이스처럼 중국 농촌의 실제와는 동떨어진 사고에 빠지기 십상이다.

내가 보기에, 서방 근대 경제학 학파들의 이론 구성 편중 추세에 맞서, 우리는 기본 사실로부터 출발하는 연구 노선을 견지하여 이론에 역사를 짜 맞추거나 중국의 실제를 왜곡하는 이론 경향을 피해야 한다. 사실에 편중하는 것은 실천에 편중하는 것이라고도 말할 수 있다. 이는 이론 구성과 구별되는 것으로, 이 책에서 제창하려는 연구 진로란 바로 이것이다. 필자는 이미 이런 각도에서 중국 법률의 역사에 대하여 세 권으로 구성된 상세한 분석과 논증을 진행한 바 있다(황쫑즈 1996; 황쫑즈 2002; 황쫑즈 2009). 경제사 영역에서는 현재 중국 농촌의 대규모 토지 부족, 대규모 은폐실업, 대량의 잉여노동력 등 기본 사실에서 출발한다면 서방에서 유행하는 신고전파 경제학이나 근대화 이론을 그대로 가져다가 중국 농촌에 적용하는 잘못을 저지를 수 없을 것이다. 중국에 노동력 과잉은 없다는 슐츠의 이론이나 전통부문이 필연적으로 근대부문에 통합될 것이라는 루이스의 이중경제 이론에 간단히 동조할 수 없을 것이다. 중국이 이미 미국처럼 "중산계급"이 절대다수를 차지하는 "올리브형" 사회구조로 가고 있고 또 반드시 가야 한다는 주장을 견지할 수도 없을 것이다. 중국 농업이 필연적으로 미국의 자본주의 대농장처럼 규모의 경제 효과를 거두는 방향으로 나아가야 한다는 주장은 더더욱 견지할 수 없을 것이다.

우리에게 필요한 것은 다른 종류의 사유방식이다. 서방의 경험에서 도출된 근대 사회과학 이론과 그 패권으로부터 벗어나려면, 우리는 먼저 이론 전제와 신념으로부터 출발하는 그 인식 방법과 연구 진로로부터 벗어나야 한다. 하나의 가능한 방법은, 이러한 학문 연구 진로를 거꾸로 뒤집어서, 기본 사실로부터 출발하여, 그로부터 이론 개념을 수립하는 것이다. 달리 말한다면, 서방의 경제 이론이 아니라 사람들의 경제 실천이나 경험 실제로부터 출발하여, 견고한 경험 연구와 인식 위에 중국의 실제에 부합하는 분석 개념을 만들고, 더 나아가 개념과 이론의 차원으로 끌어올려야 한다.

경제사 연구

경제사는 본디 경험 실제에 매우 가까운 영역이어야 한다. 또한 중국의 특수성을 충분히 고려하는 영역이어야 한다. 근대 중국에는 우량한 경제사 전통이 있어서, 처음 시작할 때부터 착실한 경험 연구를 중시하였다. 그러한 초기 연구에서 인구는 줄곧 연구자가 관심을 둔 핵심 과제였다. 그러나 그 뒤로 국가 이데올로기화된 마르크스주의와 마오쩌둥 사상 아래에서 점차 인구 요소를 경시하여 단순하고 극단적인 인식을 형성하였다. 마르크스주의의 틀 안에서도, 그것이 원래 고려하는 생산관계와 생산력이라는 두 요소의 상호작용 안에서 생산(계급)관계라는 한 측면만을 극단적으로 강조하고 그것과 생산력(기술과 인구) 간의 상호관계는 홀시하였다. 이데올로기와 선전기관의 추동 아래 생산관계과 생산력이 상호작용하는, 정확하고도 종합적인 인식과 연구 진로는 줄곧 채택되지 못하였다.

개혁 시기에는 주도적 이데올로기가 생산관계론에서 생산력론으

로 급변하였고, 아울러 기본적으로 서방 신고전파 경제학의 시장근본
주의를 재빠르게 받아들여, 과거의 마르크스주의 정치경제학을 서방
의 시장주의와 발전주의로 대체하였다. 그러나 동시에 "이론"에 대한
태도는 기본적으로 과거와 마찬가지였다. 옛날과 다름없이 이론을 방
법이 아니라 신조로 삼는 경향으로 흘러 그것을 단순화하고 절대화하
였다. "국제 표준에 맞추자[與國際接軌]"는 구호 아래 서방 신고전파 경
제학 이론을 전면적으로 도입하여, 마르크수주의 정치경제학을 대신
하는 새로운 이데올로기로 삼았다. 대학 교육에서 "경제학"은 날이 갈
수록 미국 (신보수주의 아래의) 신고전파 경제학과 동일시되고 있다.
대학원 과정에서는 전적으로 그들의 교과서를 채택하고 과거의 마르
크스주의 정치경제학을 완전히 포기하였다. 마찬가지로 법학계에서는
중국혁명에서의 법률 사상을 완전히 포기하여, 서방의 형식주의 법학
으로 그것을 대체하였고 미국 자신의 또 다른 주류 전통, 즉 법률 실용
주의는 완전히 홀시하였다. 기타 사회과학의 분과 학문들도 유사한 경
향을 보였다.

미국의 중국 경제사 연구, 특히 1950년대 이후 20년간의 연구, 예
컨대 허빙디何柄棣와 퍼킨스Dwight H. Perkins의 연구는 중화민국 시기
의 연구를 계승하여 줄곧 인구 문제를 중심 지위에 두었다. 특히 퍼킨
스는 인구와 경지 간의 상호관계를 연구 주제로 삼았다(Perkins 1969;
Perkins 1984). 그러나 그 뒤로 중국 경제사 연구 영역은 점차 미국
의 국가화 신보수주의 이데올로기에 수반하여 주류 지위를 차지하게
된 신고전파 경제학 및 이른바 신제도경제학의 경제사 연구로부터 영
향을 받아, 그들의 경제학 이론을 중국 경제사 영역으로 적극 도입하
고자 하였다. 그 가운데 영향이 컸던 조류 중 하나는 신고전파 경제학
의 시장근본주의였다. 또 다른 조류는 신제도경제학, 특히 1991년 노

벨 경제학상을 받은 코스$^{Ronald\ H.\ Coase}$와 1993년 노벨 경제학상을 받은 노스$^{Douglass\ North}$의 이론이었다. 노스는 신고전파 경제학의 이론 틀과 전제 위에 그 재산권 이론을 첨가하여, 재산권 요소가 경제사에서 일으키는 작용을 특별히 강조하고, 명확한 재산권이야말로 시장 메커니즘이 제대로 작동하기 위한 열쇠가 된다고 주장하였다. 그는 오직 분명한 재산권 아래에서만 비로소 "거래비용"(시장 작동에 필요한 정보, 교섭, 계약, 집행 등의 거래비용)을 낮출 수 있으며, 그렇지 않다면 수많은 분쟁을 야기하여 거래비용을 높일 수 있다고 생각하였다(De Soto 2000도 참조). 이상의 분석에서는 중국 경제의 낙후 원인이 시장 발전의 부족이나 재산권의 불명확성으로 변하였다. 중국 경제가 최근에 발전한 원인은 그것의 초보적 시장화와 사유화에 있으며, 중국 경제의 부족한 측면은 완전하고 건강한 시장과 재산권 제도를 아직 충분히 건립하지 못한 데에서 비롯된 것이 된다.

중국 국내의 경제학은 신고전파 경제학과 신제도경제학의 영향을 깊이 받았다. 이 이론 아래에서 중국의 노동력 과잉 문제는 기본적으로 이론 시야의 바깥으로 밀려났다. 경제사 영역도 이러한 조류에 따라 방향을 바꾸어, 앞선 몇 세대 사람들의 인구 요소에 대한 인식을 거부하고 서방에서 유행하는 경제학 이론을 가져다가 중국의 실제에 기계적으로 적용하려고 하였다.

동시에 구舊이데올로기의 영향이 전면적으로 붕괴된 가운데(국내의 대학생과 대학원생은 "정치"[마르크스주의, 마오쩌둥 사상 등 이데올로기 교육 과목: 역자]를 어쩔 수 없이 주의해야 하는 혐오스러운 과목으로 간주하는 것이 보편적이다), 민족주의나 애국주의가 일정 정도 그것을 대신하여 일어났다. 지식계에서는 보편적으로 구舊중화 전통을 다시금 발견하여 그것으로 스스로를 새삼 자랑스럽게 여기면서 과거의 전통에 대한 부정을 180도 뒤집고 있다. 여기에 근년 중국의 폭발적인 경제발전이 더해져 중화민족과 국가의 우월감을 격발하였고, 강렬한 민족주의 감정과 분위기를 형성하였다.

이러한 사상과 감정 분위기 아래 경제사 학계에는 청淸 왕조 시대를 미화하는 조류가 나타났다. 그 가운데 일정한 영향이 있는 주장은, 중국에 특별히 심각한 인구 문제가 존재하지 않았다는 입장을 견지한다. 우리가 제 2장에서 이미 보았듯이, 관련 학자들은 "산후낙태"라는 괴변을 사용하여 경험 증거를 왜곡하면서 중국의 인구행태가 서방과 차이가 없었으며 그 인구압도 서방보다 심각하지 않았음을 증명하려고 애쓴다. 이를 빌려서 모두가 상식적으로 알고 있는 기본 국정國情을 중국 경제사에서 고려하지 않아도 되는 요소로 밀어냈다. 미국에서는, 남과 다른 새로운 주장을 만들고 유행을 따라가는 데 치우치는 학술 분위기 속에서 이런 종류의 자아포장이 맬서스 이론을 완전히 부정하는 아주 새로운 이론 주장으로 여겨져 일정한 인정을 획득하였다. 동시에 18세기 이래 중국의 인구압 아래 형성된 방대한 사회위기를 완전히 부인하고 그에 상응하여 일어난 20세기의 공산당 혁명을 완전히 부정하는 것도 미국 신보수주의 이데올로기 아래 일정한 인정을 획득하였다. 인구압 문제를 배제한 데 뒤이어 이러한 학술 조류는 중국의 시장경제 발전이 서방과 다름이 없었다고 굳게 주장한다. 이로 인해 18세기 중국 경제가 기실 서방과 동등한 발전을 경험하였으며, 특수한 인구압에 직면하지 않았다고 주장한다. 그 뒤로는 제국주의의 착취와 중국혁명의 반反시장 이데올로기에 발목을 잡혔고, 개혁 시기에 이르러서야 비로소 정확한 시장경제의 길에 다시 오르게 되었다는 것이다.

이상의 분석 개념은 미국 학자에게서 유래한 것이 많지만, 국내에서 일정한 반향을 얻었다. 적잖은 학자들이 이상의 관점에 찬동하여,

그것을 일종의 "탈脫서방중심화"의 논점으로 해석한다. 이렇게 하면 민족주의 정서의 요구도 만족시킬 수 있을 뿐만 아니라 자아표현으로써 "국제 표준에 맞추면서" 현재 국내 학술 관리기구의 이데올로기 요구까지 만족시킬 수 있다. 어떤 사람은 이러한 기초 위에 다시 서방에서 유행하는 "포스트모더니즘"의 학술 조류를 빌리고 서방 사상계의 근대주의 인식론에 대한 반성을 이용하여 중국 역사에 대한 우월감을 수립한다. 이로부터 상당한 영향력을 갖춘 국내·외 연합 조류가 형성되었다.

독자들도 잘 알고 있듯이, 18세기 이래 중국의 인구가 토지에 비해 이미 포화 상태에 있었다는 사실 아래 일인당 경지는 영국의 100분의 1에 불과하였다. 현재의 미국 농업과 비교하자면, 노동력 일인당 파종 면적은 7무 대 900무의 비율이다. 이러한 기본 사실이 진정 중국과 영국·미국 농업 경제 변천에 거대한 차이를 낳지 않았다고 할 수 있을까? 중국 농업 경제의 역사는 진정으로 서방과 차이가 없을까? 현재 중국의 대규모 노동력 과잉이라는 현실 아래, 농촌에서 일인당 경지의 심각한 부족, 농촌 주민의 대규모 은폐실업, 노동력의 대규모 과잉·휴한 등이 심지어 농촌의 보편적인 사회문제가 되어 있는 현실 아래, 중국 경제사에 인구압 문제가 없었다는 주장은 도대체 무엇을 의미하고 있는가? 현재의 민족 감정과 "탈서방중심화"의 정서를 차용하여 중국 경제사와 현실을 왜곡하는 것은 도대체 무엇을 위해서인가? 역시 미국 신보수주의 이데올로기의 인정을 받기 위해서인가? 아니면 유행 중인 포스트모더니즘의 인정을 받기 위해서인가? 어쩌면 주류 경제학의 사유방식에 빠져서 스스로 헤어나지 못하기 때문일지도 모르겠다. 그야 어쨌든 간에, 중국의 8억 명에 달하는 농민에 대하여 말하자면, 이러한 논조는 단지 농촌 인민의 실제 문제를 완전히 홀시하고 중국의 현실 문제와 완전히 어긋나는 상황을 초래할 따름이다.

우리는 오늘날 서방 근대 사회과학의 과학주의의 언어 패권과 이데올로기 아래 우리의 현실감과 역사감을 포기할 수 없다. 진정 중국에는 인구압 문제가 없었는가? 진정 중국은 시장 메커니즘의 작동하에 이미 미국의 경우처럼 빠른 속도로 중산계급이 대다수를 차지하는 올리브형 사회·경제 구조로 바뀌었는가? 진정 중국은 인구의 80퍼센트가 여전히 저보수의 (도시와 농촌) 비정규경제에 처해 있는 가운데 이미 미국과 마찬가지의 선진국이 되었든가, 아니면 앞으로 신속히 그렇게 될 수 있는가?

여기에서 제창하는 것은 근대주의하의 과학주의를 거부하고, 스스로는 보편적이라고 하나 실제로는 서방의 전제와 신념에서 유래한 사회과학을 배제하며, 그 이론 신념에서 출발한 다음에 다시 이론으로 돌아오는 연구 진로를 거부해야 한다는 것이다. 우리에게 필요한 것은 중국의 실제에 대한 뚜렷한 인식이다. 거기서 출발하여 중국의 실제에 부합하는 인식, 분석 개념, 이론 등을 차츰차츰 건립해 나아가야 한다. 경제사와 경제학 영역에서 필요한 방향은 실천의 경제사라고 부를 수 있을 것이다.* 즉, 서방 이론의 신념에서 출발한 것이 아니라, 사람의 실제 경제 행위에서 출발하고 그로부터 분석 개념을 추출하는 연구이다. 필자가 실천의 경제사를 제창하는 까닭은, 결국은 고도로 이데올로기화되고 정서화情緖化된 연구를 거부하고, 중국의 실천 경험에 기초한 새로운 형태의 경제학 수립을 향해 나아가야 하기 때문이다. 그것은 서방의 근대에 근거한 과학주의, 형식 논리, 자본주의 역사 경험에

---

* 현존 경제학 유파 가운데 응용경제학(applied economics), 급진적 정치경제학(radical political economy), 현장경제학(field economics) 등에 비교적 가깝다는 것은 말할 나위 없다.

의해 창조된 서방의 사회과학과는 구별되는 것이다.

중국의 감춰진 농업혁명의 경제사와 경제 이론 사고

이 책에서 논증한 감춰진 농업혁명은 이러한 각도에서 이해할 필요가 있다. 그것이 "감춰진" 까닭은 새로운 형태의 역사 동력에서 비롯된 농업혁명으로 과거의 "영·미 모델"과 이른바 "동아시아 모델"의 농업혁명과는 다르기 때문이다. 중국 농업의 심각한 토지 대비 인구의 압력은 축력을 빌려(그 뒤로는 마력으로 계산하는 트랙터를 써서) 노동생산성을 제고했던 영·미 모델의 농업혁명을 배제하였다. 그 뒤로는 동아시아 모델에서처럼 화학비료와 과학적 품종 선택을 빌려 노동생산성 발전을 추동하는 농업혁명을 잠식해 버렸다. 이로 인해 현존하는 이론으로 말하자면, 그것은 "역설"적이며, 또한 바로 이로 인해 주류 경제학자와 경제사학자가 간과해 버린 "감춰진 혁명"이 될 수 있었다.

그 특수한 동력은 심각한 토지 대비 인구의 압력과 일정한 관련이 있다. 경지가 심각하게 부족한 실제 아래, 중국(과 인도)의 농업은 노동력 일인당 토지 부족이라는 곤경에 더 오랫동안 빠져 있을 수밖에 없었다. 그들은 농업 자체에만 의지해서 사람은 많고 땅은 적은 곤경을 극복할 수 없었다. 그들은 강대한 비농업 경제발전에 의지하여 높은 비율의 농촌 과잉노동력을 흡수하여야 했고, 이를 빌려 인구압을 완화시키고, 이로 말미암아 비로소 기술과 자본의 힘을 빌려 농업 노동생산성의 발전을 추동할 수 있었다. 일본은 이러한 역사 조건을 갖추었던 첫 번째 동아시아 국가였다. 그 다음은 녹색혁명 시기의 타이완과 한국이었다. 그러나 같은 시기의 중국과 인도는 인구압이 너무나 심각했고 비농업의 발전도 이러한 조건을 제공할 수 있을 만한 수준이 아니었다. 이 때문에 노동력 일인당 경지는 계속 축소되었고 노동력 일인당 산출은 제자리걸음에 머물렀다. 그들은 최근 더욱 폭발적인 비농업 경제의 발전을 기다려서야 비로소 농업 노동생산성을 제고할 수 있었다.

현재의 역사적 기회는 소득 증대에 수반하여 식품 소비구조에 일어난 변화에서 유래한 것이다. 일인당 소득의 증대에 수반하여 중국(과 인도)의 사람들은 근년 들어 고가치 농산품, 특히 육류·가금류·어류와 채소·과일을 보편적으로 더 많이 먹게 되었다. 이로 말미암아 농업 구조의 고가치 농산품을 향한 전환에 수요와 기회가 제공되었다. 새로운 기술과 자본의 투입 아래, 이러한 전환은 토지의 노동력 흡수 역량을 제고하였다. 왜냐하면 육류·가금류·어류와 채소·과일 생산을 위해서는 노동과 자본이 식량작물에 비해 훨씬 더 집약되어야 하기 때문이다. 이로 말미암아 토지가 심각하게 부족한 문제가 완화되었다. 동시에 그것은 농업 종사인구에게 소득 증대의 가능성을 제공하였다. 이러한 전환 속에서 중국 농업의 총생산액은 이미 다년간 증가를 계속해서 1980~2007년간 연평균 5퍼센트의 성장률을 달성하여 무려 5.1배로 늘어났다. (세기 전환기에 농업 노동력 인수가 이미 점차 감소하기 시작했기 때문에) 노동력 일인당 생산액은 더욱 많아졌는데, 그 증가 폭은 경제사에서의 기타 농업혁명보다도 훨씬 더 컸다. 이 때문에 중국에 농업 노동생산성을 발전시킬 역사적 기회가 마련되었다. 그렇기는 하지만, 중국 농업은 적어도 절반 이상이 여전히 "구舊농업"의 함정 속에서 곤경에 처해 있다.

이상에서 서술한 이 역사적 변화는 장기 이래 인구압 아래 형성된 농업과 식품 소비 모델—날이 갈수록 곡물을 주식으로 하고 육류·어류와 채소·과일의 부식은 삭감시켜 나갔던 단일화 추세—의 반대 지향으로 간주할 수 있다. 그것은 중국의 사람은 많고 땅은 적으며 노동력은 대규모로 남아도는 전통을 드러내거니와, 근년 이래 도시 비농업 취업의 대규모 증가와 산아제한 정책 아래 인구 증가율의 저하라는 양대 추세의 합류를 드러내기도 한다. 그것은 비농업 경제의 빠른 발전이 고가치의 육류·가금류·어류, 과일·채소 수요에 끼친 영향에서 비롯된 것이거니와, 최근 수십 년 이래 (실용적인 생물기술을 포함하는) 새로운 기술의 발전 및 소규모 가족농장의 연속과 그 내재적 잠재력에서 비롯된 것이기도 하다. 또한 개혁 시기의 시장에서 비롯된 것이거니와, 토지혁명 전통을 계승한 토지승포제도에서 비롯된 것이기도 하다. (미국의 대규모 가족농장과 구별되는) 소규모 가족농장 위주의 농업 체계로서, 중국의 신新농업에서는 고전 개념에서의 규모의 경제 이익이 아니라, 도리어 소규모의 경제 이익(이라고 부를 수 있는 것)이 나타났다. 그것은 노동과 자본이 동시에 집약되는 소농장과 범위의 경제 이익에 의존하였다. 이러한 일련의 역사 요소, 특히 서로 연관된 여러 가지 추세의 합류는 대부분 슐츠(와 근년 이래 중국 경제사 연구)의 시장주의 시야에서 벗어난 요소이며, 바로 이러한 까닭에 (서방 이론에 대하여 말하자면) "역설"이자 "감춰진" 것이 될 수 있었다.

이 감춰진 혁명은 중국(과 인도)이 슐츠 등의 이론과 서로 어긋나는 실제의 또 다른 측면을 두드러지게 드러냈다. 슐츠와 노스 등의 이론에 근거하면, 명확한 재산권이야말로 경제 효율과 발전의 관건이다. 이러한 각도에서 생각하면, 인도의 재산권 제도는 중국보다 명확하여, 개인, 집체, 국가가 뒤섞인 중국의 토지승포제도 같은 것이 없다. 동시에 슐츠 등의 이론에 비추어 말하자면, 더 고도로 시장화된 인도의 경제와 그 민주적인 정치제도는 중국보다 더 높은 효율의 경제발전을 이끌었어야 마땅하다. 그러나 사실은 오히려 중국의 경제발전이 인도보다 더욱 성공적이고 속도도 빠르다. 재산권 제도의 경우, 중국의 개혁 시기 경제발전에서 지방정부는 국가의 토지에 대한 특권을 광범위하게 이용하여 농민의 토지를 광범위하게 징발하였고, 그것으로 각종 각양의 경제 건설 특구를 개발하고 부동산업을 추진하여 지방정부의 수입을 제고하고 전체 경제의 발전을 이끌었다. 여기에서는 그 공정성 여부를 따지지 않겠지만, 순수하게 GDP 발전으로 생각하자면 국가의 토지 징발 특권(달리 말하자면 사유 재산권의 불명확, 불확정)이야말로 지방정부가 추동한 중국 경제발전의 비결 중 하나였던 것이다. 이러한 실천의 경제사와 노스 등의 신고전파 경제학과 신제도경제학 이론은 완전히 어긋난다(그보다 앞선 집체화 시기의 경제사도 그들의 이론과 어긋나기는 마찬가지였다. 그들의 이론에 따르자면 중국의 계획경제와 권위적인 정치체제는 경제의 낙후를 초래할 따름이며 인도의 정치·경제 체제는 중국보다 우월해야 했다. 그러나 개혁 이전 중국이 실천한 경제사 역시 그들의 예측·분석과는 상반되어, 그 성장률은 인도의 두 배 가까이에 달하였다).

위에서 이미 언급했듯이, 인구 요소를 비교적 중시한 루이스의 "이중경제 이론"일지라도 중국 경제사의 실제와는 분명히 어긋난다. 루이스의 이론에 따르자면, 시장경제 아래 근대 경제발전은 반드시 국민경제의 근대 경제 부문을 향한 통합을 이끌어, 모든 요소시장을 통합된 단일 시장으로 끌어들이거나, 적어도 이러한 이념을 향하여 전환시킨다. 그러나 사실은 중국과 인도의 도시 비정규경제가 빠른 속도로 팽창하였고, 그 가운데의 취업인구 증가가 정규의 근대 경제 부문을 멀찌감치 추월하였다는 것이다. 두 나라가 30여 년의 폭발적인 경제발전을 거친 뒤에도, 도시의 비정규경제는 축소되기는커녕 도리어 날로 확장하고 있다. 동시에 농촌의 전통 경제는 완강하게 지속되고 있다.

발전의 출로

중국의 과거에 대한 주류 경제사와 경제학의 이해가 맹점과 오해로 가득한 이상, 중국의 향후 출로 문제에서도 우리가 슐츠 등의 이론에서 출발하기란 더욱 곤란하다. 그들의 이론 신념에 근거하자면 중국은 사유 재산권을 확립하고 더 완전하고 더 방임적인 시장경제를 건립하는 방향으로 나아가야 마땅하다. 정부는 경제에 대한 간섭이 적으면 적을수록 더 좋다. 사회 문제 측면에서, 그들은 자유방임의 시장경제 발전에 기대어 시장화 과정에서 야기된 계급분화와 사회모순에 대응해야 한다고 제창한다. 그들은 시장경제의 발전을 믿는다면 반드시 방대한 중산계급과 올리브형 사회구조의 형성을 이끌어낼 수 있다고 주장한다. 그러나 최근 30년에 중국과 인도 모두 빈부격차가 현격한 사회구조를 형성하였고, 도시의 근대경제 부문과 농촌경제 및 반공반경半工半耕의 비정규경제가 선명한 차이를 이루어 두 체계 간의 심각한 불평등 및 양국 공통의 사회위기를 조성하였다는 것이 엄연한 현실이다.

이러한 현실을 마주하여, 가능한 한 가지 길이 인도형의 자본주의 제도인데, 이는 기본적으로 슐츠 등이 제창한 모델이기도 한다. 최근 40년간 인도에서는 가장 빈궁한 무산의 농업노동자가 차지하는 비율이 빠른 속도로 증가하여, 농업 종사인구의 25퍼센트에서 45퍼센트로 늘어났다. (세계은행의 최신 계산에 근거하면) 인도에서 (매일 미화 1.25달러 이하를 소비하는) 빈곤선 이하의 비율은 오늘날에도 여전히 무려 42퍼센트나 된다. 그러나 중국에서는 농민이 바로 재산권이 명확하지 않은 토지승포제도 덕분에 여전히 일정한 토지 재산권을 점유하고 있는 자영 또는 반^半자영의 "소자산계급"이고, 인도에서처럼 대량의 땅 없는 농업노동자가 발생하지 않았다. 이것은 중국에서 단지 15.9퍼센트의 인구만이 세계은행이 정한 빈곤선 아래에 처한 중요한 원인 가운데 하나이다(중국의 더 빠른 경제 성장도 당연히 중요한 요소이다).

이 책에서는 중국이 슐츠 등의 이론과는 다른 선택을 해야 한다는 것을 논증하였다. 현재 진행 중인 감춰진 농업혁명에 직면하여, 정부는 지난 10년간 선도기업에 대한 적극 지원을 선택하였고 자발적으로 흥기한 전업합작조직은 기본적으로 치지도외置之度外하였다. 그러나 생산자에 대해서 말하자면, 합작조직은 (생산자 소유이지 투자 자본가의 소유가 아니가 때문에) 분명 선도기업보다 유리하며, 그 성원은 더 많은 이익을 분배받을 수 있다. 필자는 국가가 합작조직을 적극 지원하는 쪽으로 방향을 전환할 것을 제창한다.[*] 합작조직과 농가 개체를 위하여 신용대출을 제공하는 제도 시스템을 건립해야 한다. 반드시 토지를 담보물로 삼아야 하는 전통 자본주의 신용대출 제도에서 벗어나, 승포지권을 담보로 받아들이는 외에 노벨상 수상자 유누스의 담보 없는 "마이크로 금융microfinance"과 유사한 방안을 마련해야 한다. 그 목적은 자본주의도 계획경제도 아닌, 사회평등을 돌볼 수 있는 제3의 길을 모색하는 것이다. 이 책을 탈고할 무렵에 마침 중앙정부가 2010년 1호 문건을 반포하였다. 그 가운데 제 20조는 국가가 전업합작조직을 지원해야 한다고 특별히 강조하였다.[**] 말할 나위 없이, 이러한 관섬은 슐츠 등의 이론과 어긋나는 것이기도 하지만, 중국의 농민 8억 명의

---

[*] 황쭝즈 2010a; 황쭝즈 2010b.

[**] 원문은 이 책 제 7장의 241쪽의 두 번째 각주 참조.

장래에 대하여 지극히 중요한 것이다.

여기서 제창하는 것은, 이것 아니면 저것이라는 식의 사회평등이냐 아니면 경제발전이냐의 선택이 아니라는 것을 밝혀야 하겠다. 중·저소득 인민의 생활수준과 소비가 만약 더욱 제고될 수 있다면, 장차 국내 시장을 확대하고 경제발전을 촉진하는 중요한 동력이 될 수 있다. 이 책에서 논증한 농업혁명은 분명히 이와 같은 것이었다. 반대 각도에서 생각하면, 사회의 불평등과 불안정이 만약 악화된다면, 그 "경제비용"은 이루 헤아릴 수 없이 클 것이다. 말할 나위 없이, 도·농 간 차별이 현격한 경제는 하나의 "화해사회和諧社會"를 이룩할 수 없다. 목전의 선택은 중국의 날로 부유해지는 도시와 여전히 빈곤한 농촌이 하나의 경직된 "이중경제"를 형성할 것인가, 그렇지 않을 것인가이다. 모방할 수 없는 미국 모델을 모방하려고 한 결과 인도의 전철을 밟게 될 뿐인 경제 체계인가? 아니면 서방 자본주의 이론과는 어긋나는, "화해사회"로 가는 길을 찾아낼 수 있는가?

중국의 사회형태로부터 생각하건대, 중국 근대 사회의 특징 가운데 하나는 방대한 소자산계급(주로 "스스로를 고용하는" 농민과 수공업자, 그리고 소상인·행상)으로, 그 합계는 총취업인구의 55퍼센트에 달하여 미국의 자영 인구 비율 10~15퍼센트와는 크게 다르다. 마르크스와 베버가 공히 지적하였듯이, 이것은 정치와 경제의 중간계층이다. 그들은 자본가와 다르다. 왜냐하면 "스스로를 고용한 사람"으로서 자신의 노동에 기대어 생활하기 때문이다. 그들은 무산자와도 다르다. 왜냐하면 그들은 자신의 생산수단을 갖추고 시장에서 자기의 생산도구와 노동에 기대어 생산한 소상품을 판매하는 사람으로 노동력을 파는 노동자가 아니기 때문이다.

정치의 각도로부터 생각하자면, 이 계층은 "중간계층"이기도 하다.

완전히 자본과 자본가의 편에 서는 것도 아니거니와 완전히 노동자의 편에 서는 것도 아니기 때문이다. 이러한 측면에서, 중국의 새로운 전문 인력 또는 "화이트칼라" 계층은 그들과 일정한 공통점이 있다. 그들은 주로 자신의 전문지식과 과학기술에 기대어 먹고 살기 때문에 정치적으로 일정한 독립성을 보유하여 반드시 자본에 기대에 돈을 버는 자본가 편에 서는 것도 아니며 노동력을 파는 노동자 편에 서는 것도 아니다. 이상 두 가지 "중간계층"을 합하면 현재 중국 취업인구의 70퍼센트를 차지한다. 만약 농민공 집단 가운데 우리가 소자산계급에 산입하지 않은 (즉 상·공 개체호와 서비스 인원 이외의) 인력까지 더한다면 약 80퍼센트를 차지하기에 이른다. 이러한 각도에서 생각하면, 자본주의와 "무산계급 독재" 외에 제3의 정치·경제 체제를 모색하는 것은 방대한 사회 기초를 갖추고 있는 셈이다. 이것은 위에서 좌·우의 분기를 초월하고 "사회주의"·"자본주의"의 분기를 뛰어넘자고 제창한 이유 가운데 하나이기도 하다.

현재의 기회 앞에서 중국은 역사적인 갈림길에 서 있다. 여기서는 정부의 선택이 분명 매우 중요하다. 이 책에서는 30년 개혁의 경험에 비추어 지방정부 관료에 대한 평가와 인센티브 제도가 분명 개혁기 정치·경제 체제 전체에서 "급소[要穴]"라고 할 만큼 중요했다는 것을 논증하였다. 이데올로기적 언명이라는 층위로부터 사회 경제 실천이라는 층위로의 전환은 지방정부의 행위에 달려있으며, 그 행위를 진정으로 좌우하는 것은 지방관료에 대한 평가 제도이다. 이에 이 책에서는 중앙정부가 명료하고 수량화할 수 있는 평가 기준, 예컨대 농민 노동 생산성 발전, 사회평등의 발전(가령 지니계수와 비슷한 것) 등을 "경성[硬性]"의 지표로 수립하고, 그로써 단순한 GDP 성장 지표를 대체하여 지방관료를 평가해야 한다고 제창한다. 이것은 실천의 (정치) 경제사와 경제학에서 나온 개혁 아이디어이다.

그 가운데 관건은 먼저 공공서비스의 도·농 간 불평등을 종결짓는 것이다. 농촌에 도시와 동등한 공공서비스 체계와 전 인민을 포괄하는 사회보장과 복지제도를 수립해야 한다. 도시에서는 농민공을 위하여 시민·주민과 동등한, 의료보험과 교육 및 기타 복지를 포함하는 사회보장을 제공해야 한다. 계획경제 시기의 유산인 국유자산을 이용하는 것은 흥미로운 아이디어이다. 시장경제가 폭발적으로 발전하는 과정에서 증식된 국유자산의 가치를 활용하여 광범위한 인민을 위해 공공서비스와 사회보장을 제공하자는 것이다. 이밖에 민중과 공동체의 참여 및 감독 아래에 두어야지 또 다시 권위적인 정부 행위에 빠져들게 해서는 안 된다. 개혁기에 형성된 모리형牟利型 관료 체제가 공고화되고 경직화되는 것은 더욱 더 안 된다. 국가를 통제·흡취형 정부로부터 진정한 봉사형 정부로 전환시켜야 한다. 설계로부터 실시에 이르기까지의 과정에서 관건이 되는 것이 여전히 지방관료 평가 제도라는 것은 당연하다.

끝으로 농업으로 되돌아가자면, 중국 소농장의 미래는 단지 "소강"에 국한되는 것이 결코 아니다. 이 책에서는 중국 농업이 소규모 가족농장의 생산과 그 다음의 가공과 판매 방면을 통합하는 "수직일체화"에서 합작조직의 광활한 발전 공간을 검토하였다. 이 책에서는 특별히 합작조직과 농가 개체를 위한, 담보 제공을 면제하는 신용대출을 포함하는 맞춤형 금융제도를 건립하여 현재 농촌의 융자난 문제를 해결하자고 제창하였다. 장기적인 시각에서 생각하면, 중국 농업은 차츰차츰 소농장을 기본 생산단위로 하는 합작화된, 고소득의, 사회적으로나 자연 환경적으로나 지속가능성을 갖춘 농업 시스템을 만들어낼 수 있다. 이것은 현재 막 진행 중인 감춰진 농업혁명의 진정한 미래상일 것이다.

__참고문헌

중문

『농감(農鑑)』 →『中國農村統計年鑑』.

「목축업에서 바이오매스 분해제의 응용을 논함[論秸秆分解劑在養殖
業中的應用]」, www.shantang.com, 2006년 접속.

『보고(報告)』 →『中國農業産業化發展報告』.

「사위일체 생태 일광온실의 기능 특징 및 응용 문제[四位一體生態日
光溫室的功能特點及應用問題]」. www.agri.ac.cn, 2006년
접속.

『심씨농서(沈氏農書)』 1936[1640].『叢書集成』제1468책 (商務印書
館).

『중국노동통계연감(中國勞動統計年鑑) 2007』(中國統計出版社).

「중국농민공문제연구총보고(中國農民工問題研究總報告)」 2006.『改
革』 2006-5. www.tecn.cn.

『중국농업산업화발전보고(中國農業産業化發展報告)』 2008 (中國農業
出版社).

『중국농촌통계연감(中國農村統計年鑑)』 2004 · 2005 · 2008 (中國統計
出版社)(약칭『農鑑』).

『중국통계연감(中國統計年鑑)』 1983 · 1987 · 1996 · 1999 · 2004 · 2005
· 2006 · 2007 · 2008 (中國統計出版社)(약칭『統鑑』).

「중국의 단수수[中國的甜高粱]」. www.fao.org/ag/zh, 2006년.

「중앙 1호 문건(中央 1號文件)」 2010. =「中共中央、國務院關於加大
統籌城鄉發展力度，進一步務實農業農村發展基礎的若干意
見」(2009년 12월 31일 날인) 2010년 1월 31일 新華社 타전.

www.gov.cn/jrzg/2010-01/31/content_1524372.htm.

「중화인민공화국노동계약법[中華人民共和國勞動合同法]」, 2008년 1월 1일 시행. www.laodong66.com.

「중화인민공화국농민전업합작사법(中華人民共和國農民專業合作社法)」, 2006년 10월 31일 공포. www.gov.cn.

「중화인민공화국물권법(中華人民共和國物權法)」, 2007년 3월 16일 공포, 10월 1일 시행. www.sina.com.cn.

「중화인민공화국토지관리법(中華人民共和國土地管理法)」, 1986년 통과, 1988년·1998년·2004년 수정. www.china.com.cn.

「코스(Coase)의 정리[科斯定理]」, www.baidu.com.

『통감(統鑒)』→『中國統計年鑒』.

간양(甘陽) 2007.「中國道路: 三十年與六十年」. www.tecn.cn.

국가발전과개혁위원회가격사(國家發展和改革委員會價格司) 編 2004. 『全國農産品成本收益資料彙編』(中國物價出版社).

국가통계국(國家統計局).『中國統計年鑒』.

노스(諾思, North) 1992.『經濟史上的結構和變革』(商務印書館).

당궈잉(黨國英) 2007.「中國農村改革: 解放農民的故事還沒有講完」. www.zhinong.cn, 1월 30일 게시.

덩잉타오(鄧英陶)·왕샤오창(王小强)·추이허밍(崔鶴鳴)·양솽(楊雙) 1999.『再造中國』(文匯出版社).

도시 기업 퇴직 직공 재취업 상황 조사 과제조("城鎭企業下崗職工再就業狀況調査"課題組) 1997.「困境與出路: 關於我國城鎭企業下崗職工再就業狀況調査」,『社會學研究』1997-6: 24-34.

루쉐이(陸學藝) 2003.「當代中國的社會階層分化與流動」,『江蘇社會科

學』2003-4: 1-9.

루쉐이(陸學藝) 2004. 『當代中國社會流動』(社會科學文獻出版社).

루쉐이(陸學藝) 2005a. 「農民工要從根本上治理」. www.yannan.cn/data/detail/php?id=3084.

루쉐이(陸學藝) 2005b. 「中國三農問題的由來和發展前景」. www.weiquan.org.cn/data/detail/php?id=4540.

루쉐이(陸學藝) 編 2002. 『當代中國社會階層研究報告』(社會科學文獻出版社).

류신(劉欣) 2007. 「2020年三成中國人是中産」. 『共産黨員』16: 12.

류신(劉欣) 2007. 「中國城市的階層結構與中産階層的定位」. 『社會學研究』2007-6: 1-14.

류치(劉琦) 2009. 「勞動法視角下我國非正規就業者的權利保障」. 『湖湘論壇』2009-4: 104-108.

류펑친(劉鳳芹) 2006. 「農業土地規模經營的條件與效果研究: 以東北農村爲例」. 『管理世界』2006년 9월: 71-79. www.usc.cuhk.edu.

리간(李干) 2008. 「新〈勞動法〉實施後高校後勤勞動用工的管理」. 『宏觀管理』2008-12: 9-10.

리둥성(黎東升) 2005. 『中國城鄉居民食物消費』(中國經濟出版社).

리보중(李伯重) 1984. 「明淸時期江南水稻生産集約程度的提高」. 『中國農史』1984-1.

리보중(李伯重) 2000a. 『長江三角洲的早期工業化, 1550~1850』(社會科學文獻出版社).

리보중(李伯重) 2000b. 「墮胎、避孕與節育: 宋元明淸時期江浙地區的節育方法及其運用與傳播」. 『中國學術』1-1.

리장판(李江帆) 1994.「第三産業發展規律探析」.『生産力研究』1994-2: 49-53.

리장판(李江帆) 編 2005.『中國第三産業發展研究』(人民出版社).

리창(李强)·탕좡(唐莊) 2002.「城市農民工與城市中的非正規就業」.『社會學研究』2002-6: 13-25.

리창핑(李昌平) 2005.「"國家"權力歸還農民」. www.cc.org.cn/newcc/browwenzhang.php?articleid=3825.

리칭뱌오(李淸彪) 1997.「農業産業化是農業大市向農業强市邁進的必由之路: 南陽市發展農業産業化的調査」.『農業經濟問題』1997-5.

삭스(薩克斯, Jeffrey Sachs)·후융타이(胡永泰)·양샤오카이(楊小凱) 2000.「經濟改革和憲政轉軌」.『開放時代』2000-3: 4-25.

상칭마오(尚慶茂)·장즈강(張志剛) 2005.「中國蔬菜産業未來發展方向及重點」.『中國食物與營養』2005-7.

쉐윈성(薛允升) 1970[1905].『讀例存疑』(五卷) (黃靜嘉 編校, 中文研究資料中心).

쉬빈(徐濱)·리시충(李希琼) 2004.「重歸農業合作社模式!」. www.guoxue.com/economics/ReadNews.asp?NewsID=2606&BigClassID=2.

쉬신우(徐新吾) 1981.『鴉片戰爭前中國棉紡織手工業的商品生産與資本主義萌芽問題』(江蘇人民出版社).

쉬신우(徐新吾) 1990.「中國自然經濟的分解」. 許滌新·吳承明 編,『舊民主主義革命時期的中國資本主義』(人民出版社).

쉬신우(徐新吾) 1992.『江南土布史』(上海社會科學出版社).

슐츠(舒爾茨, Schultz) (梁小民 譯) 1999.『改造傳統農業』(商務印書

館).

스파융(石發勇) 2005. 「關係網絡與當代中國基層社會運動: 以一個街區
　　環保運動個案爲例」. 『學海』2005-3.

시진핑(習近平) 2001. 「中國農村市場化研究」. 淸華大學法學博士學位
　　論文.

양퇀(楊團) 2006. 「醫療衛生服務體系改革的第三條道路」(武漢社科院)
　　『學習與實踐』2006-5.

옌밍(嚴明) 1993. 『洪亮吉評傳』(文津出版社).

왕광저우(王廣州) 2006. 「人口預測及其分析」. 蔡昉 主編, 『中國人口與
　　勞動問題報告 No. 7』(社會科學文獻出版社): 84-103.

왕사오광(王紹光) 2008. 「大轉型: 1980年代以來的中國雙向運動」. 『中
　　國社會科學』2008-1: 129-148.

왕사오광(王紹光) 2008. 「學習與適應: 中國農村合作醫療體制變遷的啓
　　示」. 『中國社會科學』2008-6: 111-133.

왕순하이(王順海) 2007. 「爲農爭利的"零利潤"合作社: 浙江省臨海市洞
　　林果蔬合作社的辦社之道」. 『中國合作經濟』2007-1: 30-34.

왕순하이(王順海) 2007. 『浙江省臨海市洞林果蔬合作社』(王順海 인터
　　뷰).

왕한성(王漢生)·왕이거(王一鴿) 2009. 「目標管理責任制: 農村基層政
　　權的實踐邏輯」. 『社會學研究』2009-2: 61-92.

왕후이(汪暉) 2004. 『現代中國思想的興起』하권 제2부 (三聯書店).

우야오우(吳要武)·리톈궈(李天國) 2006. 「中國近年來的就業狀況及未
　　來趨勢」. 蔡昉 主編, 『中國人口與勞動問題報告 No. 7』(社會
　　科學文獻出版社).

우징렌(吳敬璉) 2002. 「發展中小企業是中國的大戰略」. 『宏觀經濟硏

究』2002-6.

우징롄(吳敬璉) 2005.「中國應該走一條什麽樣的工業化道路」.『洪範評論』2-2.

우징롄(吳敬璉) 2008a.「從〈大國崛起〉看各國富强之道」. www.tecn.cn.

우징롄(吳敬璉) 2008b.「中國的市場化改革: 從哪裏來 , 到哪裏去?」. 張劍荊 專訪. www.tec.cn 9월 2일.

우징롄(吳敬璉) n. d.「來自實踐的眞知灼見: 評伏來旺〈轉移戰略論〉」. www.tecn.cn.

우청밍(吳承明) 編 1985.『中國資本主義的萌芽』(人民出版社).

위안강(袁剛) 2007.「公務員、幹部和官僚制」.『學習與實踐』2007-3: 57-62.

자오수카이(趙樹凱) 2007.「縣鄕改革的歷史審視」.『中國發展觀察』2007-7. www.drcnet.com.cn.

장가오(姜皋) 1963[1834].『浦柳農咨』(上海出版社).

장가오밍(蔣高明) 2006.「恢復草原新思路: 畜南下、禽北上」. www.env.people.com, 2006년 접속.

장샤오산(張曉山) 2004.「析我國"民工荒"問題」.『中國靑年報』10월 19일.

장수광(張曙光) 2007.「中國騰飛之路和國家興衰理論: 兼評林毅夫等著『中國的奇跡: 發展戰略與經濟改革』」. www.lunwentianxia.com.

장스궁(强世功) 2009.「中國憲法中的不成文憲法: 理解中國憲法的新視角」.『開放時代』2009-12: 10-39.

장완리(張宛麗) 2002.「對現階段中國中間階層的初步研究」.『江蘇社會科學』2002-4: 85-94.

장위린(張玉林) 2007. 「中國農村環境惡化與衝突加劇的動力機制: 從
　　　　三起"群體性事件"看"政經一體化"」, 『洪範評論』(法律出版社)
　　　　2007-9.

장위린(張玉林) 2010. 「中國的環境戰爭與農村社會: 以山西省爲中心」.
　　　　梁治平 編, 『轉型中國的社會公正: 問題與前景』(三聯書店):
　　　　294-328.

장푸량(張富良) 2005. 「圍繞"三農"促就業」. www.snzg.net/
　　　　shownews.asp?newsid=6484.

장헝룽(張恒龍)·천셴(陳憲) 2006. 「財政競爭對地方公共支出結構的影
　　　　響: 以中國的招商引資競爭爲例」. 『經濟社會體制比較』2006-
　　　　6.

저우쉐광(周學光) 2009. 「基層政府間的"共謀現象": 一個政府行爲的制
　　　　度邏輯」. 『開放時代』2009-12: 40-55.

전국총공회(全國總工會) 2008. 「全國總工會: 工會開展農民工維權工作
　　　　綜述」. www.wenming.cn.

정유구이(鄭有貴) 2003. 「農村合作經濟組織研究」. www.guoxue.
　　　　com/economics/ReadNews.asp? NewsID=1811&BigClass
　　　　ID=2.

제빙(解兵)·런성더(任生德)·장쥔뱌오(張俊飈) 2008. 「新農村建設中
　　　　的新型違紀與腐敗及其治理」. 『經濟研究』2008-4: 111-118.

젠신화(簡新華)·황쿤(黃錕) 2007. 「中國農民工最新情況調查報告」.
　　　　『中國人口資源與環境』17-6: 1-6.

주즈강(朱志剛) 2006. 「中國鼓勵發展生物質能源替代石油」. www.
　　　　China5e.com.

중국사영기업과제조(中國私營企業課題組) 2005. 「2005年中國私營企

業調査報告」. www.southcn.com.

중국은행업감독관리위원회(中國銀行業監督管理委員會)·중국
　　　농업부(中國農業部) 2009.「關於做好農民專業合作社
　　　金融服務工作的意見」(銀監　발송　2009년　제13호　문
　　　건). http://202.108.90.95/wcms2/actsociety/ruleFile/
　　　html/1265.htm.

차야노프(恰亞諾夫, Chayanov) (肯正洪　譯) 1996.『農民經濟組織』
　　　(中央編譯出版社).

차오수지(曹樹基) 2000.『中國人口史: 淸時期 (第五卷)』(復旦大學出
　　　版社).

차오수지(曹樹基)·천이신(陳意新) 2002.「馬爾薩斯理論和淸代以來的
　　　中國人口: 評美國學者近年來的相關研究」.『歷史研究』2002-
　　　1.

차이팡(蔡昉) 2006.「21世紀中國經濟增長的可持續性」. 蔡昉　主編,『中
　　　國人口與勞動問題報告 No. 7』(社會科學文獻出版社): 212-
　　　227.

차이팡(蔡昉) 2007.「中國經濟面臨的轉折及其對發展和改革的挑戰」.
　　　『中國社會科學』2007-3: 4-12.

천진링(陳金陵) 1995.『洪亮吉評傳』(中國人民大學出版社).

천헝리(陳恒力)·왕다(王達)　編 1983.『補農書校釋』[=『沈氏農書』(出
　　　版日期　없음) 및　張履祥의『補[沈氏]農書』(1658)] (農業出
　　　版社).

추리핑(仇立平) 2006.「回到馬克思: 對中國社會分層研究的反思」.『社
　　　會』26-4.

추이즈위안(崔之元) 2008a.「"社會主義"市場經濟的豐富經濟學含義」.

www.humanities.cn, 11월 27일.

추이즈위안(崔之元) 2008b. 「"重慶經驗"國資增值與藏富於民携手竝進」. www.tecn.cn, 12월 13일.

친시야오(秦錫堯) 2000. 「農業産業化: 農業現代化道路的新探索―山東省壽光市農業産業化調研報告」. 『四川政報』2000-5: 23-24.

퉁즈후이(仝志輝)·원테쥔(溫鐵軍) 2009. 「資本和部門下鄕與小農戶經濟的組織化道路」. 『開放時代』2009-3: 5-25.

판강(樊綱) 2008. 「改革三十年: 轉軌經濟學的思考」. www.xschina.org.

판강(樊綱)·가오밍화(高明華) 2005. 「固有資産形態轉化與監管體制」. 『開放導報』2005-2.

판강(樊綱)·천위(陳瑜) 2005. 「"過渡性雜種": 中國鄕鎭企業的發展及制度轉型」. 『經濟學(季刊)』4-4: 937-952.

판강(樊綱)·후융타이(胡永泰) 2005. 「"循序漸進"還是"平行推進"?: 論體制轉軌最優路徑的理論與政策」. 『經濟研究』2005-1: 4-14.

팡싱(方行) 1996. 「淸代長江三角洲農民的消費」. 『中國經濟史研究』1996-3.

팡윈메이(方云梅)·루위샹(魯玉祥) 2008. 「農民工生存狀況調査」. 『中國統計』2008-3: 25-27.

푸융(傅勇)·장옌(張晏) 2007. 「中國式分權與財政支出結構偏向: 爲增長而競爭的代價」. 『管理世界』2007-3.

하이예크(哈耶克, Hayek) 2003. 『個人主義與經濟秩序』(三聯書店).

허둥항(賀東航) 2006. 「中國現代國家的構建、成長與目前情勢: 來自地方的嘗試性解答」, 『東南學術』2006-4: 42-51.

황자량(黃家亮) 2008.「通過集團訴訟的環境維權: 多重困境與行動邏輯—基於華南P縣一起環境訴訟案件的分析」.『中國鄉村研究』6 (福建教育出版社).

황쭈후이(黃祖輝)·왕펑(王朋) 2008.「農村土地流轉: 現狀、問題及對策—兼論土地流轉對現代農業發展的影響」.『浙江大學學報』(人文社會科學版) 2008-2: 38-47. www.usc.cuhk.edu.hk.

황쭝즈(黃宗智) 1986[2000·2004].『華北的小農經濟與社會變遷』(中華書局)(2000년·2004년 재판).

황쭝즈(黃宗智) 1992[2000·2006].『長江三角洲小農家庭與鄉村發展』(中華書局)(2000년·2006년 재판).

황쭝즈(黃宗智) 2001[2007].『淸代的法律、社會與文化: 民法的表達與實踐』(上海書店)(2007년 재판).

황쭝즈(黃宗智) 2002[2007].「發展還是內卷?: 18世紀英國與中國」.『歷史研究』2002-4: 149-176. 또한 황쭝즈(黃宗智) 2007: 227-270.

황쭝즈(黃宗智) 2003.『法典、習俗與司法實踐: 淸代與民國的比較』(上海書店).

황쭝즈(黃宗智) 2004.「續論十八世紀英國與中國」.『中國經濟史研究』2004-2.

황쭝즈(黃宗智) 2005.「認識中國: 走向從實踐出發的社會科學」.『中國社會科學』2005-1: 85-95. 또한 황쭝즈(黃宗智) 2007: 439-456 참조.

황쭝즈(黃宗智) 2006a.「制度化了的'半工半耕'過密型農業」.『讀書』2006-2: 30-37; 2006-3: 72-80. 또한 황쭝즈(黃宗智) 2007: 471-485 참조.

황쭝즈(黃宗智) 2006b. 「中國農業面臨的歷史性契機」. 『讀書』2006-
　　10: 118-129. 또한 황쭝즈(黃宗智) 2007: 486-496 참조.

황쭝즈(黃宗智) 2007. 『經驗與理論: 中國社會、經濟與法律的實踐歷史
　　研究』(中國人民大學出版社).

황쭝즈(黃宗智) 2007a. 「集權的簡約治理: 中國以准官員和糾紛解決爲
　　主的半正式基層行政」. 『中國鄕村研究』5: 1-23. 또한 황쭝즈
　　(黃宗智) 2007: 414-438 참조.

황쭝즈(黃宗智) 2007b. 「連接經驗與理論: 建立中國的現代學術」. 『開
　　放時代』2007-4: 5-25. 또한 황쭝즈(黃宗智) 2007: 520-
　　551 참조.

황쭝즈(黃宗智) 2008a. 「中國小農經濟的過去和現在: 舒爾茨理論的對
　　錯」. 『中國鄕村研究』6 (福建教育出版社): 267-287. www.
　　lishiyushehui.cn.

황쭝즈(黃宗智) 2008b. 「中國的小資産階級和中間階層: 悖論的社會
　　形態」. 『中國鄕村研究』6 (福建教育出版社): 1-14. www.
　　lishiyushehui.cn.

황쭝즈(黃宗智) 2009. 『過去和現在: 中國民事法律實踐的探索』(法律
　　出版社).

황쭝즈(黃宗智) 2009a. 「跨越左右分歧: 從實踐歷史來探尋改革」. 『開放
　　時代』2009-12: 75-82.

황쭝즈(黃宗智) 2009b. 「中國被忽視的非正規經濟: 現實與理論」. 『開
　　放時代』2009-2: 52-73.

황쭝즈(黃宗智) 2009c. 「改革中的國家體制: 經濟奇跡和社會危機的同
　　一根源」. 『開放時代』2009-4: 75-82.

황쭝즈(黃宗智) 2010a. 「中國的新時代小農場及其縱向一體化: 龍頭

企業還是合作組織?」.『中國鄕村硏究』8 (福建敎育出版社).
　　www.lishiyushehui.cn, 2009년 11월 8일 게시.

황쭝즈(黃宗智) 2010b.「中國農業的現實與前途」. 鳳凰衛視世紀大講
　　堂, 2월 6일 방송.

황쭝즈(黃宗智)·우뤄즈(巫若枝) 2008.「取證程序的改革: 離婚法的合
　　理與不合理實踐」.『政法論壇』2008-1: 3-13.

황쭝즈(黃宗智)·펑위성(彭玉生) 2007.「三大歷史性變遷的交匯與中國
　　小規模農業的前景」.『中國社會科學』2007-4: 74-88. 또한
　　황쭝즈(黃宗智) 2007: 497-519 참조.

후안강(胡鞍鋼)·자오리(趙黎) 2006.「我國轉型期非正規就業與非正
　　規經濟, 1990~2004」.『淸華大學學報』(哲學社會科學版) 21-
　　3: 111-119.

홍량지(洪亮吉) 1877[1793].「治平篇」·「生計篇」.『洪北江先生全集』
　　제1권 제1부.

영문

"Agricultural Cooperatives," http://agriculture.indiabizclub.com/
　　info/agriculture_cooperatives, 2010년 1월 접속.

"Agricultural Marketing in India," http://www.indianchild.com/
　　agricultural_marketing_in_india. htm, 2010년 1월 접속.

"The Average American Farm." 2009, https://uwstudentfpweb.
　　uwyo.edu/N/NSIAN/default-old. htm.

Allen, Robert C. 1992. *Enclosure and the Yeoman* (Oxford: Ox-
　　ford University Press).

Allen, Robert C. 1994. "Agriculture During the Industrial Revolution." In Roderick Floud and Donald McCloskey eds., *The Economic History of Britain Since 1700, Volume 1: 1700~1860*(2nd Edition, Cambridge, England: Cambridge University Press).

Amsden, Alice H. 1979. "Taiwan's Economic History: A Case of Etatisme and a Challenge to Dependency Theory." *Modern China* 5-3: 341-379.

Ban, Sung Hwan. 1979. "Agricultural Growth in Korea, 1918~1971." In Hayami, Ruttan and Southworth eds. 1979: 90-116.

Banister, Judith. 2005. "Manufacturing Employment in China." *Monthly Labor Review* 2005-July: 11-29.

Batchelor, Thomas. 1813. *General View of the Agriculture of the County of Bedford* (London: Sherwood, Neely, and Jones).

Baviskar, B. S. and D. W. Attwood. 1984. "Rural-cooperatives in India: a Comparative Analysis of Their Economic Survival and Social Impact." *Contributions to Indian Sociology* 18: 85-107.

Bechhofer, F. and B. Elliott. 1985. "The Petite Bourgeoisie in Late Capitalism." *Annual Review of Sociology* 11: 181-207.

Blunch, Niels-Hugo, Sudharshan Canagarajah and Dyushyanth Raju. 2001. "The Informal Sector Revisited: A Synthesis across Space and Time." In *Social Protection Discussion Paper Series* (Social Protection Unit, Human Development Network, The World Bank) No. 0119.

Boserup, Ester. 1965. *The Conditions of Agricultural Growth: The Economics of Agrarian Change Under Population Pressure* (Chicago: Aldine).

Boserup, Ester. 1981. *Population and Technological Change: A Study of Long-Term Trends* (Chicago: University of Chicago Press).

Breman, J. C. 1978. "Seasonal Migration and Cooperative Capitalism: the Crushing of Cane and of Labour by the Sugar Factories of Bardoli, South Gujarat." *Economic and Political Weekly* Special Number 13: 1317-1360.

Breman, J. C. 1980. *The Informal Sector in Research: Theory and Practice* (Rotterdam).

Breman, J. C. 1996. *Footloose Labour: Working in India's Informal Economy* (Cambridge, England: Cambridge University Press).

Brenner, Robert. 2001. "The Low Countries in the Transition to Capitalism." In Peter Hoppenbrouwers and Jan Luiten van Zanden eds., *Peasants into Farmers? The Transformation of Rural Economy and Society in the Low Countries (Middle Ages~19th Century)* (Turnhout, Belgium: Brepols): 275-338.

Buck, John Lossing. 1937a. *Land Utilization in China* (Shanghai: University of Nanking).

Buck, John Lossing. 1937b. *Land Utilization in China: Statistics*

(Shanghai: University of Nanking).

Bullock, R. 1997. "Nôkyô: A Short Cultural History." www.jpri. org/publications/workingpapers/wp41.html.

Canagarajah, Sudharshan and S. V. Sethurman. 2001. "Social Protection and the Informal Sector in Developing Countries: Challenges and Opportunities." In *Social Protection Discussion Paper Series* (Social Protection Unit, Human Development Network, The World Bank) No. 0130.

Chayanov, A. V. 1986[1925]. *The Theory of Peasant Economy* (Madison: University of Wisconsin Press).

China Development Research Foundation. 2005. *China Human Development Report* (United Nations Development Programme, China Country Office).

Clark, Colin. 1940. *The Conditions of Economic Progress* (London: MacMillan and Co.).

Clark, Gregory. 2004. "The Price History of English Agriculture, 1209~1914." *Research in Economic History* 22: 41-124.

Coase, Ronald H. 1988[1990]. *The Firm, the Market and the Law* (Chicago: University of Chicago Press).

Coase, Ronald H. 1991. "(Nobel) Prize Lecture." www.nobelprize.org.

Crossick, Geoffrey and Heinz-Gerhard Haupt. 1995. *The Petite Bourgeoisie in Europe, 1780~1914: Enterprise, Family and Independence* (London and New York: Routledge).

Cui Zhiyuan. 2003. "Xiaokang Socialism: A Petty Bourgeois Manifesto." *Chinese Economy* 36-3: 50-70.

Cui Zhiyuan. 2005. "Liberal Socialism and the Future of China: A Petty Bourgeoisie Manifesto." In Tian Yu Cao ed., *The Chinese Model of Modern Development* (United Kingdom: Routledge): 157-174.

Cui Zhiyuan. n. d. "Liberal Socialism and the Future of China: A Petty Bourgeoisie Manifesto." (Manuscript).

Das, Maitreyi Bordia. 2003. "The Other Side of Self-Employment: Household Enterprises in India." *Social Protection Discussion Paper Series* (Social Protection Unit, Human Development Network, The World Bank) No. 0318.

De Soto, Hernando. 2000. *The Mystery of Capital: Why Capitalism Triumphs in the West and Fails Everywhere Else* (New York: Basic Books).

De Vries, Jan. 1981. "Patterns of Urbanization in Pre-Industrial Europe, 1500~1800." In H. Schmal ed., *Patterns of European Urbanization Since 1500* (London: Croom Helm): 77-109.

De Vries, Jan. 1984. *European Urbanization, 1500~1800* (Cambridge, Mass.: Harvard University Press).

De Vries, Jan. 1993. "Between Purchasing Power and the World of Goods: Understanding the Household Economy in Early Modern Europe" In John Brewer and Roy Porter eds., *Consumption and the World of Goods* (London and

New York: Routledge): 85-132.

De Vries, Jan. 1994. "The Industrial Revolution and the Industrious Revolution." *The Journal of Economic History* 54-2: 249-270.

Dev, S. Mahendra. 2006. "Agricultural Wages and Labor since 1950." In Stanley Wolpert ed. 2006. *Encyclopedia of India* (Detroit: Thomson Gale) Vol. 1: 17-20.

Drèze, Jean and Amartya Sen. 1995. *India: Economic Development and Social Opportunity* (Delhi: Oxford University Press).

Drummond, J. C. and Anne Wilbraham. 1958[1939]. *The Englishman's Food* (London: Jonathan Cape).

Ebrahim, Alnoor. 2000. "Agricultural Cooperatives in Gujarat, India: Agents of Equity or Differentiation?" *Development in Practice* 10-2: 178-188.

Economy, Elizabeth C. 2004. *The River Runs Black: The Environmental Challenge to China's Future* (Ithaca, N.Y.: Cornell University Press).

Fei, John C. H. and Gustav Ranis. 1964. *Development of the Labor Surplus Economy: Theory and Policy* (Homewood, Ill.: Richard D. Irwin Inc.).

Fisher, Allan G. B. 1966[1935]. *The Clash of Progress and Security* (New York: Augustus M. Kelley, Publishers).

Flinn, Michael W. 1984. *The History of the British Coal Industry, Vol. II, 1700~1830*(Oxford, England: The Clarendon

Press).

Fourastié, Jean. 1949. *Le Grand Espoir du XXe siècle. Progrès technique, progrès économique, progrès social* (Paris: Presses Universitaires de France).

Frank, André Gunder. 1973. "The Development of Underdevelopment," In C. K. Wilber ed., *The Political Economy of Development and Underdevelopment* (New York: Random House).

Geertz, Clifford. 1963. *Agricultural Involution: The Process of Ecological Change in Indonesia* (Berkeley: University of California Press).

Gershon, Feder, Lawurence J. Lau, Justin Y. Lin and Xiaopeng Luo. 1992. "The Determinants of Farm Investment and Residential Construction in Post Reform China." *Economic Development and Cultural Change* 41-1: 1-26.

Gulati, Ashok. 2006. "Agricultural Growth and Diversification Since 1991," In Stanley Wolpert ed., *Encyclopedia of India* (Detroit: Thomson Gale) Vol. 1: 14-17.

Gupta, R. C. 1999. "Agro-inputs Distribution in Agricultural Cooperatives." Paper presented at 13th ICA-Japan Training Course on "Strengthening Management of Agricultural Cooperatives in Asia" 1988~99 at FMDI, Gurgaon, Haryana, India, on January 21.

Gustafsson, Bjorn A., Li Shi, and Terry Sicular eds. 2008. *Inequality and Public Policy in China* (New York: Cambridge

University Press).

Hanley, Susan B. and Kozo Yamamura. 1977. *Economic and Demographic Change in Preindustrial Japan, 1600~1868* (Princeton, N.J.: Princeton University Press).

Harrell, Stevan. 1985. "The Rich Get Children: Segmentation, Stratification, and Population in Three Chekiang Lineages, 1550~1850." In Arthur P. Wolf and Susan B. Hanley eds., *Family and Population in East Asian History* (Stanford: Stanford University Press): 81-109.

Harrell, Stevan. 1995. "Introduction: Microdemography and the Modeling of Population Process in Late Imperial China." In Stevan Harrell ed., *Chinese Historical Microdemography* (Stanford: Stanford University Press): 1-20.

Harriss-White, Barbara. 2003. *India Working: Essays on Society and Economy* (Cambridge, England: Cambridge University Press).

Hart, Keith. 1973. "Informal Income Opportunities and Urban Employment in Ghana." *The Journal of Modern African Studies* 11-1: 61-89.

Hayami, Yujiro, Vernon W. Ruttan and Herman M. Southworth. 1979. *Agricultural Growth in Japan, Taiwan, Korea, and the Philippines* (Honolulu: University of Hawai'i Press).

Hayek, Friedrich A. 1948[1980]. *Individualism and Economic Order* (Chicago: University of Chicago Press).

Heilmann, Sebastian. 2008a. "Policy Experimentation in China's Economic Rise." *Studies in Comparative International Development* 43-1: 1-26(중국어 번역은 「中國經濟騰飛中的分級制政策試驗」. 『開放時代』 2008-5: 31-51).

Heilmann, Sebastian. 2008b. "From Local Experiments to National Policy: The Origins of China's Distinctive Policy Process." *The China Journal* 59: 1-30.

Heilmann, Sebastian. 2009. "Maximum Tinkering Under Uncertainty: Unorthodox Lessons from China." *Modern China* 35-4(중국어 번역은 『開放時代』 2009-7).

Hinton, William. 1983. *Shenfan* (New York: Random House).

Ho, Ping-ti. 1959. *Studies on the Population of China, 1368~1953* (Cambridge, Mass.: Harvard University Press).

Ho, Samuel. 1968. "Agricultural Transformation under Colonialism: The Case of Taiwan." *Journal of Economic History* 28: 311-340.

Homibrook, Jeff. 2001. "Local Elites and Mechanized Mining in China: The Case of the Wen Lineage in Pingxiang County, Jiangxi." *Modern China* 27-2: 202-228.

Huang, Philip C. C. 1985. *The Peasant Economy and Social Change in North China* (Stanford, Calif.: Stanford University Press).

Huang, Philip C. C. 1990. *The Peasant Family and Rural Development in the Yangzi Delta, 1350~1988* (Stanford, Calif.:

Stanford University Press).

Huang, Philip C. C. 1991. "The Paradigmatic Crisis in Chinese Studies: Paradoxes in Social and Economic History." *Modern China* 17-3: 299-341.

Huang, Philip C. C. 1996. *Civil Justice in China: Representation and Practice in the Qing* (Stanford: Stanford University Press).

Huang, Philip C. C. 2001. *Code, Custom, and Legal Practice in China* (Stanford: Stanford University Press).

Huang, Philip C. C. 2002. "Development or Involution? 18th Century Britain and China" *Journal of Asian Studies* 61-2: 501-538.

Huang, Philip C. C. 2009. "China's Neglected Informal Economy: Reality and Theory." *Modern China* 35-4: 405-438.

Huang, Philip C. C. 2010. *Chinese Civil Justice, Past and Present* (Rowman and Littlefield).

Huang, Philip C. C. 2010a. "Beyond the Right-Left Divide: Searching for Reform from the History of Practice." *Modern China* 36-1: 115-133.

ILO (International Labor Office). 1972. *Employment, Incomes and Equality: A Strategy for Increasing Productive Development in Kenya* (Geneva: International Labor Organization).

ILO (International Labor Office). 2002. *Women and Men in the Informal Economy: A Statistical Picture* (Geneva: International Labor Organization).

Isett, Christopher Mills. 2007. *State, Peasant, and Merchant in Qing Manchuria, 1644~1862* (Stanford: Stanford University Press).

Jones, Eric L. 1981. "Agriculture 1700~1780." In Roderick Floud and Donald McCloskey eds., *The Economic History of Britain Since 1700, Volume 1: 1700~1860* (Cambridge, England: Cambridge University Press): 66-86.

Kang, Kenneth and Vijaya Ramachandran. 1999. "Economic Transformation in Korea: Rapid Growth Without an Agricultural Revolution?" *Economic Development and Cultural Change* 47-4: 783-801.

Khan, Azizur Rahman and Carl Riskin. 2008. "Growth and Distribution of Household Income in China between 1995 and 2002." In Gustafsson, Li and Sicular eds. 2008: 61-87.

Kornai, Janos. 1980. *Economics of Shortage* (Amsterdam: North-Holland Publishing Co.).

Kraenzie, C. 1998. "Co-ops Break Supply Sales Record." www.wisc.edu/uwcc/info/farmer/pre2001/111298M1.htm.

Kuhn, Philip Alden. 1990. *Soulstealers: The Chinese Sorcery Scare of 1768* (Cambridge, Mass.: Harvard University Press).

Kuznets, Simon. 1955. "Economic Growth and Income Inequality." *The American Economic Review* 45-1: 1-28.

Landry, Pierre F. 2008. *Decentralized Authoritarianism in Chi-*

na: The Communist Party's Control of Local Elites in the Post-Mao Era (New York: Cambridge University Press).

Lappé, Frances Moore. 1971. *Diet for a Small Planet* (New York: Balentine Books).

Lee, James Z. and Cameron Campbell. 1997. *Fate and Fortune in Rural China: Social Organization and Population Behavior in Liaoning, 1774~1873* (Cambridge, England: Cambridge University Press).

Lee, James Z. and Wang Feng. 1999. *One Quarter of Humanity: Malthusian Mythology and Chinese Realities* (Cambridge, Mass.: Harvard University Press).

Lee, Teng-hui and Yueh-eh Chen. 1979. "Agricultural Growth in Taiwan, 1911~1972." In Hayami, Ruttan and Southworth eds. 1979: 59-89.

Lenin, V. I. 1956[1907]. *The Development of Capitalism in Russia* (Moscow: Foreign Languages Press).

Levine, David. 1977. *Family Formation in an Age of Nascent Capitalism* (New York: Academic Press).

Lewis, W. Arthur. 1954. "Economic Development with Unlimited Supplies of Labour." *The Manchester School of Economic and Social Studies* 22-2: 139-191.

Lewis, W. Arthur. 1955. *The Theory of Economic Growth* (London. George Allen & Unwin Ltd.).

Li Bozhong. 1998. *Agricultural Development in Jiangnan, 1620~1850* (New York: St. Martin's Press).

Li, David. 1998. "Changing Incentives of the Chinese Bureaucracy." *American Economic Review* 88-2: 393-397.

Lin, Justin [林毅夫], Cai Fang [蔡昉] and Li Zhou [李周]. 2003[1996]. *The China Miracle: Development Strategy and Economic Reform* (rev. ed., Hong Kong: The Chinese University Press).

Lipton, Michael. 1968. "The Theory of the Optimizing Peasant." *Journal of Development Studies* 4-3: 327-351.

Liu Ts'ui-jung. 1995. "A Comparison of Lineage Populations in South China, ca. 1300~1900." In Stevan Harrell ed., *Chinese Historical Microdemography* (Stanford: Stanford University Press): 94-120.

Liu, Chang. 2007. *Peasants and Revolution in Rural China: Rural Political Change in the North China Plain and the Yangzi Delta, 1850~1949* (United Kingdom: Routledge).

Longworth, John W., Colin G. Brown and Scott A. Waldron. 2001. *Beef in China: Agribusiness Opportunities and Challenges* (St. Lucia, Queensland (Australia): University of Queensland Press).

Maddison, Angus. 2001. *The World Economy: a Millennial Perspective* (Organization for Economic Cooperation and Development [OECD]).

Maddison, Angus. 2007. *Chinese Economic Performance in the Long Run, 960~2030 A.D.* (2nd Edition, Revised and Updated, Organization for Economic Cooperation and

Development [OECD]).

Mayer, Arno. 1975. "The Lower Middle Class as Historical Problem." *The Journal of Modern History* 47-3: 409-436.

Mills, C. Wright. 1956[1951]. *White Collar: the American Middle Classes* (New York: Oxford University Press).

Ministry of Labor and Social Security, Department of Training and Employment, People's Republic of China. n. d.[2002]. "Skills Training in the Informal Sector in China." (International Labor Office).

Montinola, Gabriella, Yingyi Qian and Barry R. Weingast. 1995. "Federalism Chinese Style: The Political Basis for Economic Success in China." *World Politics* 48: 50-81.

Naughton, Barry. 2007. *The Chinese Economy: Transitions and Growth* (Cambridge, Mass.: The MIT Press).

North, Douglass C. 1981. *Structure and Change in Economic History* (New York: W. W. Norton).

Overton, Mark. 1996. *Agricultural Revolution in England: The Transformation of the Agrarian Economy, 1500~1850* (Cambridge, England: Cambridge University Press).

Perkins, Dwight and Shahid Yusuf. 1984. *Rural Development in China* (Baltimore, Maryland: Johns Hopkins University Press).

Perkins, Dwight H. 1969. *Agricultural Development in China, 1368~1968* (Chicago: Aldine Publishing Co.).

Pomeranz, Kenneth. 2000. *The Great Divergence: China, Europe, and the Making of the Modern World Economy* (Princeton: Princeton University Press).

Qian Yingyi and Barry R. Weingast. 1997. "Federalism as a Commitment to Preserving Market Incentives." *Journal of Economic Perspectives* 11-4: 83-92.

Rosset, Peter. 2009. "Lessons from the Green Revolution." www.foodfirst.org.

Rowe, William T. 2001. *Saving the World: Chen Hongmou and Elite Consciousness in Eighteenth-Century China* (Stanford: Stanford University Press).

Roy, Tirthankar. 2002. "Economic History and Modern India: Redefining the Link." *Journal of Economic Perspectives* 16-3: 109-130.

Saith, Ashwani. 2008. "China and India: The Institutional Roots of Differential Performance." *Development and Change* 39-5: 723-757.

Schofield, Roger. 1994. "British Population Change, 1700~1871." In Roderick Floud and Donald McCloskey eds., *The Economic History of Britain Since 1700, Volume 1: 1700~1860* (2nd Edition, Cambridge, England: Cambridge University Press): 60-95.

Schultz, Theodore W. 1964. *Transforming Traditional Agriculture* (New Haven, Conn.: Yale University Press).

Shanin, Teodor. 2009. "Chayanov's Treble Death and Tenuous Resurrection: An Essay about Understanding, about

Roots of Plausibility and about Rural Russia." *Journal of Peasant Studies* 36-1: 83-101.

Shirk, Susan L. 1993. *The Political Logic of Economic Reform in China* (Berkeley: University of California Press).

Skinner, G. William. 1986. "Sichuan's Population in the Nineteenth Century: Lessons from Disaggregated Data." *Late Imperial China* 7-2: 1-79.

Skinner, G. William. ed. 1977. *The City in Late Imperial China* (Stanford: Stanford University Press).

Smith, Adam. 1976[1776]. *The Wealth of Nations* (Chicago: University of Chicago Press).

Smith, Thomas C. 1977. *Nakahara: Family Farming and Population in a Japanese Village, 1717~1830* (Stanford: Stanford University Press).

Sommer, Matthew H. 2000. *Sex, Law, and Society in Late Imperial China* (Stanford: Stanford University Press).

Szelenyi, Ivan. 2008. "A Theory of Transitions." *Modern China* 34-1: 165-175.

Telford, Ted A. 1995. "Fertility and Population Growth in the Lineages of Tongcheng County, 1520~1661." In Stevan Harrell ed., *Chinese Historical Microdemography* (Stanford: Stanford University Press): 48-93.

The New York Times. 2008a. "S. E. C. Concedes Oversight Flaws Fueled Collapse." September 26.

The New York Times. 2008b. "Taking Hard New Look at a Greenspan Legacy." October 9.

The New York Times. 2008c. "Greenspan Concedes Flaws in Deregulatory Approach." October 24.

The Nobel Peace Prize 1969. "Presentation Speech." http://nobelprize.org.

Tignor, Robert L. 2006. *W. Arthur Lewis and the Birth of Development Economics* (Princeton: Princeton University Press).

Todaro, Michael P. 1989. *Economic Development in the Third World* (4th Edition, New York and London: Longman Group Ltd.).

Todaro, Michael P. 1969. "A Model of Labor Migration and Urban Employment in Less Developed Countries." *American Economic Review* 59-1: 138-148.

Wallerstein, Immanuel. 1979. *The Capitalist World-economy* (Cambridge: Cambridge Univ. Press).

Waltner, Ann. 1995. "Infanticide and Dowry in Ming and Early Qing China." In Anne Behnke Kinney ed., *Chinese Views of Childhood* (Honolulu: University of Hawai'i Press): 193-218.

Wang Shaoguang. 2009. "Adapting by Learning: The Evolution of China's Rural Healthcare Financing." *Modern China* 35-4: 370-404.

Weatherill, Loma. 1993. "The Meaning of Consumer Behaviour in Late Seventeenth- and Early Eighteenth-Century England." In John Brewer and Roy Porter eds., *Consump-*

tion and the World of Goods (New York and London: Routledge): 206-227.

Weber, Max. 1978. *Economy and Society: An Outline of Interpretive Sociology* (2 vols., Berkeley: University of California Press).

Winter, Robin. n. d. "Sacred Cow." http://www.archaeologyonline.net/artifacts/sacred-cow.html.

Wolf, Arthur P. 1985. "Fertility in Pre-revolutionary Rural China." In Arthur P. Wolf and Susan B. Hanley eds., *Family and Population in East Asian History* (Stanford: Stanford University Press): 154-185.

Wolf, Arthur P. 2001. "Is There Evidence of Birth Control in Late Imperial China?" *Population and Development Review* 27-1: 133-154.

Wong, R. Bin. 1997. *China Transformed: Historical Change and the Limits of European Experience* (New York: Cornell University Press).

World Bank. 2008. "World Bank updates poverty estimates for the developing world." http://econ.worldbank.org/WBSITE/EXTERNAL/EXTDEC/EXTRESEARCH/O, contentMDK: 21882162 ~ pagePK: 64165401 ~ piPK: 64165026 ~ theSitePK: 469382,00.html; 또한 www.globalissues.org/article/26/poverty-facts-and-stats#src3 참조.

Wright, Erik Olin. 1997. *Class Counts: Comparative Studies in Class Analysis* (Cambridge, England: Cambridge University Press).

Wright, Tim. 1984. *Coal Mining in China's Economy and Society, 1895~1937* (Cambridge, England: Cambridge University Press).

Wrigley, E. A. and R. S. Schofield. 1989[1981]. *The Population History of England 1541~1871: a Reconstruction* (2nd Edition, 1989).

Wrigley, E. Anthony. 1985. "Urban Growth and Agricultural Change: England and the Continent in the Early Modern Period." *Journal of Interdisciplinary History* XV-4: 683-728.

Wrigley, E. Anthony. 1988. *Continuity, Chance and Change: The Character of the Industrial Revolution in England* (Cambridge, England: Cambridge University Press).

Wu Jinglian [吳敬璉]. 2005. *Understanding and Interpreting Chinese Economic Reform* (Mason, Ohio: Thomson/ South-Western).

Xue Yong [薛涌]. 2007. "A 'Fertilizer Revolution'? A Critical Response to Pomeranz's Theory of 'Geographic Luck'." *Modern China* 33-2: 195-229.

Yamada, Saburo and Yujiro Hayami. 1979. "Agricultural Growth in Japan, 1880~1970." In Hayami, Ruttan and Southworth eds. 1979: 33-58.

Yunus, Muhammad. 2006. "Nobel Lecture." 2006 Nobel Peace Prize. http://Nobelprize.org.

Zhang Yulin [張玉林]. 2009. "China's War on its Environment and Farmers' Rights: A Study of Shanxi Province." In Errol P. Mendes and Sakunthala Srighonthan, eds., *Confronting Discrimination and Inequality in China: Chinese and Canadian Perspectives* (University of Ottawa Press): 149-184.

Zhang, Forrest Qian [張謙] and Johan A. Donaldson. 2008. "The Rise of Agrarian Capitalism with Chinese Characteristics: Agricultural Modernization, Agribusiness and Collective Land Rights." *The China Journal* 60: 25-47.

Zhou Qiren [周其仁]. 2000. "Population Pressure on Land in China: The Origins at the Village and Household Level, 1900~1950." Ph.D. dissertation, UCLA.

Zhou Xueguang [周學光]. 2010. "The Institutional Logic of Collusion among Local Governments in China." *Modern China* 36-1: 47-78.

中國
的
隱
性
農
業
革
命

역자 후기

이 책은 황쭝즈(黃宗智: Philip C. C. Huang, 1940~)의『중국의 감춰진 농업혁명[中國的隱性農業革命]』(北京: 法律出版社, 2010)을 우리말로 옮긴 것이다. 황쭝즈는 명明·청淸 이래 중국의 경제사와 법률사를 연구하는 저명 학자이다. 그는 프린스턴대학을 졸업하고 워싱턴대학에서 박사학위를 취득, 로스엔젤리스의 캘리포니아주립대학UCLA에서 교편을 잡아 오랫동안 미국 학계에서 활동하였다. 2004년 캘리포니아주립대학에서 퇴직한 뒤로는 중국 베이징의 런민대학人民大學에서 학생들을 가르치기 시작하였다. 지금도 그는 팔순을 바라보는 고령에도 불구하고 미국과 중국을 오가며 활발한 학술 활동을 계속하고 있다.

지금은 경제사와 법률사 분야의 대학자로 알려져 있지만, 황쭝즈의 초기 관심사는 경제사도 법률사도 아닌 지성사였다. 황쭝즈의 박사논문은 근대 중국 지식인의 자유주의에 대한 연구였던 것이다. 근래 황쭝즈 자신이 밝힌 바에 따르면, 이 연구주제는 컬럼비아대학에 유학하여 1918년 경제학 전공의 박사학위를 취득한 지식인이었던 부친의 삶과 그가 대학과 대학원에서 공부하던 시기 미국 사회의 분위기로부터 영향을 받은 것이다. 그러나 그는 다른 한편으로 중국 농촌의 전통적인 여성상에 가까운 인물로 제대로 교육을 받지 못해 미국에 살면서도 영어를 구사하지 못하는 평범한 여성이었던 모친의 삶과 그의 어린 시절 멀리서 들려오던 중국의 현실 상황으로부터 영향을 받아 중국 농촌의 보통 인민에 대한 애정과 관심을 품고 있었다고 한다. 결국 박사학위 논문을 수정·발전시킨 최초의 저서(*Liang Ch'i-ch'ao and Modern Chinese Liberalism*, Seattle, WA: University of Washington Press, 1972)를 출판하고 종신 교수직을 확보한 이후, 황쭝즈는 부친과 같은 엘리트가 아니라 모친과 같은 평범한 인민의 삶, 그리고 중국혁명의 사상과 실천에 대한 관심을 밑바탕으로 하는 학문 연구에 본격적으로 뛰어들었다. 그가 지금까지도 편집인을 맡고 있는 진보적 성향의 학술지『모던 차이나(*Modern China*)』를 1975년에 창간한 것도 당시 연구 관심사의 전환과 깊은 관련이 있어 보인다.

1972년 이후 황쭝즈는 중국 농민의 삶과 농촌의 현실에 대한 역사적 연구에 몰두하였다. 각종 문헌자료를 분석하고 농촌 현지를 직접 조사하면서 중국의 농촌과 농업에 대한 경제사 연구를 수행했던 것이다. 그 성과로 많은 저서와 논문을 발표하였지만, 대표작으로는 역시 *The Peasant Economy and Social Change in North China* (Stanford, CA: Stanford University Press, 1985)와 *The Peasant Family and Rural Development in the Yangzi Delta, 1350-1988* (Stanford, CA: Stanford University Press, 1990)을 꼽아야 할 것이다. 이

두 저서는 모두 미국 학계에서 높은 평가를 받아 각각 페어뱅크(John
K. Fairbank) 저작상, 조지프 레벤슨(Joseph Levenson) 저작상을 수
상하였다. 이어서 1980년대 말부터 황쭝즈는 자신의 연구 범위를 확
장하여 법률사 연구에 착수하였다. 그 결과로, *Civil Justice in China:
Representation and Practice in the Qing* (Stanford, CA: Stanford
University Press, 1996), *Code, Custom, and Legal Practice in Chi-
na: The Qing and the Republic Compared* (Stanford, CA: Stanford
University Press, 2001), *Chinese Civil Justice, Past and Present*
(Lanham, MD: Rowman & Littlefield, 2010) 등 일련의 저작을 발표
하였다. 그의 법률사 연구는 비록 연구의 초점을 달리한 것일지라도
중국 농민의 삶을 역사적으로 고찰한다는 측면에서 이전의 경제사 연
구와 맥을 같이하는 것이라고 할 수 있다.

　황쭝즈의 연구성과는 일찍부터 중국 학계의 주목을 받아 대표작
전부가 중국어로 번역·출판되었으며, 특히 미국에서의 교수직을 그
만두고 중국의 대학에서 학생들을 가르치기 시작한 이후 중국 학계에
대한 그의 영향력은 점차 커지고 있는 추세이다. 근년 들어 과거에 번
역·출판되었던 황쭝즈의 주요 저서가 다시 인쇄되는 일이 잦아지는
것도 이러한 추세의 반영이라고 할 수 있다. 또한 황쭝즈는 중국에서
의 활동을 강화한 지난 10년 동안 영어가 아닌 중국어로 쓴 논저도 다
수 발표하였는데, 이번에 한국어로 옮긴 『중국의 감춰진 농업혁명』도
그 중의 하나이다.

　프롤로그에서 황쭝즈 자신이 밝혔듯이, 『중국의 감춰진 농업혁명』
은 1985년과 1990년에 출판한 두 저서의 뒤를 잇는 경제사 연구의 성
과이지만, 앞의 두 저서와 달리 중국의 지나간 역사보다는 현실과 미
래 문제에 중점을 둔 저술이다. 어찌 보면 역사가로서의 본령에서 벗

어난 것이라고 할 수도 있다. 그러나 황쭝즈는 중국의 여느 역사학자들과 달리 사회과학적 이론에 밝을 뿐만 아니라, 미국의 여느 경제학자들과 달리 역사적으로 형성된 중국의 경험과 현실에 정통한 학자이다. 오랫동안 중국의 역사적 경험에 대한 연구를 통해 축적한 식견과 그로부터 얻은 통찰력에 구미 학계의 이론을 비판적으로 결합한 황쭝즈의 논변은 경청할 가치가 충분하다고 할 수 있다.

주지하듯이 1970년대 말 개혁·개방으로의 전환 이후 중국 경제는 눈부신 성장을 이룩하였다. 그러나 그 과정에서 중국은 사회적·경제적 불평등이 극심한 사회로 변해 버렸다. 연해부와 내륙부, 도시와 농촌, 그리고 사회 상·하 계층 간 빈부격차의 심화는 그 자체로 정치적 안정을 심각하게 위협할 뿐만 아니라 국내 시장의 유효수요를 제약하여 경제 성장에도 중대한 걸림돌이 되고 있다. 이 책에서 황쭝즈는 이러한 현실을 타개할 수 있는 출로를 모색하고 있다. 그가 이 책의 논지와 주요 논거를 제1장 서론에서 직접 요약·정리하고 있으므로 중언부언할 필요는 없을 터이지만, 여기에서 그의 주장을 거칠고 간단하게나마 제시하자면 다음과 같다.

오늘날 중국의 사회와 경제가 직면하고 있는 문제에 대하여, 중국의 많은 경제학자들은 완전한 사유재산권을 확립하고 국가의 개입을 최소화하여 모든 것을 시장에 맡겨야 한다는 처방을 내놓고 있다. 이들의 인식과 처방은 구미 선진국의 경험에서 도출된 이론, 특히 근래 미국 학계를 주도하고 있는 신新고전파 경제학과 신新제도경제학의 이론을 중국의 현실에 곧바로 적용하려는 것으로, 단순한 자본주의 모델로의 발전을 지향한다고 할 수 있다. 황쭝즈는 그들이 중국의 역사적 경험과 현실을 간과하는 경향이 있으며, 그들의 처방은 도리어 빈부격차를 더욱 심화시킬 가능성이 농후하다고 비판한다. 그는 중국의 역사적 경험과 현실을 충분히 고려한다면 21세기의 중국은 많은 경제학자들의 처방과는 다른 '제3의 길'을 추구해야 한다고 주장한다. 농업에서는 사유재산권을 제약하는 현행 토지제도의 골격을 유지하면서 소농 경영에 새로운 기술과 조직을 접목시켜야 하며, 국가는 앞으로도 계속 시장을 감독해 나가되 그 역할을 경제 성장 위주에서 사회적·경제적 불평등 완화와 환경문제 해결 위주로 전환해 가야 한다는 것이다.

2008년에 발발한 경제위기 이후 세계 경제는 극심한 불안 속에 큰 폭의 변동성을 보이고 있다. 『중국의 감춰진 농업혁명』이 출판된 2010년 이후의 몇 년 동안에도 세계 경제는 큰 변화를 겪었다. 세계는 원유 및 원자재 가격의 급락으로 인한 산유국 및 원자재 수출국의 경제 위기와 그로부터 파생된 정치 위기를 걱정하는 상황이 되었다. 세계 경제를 지탱하는 동력으로 평가되던 중국 경제는 성장률 저하, 부채 급증, 환율 불안 등에 시달리고 있다. 이제는 전 세계가 중국발 경제 위기를 우려하는 지경이다. 현재의 시점에서 보자면, 황쫑즈가 『중국의 감춰진 농업혁명』에서 피력한 미래에의 전망은 너무 낙관적이고 희망적인 것이 아닌가 하는 생각을 지울 수 없다. 그러나 적어도 역사와 현실에 대한 황쫑즈의 인식과 진단은 여전히 유효하다. 또한 단기적 실현 가능성이 아니라 장기적 방향성에 초점을 맞춘다면 중국의 농업이 나아가야 할 길에 대한 그의 제언은 여전히 경청할 가치가 충분하다.

황쫑즈의 연구는 미국은 물론 중국에서도 높은 학술적 가치를 인정받고 있다. 그러나 유감스럽게도 우리나라에는 거의 알려져 있지 않다고 해도 과언이 아니다. 이와 대조적으로, 숭국 성세사를 바라보는 시각에서 황쫑즈와 대척점에 서 있다고 할 수 있는 캘리포니아 학파의 저술은 근년 들어 다수가 번역·출판되었다. 이러한 상황은 중국 경제사에 관심이 있는 우리나라 독자들이 자칫 지식의 '편식' 상태에 빠질 수도 있다는 우려를 자아낸다. 따라서 이 책의 번역·출판은 우리 독자들에게 부족하나마 중국 경제사에 대한 다양한 견해를 청취하는 기회를 제공할 수 있다고 할 것이다.

앞서 언급했듯이 이 책은 중국어로 출판된 것이지만, 영어를 중국어로 번역한 것 같은 문체를 띠고 있다. 황쭝즈의 학술 언어가 기본적으로 영어이기 때문에 나타난 현상으로 보인다. 이러한 문체는 중국어 원문을 우리 말로 번역하는 과정에서 많은 곤란을 초래하였다. 결국 번역 문장은 다소 어색하더라도 저자의 의도를 전달할 수만 있어도 다행이라는 입장으로 후퇴하고 말았으나, 이마저 제대로 되었는지 확신이 서지 않아 부끄럽기 그지없다.

끝으로 오류와 오역의 책임은 전적으로 역자의 몫임을 밝히면서, 이 책이 나오기까지 애를 써 주신 여러분께 감사의 뜻을 표하고 싶다. 이 책의 번역·출판을 물심 양면으로 지원해 주신 서울대학교 아시아연구소 강명구 소장님과 사회학과 정근식 선생님, 번역의 결정을 도와주시고 초고를 감수해 주신 서울대학교 동양사학과의 김형종 선생님께 감사의 말씀을 드린다. 많은 시간을 들여 초고를 읽고 잘못을 바로잡아주는 은혜를 베풀어준 서울대학교 사회학과의 주윤정 박사님과 사회학과 대학원생 여러분, 그리고 서울대학교 동양사학과 대학원의 김보람 등에게 특별히 감사하는 마음이다. 상업성이 전혀 없는 책의 출판을 기꺼이 맡아주신 진인진의 김영진 대표님과 원고를 편집해서 책의 모양을 갖추어 주신 진인진의 편집진에도 감사의 말씀을 드린다.

2016년 5월 20일
관악산 자락 연구실에서
구범진

중국의 감춰진 농업혁명

초판 1쇄 발행 ｜ 2016년 6월 27일

지 은 이 ｜ 황쭝즈(黃宗智)
옮 긴 이 ｜ 구범진
편　　　집 ｜ 배원일
발 행 인 ｜ 김영진
발 행 처 ｜ 진인진
등　　　록 ｜ 제25100-2005-000003호
주　　　소 ｜ 경기도 과천시 별양상가 1로 18 614호(과천오피스텔, 별양동)
전　　　화 ｜ 02-507-3077 8
팩　　　스 ｜ 02-504-3079
홈페이지 ｜ http://www.zininzin.co.kr
이 메 일 ｜ pub@zininzin.co.kr

ⓒ 진인진 2016

ISBN 978-89-6347-287-4 93300

아시아시대를 맞이하여 서울대학교 아시아연구소는 아시아 근현대사에 대한 정확하고 기본이 되는
역사연구들을 소개하고자 〈아시아연구소 근현대사〉 총서를 기획했다.